AF525602

Christoph Jahr

Blut und Eisen

Christoph Jahr

Blut und Eisen

Wie Preußen Deutschland erzwang
1864–1871

C.H.Beck

Mit 20 Abbildungen und 5 Karten (Peter Palm, Berlin)

www.chbeck.de
Umschlaggestaltung: Kunst oder Reklame, München
Umschlagabbildung: Offiziershelm der Preußischen Landwehr, Dragoner, um 1890,
Irmgard Wagner / akg-images
Satz: Janß GmbH, Pfungstadt
Druck und Bindung: GGP Media GmbH, Pößneck
Gedruckt auf säurefreiem und alterungsbeständigem Papier
Printed in Germany
ISBN 978 3 406 75542 2

myclimate

klimaneutral produziert
www.chbeck.de / nachhaltig

Inhalt

«Ich erwachte aus meiner Vertiefung»

Zur Einleitung

Am Vormittag des 18. Januar 1871 war der Maler so sehr von der äußeren Erscheinung des sich vor ihm entfaltenden Spektakels gebannt, dass er beinahe dessen Höhepunkt verpasste. Ich «sah, daß König Wilhelm etwas sprach und daß Graf Bismarck mit hölzerner Stimme etwas Längeres vorlas, hörte aber nicht, was es bedeutete, und erwachte aus meiner Vertiefung erst, als der Großherzog von Baden neben König Wilhelm trat».[1] Der Künstler, der König und Kanzler sprechen *sah,* sie aber nicht sprechen *hörte,* war Anton von Werner, dem wir das bis heute erinnerungsprägende Bildnis der Kaiserproklamation im Spiegelsaal des Schlosses zu Versailles verdanken. In Schulbüchern hundertfach reproduziert, ist es *die* Ikone der Reichsgründung. Bärtige, uniformgeschmückte Männer haben, so sagt dieses Bild, zu Wege gebracht, woran Generationen davor gescheitert waren. Wo jahrhundertelang eine lose verbundene Ansammlung von Staaten, Stätchen und Städten der Mitte Europas ihr Gesicht gegeben hatte, war beinahe über Nacht ein Nationalstaat entstanden, der durch seine Lage, Größe und wirtschaftliche Stärke den Kontinent nachhaltig veränderte. Doch es waren nicht nur eine Handvoll adliger Männer in Uniform, die die Reichsgründung vollbracht hatten. Jene, die auf dem Werner'schen Bild fehlen, die Frauen, die Zivilisten, die Politiker, die Dichter, die Friedfertigen, die Machtlosen und die Armen: Sie fehlten nicht in der Geschichte selbst. Dieses Buch bringt ihre Stimmen zu Gehör.

Abb. 1: Die «Kaiserproklamation» am 18. 1. 1871, gemalt von Anton von Werner: Ein Propagandabild prägt das Geschichtsbewusstsein. Was wird gezeigt, was nicht, wer fehlt?

Von Werners Gemälde lieferte die Bildikone der Reichsgründungszeit. Otto von Bismarcks donnernde Worte aus seiner ersten Rede als preußischer Ministerpräsident am 30. September 1862 vor der Budgetkommission des preußischen Abgeordnetenhauses sind so etwas wie die Sprachikone dieser Zeit. Nicht durch Reden würden «die großen Fragen der Zeit entschieden», hatte er den Abgeordneten entgegengeschleudert, «sondern durch Eisen und Blut». Schon die Zeitgenossen machten daraus häufig «Blut und Eisen», und heute ist diese sprachlich gefälligere Version bekannter als Bismarcks ursprüngliche Worte.[2] Doch die deutsche Nationalstaatsgründung, so gewalttätig sie verlief, war keineswegs nur aus «Blut und Eisen» modelliert. Ohne die großen Entwicklungen des 19. Jahrhunderts, die Industrialisierung, die neuen technischen Erfindungen, den Nationalismus als vorherrschende Gesellschaftsideologie und soziale Praxis, ist nicht zu verstehen, was vor 150 Jahren geschah.

Vordergründig entschieden die großen Männer; so wurde die Geschichte lange erzählt. Doch es ist eine alte Erkenntnis des Zeitgenossen der Reichsgründung, Karl Marx, dass Menschen ihre Geschichte *machen*, freilich nicht aus freien Stücken, nicht unter selbstgewählten, sondern unter vorgefundenen Umständen. Die Reichsgründungszeit war ein Abschnitt der Geschichte, in dem sich diese vorgefundenen Umstände in hohem Tempo veränderten, sich jahrzehntelang abzeichnende Umwälzungen in oft dramatischen, gewaltsamen Ereignissen verdichteten.

Und die Öffentlichkeit war dabei, denn Kriegsberichterstatter, Korrespondenten, Maler, Zeichner und die ersten Photographen hielten ihre Eindrücke fest; in schnell geschriebenen Tagesberichten und eilig aufs Papier geworfenen Skizzen, in kunstvoll komponierten Reportagen und Historiengemälden und in grobkörnigen Photographien. Viele bekannte Chronisten werden uns durch diese Jahre begleiten. Das «einfache Volk» hatte es schwer, seine Meinung kundzutun; doch sooft es geht, soll es hier ebenfalls zu Wort kommen. Die Angehörigen der «gebildeten Stände» redeten sich sowieso die Köpfe heiß und schrieben sich die Finger blutig. Dichter, Publizisten und Intellektuelle werden hier sprechen. Sie gründeten Vereine und Parteien, organisierten Versammlungen und nationale Feste. Und in den Parlamenten versuchten sie, die Politik mitzugestalten. Doch die Macht lag noch fast ganz in den Händen der monarchischen Staaten, deren Verfassungen wenig Spielraum für das politische Handeln der Bürger ließen. Ohne die Herrschenden und ihre Soldaten kann die Geschichte der Reichseinigung daher nicht erzählt werden.

Die Gründung des deutschen Nationalstaats war auch keineswegs nur die Angelegenheit der Deutschen gewesen, allein schon deshalb nicht, weil lange unklar blieb, wer zu diesem Staat gehören würde. Auch Dänen, Böhmen und Franzosen, Polen und Italiener, Slowaken und Slowenen mussten den oft schmerzhaften Preis für die deutsche Nationalstaatsgründung zahlen – und selbst die neutrale Schweiz blieb nicht unbeteiligt.

Die Zeitgenossen hatte die Frage, ob und wie «Deutschland» von einem geografischen zu einem politischen Begriff werden sollte, schon lange umgetrieben. Wer diese Geschichte erzählen will, verliert sich daher leicht in den Weiten der Jahrhunderte. Der Dreißigjährige Krieg, die Rivalität Österreichs und Preußens im 18. Jahrhundert und die Französische Revolution sind bedeutsam. Die Revolution von 1848/49, in der um Freiheit und Einheit gekämpft wurde, ist ein zentraler Teil der Vorgeschichte, ebenso wie der 1856 beendete Krimkrieg. 1859 tat Italien einen großen Schritt in Richtung Nationalstaatsgründung, die zum Vorbild und Ermöglichungsfaktor der deutschen Einigung wurde. Da in dieser Zeit auch die Rivalität zwischen Österreich und Preußen immer schärfer wurde, verflochten sich nun jene schon lange vorher gesponnenen Fäden allmählich so miteinander, dass die nationalstaatliche Einigung Deutschlands zu einer konkreten Möglichkeit wurde.

Doch der eigentliche Startpunkt einer Erzählung, die sich auf die dramatischen *Ereignisse* konzentriert und der die ihnen zu Grunde liegenden Strukturen und Prozesse gewissermaßen als Bühnenbild dienen, ist der Konflikt um Holstein, Lauenburg und Schleswig. Mit ihm begann 1863/64 jene Reihe von Ereignissen, die 1871 ihren Abschluss fand. Die lange Vorgeschichte verdichtete sich und kam zur Explosion. Als «Experimentalfeldzug» hat der damalige preußische Oberstleutnant Kraft zu Hohenlohe-Ingelfingen den Krieg gegen Dänemark bezeichnet. Weit über den von ihm gemeinten, militärischen Sinn dieses Begriffs hinaus hat er damit dessen Bedeutung charakterisiert. Tatsächlich war dieser

Konflikt mehr als nur ein Auftakt zu 1866 und 1870/71. «1864» zeigte schon alles, was die kommenden Jahre prägen sollte – politisch, gesellschaftlich, diplomatisch und militärisch.

Doch wer mit 1863/64 beginnt, läuft Gefahr, die Preußen-fixierte Geschichtsschreibung fortzuführen und die drei militärischen Machtproben mit Dänemark, Österreich und Frankreich zu zielbewusst geführten «Einigungskriegen» zu stilisieren. Doch das ist ein Trugschluss, denn nichts spaltete die Deutschen mehr als die Kriege von 1864 und vor allem 1866, zumal beide den bestehenden deutschen Staat zerstörten. Noch im Frühjahr 1870 war «Deutschland» in mancher Hinsicht zerrissener als in den Dezennien davor.

Die dramatischen Ereignisse des knappen Jahrzehnts von 1863 bis 1871 waren auch zu keinem Zeitpunkt alternativlos. Beständig wurden Ideen entwickelt und verworfen, Allianzen geschmiedet und gebrochen, Gewissheiten überlebten häufig nicht den nächsten Tag, klug geschmiedete Pläne wurden in Windeseile Makulatur. Oft spielte der Zufall eine Rolle, Glück und Pech und manchmal auch das Wetter, die Zahnschmerzen eines Königs und die Beredsamkeit eines Großherzogs. Es brauchte viel, um die alte Ordnung Europas hinwegzuspülen.

Die Reichsgründungszeit begann nicht an einem Tag und endete ebenso wenig an einem anderen. Eine ereignisorientierte Erzählung sollte nicht weiter reichen als bis zum Friedensschluss, doch ein Ausblick auf das Erbe dieser Zeit darf nicht fehlen. Die «Gründerzeit» war schnell zu Ende, auch wenn der Begriff heute oft als Entsprechung zur französischen «Belle Epoque» dient, als Chiffre für eine Zeit der Dynamik und des Aufbruchs, aber ebenso als Beschreibung der vermeintlich «guten alten Zeit» vor 1914.

Wir erleben gegenwärtig dauernde, sich beschleunigende Veränderungen. Den Menschen vor einhundertfünfzig Jahren erging es nicht anders. 1864 lag der Sturz Napoleons so lang zurück, wie es bis zum Beginn des Ersten Weltkriegs noch dauern sollte. Das 1871 gegründete Reich wurde als Monarchie 47 Jahre alt, als Staat 74; 1945 lag es, wie Europa und große Teile der Welt, in Trümmern, physisch, aber, viel schlimmer noch, ethisch, moralisch und politisch. Sosehr diese Erzählung die damals Handelnden und ihren Erfahrungshorizont in den Mittelpunkt stellt, so wenig verleugnet sie ihre eigene Zeitgebundenheit. Auf 1864, 1866 und 1870/71 folgte das Jahr 1914, und darauf 1918, 1933, 1939, 1945, 1949 und 1989. Dieses Wissen prägt unseren Blick auf die Reichseinigungszeit.

Inzwischen sind einhundertfünfzig Jahre seit der Gründung des deutschen Nationalstaats vergangen, doch viele der damals aufgeworfenen Fragen treiben uns weiterhin um. Populisten aller Art preisen den Nationalstaat wieder als das letzte Wort der Geschichte und verdammen supranationale Bindungen als Irrweg. Mein Blick auf den Nationalstaat und vor allem auf den Nationalismus ist ein kritischer. Trotzdem geht die Perspektive, bei allem Bemühen um einen internationalen Blick, vom deutschen Nationalstaat aus. Die hier präsentierte Geschichte der deutschen Nationalstaatsgründung ist daher nicht *die* Geschichte, sondern *eine* Geschichte. Andere Perspektiven sind möglich, ja notwendig. Der Blick zurück kann keine Antworten auf die heutigen Fragen geben. Aber er hilft, diese Fragen besser zu verstehen.

I

«Der Experimentalfeldzug»

Dänemark 1864

«So konfus ist die Welt wohl selten gewesen», schrieb Theodor Storm am 18. Januar 1864 einem Freund und überlegte in seinem Exil im Eichsfeld hin und her, ob er die Rückkehr in seine noch von Kopenhagen aus regierte Heimat wagen sollte; die Vertreibung der von ihm als Fremdherrscher empfundenen Dänen stand unmittelbar bevor. Was Storm nicht ahnte: Auf den Tag genau sieben Jahre später sollte in Versailles vor den Toren von Paris das Deutsche Kaiserreich proklamiert werden. Exakt drei Monate nach Storms Konfusion, in der Nacht vom 17. auf den 18. April 1864, fand ein anderer, ähnlich empfindsamer und dem künstlerisch verdichteten Wort zugetaner Mann trotz der Hygge seines Hauses in Kopenhagen nicht in den Schlaf. Gepeinigt von «Selbstquälerei, fixen Ideen, halb im Wahnsinn» und «schweißgebadet» wälzte sich Hans Christian Andersen in seinem Bett. Seine dunklen Vorahnungen trogen ihn nicht, denn am Vormittag des 18. April «kam die Nachricht, dass der Sturm auf die Düppeler Schanzen begonnen hatte».[1] Wie wurde aus Storms Konfusion jener Krieg, der Andersen den Schlaf und dem dänischen König ein Drittel seines Reiches raubte? Und warum spielte Dänemark überhaupt so eine zentrale Rolle?

«Deutschland, auf dem die Geschicke des Kontinents ruhen» – Europa nach Napoleon

Als der ins englische Exil geflüchtete Clemens Fürst von Metternich, der wichtigste mitteleuropäische Politiker der ersten Hälfte des 19. Jahrhunderts, 1849 Rechenschaft über sein Wirken als österreichischer Staatskanzler ablegte, nannte er Deutschland den «Punkt, auf dem am Ende die Geschicke des gesamten Kontinents ruhen. Gut oder schlecht wird es den Ausschlag geben».[2] Aus diesen Worten sprach kein Größenwahn, sondern die besondere Last und Verantwortung, die die Regierenden in dem, was geografisch, geschichtlich, künstlerisch und schließlich auch politisch «Deutschland» hieß, zu tragen hatten – und bis heute haben.

Ein deutscher Nationalstaat, wie ihn Franzosen oder Briten bereits kannten, existierte damals nicht; seit dem Juni 1815 bestand nicht mehr als ein nationalpolitischer Minimalkonsens, der Deutsche Bund.[3] 38 deutsche Staaten, darunter die vier Freien Städte Hamburg, Lübeck, Bremen und Frankfurt am Main, schlossen sich in einem «föderativen Band» zusammen, dem im Juli 1817 als 39. Gebiet die Landgrafschaft Hessen-Homburg beitrat; durch Erbfolgen und Verkäufe sank die Zahl der Mitgliedsstaaten später auf 35. Zu diesem lockeren Staatenbund gehörten drei nichtdeutsche Majestäten: der König der Niederlande als Herzog der Bundesmitglieder Luxemburg und Limburg; bis 1837 der König von England in seiner Eigenschaft als König von Hannover; und der König von Dänemark als Herzog von Holstein und Lauenburg. Rechtliche Zugehörigkeiten, dynastische Beziehungen, sprachliche, kulturelle, wirtschaftliche und politische Verbindungen überschnitten sich auf vielfache Weise. Die dem Nationalstaat zu Grunde liegende Identität von Staatsgebiet, Staatsvolk und Staatsgewalt bestand nicht.

Der Deutsche Bund konservierte dadurch, in vieler Hinsicht entgegen dem Zeitgeist, Merkmale des «alten Europa» vor der Französischen

Revolution. Als im Herbst 1850 im Nachklang der Revolution von 1848/49 zwischen Preußen und Österreich um die Neuordnung des Deutschen Bundes gestritten wurde, erinnerte der damalige britische Außenminister, Lord Palmerston, daran, dass der Deutsche Bund *keine* Union sei, «die allein durch den freiwilligen Zusammenschluss der Staaten, aus denen sie besteht, entstanden ist». Sie kann daher nicht «nach dem Belieben dieser Staaten verändert und modifiziert werden». Der Deutsche Bund ist also «eine Union anderer Art. Er ist [...] Teil der allgemeinen Ordnung für Europa».[4]

Tatsächlich war in Wien 1815 versucht worden, das vorrevolutionäre europäische Gleichgewicht wiederherzustellen. Doch die Bewegung, die 1789 in die Welt gekommen war, sollte auch innen- und gesellschaftspolitisch gestoppt werden. Jede Veränderung nicht nur der äußeren, sondern auch der inneren Grenzen sowie der politischen Ordnung der Einzelstaaten wie des gesamten Bundes rief tendenziell die anderen Vertragsparteien des Wiener Kongresses auf den Plan. Die Innenpolitik des Deutschen Bundes war in diesem Sinn immer *auch* Außenpolitik. Als Zweck des Bundes benannte Wilhelm von Humboldt, Preußens Gesandter in Wien, die «Sicherung der Ruhe», die «Erhaltung des Gleichgewichts» in Europa – und dem «würde nun durchaus entgegengearbeitet, wenn in den Reihen der europäischen Staaten, außer den größeren deutschen [Österreich und Preußen] einzeln genommen, noch ein neuer collektiver» hinzukäme. Dass ein solches «Deutschland als Deutschland auch ein erobernder Staat würde», könnte niemand verhindern, aber auch kein Deutscher wünschen, fasste Humboldt die Grundbedingung des Deutschen Bundes zusammen.[5]

Damit dieser, dezentralisiert und schwach, wie er war, nicht doch zur Großmacht würde, war er quer zu den heutigen Vorstellungen eines Nationalstaats konstruiert. Die beiden «deutschen» Großmächte lagen nämlich mit beträchtlichen Territorien außerhalb des Bundesgebiets, Preußen etwa zu einem Viertel: West- und Ostpreußen sowie Posen mit großen polnischen Bevölkerungsteilen. Vom Habsburgerreich gehörte nur etwa ein Drittel zum Deutschen Bund, darunter Böhmen, Mähren, Tirol bis zur Nordspitze des Gardasees und Triest sowie große Teile des heutigen Sloweniens und auch ein wenig heute kroatischen Gebiets, in denen große nicht-deutsche Bevölkerungsgruppen lebten. In diesem Vielvölkerreich bildeten die Deutsch-Österreicher eine privilegierte Minderheit, deren Vorrangstellung eng an die Führungsrolle Österreichs im Deutschen Bund gekoppelt war.

Preußen und Österreich hatten zwei Gesichter. Zum einen waren sie Gliedstaaten des Deutschen Bundes und *als solche* in dessen kollektive Leitungsstrukturen eingebunden, in denen sie freilich eine herausragende Rolle spielten. Trotzdem konnten sie von der geschlossenen Phalanx der Klein- und Mittelstaaten überstimmt werden. Andererseits beanspruchten sie das Recht für sich, als europäische Großmächte zu handeln, über Krieg und Frieden zu entscheiden. Der Deutsche Bund ermöglichte es ihnen einerseits, ihren Einfluss weit über ihr eigenes Staatsgebiet hinaus geltend zu machen, hinderte sie andererseits aber daran, ihre Interessen eigenmächtig durchzusetzen. Und noch etwas unterschied sie fundamental von den «rein deutschen» Klein- und Mittelstaaten. Sie waren jene Staaten, «durch die der Bund besteht», die übrigen aber jene, «die nur durch den Bund bestehen»[6], wie Bayerns Außenminister Ludwig von der Pfordten 1856 formulierte, wobei er seinen Staat kühn in dieselbe Kategorie einordnete wie Österreich und Preußen. Von einer Gleichgewichtigkeit mit diesen beiden konnte freilich keine Rede sein. Das bisweilen krachlederne Selbstbewusstsein Bayerns hat eine ebenso lange Tradition wie die Überschätzung der eigenen Kraft und Bedeutung.

Trotz ihrer selbst Bayern turmhoch überragenden Macht hatten Österreich und Preußen keine institutionalisierte Vormachtstellung durchsetzen können. Stattdessen waren alle Bundesmitglieder formal souveräne und gleichberechtigte Völkerrechtssubjekte, die nur wenige

Befugnisse durch die in Frankfurt am Main unter dem Vorsitz der Präsidialmacht Österreich tagende Bundesversammlung gemeinsam ausübten. Indem sich Österreichs Staatskanzler Metternich die Forderung nach formeller Gleichberechtigung aller Staaten schließlich zu eigen machte, übernahm Österreich, ähnlich wie vor Napoleon die habsburgischen Kaiser im Alten Reich, im gewissen Sinn erneut eine Schutzfunktion für das «Dritte Deutschland». 1859, er war gerade preußischer Gesandter beim Bundestag in Frankfurt, fand Otto von Bismarck es «ganz natürlich», dass die Klein- und Mittelstaaten zu Österreich hielten, weil dieses «sie nicht aufsaugen könne, während sie Preußen gegenüber für ihre Existenz fürchten».[7] Faktisch ergab sich eine Zweiteilung des Bundesgebiets. Südlich des Mains dominierte Österreich, nördlich davon Preußen; doch auch Hannover und vor allem Sachsen waren treue Parteigänger Österreichs, während Baden im Süden seit dem mittels preußischer Bajonette niedergeschlagenen Aufstand von 1849 oft den Schulterschluss mit den Hohenzollern suchte.

Die protokollarische Vormachtstellung der Präsidialmacht Österreich im Deutschen Bund sicherte auch den Großmachtstatus des Hauses Habsburg in Mittel- und Westeuropa ab. Denn durch den Verzicht auf seine Territorien am Oberrhein war Österreich 1815 endgültig aus Westeuropa verdrängt worden, während Preußen durch den Erwerb der Rheinlande und Westfalens dort nunmehr als ernstzunehmender Akteur auftrat. Da es mit seinen Kernlanden östlich der Elbe zugleich von Schlesien bis zum Baltikum die Westgrenze des Zarenreichs definierte, wurde es zum Exponenten nicht mehr nur preußischer, sondern *deutscher* Außenpolitik.

Auch das, was den Zeitgenossen als Hemmnis der wirtschaftlichen, politischen und militärischen Kraftentfaltung galt, nämlich dass Preußens Territorium in zwei große, nicht miteinander verbundene Teile mit zahlreichen Ex- und Enklaven zerfiel, war auf längere Sicht ein Vorteil. Denn Preußen war sich dadurch viel weniger selbst genug als das territorial schärfer gefasste Österreich. Preußen musste geradezu Verflechtungen mit seinen vielen Nachbarn aufbauen und stellte dadurch einen nach Vereinheitlichung strebenden Wirtschafts- und Kommunikationsraum her, aus dem sich ein Nationalstaat entwickeln konnte. An nichts wurde das so deutlich wie an dem 1834 gegründeten Deutschen Zollverein.

Ungeachtet dieser langfristigen ökonomischen Vereinheitlichungstendenzen wirkte der Deutsche Bund, wie das seitens der revolutionsfürchtenden Fürsten gedacht war, als «Bollwerk gegen verfassungspolitischen Wandel» (Dieter Langewiesche). Das galt nicht nur national-, sondern auch innen- und gesellschaftspolitisch. Die gegen die nationalliberale Studentenschaft gerichteten Karlsbader Beschlüsse von 1819 unterdrückten nicht nur die Meinungs-, Presse- und Versammlungsfreiheit, sondern stellten mit der «Bundesexekutionsordnung» auch das Mittel bereit, widerspenstige Bundesstaaten notfalls mittels militärischer Gewalt zur Räson zu bringen. Die Wiener Schlussakte vom 8. Juli 1820 schloss die «konservativ-restaurative Rückentwicklung» (Ernst Rudolf Huber) der Bundesverfassung ab, indem sie alle Bundesstaaten – mit Ausnahme der Freien Städte Hamburg, Lübeck, Bremen und Frankfurt – auf das monarchische Prinzip verpflichtete.

Auf dem Weg zum deutschen Nationalstaat gab es viele Hindernisse. Die Angst der Fürsten vor der nationalen, liberale Freiheitsrechte einfordernden Opposition des entstehenden Bürgertums war eines. Auch die Eigeninteressen der beiden Führungsmächte standen diesem Ziel entgegen, denn Preußen und Österreich waren keinesfalls gewillt, ihre außerhalb des Bundesgebiets liegenden Territorien zu Gunsten eines deutschen Nationalstaats aufzugeben. Ein Nationalstaat unter Einschluss der gesamten Habsburgermonarchie, ein Siebzigmillionenreich, wäre aber nicht nur kein «deutscher», sondern ein für die anderen europäischen Mächte unzumutbarer gewesen. Das hatte sich 1848/50 gezeigt, und zwar nicht zufälligerweise im Streit um ein kleines Gebiet am nördlichen Rand des Deutschen Bundes: Schleswig-Holstein.

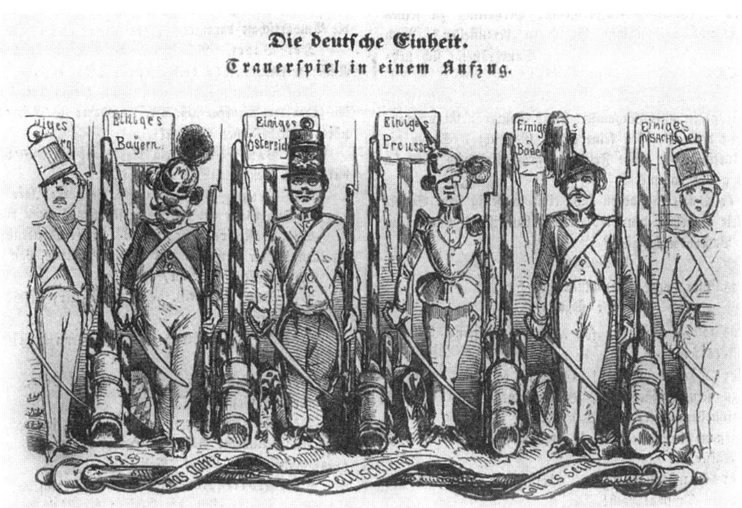

Abb. 2: «Die deutsche Einheit. Trauerspiel in einem Aufzug». 1848/49 geht es um «Einheit», doch der Egoismus der Einzelstaaten obsiegt. Die Freiheit kommt zu kurz.

Warum spielte dieses kleine und periphere Territorium eine so große Rolle? An der Beantwortung dieser Frage sind schon ganze Gelehrtengenerationen gescheitert. Die Schleswig-Holsteinische Frage ist so kompliziert, dass sie nach dem berühmten Wort des britischen Premierministers Lord Palmerston «überhaupt nur drei Menschen verstanden» haben: «Der Prinzgemahl Albert, aber der ist tot. Ein deutscher Professor, aber der ist darüber verrückt geworden. Und ich. Aber ich habe alles vergessen». Diese drei exzellenten Geister können also leider nicht mehr befragt werden.

Der Versuch, die Herzogtümer Schleswig, Holstein und Lauenburg in den deutschen Nationalstaat einzufügen, hatte 1848 bis 1850 an den Rand eines europäischen Krieges geführt. Wie sonst wohl nur die Auseinandersetzung um den «deutschen Rhein» war das meerumschlungene Land im Norden Kristallisationspunkt der Debatten um die schon Ernst Moritz Arndt umtreibende Frage, was «des Deutschen Vaterland» sei. In Schleswig-Holstein verschränkten und verdichteten sich Macht- und Identitätspolitik, Legalität und Legitimität, Freund- und Feindbilder.

Da das 19. Jahrhundert von der Historie besessen war, wurden Besitzansprüche bevorzugt mit dem Blick in die Vergangenheit begründet. Dadurch hoffte man in den durch die Französische Revolution verwirrten Zeiten wieder festen Boden unter die Füße zu bekommen. Je weiter man die eigene Spur glaubte zurückverfolgen zu können, umso besser; doch im Fall Schleswig-Holsteins ergab sich daraus keine Klarheit.

Die deutschen Nationalisten führten das Jahr 1460 ins Feld. Als damals die Ständevertreter Schleswigs und Holsteins Dänemarks König Christian I. zum Landesherrn wählten, ließen sie sich zusagen, «up ewich tosamende ungedeelt» zu bleiben. Diese «Ewigkeitsformel» ist wohl eher zufällig in diese Urkunde geraten, und die Zeitläufte waren schnell über sie hinweggegangen. Jahrhundertelang vergessen, begann die Karriere dieses Halbsatzes 1815, als der Kieler Historiker Friedrich Christoph Dahlmann aus ihm die zwingend aufrechtzuerhaltende rechtliche und historische Einheit der in Realunion verbundenen Herzogtümer herauslas, was praktisch bedeutete, dass auch Schleswig zum Deutschen Bund gehören sollte.[8]

Dieser Sichtweise entsprach die staatsrechtliche Stellung des betreffenden Gebiets freilich nicht. Während Schleswig im Mittelalter den König von Dänemark seinen Lehnsherrn nannte und seither eng an dieses Land angebunden war, gehörten Holstein als Reichslehen und Lauenburg als reichsunmittelbares Fürstentum bis 1806 zum Heiligen Römischen Reich Deutscher Nation und ab 1815 zum Deutschen Bund. Da der dänische König in Personalunion nicht nur Herzog von Schleswig, sondern auch von Holstein und Lauenburg war, zählte er zu den Bundesfürsten.

Als während der «Rheinkrise» 1840 die nationalistische Stimmung gegen Frankreich hohe Wellen schlug, kräuselte sich auch das Wasser der

Schlei. In Anlehnung an Nikolaus Beckers Gedicht «Sie sollen ihn nicht haben, den freien deutschen Rhein», übersetzte der im nordschleswigschen Apenrade lebende Freizeitdichter August Wilhelm Neuber 1841 Dahlmanns historische Prosa in vaterländische Lyrik: «Sie sollen es nicht haben / das heil'ge Land der Schlei! / Sie sollen es nicht haben / Das Land so stolz und frei. / Der Herzog hat's geschrieben, den sich das Volk erwählt / ‹Se schölln tosammen blieben / Op ewig ungedeelt!›»[9] Der dänische Beamte Uwe Jens Lornsen schließlich formulierte die völlige Einheit «Schleswigholsteins» als deutsches Land, das er allerdings noch unter dem Dach der dänischen Krone gut aufgehoben sah.

Doch das nationalistische Fieber grassierte auch in Dänemark. Der deutschsprachig aufgewachsene, sich dann aber selbst dänisierende Orla Lehmann formulierte tastend, seit 1840 jedoch zunehmend klarer die Losung «Danmark til Eideren». Bis zur Eider, jenem Fluss, der weitgehend die Grenze zwischen Schleswig und Holstein markiert, sollte Dänemark reichen, ohne jene unterschiedlichen Rechtszustände, politischen Zugehörigkeiten und Loyalitäten zu berücksichtigen, die das Land zum Vielvölkerstaat machten. Begründet wurde diese Forderung mit der einstigen Lehnshoheit des dänischen Königs über Schleswig.

Lehmann kam, wie auf der anderen Seite Dahlmann, zu dem Schluss, dass die Historie das letzte Wort habe, nicht die dort lebenden Menschen. Dahlmann hatte die Urkunde von 1460 aufgeboten, Lehmann wusste dagegen von einer Absprache zwischen Karl dem Großen und dem Dänenkönig Hemming von 811, wonach die Eider «Romani Terminus Imperii»[10] sei, die Grenze des karolingischen Römischen Reichs.

Derart historisch gerüstet, gab es schon vor 1848 erste Versuche, zumindest Schleswig zu «dänisieren». Während des großen «Völkerfrühlings» 1848 betrieben die dänischen Nationalliberalen den vollständigen Anschluss Schleswigs an Dänemark, während die deutschsprachige Bevölkerung zunehmend die Loslösung davon forderte; eine provisorische Regierung trat ins Leben. Als die eilig gebildeten Freischarenverbände der dänischen Armee unterlagen, wurde die Schleswig-Holsteinfrage endgültig zu einem zentralen Thema der Revolution. Die Nationalversammlung in Frankfurt anerkannte die Regierung in Kiel, preußische Truppen drängten die Dänen zurück.

Doch Preußen wurde im August 1848 von den anderen Großmächten zurückgepfiffen. Sieben Monate später wiederholte sich das Ganze: Dänemark preschte vor, ein bunter Haufen unter preußischem Oberbefehl drängte sie zurück, dann stoppten die Großmächte das Schauspiel; im Juli 1849 kam es erneut zum Waffenstillstand. Ein Jahr später griffen die Schleswig-Holsteiner, nun auf sich allein gestellt, abermals zu den Waffen, wurden von den Dänen bei Idstedt aber vernichtend geschlagen.

Das erste Londoner Protokoll bestätigte im August 1850 die Zugehörigkeit der Herzogtümer zu Dänemark, das gegenüber Preußen und Österreich wiederum darauf verzichtete, Schleswig enger an sich zu binden als Holstein. Auch Autonomierechte der Herzogtümer wurden gewährt. Durch das zweite Londoner Protokoll vom 8. Mai 1852 wurde die dänische Erbfolge zu Gunsten des dänischen Königshauses, der Glücksburger Linie, geregelt. Die europäischen Großmächte interessierten sich dabei herzlich wenig für die deutsch-dänischen Identitätsdebatten. Für sie zählte die geostrategische Überlegung, dass keine Großmacht den Eingang zur Ostsee beherrschte. Äußerlich beruhigte sich die Lage nun; doch das Gegeneinander unvereinbarer Besitzansprüche blieb bestehen.[11]

Altona vor den Toren Hamburgs war nach der Hauptstadt Kopenhagen die zweitgrößte Stadt des Königreichs; von den gut 2,5 Millionen Einwohnern des dänischen Gesamtstaats lebte fast eine Million in den Herzogtümern Schleswig, Holstein und Lauenburg. Die beiden Letzteren waren durchweg deutschsprachig, Schleswig etwa zur Hälfte. Die Eiderdänen hielten jedoch an ihrer Dänisierungspolitik fest. Die Gesamtstaatsverfassung von 1855 wurde von der Holsteinischen Ständeversammlung deswegen abgelehnt, so dass sie nur in Dänemark und Schleswig galt. 1858 und erneut 1861 wurde eine Bundesexekution gegen Holstein und Lauenburg aufgrund der neuen dänischen Verfassung angedroht, jedoch nicht vollzogen, weil die dänische Seite nachgab.[12]

Es wäre wohl klug gewesen, wenn Dänemark die Maxime seines holsteinischen Bundestagsgesandten, Bernhard Ernst von Bülow, befolgt hätte: «Zur rechten Zeit aufzugeben, was nicht haltbar ist, hat mehr Staaten gerettet als zu Grunde gerichtet».[13] Stattdessen ging Dänemark in die Offensive. Im März 1863 setzte König Friedrich VII. die Gesamtstaatsverfassung für Holstein und Lauenburg außer Kraft; die nachfolgende sogenannte Novemberverfassung machte Schleswig zu einem Teil seines Königreichs.

Doch damit verstieß er gegen das Londoner Protokoll – genau genommen gegen die diplomatischen Noten Dänemarks an Preußen und Österreich 1851/52, weshalb die beiden Signatarmächte Protest einlegten.[14] Gegen diesen Schritt Dänemarks richtete sich auch die am 1. Oktober 1863 erwirkte Bundesexekution gegen Holstein und Lauenburg, mit deren Durchführung Österreich, Preußen, Sachsen und Hannover beauftragt wurden. Dieser Drohung ungeachtet wurde die Novemberverfassung am 13. Oktober 1863 vom dänischen Parlament beschlossen.

Es braute sich etwas zusammen im Staate Dänemark, als Friedrich VII. am 15. November 1863 starb. Die Überführung des Leichnams von Glücksburg über Flensburg, wo rund 20 000 Teilnehmer dem Trauerzug beiwohnten, demonstrierte dynastische Loyalität. War es Zufall, dass das Schiff, das den toten König nach Kopenhagen brachte, auf den Namen «Schleswig» hörte? Hans Christian Andersen ging der Tod des Königs jedenfalls nahe. In letzter Minute hatte er am 17. Dezember 1863 noch Abschied von ihm genommen.[15]

Mit Friedrichs VII. kinderlosem Tod war die Oldenburgische Linie des dänischen Königshauses erloschen, so dass, in Übereinstimmung mit dem Londoner Protokoll von 1852, Christian IX. aus dem Haus Glücksburg den Thron bestieg. Sein oder nicht sein, musste sich der neue König fragen. Unterschrieb er die Verfassung, drohten ein Aufstand der Deutschgesinnten und, schlimmer noch, der Einmarsch der Preußen und Österreicher. Unterschrieb er sie nicht, musste er gewärtigen, vom Parlament seines Thrones enthoben und durch den Schwedenkönig Karl XV. ersetzt zu werden, der die Idee des Skandinavismus, also des Zusammenschlusses aller skandinavischen Staaten, verfolgte. Vollmundig hatte er im Sommer 1863 ein Bündnis mit Dänemark und die Entsendung von 22 000 Soldaten versprochen. Das Parlament hielt ihn von diesem Abenteuer zurück, nicht zuletzt, weil Russland in Finnland demonstrativ Truppen zusammenzog. Am Ende halfen ganze 650 Freiwillige aus Norwegen und Schweden den Dänen. Ein schwedischer Leutnant hatte es so eilig, auf das Schlachtfeld zu kommen, dass er nicht einmal die Fertigstellung seiner dänischen Uniform abwartete. Nach fünf Tagen Frontdienst fand er bei der Erstürmung Düppels den Tod daher in seiner schwedischen Uniform.[16]

Christian IX. unterschrieb trotz düsterer Aussichten die neue Verfassung, auf internationale Unterstützung hoffend, so wie 1848/50. Dadurch sägte er jedoch den Ast ab, auf dem er saß, denn die Einführung der neuen Verfassung verstieß gerade gegen jene internationale Vereinbarung, die zugleich die ihn begünstigende Erbfolge und damit seine Herrschaftsberechtigung verbürgte. «Die Holsteinische Erbfolgefrage ritt rascher an den Bund heran als ich [...] vermutete»[17], berichtete Ludwig von der Pfordten, zu diesem Zeitpunkt Bayerns Gesandter beim Bundestag, nach München und Theodor Fontane bemerkte später maliziös, dass dem dänischen König «kaum eine Wahl» blieb: «er zog es vor, lieber in Folge eines Krieges eine halbe Krone einzubüßen, als in Folge eines Aufstands die ganze».[18]

Doch Christian IX. war nicht der einzige Thronprätendent: Auch Friedrich August von Augustenburg, der einer Oldenburgischen Nebenlinie entstammte, machte seine Erbansprüche geltend. Dieser «Augustenburger» tauchte wie aus dem Nichts auf der politischen Bühne auf, weil sich auf seine dynastischen Ansprüche die Phantasien des national und liberal gesonnenen Bürgertums konzentrierten. Als die Waffen gesprochen hatten, verschwand er wieder in jener Versenkung, aus der er so lautstark emporgestiegen war.

Als Friedrich VIII. warf der Augustenburger mit der «Dolziger Proklamation» am 16. November 1863 seinen Hut in den Ring und beanspruchte die Herzogswürde für Schleswig, Holstein und Lauenburg. Dadurch hätte die Personalunion zwischen dänischer Krone und der Herzogswürde ein Ende gefunden. Das tat er, obwohl sein Vater, Christian August von Augustenburg, 1852 seines Erbanspruchs entsagt hatte. Deswegen sahen die katholisch-konservativen «Historisch-politischen Blätter» 1863 kein «unzweifelhaftes Recht» Deutschlands «zur Losreißung der drei Herzogtümer für eine deutsche Dynastie». Doch dessen ungeachtet plädierten sie dafür, «die wahrscheinlich nie wiederkehrende Gelegenheit» zu ergreifen und «den sonst unlösbaren Knoten der deutsch-dänischen Verwickelung zu durchhauen».[19] Man schrieb sich in Kriegsstimmung.

Dass die Kandidatur Friedrichs VIII. vor allem vom nationalen und liberalen Bürgertum begrüßt wurde, lag nicht an seiner noch dazu zweifelhaften dynastischen Legitimation, sondern daran, dass er sich mit der Nationalbewegung verbündete. Der Augustenburger bezog sich nämlich auf das liberale dänische «Staatsgrundgesetz» vom 15. September 1848. Anders als die Staaten des Deutschen Bundes in der Reaktionszeit hatte die dänische Herrschaft den Herzogtümern viele liberale Errungenschaften von 1848 bewahrt. Den innenpolitischen Liberalismus gab es allerdings nur zusammen mit dem Anspruch, Schleswig zu einem integralen Bestandteil Dänemarks zu machen und seine Autonomierechte zu übergehen. Einmal mehr war das Motto von der «Nation une et indivisible», der «einen und unteilbaren Nation», nicht nur integrierend, sondern ebenso ausschließend, weil es plurale Loyalitäten oder lokale Besonderheiten nicht duldete. An der antidänischen Stimmung vieler

Deutschsprachiger war die Regierung in Kopenhagen daher nicht unschuldig.

Die Polarisierung anhand des Konflikts um die Novemberverfassung von 1863 erfasste vor allem die «gebildeten Stände» der Herzogtümer. Als Akt passiven Widerstands versagten fast alle Beamten in Rendsburg die Eidleistung auf den neuen König. Ähnliches geschah im traditionell stark mit Dänemark verwachsenen Nordfriesland, so in Eiderstedt, Husum, Bredstedt und auf Sylt. Diese Emotionalisierung und Nationalisierung erfasste nicht zuletzt die evangelische Kirche; in einem Gesangbuch wurde in dem Lied «Bau uns des Königs Thron» das Wort «König» durch «Herzog» ersetzt, um zu demonstrieren, dass die Loyalität gegen den König von Dänemark höchstens seiner Funktion als Herzog von Holstein galt; doch auch der Herzog von Augustenburg konnte gemeint sein.[20]

Die Eiferer beider Seiten stachelten sich gegenseitig an. Wo die einen «Op ewig ungedeelt!» schrien, kreischten die anderen «Danmark til Eideren». Der «Deutsche Nationalverein» rief auf einer von 4000 Menschen besuchten Versammlung am 23. November 1863 zum Volkskrieg gegen Dänemark auf; Hoffmann von Fallersleben dichtete «Noch einmal zum Gefechte / Für Schleswig-Holsteins Rechte!» Und Theodor Storm orakelte nach Friedrichs VII. Tod düster-erheitert: «Des Dänenkönigs Totenglocke gellt; Mir klinget es wie Osterglockenläuten!»[21] Ein «36er Ausschuß» koordinierte die Hilfs- und Spendenaktionen im Deutschen Bund für die Augustenburgische Bewegung, eine Art Schattenkabinett wurde gegründet und der Herzog ohne Land bereitete von Gotha aus seine Regentschaft politisch und militärisch vor, die am 18. November 1863 angetreten zu haben er verkündete.

Das war freilich wenig mehr als eine feierliche Behauptung, denn tatsächliche Macht übte er nicht aus, obwohl angesichts dieser enthusiastischen Unterstützung für seine Kandidatur durch das nationalliberale Bürgertum auch ein gekröntes Haupt nicht zurückstehen mochte. «Ein edler Bruderstamm im Norden, lange geprüft und bewährt in vielen Leiden ist durch das Recht eines zweifellosen Erbganges sich selbst und seinem großen Vaterlande zurückgegeben», verkündete Großherzog Friedrich I. am 4. Dezember 1863 bei der Eröffnung der neugewählten Zweiten Kammer des badischen Landtags und deutete dadurch die hervorgehobene Rolle an, die er und sein Außenminister Franz von Roggenbach bei dem Versuch spielten, die Politik der Fürstenhäuser mit den Zielen der Nationalbewegung zu verbinden. Die im Londoner Protokoll von 1852 festgehaltene Erbfolge zu Gunsten der Glücksburger Linie sei, so Friedrich, eine «einseitig festgestellte Erbfolgeordnung, welche weder das Recht der Stände noch die Ansprüche der Nationalität beachtet». Diese Position konnte Friedrich nur vertreten, weil der Deutsche Bund, anders als Preußen und Österreich, das Londoner Protokoll nicht unterzeichnet hatte und Baden daher nicht daran gebunden war. Friedrich sprach dem nationalen Bürgertum aus der Seele; seine Regierung stellte 40 000 Gulden zu Gunsten des Augustenburgers bereit.[22]

Unproblematisch war diese Parteinahme angesichts der radikalen Rhetorik allerdings nicht. Der «Deutsche Nationalverein» sah die Zeit für die Bildung eines revolutionären «Volksheeres», das gar Ausgangspunkt einer Nationsgründung «von unten» sein könnte, noch nicht gekommen. Ungeordnete «Freischaren in die Herzogtümer zu werfen und leichtfertig einem sicheren Untergang entgegen zu führen», würde unweigerlich «zum Ruin der Sache selbst» führen, «für welche sie kämpfen sollen». Trotz solcher Warnungen, die sich auf die leidvollen Erfahrungen der Jahre 1848 bis 1850 stützen konnten, wurde im ganzen Bundesgebiet gesammelt. Die Stadtvertretung Weimars etwa schoss einen Kredit über 10 000 Taler zu Gunsten Schleswig-Holsteins aus der Stadtkasse vor. Die Privatbank Gotha richtete eine schleswig-holsteinische Hauptkasse ein, die vor allem Gelder für militärische Zwecke sammeln sollte. Doch letztlich verpufften die 170 000 vom Nationalverein dem Augustenburger schließlich bereitgestellten Taler wirkungslos.

Zwar erwarb seine Nebenregierung Waffen und Munition, doch ein einsatzfähiges Heer vermochte sie nicht aufzustellen. Der 36er-Ausschuss musste schließlich sogar noch Gelder aufwenden, um die Heimreise der «hülflos in der Fremde sich umhertreibenden» Freiwilligen zu finanzieren.[23]

Während die geografisch unmittelbar betroffenen und zudem durch ihre Abhängigkeit von ungestörtem Handel besonders verwundbaren Hansestädte danach trachteten, dass die Angelegenheit schnell über die Bühne ging, unterstützten die Mittelstaaten die Augustenburger Kandidatur vor allem deshalb, um ihr Gewicht gegenüber Österreich und Preußen zu vergrößern. Zu diesem Zeitpunkt wollte Österreich das nicht – und erst recht nicht Preußen. «Solche europäischen Kriegs- und Friedensfragen sollte Baden nicht entscheiden wollen», kanzelte Bismarck Anfang Dezember 1863 jeglichen Versuch der Einflussnahme des Großherzogtums auf die Schleswig-Holsteinfrage ab.[24]

Doch schon vor dem Scheitern der Augustenburgischen Bewegung hatten Preußen und Österreich nicht daran gedacht, sich dem Druck der Öffentlichkeit und einem allfälligen Votum des Deutschen Bundes für ein neues «Herzogtum Schleswig-Holstein» zu unterwerfen. Der Einsatz des nationalliberalen Bürgertums für den Augustenburger zielte daher auch «gegen die widerwilligen Regierungen, auslaufend in den Sturz Bismarcks». In Karlsruhe riefen im Dezember 1863 Plakate zur Volksbewaffnung auf, um die in ihrer Mehrheit nationalpolitisch zögerlichen Fürsten zu entmachten: «Die Fürsten verraten uns! Weg mit ihnen! Ergreift die Waffen und helfet Euch selbst!» Vorfälle wie dieser verstärkten insbesondere bei den Konservativen und den Regierungen der Vormächte Preußen und Österreich den alten Reflex gegen die liberale Nationalbewegung und schürten die Furcht vor einer erneuten Revolution wie 1848.[25]

Und noch ein weiterer unlösbarer Widerspruch gestaltete die Lage kompliziert. Jedes Vorgehen gegen Kopenhagens Versuch, Schleswig vollständig in den dänischen Gesamtstaat zu integrieren, erkannte die Herrschaftsrechte des dänischen Königs an. Gegen den ersten Bundesexekutionsbeschluss vom 1. Oktober 1863 stimmten daher nicht nur Dänemark und das ebenfalls von einem nicht-deutschen Bundesfürsten regierte Luxemburg, sondern auch Baden. Hier zeigte sich, dass die Innenpolitik des Deutschen Bundes unlösbar mit der internationalen Ordnung verknüpft war. Wer die Herzogtümer ganz «für Deutschland» gewinnen wollte, musste die internationale Rechtsordnung zertrümmern.

Preußen gab sich vertragstreu. Im Thronrat hatte Wilhelm I. am 26. November 1863 zwar bemerkt, dass die «Bewegung, der ein patriotischer Gedanke zugrunde liegt, [...] nicht ignoriert werden»[26] dürfe. Doch das Einschreiten des Bundes gegen Dänemark sei nicht *deswegen* notwendig, sondern weil es gegen das Londoner Protokoll verstoße. Preußen und Österreich stimmten daher am 28. November 1863 gegen die von der Bundesversammlung beschlossene Suspendierung des Sitzes von Holstein im Bundesrat.

Doch Bismarck beabsichtigte keineswegs, die internationale Ordnung aufrechtzuerhalten. Er wollte sie nicht weniger grundlegend umgestalten als die deutsche Nationalbewegung, aber ohne einen großen europäischen Krieg zu riskieren. Vor allem aber wollte er den Anschein vermeiden, als würde er mit der Nationalbewegung gemeinsame Sache machen. Sein Glaubensbekenntnis formulierte er am Heiligabend 1863 gegenüber dem preußischen Gesandten in Paris, Robert Graf von der Goltz. «Die Jagd hinter dem Phantom der Popularität ‹in Deutschland›, die wir seit den vierziger Jahren betrieben, hat uns unsre Stellung in Deutschland und in Europa gekostet», die nur dadurch wiederzugewinnen sei, «daß wir fest auf eigenen Füßen stehn und zuerst Großmacht, dann Bundesstaat sind. Das hat Österreich zu unserem Schaden stets als richtig für sich erkannt, und es wird sich von der Komödie, die es mit deutschen Sympathien spielt, nicht aus seinen europäischen Allianzen [...] herausreißen lassen». Die Stärkung Preußens könne, so Bismarcks

Überzeugung, «nur aus waffenmäßiger Großmachtspolitik hervorgehn, und wir haben nicht nachhaltiger Kraft genug, um sie in falscher Front und für Phrasen und Augustenburg zu verpuffen».[27]

Was er stattdessen plante, hatte er beim Silvesterpunsch 1863 in privater Runde verkündet: «Die ‹Up ewig Ungedeelten› müssen einmal Preußen werden», und die «Halsstarrigkeit der Dänen wird uns wahrscheinlich schaffen was wir brauchen, den Kriegsfall». Selbst in offizieller Runde machte er aus seinem Herzen keine Mördergrube. Im preußischen Kronrat hatte Bismarck am 3. Februar 1864 verlauten lassen, dass es ihm fernliege, die «Integrität Dänemarks aufrecht erhalten zu wollen», und stattdessen die Annexion Schleswigs und Holsteins durch Preußen als Ziel ausgegeben. Deutlicher konnte er kaum aussprechen, dass die Berufung auf das Londoner Protokoll reine Fassade war. Der Kronprinz, so Bismarcks Erinnerung, hob angesichts dieses Rückfalls in die Kabinettspolitik des 18. Jahrhunderts beschwörend die Hände zum Himmel und der König schien zu hoffen, «daß ich unter bacchischen Eindrücken eines Frühstücks gesprochen hätte».[28]

Auch Kriegsminister Albrecht von Roon vertrat diese Version des machtbewussten Konservatismus, der sich nicht mit der innenpolitischen Status-quo-Sicherung begnügte, wie es etwa die Gebrüder Gerlach, ebenfalls einflussreiche konservative Strippenzieher, taten. Machtfragen, so Roon, würden «mit Kanonen und Schwertern, nicht mit Schreibfedern» entschieden und ein Thronanwärter wie der Augustenburger, «der bloß über letztere verfügt, verfällt der Lächerlichkeit». Preußen müsse in Schleswig nicht nur wegen der Verbindungen des Augustenburgers mit den nationalen Liberalen einmarschieren, sondern auch, um die «Schmach von Olmütz», Preußens 1850 erlittene diplomatische Niederlage gegen Österreich, auszubügeln. Zusätzlich könne es den Revolutionären «beweisen, daß sie nichts ohne uns vermögen, geschweige denn trotz uns». Die Dänen wiederum könnten für ihren Bruch des Londoner Protokolls «gezüchtigt» werden, zugleich könne man «der revolutionären Wirtschaft in Deutschland Schach und Matt» bieten.[29]

Auch wenn *diese* Äußerungen Roons und vor allem Bismarcks den Zeitgenossen nicht bekannt waren, waren sie kein Geheimnis. Bismarck galt Ende 1863 als der Gottseibeiuns der liberalen Nationalbewegung. Heinrich Beitzke, fortschrittsliberales Mitglied des preußischen Abgeordnetenhauses, durchschaute im Dezember 1863 die konstitutive Unredlichkeit der Bismarck'schen Politik. Preußen verschanze sich nur hinter dem Londoner Protokoll, um sich nicht der nationalen Bewegung anschließen zu müssen. Dagegen wehre sich das Abgeordnetenhaus, «denn wer kann Bismarck Geld und Menschen zur Verrätherei in die Hände geben! [...] Wenn doch nur erst ein paar Dutzend Kanonenschüsse gefallen wären! Sie werden doch die Leute reinigen und viel ernüchtern. Kaum weiß ich, wie es noch anders zu lösen ist».[30] Eine friedliche, gewaltfreie Lösung des Konflikts um Schleswig und Holstein konnten sich auch die Liberalen nicht vorstellen. Sie bliesen nicht weniger in die Glut als Bismarck, doch nicht mit dem Wind, sondern gegen ihn. Es blieb Beitzkes Enkel Walther Schücking vorbehalten, einen auf internationale Schiedsgerichtsbarkeit vertrauenden Pazifismus zu propagieren, um solche internationalen Streitfälle künftig friedlich zu lösen. Eines immerhin mussten auch die Freunde Österreichs erkennen: dass es tatsächlich nur eine «Komödie mit den deutschen Sympathien spielt». Von einer echten Hinwendung zum liberalen Nationalstaat war keine Spur, und das hätte auch weder der Tradition noch den Interessen des multinationalen Großreichs entsprochen.

Als der Bundestag in Frankfurt am 7. Dezember 1863 die Exekutionsorder vom 1. Oktober gegen Holstein und Lauenburg mit 8 zu 7 Stimmen nunmehr auszuführen beschloss, betraute er Hannover und Sachsen mit dem Vollzug. Österreich und Preußen hatten sich durchgesetzt, denn die Rechte des Dänischen Königs waren dadurch anerkannt, dass er wegen der Verletzung seiner Pflichten *dem Bund gegenüber* sanktioniert wurde.

Daher war diese Bundesexekution ausdrücklich kein «Befreiungskrieg» zu Gunsten des Augustenburgers, sondern eine innerstaatliche Ordnungsmaßnahme.

«Die Stände sammeln, ein Heer organisieren» – Die Bundesexekution

Am 21. Dezember informierte der dänische General von Steinmann das Hauptquartier der Bundestruppen in Boizenburg an der Elbe östlich von Hamburg darüber, dass er sich hinter die Eider zurückziehen werde. Am 23. Dezember 1863 marschierte das sächsisch-hannoversche Bundeskontingent von 6000 Mann daher kampflos in Holstein ein. Die Hannoveraner hatten es nicht weit gehabt, doch auch die sächsischen Truppen waren binnen 22 Stunden mit der Eisenbahn aus ihrer gut 400 Kilometer entfernten Heimat in Boizenburg angelangt. Dort war jedoch Schluss mit der neumodischen Reiseform. Neun Tage dauerte der anschließende, knapp 200 Kilometer lange Fußmarsch nach Rendsburg an der Grenze zu Schleswig.[31]

Die 12 000 dänischen Soldaten zogen sich auf ihre vorbereiteten Stellungen nördlich der Eider zurück. Wie in Altona am 24. Dezember wurden die nachrückenden Bundestruppen überall in Holstein als Befreier empfangen. Doch erneut war den Bundesbehörden der nationalistische Elan nicht geheuer. «Der neuerdings an einzelnen Orten gemachte Versuch, sogenannte Wehrvereine zu organisieren», könne zu «gemeinbedenklichen Bestrebungen» führen, gegen die man zum Wohle der Bevölkerung einschreiten werde, verordneten die Kommissare des Deutschen Bundes in Holstein, Eduard von Könneritz und Carl Ferdinand Nieper. Darin, immerhin, wussten sie sich mit den Dänen einig; durch inoffizielle Absprachen wurde sichergestellt, dass diese erst abzogen, wenn die Bundestruppen quasi schon vor einer Stadt standen, um kein Machtvakuum entstehen zu lassen.[32]

Nach der Bundesexekution in Holstein wurden dort Volksversammlungen und Huldigungsadressen zu Gunsten des Augustenburger Thronanwärters inszeniert. In Elmshorn sollen am 27. Dezember 20 000 Menschen aus allen Teilen des Landes zusammengekommen sein, organisiert vom holsteinischen Komitee des «Deutschen Nationalvereins». Am 23. Januar 1864 erreichte eine Delegation von 150 Bürgern aus Holstein den Bundestag in Frankfurt, wo sie dafür warb, dass Friedrich VIII., «welchen ganz Holstein als seinen Herzog erkennt, ohne Verzug und freudig in die Reihe der deutschen Souveräne»[33] aufgenommen werde. Auch an die deutschen Fürstenhöfe wurde dieser Appell gerichtet, die Delegation reiste bis nach München. Allerlei «aufrührerische Schriften» zirkulierten im Land, Aufnäher, Schleifen und Fahnen in den Landesfarben wurden eingeschmuggelt oder aus farbigem Papier improvisiert.

Doch mit der Begeisterung für den «deutschen» Augustenburger wuchs der Hass auf die Repräsentanten Dänemarks. Der Polizeimeister der Stadt Schleswig, Thorvald August Jørgensen, berichtete Ende Januar 1864 an die Regierung in Kopenhagen, dass er schon an die 100 Drohbriefe erhalten habe, die sich «nur in der Auswahl der Schimpfwörter wie der Beschreibung der Todesart voneinander» unterschieden, und er war sicher, dass bei Abzug der dänischen Truppen aus Schleswig niemand «dem Terrorismus entgegentreten»[34] könne.

Die Feuerglut des Nationalismus erhitzte sich tatsächlich immer weiter, auch durch gezielte Falschmeldungen. In dem Hamburger Blatt «Die Nessel» erschien am 1. Dezember 1863 ein Bericht über angebliche Schikanen, denen die Deutschen in Kopenhagen ausgesetzt seien. Schnell stellte sich heraus, dass das nicht stimmte. Um zu verhindern, dass aus einer behaupteten eine tatsächliche, gegen die Deutschen in Dänemark gerichtete Stimmung wurde, schaltete eine Gruppe deutscher Immigranten einen Aufruf in der kleinen, aber viel beachteten nationalliberalen Zeitung «Fædrelandet» (Vaterland), in dem sie klarstellte, dass Dänemark «unser Adoptiv-Vaterland» ist, «wo wir der constitutionellen Frei-

En Amputation.

Forbundet: See, see, nu har vi ham paa Operationsbordet; skal vi nu tage det ene Been af hàm, — hvad mener høistærede Kollega?

Preussen: Nei, vi tage begge Benene paa en Gang, ellers gjør han os for meget Brøvl, naar han faaer Lov til at beholde det ene Been.

Hr. Sørensen: Aa, jeg arme ulykkelige Mand! — havde jeg bare banket Jer rigtig færdig 1850, og havde jeg bare begyndt at blokere for et Par Maaneder siden, havde jeg bare — — — men hvad skal der nu blive af mig?

Forbundet: Hold nu Mund! Nu ta'er vi begge dine Been og saa skal Du indlemmes i Politikkens Bartou blandt de gamle Kjællinger, der snakker istedetfor at handle.

Abb. 3a: Als Amputation der beiden Beine Dänemarks (Schleswig und Holstein) klagt diese dänische Karikatur 1863 die angedrohte Bundesexekution (Forbundsexecution) an.

heiten im reichsten Masse theilhaftig sind», weshalb Dänemarks «Interessen die unsrigen sind». Doch diese Initiative traf auf den aggressiven Widerstand deutscher Nationalisten. In einem anonymen Brief an den vermeintlichen Initiator des pro-dänischen Aufrufs wurden dessen Unterzeichner als die «allererbärmlichsten Lumpen und Schufte» diffamiert, die «wegen dem täglichen Brote [...] ihr größtes Gut die Nationalität und Ehre verleugnen». Es folgte wenige Tage später noch ein ähnlicher Aufruf in Dänemark lebender deutschsprachiger Holsteiner, der die freiheitlichen Lebensbedingungen in Dänemark lobte und die Holsteiner davor warnte, sich gegen ihren legitimen Herrscher zu wenden.

Abb. 3b: «Sperrt Euch, wie Ihr wollt – ausgekehrt wird doch!» «Germania» vertreibt die Dänen aus Holstein, obwohl Österreich und Preußen sie daran hindern wollen.

Die dänische Presse blies freilich ebenfalls mit vollen Backen ins Feuer. Die Gesamtstaatsverfassung aufzugeben bedeute, so die Zeitung «Fædrelandet» am 2. Januar 1864, Schleswig aufzugeben «und damit unsere Existenz als dänisches Volk und selbständiger Staat». Es ging angeblich um alles oder nichts; Kompromisse erschienen als Verrat.[35]

Im Rahmen von Truppenverlegungen an die Grenze zwischen Schleswig und Holstein quartierten sich in dem Dorf Gunneby 134 dänische Soldaten ein. Die Begeisterung der dortigen Bauern hielt sich in Grenzen; «dass sich die Bewohner hart dagegen wehrten, so viele aufnehmen zu sollen, ist ganz natürlich», äußerte sich der befehlshabende Offizier

Vilhelm la Cour zunächst verständnisvoll. Doch als ein Gastwirt darauf bestand, nur Deutsch zu sprechen, verlor la Cour die Geduld: Ich «schubste den Mann zur Seite, ging durchs Haus und ordnete an, das einzige Zimmer mit Kachelofen zu räumen, damit ich dort wohnen konnte», rechtfertigte er sich. Als der Ofen zu qualmen anfing, hielt er das für einen Widerstandsakt und schickte ihm obendrein noch acht weitere Soldaten ins Haus. «Nun hat er gelernt, sich ordentlich aufzuführen», notierte er befriedigt den Erfolg seiner Erziehungsmaßnahme.[36]

Empathischen Beobachtern wie dem dänischen Offizier Lauritz Bjorberg blieb nicht verborgen, dass der Unwille vieler Schleswiger gegen die dänische Herrschaft nicht völlig unbegründet war. Aus «dem Mund selbst der loyalsten Schleswiger hörte» er «nämlich den Missmut über das stolze und anmaßende Verhalten eines großen Teils unserer Beamten», wobei die Versuche, den Gebrauch des Dänischen zu erzwingen, jene Maßnahme war, die «der dänischen Sache den größten Schaden zugefügt hat».[37]

Es blieb nicht immer beim Meckern oder bei stillem Widerstand. Als eine aus holsteinischen Soldaten bestehende Kompanie des dänischen 14. Regiments von Ratzeburg aus nach Norden marschierte, wurde die Stimmung immer schlechter. Schließlich brach eine Meuterei aus. Keinesfalls wollten sie gegen ihre deutschen Brüder kämpfen, erklärten sie ihren Offizieren und luden ihre Gewehre. Die Eskalation konnte wegverhandelt werden, nur elf Offiziere und einige Unteroffiziere marschierten am Ende weiter nach Norden, die restlichen gaben ihre Gewehre ab und setzten sich in ihre Heimatorte ab. Im Zeitalter des Nationalismus wurde es tatsächlich immer wichtiger, die Soldaten «zu bewussten Teilnehmern im bevorstehenden Kampf zu formen und nicht zu aufgezogenen Kriegsmaschinen», wie sich der dänische Soldat Diderik Johansen an seine Rekrutenzeit im Winter 1863/64 erinnerte. Doch gelang das nicht immer, denn in Dithmarschen, direkt südlich der Eider, trafen wiederholt dänische Deserteure ein, die trotz der Repressionen des dänischen Staats – etwa Vermögenseinzug – diesen Schritt wagten.[38]

Obwohl die politische Lage auf einen Krieg zusteuerte, blieb die militärische Vorbereitung Dänemarks aus vielfältigen Gründen Stückwerk. Einmal mehr schien zunächst der Blick in die Geschichte Siegesgewissheit zu geben, denn was fünfzehn Jahre zuvor funktioniert hatte, der überraschende Sieg über einen militärisch überlegenen Gegner, würde doch gewiss auch ein zweites Mal möglich sein. Die sagenumwobene Befestigungslinie aus dem frühen Mittelalter, das seit 1250 jedoch langsam verfallende «Danewerk» von Hollingstedt im Westen bis nach Kappeln an der Schlei im Osten, sollte die Invasion aufhalten. Schon bald nach 1830 hatte die mythische Überhöhung des Danewerks als «unser größtes und berühmtestes Alterthumsstück»[39] eingesetzt, wie es in dem Bericht einer Altertumskommission 1836 hieß. Schon infolge des Besuchs des dänischen Königs am Danewerk 1840, erst recht aber nach den siegreichen Kämpfen von 1848 bis 1851 priesen es die dänischen Nationalisten als unüberwindliches Bollwerk gegen den potentiellen Feind aus dem Süden. Darin waren sie sich ironischerweise mit dem Abenteurer und Kriegsberichterstatter Hans Wachenhusen einig. Im Brustton deutsch-nationaler Überzeugung fand er keinen größeren «Beweis von dem Uebermuthe der Dänen als ihr stolzes Danevirke». Dorthin flossen die dänischen Ressourcen, während die für den Flankenschutz unerlässlichen Befestigungen von Fredericia und Düppel vernachlässigt wurden. Auch zahlenmäßig war die dänische Armee mit rund 36 000 Mann Feldtruppen den ihr gegenüberstehenden etwa 35 000 Preußen und 21 000 Österreichern klar unterlegen. Allein zur See waren sie mit 26 Schiffen den 23 preußischen weit überlegen, weil sie dreimal so viele Geschütze an Bord hatten.[40]

Nicht nur die Rüstungen, vor allem der aufwallende Nationalismus in Dänemark lieferte den weitergehenden Ambitionen Österreichs und Preußens eine wohlfeile Begründung. Sie beantragten am 14. Januar 1864 im Bundestag eine «Pfandbesetzung» Schleswigs, um Christian IX. zur Rücknahme der Verfassung zu zwingen, anerkannten dadurch jedoch erneut seine Thronfolge und zeigten den augustenburgischen Sympathisanten die kalte Schulter. Da der Deutsche Bund das Londoner Protokoll von 1852 nicht unterzeichnet hatte, war er nicht daran gebunden. Entsprechend lehnte der Bundestag das Ansinnen der Großmächte mit 5 zu elf Stimmen ab. Davon ließen sich Wien und Berlin aber nicht irritieren. Das Votum des Deutschen Bundes kalt ignorierend, stellten sie am 16. Januar ein 48-Stunden-Ultimatum an Dänemark auf Rücknahme der Novemberverfassung für Schleswig. In der vagen Hoffnung auf englische, französische und russische Hilfe ließ Dänemark das Ultimatum verstreichen. Es anzunehmen, die neue Verfassung also wieder zu kassieren, wäre freilich einem Staatsstreich nahegekommen und hätte schwere innenpolitische Konflikte heraufbeschworen.

Am 21. Januar 1864 rückten preußische und österreichische Truppen schließlich in Holstein und Lauenburg ein. Sie taten das nicht nur auf eigene Rechnung, sondern gegen den ausdrücklichen Willen des Bundestags. Die Mittelstaaten scheuten freilich die ohnehin aussichtslose militärische Konfrontation und zogen das sächsisch-hannoversche Kontingent zurück. Doch die «Zivilgesellschaft» wehrte sich. Die Bürgerwehr in Itzehoe rief dazu auf, sich dem «Einmarsche österreichischer und preußischer Truppen gewaltsam zu widersetzen, ihnen zumindest die Subsistenzmittel zu verweigern». In Altona, damals noch vor den Toren Hamburgs, weigerten sich viele Bürger, preußischen Soldaten Quartier zu geben. In Rendsburg wollte man die «preußischen und österreichischen Truppen bei ihrer Ankunft in keiner Weise» öffentlich «begrüßen oder empfangen», der Oberbefehlshaber von Wrangel wurde als «Verräter Schleswig-Holsteins» geschmäht.[41]

Letztlich blieben alle diese Aktionen zivilen Ungehorsams unbedeutend, ebenso wie der Versuch der Mittelstaaten, nochmal das Heft des Handelns in die Hand zu bekommen. Die «Würzburger Konferenz» der Mittelstaaten am 18. und 19. Februar 1864 – da hatte der Einmarsch in Schleswig längst stattgefunden – verlief ergebnislos, unter anderem, weil sich Hannover und Kurhessen bedeckt hielten und den offenen Konflikt mit Preußen und Österreich scheuten. Die deutschen Mittelstaaten protestierten allerdings nicht nur auf dem Papier. Bayern und Sachsen verwehrten schon im Dezember 1863 den Bahntransport der österreichischen Truppen durch ihr Gebiet, der deshalb über Schlesien umgeleitet wurde. Die 4800 Mann starke österreichische Brigade unter dem Kommando Leopold Graf Gondrecourts etwa verließ in 8 Zügen am 17. Dezember 1863 ihren Garnisonsort Prag, fuhr über Harburg, wo die Elbe mittels einer Dampffähre überquert wurde, und traf am 21. Dezember 1863 schließlich nach 41 Stunden reiner Fahrtzeit in Hamburg ein. Angenehm waren diese Touren nicht: Die Soldaten mussten in diesem Winter Temperaturen bis zu –24°C in ungeheizten Waggons aushalten.[42]

Der Deutsche Bund ließ das eigenmächtige Vorgehen der Österreicher und Preußen aus Schwäche geschehen. Doch auch der Augustenburger Thronanwärter zog es vor, seinen Anspruch nicht energisch zu vertreten. Zwar zog er am 30. Dezember 1863 in Holstein ein; doch ließ er zugleich verlauten, dass die Beamten alle Anweisungen der Bundeskommissare befolgen sollten. Dadurch enttäuschte er erneut die Hoffnungen des badischen Großherzogs und auch des Nationalvereins. Nach den Vorstellungen von Vereinsmitglied Hermann Schulze-Delitzsch, Mitbegründer der Deutschen Fortschrittspartei, sollte der Augustenburger «als Herzog auftreten, die Stände sammeln, ein Heer organisieren! Dann mußte es sich ja zeigen, ob die Bundestruppen gegen ihn einschritten – das mußte ein für allemal riskiert werden! So war die Abrede mit uns, die der H[erzog] gebrochen hat». Sichtlich ernüchtert prophezeite er: «Ehe der Bund mit der Anerkennung der Erbfolge des Herzogs fertig ist, haben wahrscheinlich Österreich und Preußen die Herzogtümer schon besetzt und jede Volksbewaffnung, jede Heeres- und sonstige Organisation des Herzogs ist unmöglich».[43]

So geschah es. Der Kabinettskrieg Österreichs und Preußens gegen Dänemark wurde nicht zum nationalen Befreiungskampf. Der offene

Konflikt mit den beiden Führungsmächten war dadurch fürs Erste vermieden. Doch die Handlungsunfähigkeit des Deutschen Bundes war offenkundig. Die Regierungen Preußens und Österreichs hatten beschlossen, aus einer inneren Angelegenheit des Deutschen Bundes einen zwischenstaatlichen Krieg zu machen. Dieser wird meist als Deutsch-Dänischer Krieg bezeichnet, doch das war er nicht, denn Preußen und Österreicher handelten nicht im Namen des Deutschen Bundes, sondern gegen seinen ausdrücklichen Willen.

«In Gottes Namen drauf» – Der Krieg gegen Dänemark

Wer glaubt, dass die dänischen Nationalisten angesichts des nun sicheren Angriffs zweier europäischer Großmächte Angst vor der eigenen Courage bekommen hätten, irrt. Bismarcks Kalkül in der Silvesternacht, dass ihm die «Halsstarrigkeit der Dänen» den erwünschten Kriegsgrund liefern würde, ging auf. «Der Krieg kann also als erklärt betrachtet werden», verkündete Ende Januar die eiderdänische Zeitung «Danevirke» aus dem schleswigschen Hadersleben. Sie war aber keineswegs beunruhigt, sondern zufrieden «damit, dass die Entscheidung gekommen zu sein scheint». Den Kampf gegen die Übermacht könne man «im Vertrauen auf unsere gerechte Sache» sowie «auf unser tapferes Heer» getrost aufnehmen. «Es steht nicht in Dänemarks Macht, den Ausbruch des Krieges zu verhindern»[44], fasste die Zeitung die Lage zusammen. Sie sprach damit höchstens die halbe Wahrheit aus. Nicht nur Preußen und Österreich waren fest zum Krieg entschlossen; auch die dänische Seite erblickte ihr vornehmliches Ziel nicht in der Bewahrung des Friedens. Wenn beide Seiten den Krieg wollen, ist er tatsächlich unvermeidlich.

So kam es, dass am letzten Januartag 1864 zwei Offiziere, in dicke Wintermäntel eingehüllt und durch ihre Pickelhauben unschwer als Preußen erkennbar, auf ihrer Fahrt von Rendsburg ins dänische Hauptquartier in Schleswig durch den klirrendkalten Wintertag von keinem dänischen Soldaten aufgehalten wurden. Die beiden Emissäre reisten im Auftrag Friedrich von Wrangels, Oberbefehlshaber der vereinigten preußischen und österreichischen Truppen. Der war 1864 bereits 80 Jahre alt und nur noch ein Schatten seines früheren Ruhms: «zu gewissen Stunden halb närrisch»[45], hielt der als Aufpasser fungierende Kronprinz Friedrich in seinem Tagebuch fest. Das Dilemma war, dass nur jemand mit Wrangels Renommee den verbündeten Österreichern als Oberbefehlshaber zugemutet werden konnte, doch eben dieses hohe Ansehen führte dazu, dass Wrangel trotz seiner offensichtlichen Überforderung nicht einfach ausgetauscht werden konnte. Erst nach der Erstürmung der Düppeler Schanzen übernahm Generalstabschef Moltke die operative Führung.

Die Depesche von Wrangel war formvollendet-höflich. Mit der «Versicherung seiner ausgezeichneten Hochachtung» forderte er den dänischen Generalleutnant Christian Julius de Meza dazu auf, seine Truppen zurückzuziehen. De Meza war ein exzentrischer Soldat, ein kälteempfindlicher Hypochonder mit einer Passion für die Musik und für extravagante Kleidung, aber auch ein Kriegsheld. Wrangels Boten hatte er sechs Stunden lang warten lassen, bevor er klavierspielend seine ablehnende Antwort diktierte. «In Gottes Namen drauf!» gab ein ob dieser schroffen Absage keineswegs entsetzter, sondern eher erleichterter Wrangel nunmehr als Angriffsparole aus. Der lange gewollte Krieg konnte endlich beginnen.[46]

«So hat denn endlich, dem Herrn sei Dank, unsere Befreiungsstunde geschlagen. Seit heute Morgen 7 Uhr ziehen die Preußen [...] über den Kanal und wir bedrängten Schleswiger empfangen sie mit der größten Freude». Diese pathetischen Worte diktierte Theodor Fontane einem Schleswiger Briefschreiber in die Feder, nachdem am 1. Februar die alliierten Truppen die Eider überschritten hatten. Die erste Kriegshandlung der Österreicher fand vor Publikum statt. «Hunderte von Zuschauern, darunter viele sächsische Officiere, hatten sich [...] auf den Festungswällen der Altstadt aufgestellt, um Zeuge des Uebergangs zu sein, der voraussichtlich ein buntes kriegerisches Schauspiel bieten mußte», berichtete Fontane.[47]

Die Österreicher gingen frontal gegen das Danewerk vor und blieben bei Ober-Selk, Jagel, am Königshügel und bei Wedelspang am 3. Februar 1864 nach schweren Gefechten siegreich. Der Preis dafür war auf beiden Seiten annähernd gleich hoch: 28 Offiziere und 402 Mann auf österreichischer Seite, 9 Offiziere und 408 Mann bei den Dänen.[48] Es gelang den Österreichern, die Dänen nordwärts auf das Danewerk zurückzudrängen.

Die Preußen wollten diese Befestigung umgehen, indem sie das Eis der Schlei an deren schmalster Stelle, dem Fährhaus von Missunde, überquerten und den Dänen in den Rücken fielen. Denn nur in der Mitte Jütlands gab es auf etwa 30 Kilometern Länge Befestigungsbauten, während nach Westen die sumpfige Eider und nach Osten die sich bisweilen weit öffnende Schlei den Feind abhalten sollten. Das «Centrum ist durch Kunst, die beiden Flügel sind durch die Natur vertheidigt», beschrieb Fontane die Situation, wobei die Natur bei ihrem Verteidigungsauftrag kläglich versagte. Der außergewöhnlich kalte und schneereiche Winter 1864 ermöglichte nämlich das Überschreiten der Gewässer, die in flüssigem Zustand eine ernsthafte Barriere gebildet hätten. Dänische Soldaten und angeworbene Zivilarbeiter versuchten, das Eis auf der Schlei aufzuhacken, doch ihr Tun glich einer Sisyphusarbeit. Generalstabschef Moltke hatte nicht zuletzt deshalb auf einen Winterkrieg gedrängt und auch der Presse blieb die Bedeutung der Wetterlage nicht verborgen: «Der Frost vernichtet in seiner stillen Arbeit die jahrelange Arbeit der Dänen, er macht die furchtbaren Dannewerke» unhaltbar, vermeldeten Zeitungen im ganzen Bundesgebiet.[49]

Das Gefecht bei Missunde verlief trotzdem nicht gut für die Preußen. Als «ein altes Fischerdorf an der Südseite der Schlei, malerisch gelegen aber ärmlich», das dennoch «viel genannt in der Geschichte der Herzogthümer» sei, kennzeichnete Fontane den Ort des Geschehens. Hier war im Jahre 1250 der Dänenkönig Erich meuchlings ermordet worden und 1848 wie 1850 hatten hierselbst für die Dänen siegreiche Gefechte im «Dreijährigen Krieg» um die Herzogtümer stattgefunden. Und auch dieses Mal vermochten die Preußen trotz einer mehr als fünffachen Übermacht die zähe und geschickte dänische Abwehr nicht zu überwinden, zumal eisig-dichter Nebel und Pulverdampf beiden Seiten die Sicht nahmen. Die gut aufgestellten und weitreichenden dänischen Kanonen mit ihren entschlossenen Artilleristen bewiesen, dass Verteidigung leichter als Angriff war. Angesichts dieser unsicheren Lage schreckte Prinz Friedrich Karl vor dem sieg-, aber auch todbringenden Frontalangriff zurück. An diesem 2. Februar 1864 hatte sich Preußens Heer nicht mit Ruhm bekleckert, auch wenn sich Fontane nach den Nachrichten aus Missunde sicher war: «ein frischer Geist ging durch die Nation». Für die Dorfbewohner war dieses Gefecht die Hölle auf Erden: «Das ganze Dorf», so ein Bewohner, «ist ein Schutthaufen, die Einwohner haben nur das nackte Leben gerettet, sogar sämtliches Vieh ist verbrannt».[50]

Dieses Siegs ungeachtet kam de Meza zu dem Schluss, dass nur ein geordneter Rückzug auf die von den Düppeler Schanzen geschützte Insel Alsen die Aussicht bot, der vollständigen Vernichtung zu entgehen, zumal die Österreicher weiter westlich zügig vorangekommen waren. Am Nachmittag des 5. Februar machte sich die dänische Armee unter Zurücklassung eines Großteils ihrer Ausrüstung, Munition und Lebensmittel auf den Rückzug bei Eiseskälte und Schneesturm. Alles musste über die einzige, völlig überfüllte und spiegelglatte Straße abgewickelt werden. Das «eine Pferd nach dem anderen fiel hin»[51], schrieb der Kopenhagener Soldat Waldemar Weitemeyer an seine Eltern über diesen Rückzug, der eine logistische Meisterleistung war, aber als schwerer moralischer Rückschlag empfunden wurde.

Die Preußen staunten nicht schlecht, als sie am Morgen des 6. Februar bei ihrem erneuten, diesmal weiter östlich bei Arnis unternommenen

Anlauf zur Schleiüberquerung die dänischen Stellungen geräumt vorfanden. Am 7. Februar erreichten sie Flensburg und tags darauf zeigte sich Prinz Friedrich Karl von Preußen siegesgewiss: «Der wichtigste Teil des Feldzugs liegt bereits hinter uns». Da irrte der Prinz. Der österreichische Generalstabsoffizier Wilhelm Ritter Gründorf von Zebegény war in seinem Frontabschnitt nicht weniger überrascht als die Preußen in ihrem. Um drei Uhr nachts erwachte er durch Pferdegetrappel und erblickte «zwei Wagen, deren Insassen sich als die Stadtrepräsentanten von Schleswig, mit dem Bürgermeister an der Spitze», vorstellten. Sie überbrachten «die Nachricht von der erfolgten Räumung der Danewerke sowie von dem begonnenen Rückzuge der Dänen». Gründorf stürzte zu Österreichs Befehlshaber Ludwig von Gablenz, der sich «sorgenvoll auf seinem harten Lager umherwirft, um ihm die freudige Nachricht zu überbringen, daß der wahnwitzige Sturmangriff auf die dänischen Schanzen entfalle, da sie bereits geräumt seien».[52]

Auch die Österreicher setzten den Dänen sofort beherzt nach und erreichten bereits gegen 4 Uhr morgens Schleswig: «In zehn Minuten gelangten wir schon auf die sanfte Anhöhe, von welcher man einen freien Blick auf die Stadt Schleswig genießt», erinnerte sich Gründorf an diese ereignisreiche Nacht. Die Stadt «war bereits hell erleuchtet und hatte sich zum Empfang der Österreicher festlich vorbereitet», alles war «auf den Beinen, alt und jung, Männer und Frauen». Im Schloss Gottorf, wo de Mezas Hauptquartier gelegen hatte, stürmte Gründorf in den «behaglich erwärmten Salon, in welchem vor uns der dänische Feldherr gehaust hatte». Dort fand er «in einer Mappe die angefangene Meldung in dänischer Sprache, worin de Meza seinem Könige den Rückzug aus den Danewerken berichtet. Auf ihre Kehrseite schrieb ich die Depesche an unseren Kaiser».[53]

Militärisch gab es zum geordneten Rückzug wohl keine Alternative, weil dank des Frosts «die Natur» ihrem ihr von Fontane zugewiesenen Verteidigungsauftrag unverschämterweise nicht nachkam. Nach dem im zweiten Anlauf geglückten Schleiübergang der Preußen drohte die Umfassung der dänischen Armee. Dennoch kostete diese Entscheidung de Meza sein Amt. Wer solchen Schaden hat, braucht für den Spott nicht zu sorgen. Hans Wachenhusen tönte, frauenfeindliche Klischees nicht scheuend: «Baut sich das Volk da eine Festung von Schanzen, zu deren Vertheidigung mindestens [...] eine Armee von 50 000 Mann gehört, steckt Millionen über Millionen in dieses stolze Schanzenwerk, moblirt sich dasselbe mit Geschützen, Kartätschen, Blockhäusern und Pallisaden mit demselben Geschmack, derselben Koketterie aus, mit welcher ein gefallsüchtiges Weib sein Boudoir schmückt. schreit [sic] von diesen Schanzen herab der Nation von 42 Millionen Deutschen ein übermüthiges Quos ego! [Euch zeig ichs] zu und – läuft davon, da es galt, seinem verunglimpften Nachbarn zu zeigen, was denn hinter der ganzen Renommage gewesen!»[54]

Die Österreicher verfolgten zügig das sich zurückziehende dänische Heer. Bei Oeversee/Sankelmark, wenige Kilometer südlich von Flensburg, stellten sie es noch am 6. Februar zu einem blutigen Nachhutgefecht, ohne freilich den Rückzug des Gros der dänischen Armee auf die durch die Düppeler Schanzen geschützte Insel Alsen verhindern zu können. Die Österreicher stießen weiter nach Norden vor, machten vorerst aber verabredungsgemäß an der Grenze Schleswigs halt. Diese schnell errungenen Siege stellten das Ansehen der österreichischen Armee nach der Pleite von 1859, der Schlappe im italienischen Unabhängigkeitskrieg, wieder her, was aber insofern ungünstig war, als ihre Mängel in Organisation, Bewaffnung, Taktik und Führung dadurch weiter verborgen blieben beziehungsweise verdrängt werden konnten. Die durchaus erheblichen Verluste galten sogar als Beweis überlegener Tapferkeit der österreichischen Armee.[55]

Der Winterkrieg wartete darüber hinaus mit besonderen Herausforderungen auf. Als er von Flensburg aus das Danewerk besichtigte, blieb Preußens Kronprinz Friedrich auf der Rückreise mit der Eisenbahn in den Schneeverwehungen stecken und musste in einer unprinzlichen Bauernkate übernachten. Erst der Einsatz zweier aus Chemnitz herangeschaffter Lokomotiven mit Schneepflügen, unterstützt von der schaufelbewehrten Handarbeit vieler Helfer, machten den Zug wieder flott. Es zählt zu den vielen bitteren Ironien dieser Jahre, dass sich sächsische Eisenbahner und preußische Soldaten keine zweieinhalb Jahre später wieder begegnen sollten, dann jedoch in Sachsen und als Feinde.[56]

Schon zu diesem frühen Zeitpunkt wurden erste Risse in der preußisch-österreichischen Allianz sichtbar. Mochte man sich als Bündnispartner auch gegenseitig wertschätzen: Die potentiellen Rivalitäten und Meinungsverschiedenheiten über das weitere Vorgehen auf Jütland waren unübersehbar. Nach zähen Verhandlungen einigte man sich darauf, dass die Österreicher weiter nach Norden vorstoßen sollten, während sich die Preußen nach Düppel wandten. Dafür gab es zwar *auch* militärische Gründe, denn solange die dänische Armee noch kampfbereit war, blieb ein Friedensschluss unwahrscheinlich. Doch womöglich wichtiger war der Neid der Preußen, noch keinen militärischen Erfolg vorweisen zu können. Dieses Gefühl verschärfte sich nach den weiteren Siegen der Österreicher Anfang März bei Fredericia und Vejle. Der preußische Kronprinz schrieb daraufhin in sein Tagebuch: «Somit haben die Österreicher abermals einen Kriegruhm vor uns voraus [...], während wir zwar auch Vorteile gewannen, aber kein eigentliches, der Erwähnung wertes Gefecht erlebten». Aus dieser Tatsache zog der Kronprinz den Schluss, dass die Einnahme der Düppeler Schanzen «umso mehr zu einer unumgänglichen Notwendigkeit für unsere Waffenehre geworden» sei, sonst stünde Preußen «neben den Kaiserlichen» mit leeren Händen da: «Die Masse will Tatsachen haben, nach welchen die Leistungen beurteilt werden». Zugleich wollte die Armeeführung nicht die Chance verpassen, dass man «in diesem Experimentalfeldzuge gegen einen nicht ebenbürtigen Feind ungestraft allen Friedensrost abschleifen und Erfahrungen sammeln konnte, ehe sie zu kritischen Kämpfen gegen mächtige

Abb. 3c: Nach der Schlacht von Düppel: Der industrialisierte Krieg kündigt sich an. Zeitgleich entstehen ähnliche Bilder im Bürgerkrieg in den USA.

Gegner berufen ward». Tatsächlich leisteten sich die Preußen so viele militärische Führungsfehler, dass das bereits 1866 fertiggestellte Generalstabswerk über den Krieg erst 1886 genügend redigiert war, um zur Veröffentlichung freigegeben werden zu können.[57]

Die Preußen wandten sich also Anfang März 1864 mit 37 000 Mann und 107 Geschützen ostwärts nach Düppel, die Dänen verteidigten mit 4200 Mann und 84 Geschützen. Doch trotz dieser großen Überlegenheit zog sich die Eroberung hin. Preußische Versuche, durch eine maritime Landungsaktion auf Alsen die Düppeler Schanzen zu umgehen, schlugen fehl. Ein rascher Frontalangriff auf die Anlagen würde scheitern oder extrem hohe Verluste zur Folge haben. Es führte kein Weg an einer Belagerung vorbei.[58]

«Düppel war ein Stück Sewastopol», hatte der preußische Befehlshaber Prinz Friedrich Karl im Februar 1864 entmutigt an seinen Onkel,

König Wilhelm I., geschrieben, und auch der Kriegsberichterstatter Hans Wachenhusen, der schon auf der Krim zugegen gewesen war, hatte seither «keine so formidable, von der Natur selbst geschaffene Vertheidigungs-Position gesehen».[59] Jeder aufmerksame Zeitgenosse verstand, was er meinte, denn was sich dort abspielte, erschien als eine zeitlich komprimierte Wiederholung des Krimkriegs. Waren die Österreicher gegen die Dänen schnell vorwärtsgestürmt, so entwickelte sich für die Preußen der Bewegungskrieg schnell in etwas, was sowohl in die Vergangenheit wie in die Zukunft wies. Denn etwa im Dreißigjährigen Krieg bestand ein Großteil der Kampfhandlungen nicht aus offenen Feldschlachten, sondern aus monate- und manchmal jahrelangen Belagerungen von Festungen und befestigten Städten. Die Magdeburger konnten ein Lied davon singen.

So ein Festungswerk aus Erdschanzen und Laufgräben waren die Düppeler Schanzen, die durch die Preußen mit Hilfe eines Systems aus Schützengräben und Artilleriestellungen belagert wurden. Was sich dort ab dem 7. April abspielte, als die Preußen mit dem systematischen Beschuss begannen, hätte 1915 keinen Soldaten der Westfront überrascht. Das Düppeler Festungswerk, auf einer kleinen Anhöhe im ansonsten flachen Land errichtet, diente zur Sicherung des Alsensunds und der östlich gegenüberliegenden Stadt Sonderburg. Schützengräben, oben angespitzte Holzpalisaden und, erstmals im Kriegseinsatz, auch Stacheldraht sicherten die Anlage. In den Schützengräben wurden die Soldaten von Schmutz, stehendem Wasser und katastrophaler Hygiene gequält; miserable Ernährung schwächte sie weiter.[60]

Sie kämpften allerdings nicht rund um die Uhr. Wer sich tage- und wochenlang auf Rufweite gegenüberliegt, entwickelt oft eine Tötungshemmung. «An einzelnen Stellen sind sogar unsere Ingenieuroffiziere mit dem Meßtisch aus der Vorpostenlinie herausgegangen, haben das Instrument genau aufgestellt und die Schanzen gezeichnet», so beobachtete Hohenlohe-Ingelfingen, als «aus der feindlichen Linie ein Offizier» heraustrat. Er «winkte ihm, er solle fortgehen, und rief, er dürfe das Zeichnen nicht leiden, sonst müsse er schießen lassen. Da ist dann unser Ingenieuroffizier mit einem Gruß abgegangen».[61]

Dieser Stellungskrieg dauerte nicht vier Jahre wie im Ersten Weltkrieg. Trotzdem bewies er, wie der Krimkrieg, dass eine auf starke Befestigungsanlagen gestützte Verteidigung eine zahlenmäßig weit überlegene Angriffsarmee lange aufhalten konnte. Doch die preußischen Militärs hatten aus dem Desaster von Sewastopol die richtigen Schlüsse gezogen und systematisierten ihr Zerstörungswerk. So eifrig die Dänen auch reparierten – auf Dauer waren sie, personell und qualitativ bei der Ausrüstung hoffnungslos unterlegen, dem schweren, geradezu fabrikmäßigen Beschuss der preußischen Artillerie, ausgestattet mit modernen Geschützen mit gezogenen Läufen, weittragend und treffsicher, nicht gewachsen. Darüber hinaus verfügte Preußen auch schon flächendeckend über Zündnadel-Hinterladergewehre, die den herkömmlichen Vorderladern weit überlegen waren.

Doch nicht nur die Technisierung der Zerstörungsmittel war im Krieg ein entscheidender Faktor, sondern auch die der Kommunikation. Der letzte Schrei auf diesem Gebiet war die elektrische Telegrafie, die die älteren, langsamen, wetter- und störungsanfälligen Systeme optischer Nachrichtenübermittlung ablöste. Am 24. Mai 1844 hatte Samuel Morse das erste Telegramm zwischen Washington und Baltimore verschickt, am 5. August 1858 ging das erste Telegrafenkabel zwischen Neufundland und Irland in Betrieb, das allerdings nur kurz funktionierte. Doch nach dem Amerikanischen Bürgerkrieg wurden mehr und mehr zunehmend verlässlichere Telegrafenkabel durch den Atlantik verlegt. Gemessen an dem, was die Menschen seit Ewigkeiten gewohnt waren, nämlich dass Nachrichten Wochen und Monate brauchten, um Länder zu durch und Ozeane zu überqueren, konnte nunmehr regelrecht «getwittert» werden. Die Übermittlungsgeschwindigkeit der Morsetelegrafie war allerdings nach heutigen Maßstäben noch nicht sehr hoch: 8 bis 10 Worte konnten auf diesem Weg pro Minute gesendet werden; dennoch ermöglichte es diese neue Technik, Berichte innerhalb Europas und in die USA beinahe in Echtzeit zu versenden.[62]

Doch überschätzen sollte man die Bedeutung dieser technischen Innovation für die unmittelbare Kriegführung auf dem Schlachtfeld wiederum nicht, denn ihre Zuverlässigkeit war noch mangelhaft. Die Telegrafenlinien verliefen meist parallel zu den Eisenbahnstrecken, waren jedoch fragil und anfällig für Witterungseinflüsse und Sabotageakte. Abseits der Bahnlinien kam erstmals die Feldtelegrafie zum Einsatz, die in entsprechend umgebauten Pferdewagen oder Eisenbahnwaggons die Distanz zwischen den festen Telegrafeneinrichtungen und der Frontlinie zu überbrücken suchte. Der Feldtelegrafiedienst konnte, je nach Gelände, maximal fünf Kilometer Kabel pro Stunde verlegen. Aufgrund ihrer technischen Beschränkungen diente die Telegrafie vor allem der Kommunikation zwischen den Hauptstädten und den militärischen Hauptquartieren sowie den Stabsstellen der Armeekommandos, nicht jedoch der unmittelbaren operativen Führung.

Viele Offiziere waren von dieser Neuerung wenig begeistert, fürchteten sie doch die Einmischung der «Hofkriegsräte» in ihre Truppenführung – nicht ganz zu Unrecht, hatte das doch schon Napoleon III. während des Krimkriegs wiederholt getan. Um seinen Rückzug aus dem Danewerk nicht zu gefährden, hatte de Meza die Telegrafenverbindung nach Kopenhagen unterbrechen lassen, bevor er den Rückzug antrat. Wie Recht er aus seiner Sicht hatte, erwies sich daran, dass er danach tatsächlich aufgrund der nationalistischen Agitation seines Kommandos enthoben wurde. Verbittert starb er im September 1865 über den Blättern einer Verteidigungsschrift seines Handelns im Februar 1864, in der er kein gutes Haar an den nationalistisch verblendeten Politikern ließ.[63]

Auch sein Nachfolger hatte eine ähnliche Situation durchzustehen. Als die preußischen Truppen fast alle dänischen Kanonen ausgeschaltet und das Festungswerk beinahe zerschossen hatten, wollte der neue dänische Oberbefehlshaber, Generalleutnant Daniel Gerlach, den Rückzug seiner Truppen aus der unhaltbar gewordenen Stellung über den Alsensund einleiten. Doch seine Telegramme zeigten erst Wirkung, als er am 14. April ultimativ an Verteidigungsminister Carl Christian Lundbye telegrafierte: «Der Rückzug muss vorbereitet werden». Der Minister verlangte nun ein «Gespräch», das ebenfalls telegrafisch erfolgte. In diesem Meinungsaustausch konnte Gerlachs Stabschef, Major Frederik Christian Stiernholm, der den mit verstauchtem Fuß bettlägrigen General vertrat, die Vollmacht für den allfällig notwendigen Rückzug erwirken. Doch Dänemarks Ministerpräsident Ditlev Gothard Monrad wandte im fernen Kopenhagen all sein rhetorisches Talent auf und stimmte den Kriegsminister wieder um. Daher traf ein neues Telegramm im Hauptquartier ein. Selbst «wenn daraus verhältnismäßig hohe Verluste resultieren sollten», sei die Stellung in Düppel unbedingt zu halten. Diese knappen Zeilen aus einer warmen Stube in der dreihundert Kilometer entfernten Hauptstadt besiegelten das Schicksal der dänischen Armee und raubten in der Nacht des 17. auf den 18. April Hans Christian Andersen den Schlaf. Aber auch Gerlach fand seinen Seelenfrieden nicht mehr; er gehorchte wider besseres Wissen dem Befehl aus Kopenhagen und verstarb, gramgebeugt, am 1. März 1865 auf seinem Landgut «Solitude».[64]

Dass die Neuigkeiten von den Schlachtfeldern in kurzer Zeit die Zivilisten in der Heimat erreichten, lag nicht nur an der Telegrafie, sondern auch an den auf den Schlachtfeldern der Krim erstmals auftauchenden Kriegsberichterstattern. Der Krieg wurde zum Medienereignis. Aufgrund des stetig wachsenden Literarisierungsgrads und der Herausbildung der Massenpresse entstand seit der Mitte des 19. Jahrhunderts ein Markt für Kriegsreportagen. Dank der Telegrafie konnten Bulletins der Armeehauptquartiere und Kurzreportagen binnen eines halben Tags die Zeitungen in der Heimat erreichen. Die Bevölkerung zu Hause hatte daher oft schneller ein Bild der Lage als die einfachen Soldaten vor Ort. Längere Berichte, per Post versandt, brauchten einige Tage, um die Heimat zu erreichen, und auch auf dem Kriegsschauplatz angefertigte Zeichnungen konnten so schnell und billig reproduziert werden, dass sich die Leser daheim im Wortsinn ein Bild der Ereignisse machen konnten. Der Markt für illustrierte Zeitschriften blühte. Da die Korrespondenten allerdings mit der Zensur ihrer Berichte rechnen mussten, werden diese in der Regel nicht allzu kritisch gegenüber der «eigenen Seite» ausgefallen sein. Oft war eine formelle Zensur auch gar nicht nötig, weil die Berichterstatter in diesen Kriegen in der Regel aus dem gehobenen bürgerlichen Milieu stammten und eine Nähe zum Militär hatten beziehungsweise diese suchten.[65]

Diese Kriegsberichterstatter produzierten nicht nur Literatur, sie wurden ihrerseits zum Objekt dichterischer Phantasie. Hermann Goedsche lässt in seinem 1868 unter dem Pseudonym John Retcliffe veröffentlichten Roman «Biarritz» Hans Wachenhusen vor Düppel auftreten. Bekannt ist dieser Roman heute allerdings nicht deswegen, sondern weil er in dem Kapitel «Auf dem Judenkirchhof in Prag» einen Grundstein für die «Protokolle der Weisen von Zion» legte, der wohl wirkmächtigsten antisemitischen Verschwörungstheorie.

Einer, der die Neugier auf Kriegsnachrichten formidabel bediente, war der «Daily Telegraph»-Reporter Edward Dicey. 1863 hatte er im US-Bürgerkrieg die Nordstaaten bereist, 1866 sollte er den Preußisch-Österreichischen Krieg beobachten. Doch jetzt, 1864, war er in Schleswig. «Die Menschen flüchteten aus der Stadt wie die Bewohner von Sodom und Gomorrha, den verfluchten Städten», beschrieb er die apokalyptischen Szenen vor Sonderburg. Schließlich am schwer beschädigten Schloss angekommen, fiel ihm ein Trupp Armeeschreiner auf, die eifrig Särge zimmerten. «Die Nachfrage übertraf das Angebot deutlich; das Lager ist nahezu leer»[66], notierte Dicey sarkastisch. Ihm entging auch nicht, dass die in Reih und Glied aufgestellten Särge von jenen Soldaten passiert wurden, die über den Alsensund nach Düppel übersetzten, um den stündlich erwarteten preußischen Großangriff abzuwehren.

Neben den Kriegsberichterstattern, die selbst mehr oder weniger unmittelbar am Kriegsgeschehen teilnahmen, gab es die distanzierteren Beobachter, deren bekanntester Vertreter im deutschsprachigen Raum wohl Theodor Fontane war. 1864 hatte er sich schon als Journalist, aber noch nicht als Literat einen Namen gemacht. Er sammelte die Nachrichten am heimischen Schreibtisch, besichtigte nach getaner Mordarbeit die Schlachtfelder und komponierte aus diesem Material seine Kriegserzählungen.

Doch nicht nur schreibende, sondern auch zeichnende Kriegsberichterstatter eilten zum Ort des Geschehens. Auf telegrafische Einladung des Fürsten Karl Anton von Hohenzollern-Sigmaringen vom 11. April 1864 pilgerte der Düsseldorfer Maler Wilhelm Camphausen als Augenzeuge der Schanzenerstürmung nach Düppel. Er fertigte dabei nicht nur jene Skizzen an, die ihm im heimischen Atelier als Vorlage für seine populären «Düppel-Bilder» dienten. Er reflektierte auch über seine Rolle als Beobachter und teilte diese Überlegungen seinem Lesepublikum mit. «Bald auch sprengte der Kronprinz, Wrangel, der Fürst von Hohenzollern und die ganze dazu gehörige Suite bei uns vorüber und hinauf auf die Höhe [...]. Wir aber machten es uns bequem und richteten uns für das bevorstehende Schauspiel ein. [...] es war 9 Uhr morgens, und wir harrten, mit einem guten Fernrohre versehen, des entscheidenden Augenblicks».[67]

Der Krimkrieg war nicht nur für die Kriegsberichterstattung der Ausgangspunkt neuer Entwicklungen gewesen, sondern auch für das Medizinwesen, das vor Düppel eine Premiere erlebte. Angesichts des zeitgenössischen Stands der Medizin war fast glücklicher dran, wer sofort getötet wurde, als jener, der zunächst schwer verwundet überlebte. «Die Granaten bewirken fürchterliche Läsionen [Verletzungen]», notierte ein freiwillig im dänischen Heer dienender norwegischer Arzt und beschrieb schonungslos, was er tagtäglich sah: «Zerschmetterte und zerfetzte Glieder. Herausgerissene Eingeweide, weit umherspritzende Gehirnmasse der Unglücklichen, die am Kopf getroffen werden»[68], dazu Operationen wie am Fließband. Denn wer eine schwere Verletzung erlitt, konnte nur mit einer nach heutigen Maßstäben rudimentären Versorgung rechnen. Die Bakteriologie steckte noch in den Anfängen. 1864 ahnte man zwar bereits, dass es bei einer Operation vor allem auf Hygiene ankam, wusste aber noch nicht systematisch um die Zusammenhänge.

Verletzte Gliedmaßen mussten amputiert werden, um den tödlichen Wundbrand zu verhindern. Die Amputation überlebte aber auch nur jeder Zweite, denn oft operierte der Chirurg stundenlang immer mit demselben Messer, das er, wenn überhaupt, notdürftig an seiner Schürze abwischte: Schmutz und Dreck überall, das Schreien der Verwundeten und das Stöhnen der Delirierenden. Umso mehr fiel die gepflegte Gestalt auf, die vor Düppel erstmals auf einem Schlachtfeld eine weiße Armbinde mit einem roten Kreuz trug. Charles William Meredith van de Velde, ein in Genf lebender Niederländer, bildete zusammen mit dem Schweizer Louis Appia auf preußischer Seite die erste Rotkreuzdelegation der Geschichte. Was Florence Nightingale auf der Krim begonnen hatte, die systematische Hilfe für die Verwundeten auf beiden Seiten der Front, überführte der Schweizer Geschäftsmann Henri Dunant in eine permanente internationale Hilfsorganisation. 1859 war er schockiert von der Schlacht von Solferino in Oberitalien und erregte 1862 mit seinem Tatsachenbericht «Un Souvenir de Solferino» (Eine Erinnerung an Solferino) weltweites Aufsehen. Inspirieren ließ sich Dunant dabei von Harriett Beecher-Stowes Roman «Uncle Tom's Cabin», der nach seinem Erscheinen 1852 eine Welle der Empörung im Norden der USA gegen die Sklaverei ausgelöst hatte. Auch Dunants Buch machte Geschichte.

Van de Velde und Appia setzten Dunants Ideen konsequent in die Praxis um. Dabei hatte van de Velde das schwerere Los gezogen: Der «Widerstand gegen neue Gedanken [macht] meine Aufgabe nicht leicht», schrieb er angesichts des unkooperativen Verhaltens der dänischen Behörden und Militärs an Henri Dunant im heimischen Genf. Er habe «unendlich Mühe, Verständnis für die Gedanken der Programme des Internationalen Comités zu erwecken, im besonderen für den Nutzen der Mitwirkung aller Länder».[69] Zwar wurde schon im Dezember 1863 in Kopenhagen ein Hilfskomitee «alter Art» gegründet, ein den «modernen» Vorstellungen des Roten Kreuzes entsprechendes nationales Komitee entstand aber erst Ende 1864.

Louis Appia traf bei den Preußen dagegen auf viel Aufgeschlossenheit. Schon 1863 hatte König Wilhelm I. Dunant in Berlin empfangen. Auf der Gründungskonferenz des Roten Kreuzes in Genf im Oktober 1863 waren daher Vertreter Preußens, Österreichs, Frankreichs, Badens, Bayerns, Hannovers, Hessens und Sachsens anwesend, während Dänemark unrepräsentiert blieb. Preußen zeigte sich Dunants Plänen auch praktisch aufgeschlossen, denn in Berlin konstituierte sich mit dem «Centralcomité des Preußischen Vereins zur Pflege im Felde verwundeter und erkrankter Krieger» bereits am 6. Februar 1864 – also nur sechs Tage nach Beginn der Kampfhandlungen – das erste nationale Rotkreuzkomitee, wenige Tage nachdem in Kiel, Altona, Neumünster, Rendsburg und anderen Orten lokale Hilfskomitees entstanden waren.[70]

Ähnlichem Wohlwollen begegnete Appia bei den preußischen Militärs. Der Oberbefehlshaber Friedrich von Wrangel hatte ihm erlaubt, sich frei an der Front zu bewegen. Als Appia einmal ein Transportfahrzeug benötigte, sagte ihm der befehlshabende preußische Offizier: «Das Zeichen, das Sie tragen [die Rotkreuzbinde], ist eine ausreichende Empfehlung […]; hier haben Sie einen Requisitionsschein, wählen Sie aus dem Wagenpark, was Ihnen zusagt».[71]

Doch Improvisation bestimmte das Bild auch auf dieser Seite der Front. Die verschiedenen Hilfsorganisationen hatten keine einheitliche Struktur und Leitung, keine Verbindungen zu «ihrem» Militär und wenige Kontakte auf der Führungsebene untereinander. 400 bis 500 freiwillige Helfer aus den deutschen Staaten und Schweden versorgten während des Kriegs etwa 25 000 kranke und verwundete Soldaten.

Dank des preußischen Armeemedizinwesens starben erstmals mehr Soldaten in der Schlacht als durch Krankheiten oder Infektionen infolge von Verwundungen. So sah der Fortschritt der Humanität im Jahr 1864 aus.

Ihre Erlebnisse auf beiden Seiten der Front legten Appia und van de Velde in zwei Berichten dar, aus denen hervorging, dass selbst da, wo die neuen Prinzipien der Verwundetenfürsorge prinzipiell anerkannt wurden, ihre praktische Umsetzung noch äußerst mangelhaft war. Nicht nur, aber auch durch die Erfahrungen der ersten Rotkreuzdelegationen im Krieg in Dänemark wurde am 22. August 1864, der Krieg war formal noch nicht beendet, die erste Genfer Konvention beschlossen, der sich nun auch Dänemark anschloss. Heute gedenken alljährlich am 22. August Delegationen des Dänischen und des Schleswig-Holsteinischen Landesverbands des Deutschen Roten Kreuzes des Einsatzes von Louis Appia und Charles van de Velde. Der Gedenkstein war 1989, zum 125. Jahrestag der Verabschiedung der Ersten Genfer Konvention 1864, eingeweiht worden.[72]

Am 18. April 1864 begann also endlich der lang vorbereitete Sturm auf die Düppeler Schanzen. Den Preußen gelang es nach harten Kämpfen, die Verteidiger in die Knie zu zwingen. 1200 preußischen Verlusten, davon über 250 Gefallenen, standen fast 5000 dänische, darunter 700 Tote, sowie 3500 Gefangene gegenüber. Diese vor allem zur Mehrung des Ruhms inszenierte Schlacht wurde von den «Preußischen Jahrbüchern» als «die Anfänge unserer Heilung» gepriesen, da diese nicht nur «das Gefühl von dem innigen Zusammenhang zwischen Volk und Armee» sondern auch den «Stolz auf unsere Brüder in Waffen»[73] gestärkt hätten.

Zugleich speiste Düppel den Mythenhaushalt der Reichseinigungszeit und wurde schnell zu *der* Entscheidungsschlacht stilisiert, die sie nicht war, weil der Krieg ja noch vier Monate fortdauerte.[74] Die wohl bekannteste Legende ist die vom Pionier Carl Klinke, der angeblich mit einer Sprengladung an seinem Körper auf eine Schanze zulief und ausrief: «Ick bin Klinke. Ick öffne dit Tor». Heldenhaft verhielt sich angeblich auch der Feldwebel Probst, der auf dem höchsten Punkt der gerade erstürmten Schanzen als letzte Tat seines kurzen Lebens die preußische Fahne gehisst haben soll. Eine weitere, nach 1864 gerne erzählte Legende handelte vom preußischen Musikdirektor Gottfried Piefke, der den «Düppeler Schanzen-Marsch» eigens zur Anfeuerung der Soldaten komponiert hatte. Piefke sei, so verbreitete sich rasch die Mär, der Taktstock zerschossen worden, weshalb er mit seinem Säbel weiter dirigiert haben soll. Seine bis heute anhaltende Berühmtheit sollte Piefke allerdings erst zwei Jahre später vor den Toren Wiens erlangen.

Zur Popularität dieser Geschichten trug nicht zuletzt Fontanes Gedicht «Der Tag von Düppel» bei, in dem er diese Schlacht mit denen ebenfalls an einem 18., jedoch im Juni, geschlagenen Schlachten von Fehrbellin (1675) und Belle Alliance (Waterloo, 1815) in eins setzte. Doch er war kein naiver Mythenproduzent. Den Wahrheitsgehalt der Klinke-Geschichte etwa schätzte er durchaus gering ein, doch trotzdem oder vielleicht sogar gerade deswegen erblickte er darin etwas, das sich der Volksmund nicht nehmen lassen wollte. Auch dänischerseits gerann «Dybbøl» nach 1864 zu *der* Entscheidungsschlacht des ganzen Kriegs, die mit dem Ausharren der 300 Spartaner unter König Leonidas am Thermopylenpass im Jahre 480 vor unserer Zeitrechnung gleichgesetzt wurde. Wie damals die Griechen gegen die Perser, sollte das heißen, so hatten 1864 die Dänen gegen die Preußen dem Ansturm der östlichen Barbaren auf das Abendland die Stirn geboten. Was den Preußen Klinke, Piefke und Probst waren, waren den Dänen Peder Ancker, der todesmutige, aber sinnlose Gegenangriff der «8. Brigade» sowie die verwegenen, aber wirkungslosen Attacken des Panzerschiffs «Rolf Krake».

Die Österreicher waren in der Zwischenzeit nordwärts auf Fredericia vorgerückt, die zweite dänische Festung auf Jütland. Am 29. April 1864 wurde sie kampflos geräumt, 200 allerdings unbrauchbar gemachte Geschütze wurden erobert, ebenso wie 30 000 Stück Geschützmunition sowie mehrere hundert Fässer Pulver und rund eine Million Infanteriepatronen. So wie die von den Preußen geschlagenen Reste der dänischen Armee auf Alsen festsaßen, taten es die vor den Österreichern abgezogenen Teile auf Fünen. Auf Jütland verblieben nur noch etwa 10 000 Mann mit einer Handvoll Geschützen. Doch immer noch gingen die Kämpfe weiter. Denn auch wenn die dänische Armee vorerst kaum noch zur operativen Initiative in der Lage war, blieb sie intakt; sie war geschlagen, aber noch keineswegs zerschlagen. Und so konnte Dänemark weiter ausharren und auf das Eingreifen anderer Mächte zu seinen Gunsten hoffen.

Es sollte sich auch 1866 und noch viel mehr 1870 herausstellen, dass die Kriege zu Beginn des letzten Drittels des 19. Jahrhunderts keineswegs mit einer großen Schlacht entschieden waren, auch wenn das bis heute in vielen Geschichtsbüchern steht. In dem zeitgleich tobenden Bürgerkrieg in den USA war das nicht anders. Nach der bis heute vielfach als kriegsentscheidend geltenden Schlacht von Gettysburg dauerte es noch fast zwei Jahre, ehe die Nordstaaten jenen Sieg feiern konnten, der bei nüchternem Blick auf die Kräfteverhältnisse eigentlich von Anfang an festgestanden hatte.

Der Krieg führte zu vielen, wenn auch unabsichtlichen und asymmetrischen kulturellen Kontakten. Ein Wirt in Taulov nahe Fredericia «klagte sehr über die Österreicher, die ihm seinen ganzen Vorrat an Bier ausgetrunken hätten, und meinte, die Preußen seien doch viel noblere Leute, sie hätten nur Wein getrunken». Auf die Frage des bewirteten preußischen Soldaten, «ob sie denn auch bezahlt hätten, ward mir mit kläglicher Stimme die Antwort gegeben: Nein, bezahlt hat keiner von ihnen». Doch nicht nur Bier und Wein konsumierten die Besatzer ohne Bezahlung; auch Angriffe auf das, was man heute die «kulturelle Identität» nennt, waren schon damals auf der Tagesordnung. Einen regelrechten Bildersturm entfesselten die Preußen Ende Februar in Flensburg durch die Entfernung des Idstedter Löwen, der den dänischen Triumph von 1850 über die Schleswig-Holsteiner feierte. Sowohl die Zurschaustellung des demontierten Löwen als auch dessen finale Verwertung als Altmetall wurden freilich auf Initiative Bismarcks untersagt. Der Löwe wurde ab 1868 im Zeughaus Unter den Linden, heute Sitz des Deutschen Historischen Museums, aufgestellt. Nach dem Zweiten Weltkrieg wurde er an Dänemark übergeben; seit 2012 steht er wieder an seiner ursprünglichen Stelle in Flensburg.[75]

Ein ähnlich bewegtes Schicksal hatte der an die dänisch-nationalen Sängerfeste 1843 bis 1859 erinnernde Obelisk, der auf der «Skamlingsbanken», einer Endmoräne südlich Kolding im nördlichsten Winkel Schleswigs, errichtet worden war. Dieser wurde niedergerissen, die Steine jedoch heimlich aufgekauft und gerettet, so dass er bereits 1866 wieder errichtet werden konnte, weil er auf einem Gebiet stand, das im Tausch gegen dänische Exklaven auf Föhr und Sylt durch den Wiener Frieden zu Dänemark kam.[76]

Klüger als die Preußen verhielten sich die Österreicher. In Fredericia stand die fast vier Meter hohe Bronzestatue des «tapperen Landsoldaten», die 1858 zu Ehren des Sieges in den Kämpfen von 1848 bis 1851 eingeweiht worden war. Als der Besuch des preußischen Kronprinzen angesagt war, befahl der alliierte Oberbefehlshaber Wrangel dem österreichischen Befehlshaber Gablenz, das bereits verunreinigte Monument abtragen und nach Berlin zum Zwecke des Einschmelzens transportieren zu lassen. Gablenz erhob dagegen Einspruch, weil diese Maßnahme eine Demütigung des Gegners wäre. «Da griff», schilderte ein österreichischer Offizier, «der Kronprinz ein und überließ in seiner bekannten ritterlichen Art Gablenz die weitere Verfügung über das Monument», das daraufhin «von unseren Soldaten gereinigt, die Inschrift wieder rein gewaschen, das Monument bekränzt und von Gablenz der Stadt geschenkt» wurde, was von den Dänen mit Jubel quittiert wurde.[77]

Der Krieg von 1864 war von den Schlachten zu Land geprägt, in denen die Dänen hoffnungslos unterlegen waren. Auf dem Wasser sah das ganz anders aus. Die dänischen Hoffnungen ruhten auf der in England gebauten «Rolf Krake». Sie war konzipiert worden nach dem Vorbild des 1861 im US-Bürgerkrieg gebauten Panzerschiffs «USS Monitor», die sich im März 1862 das weltweit erste Gefecht zwischen zwei Panzerschiffen mit der «CSS Virginia» geliefert hatte. Küstennah operierend und dampfgetrieben spielte sie vor allem eine psychologische Rolle. Denn es stellte sich heraus, dass sie von der Küstenbatterie der Preußen daran gehindert werden konnte, eine Behelfsbrücke über den Ekensund zu bombardieren. Und auch bei Düppel hatte ihre Anwesenheit zwar dabei geholfen, die preußische Landungsoperation auf Alsen zu verhindern, doch bei der Erstürmung der Schanzen vermochte sie nicht entscheidend einzugreifen. Dennoch wurde sie von einer japanischen Militärdelegation besichtigt, wie auch die Befestigungsanlagen in Düppel. Von Europa lernen hieß für das Land der aufgehenden Sonne zu dieser Zeit nicht nur Formen effizienten Verwaltens, Wirtschaftens und Forschens zu erkunden, sondern auch solche wirkungsvollen Tötens.[78]

Zu einer «klassischen» Seeschlacht kam es erst am 9. Mai vor Helgoland.[79] Seit Ende Februar hatte die dänische Marine eine Blockade der preußischen und schleswig-holsteinischen Häfen verhängt. Um diese zu brechen, war die preußische Marine viel zu schwach; sie musste daher auf die Unterstützung Österreichs warten. Aus dem Mittelmeer herandampfend trafen die beiden Fregatten «Schwarzenberg» und «Radetzky» Anfang Mai in der Nordsee ein und vereinigten sich mit drei ebenfalls aus mediterranen Gestaden herbeorderten preußischen Schiffchen. Die verfügten zusammen über nur zehn Kanonen, die beiden österreichischen dagegen über 88. Ihnen standen die drei dänischen Kampfschiffe «Niels Juel», «Jylland» und «Hejmdal» mit zusammen 102 Kanonen gegenüber. Was die Feuerkraft anbelangte, waren beide Seiten also annähernd gleich stark. Während die preußischen Boote kaum einzugreifen vermochten, lieferten sich die österreichischen und die dänischen Schiffe ein erbittertes Gefecht, in dem insbesondere die «Schwarzenberg» und die

«Jylland» schwer beschädigt wurden. Der österreichisch-preußische Verband konnte sich in die neutralen Gewässer vor Helgoland retten, doch der taktische Sieg lag bei den Dänen.

Auf den Ausgang des Kriegs hatte dieses Seegefecht freilich keine Auswirkungen, zumal die dänische Blockade an der Nordsee und in der Elbmündung nicht aufrechterhalten werden konnte. Im Gefecht vor Helgoland standen sich letztmalig Holzschiffe in einem größeren Gefecht auf hoher See gegenüber, zugleich war es das erste Gefecht zwischen Dampfschiffen. Seit 1865 steht ein in Altona am Elbuferhang errichtetes Grabmal für die im als Lazarett benutzten Gebäude Palmaille 49 verstorbenen Angehörigen der österreichischen Marine und zeigt an, dass das heute gemeinhin als Alpenstaat deklarierte Österreich einmal eine nicht unbedeutende Seemacht gewesen ist. Daran erinnert auch das 1866 errichtete Gefallenenmal für die österreichischen Marineangehörigen auf dem Friedhof Ritzebüttel in Cuxhaven.

In den Flotten und Armeen stand das alte oft noch scharf und unvermittelt neben dem neuen, nationalstaatlich und industriell geprägten Europa. Dass sich die österreichische Marine beachtlich geschlagen hatte, verdankte sie nämlich ausgerechnet einem Dänen.[80] Hans Birch Dahlerup war in Hillerød geboren worden. 1849 bis 1851 diente er als Vizeadmiral und Kommandant der österreichischen Marine, was ihm die Erhebung in den Freiherrenstand einbrachte. Da er in Dänemark nicht wieder Fuß zu fassen vermochte, kehrte er 1861 in österreichische Dienste nach Triest zurück. 1864 quittierte er aufgrund des schmerzlichen Loyalitätskonflikts den Dienst. Der österreichischen Marine blieb er trotzdem verbunden; am 31. Juli 1866 gratulierte er Admiral Wilhelm von Tegetthoff zum österreichischen Seesieg bei Lissa gegen Italien. Auch das war eine Seeschlacht, in der gestorben, aber nichts entschieden wurde.

Dahlerup ist heute nur noch Marineenthusiasten ein Begriff, ganz anders als der Generalstabschef der preußischen Armee, der in diesem Krieg allerdings noch eine Randfigur blieb. Helmuth von Moltkes Vater Friedrich Philipp entstammte zwar mecklenburgischem Adel, war aber in der dänischen Armee bis zum Generalleutnant aufgestiegen. Seinen Sohn schickte er daher an die dänische Kadettenakademie Kopenhagen. 1818 war er Page am Königshof und schrieb an seinen König Friedrich VI.: «Möge es mir irgendwann in der Zukunft vergönnt sein, die Befähigungen, die ich zu erwerben trachte, zum Nutzen des Königs von Dänemark einzusetzen».[81] Doch die Aufstiegsmöglichkeiten im dänischen Heer erschienen dem ehrgeizigen Offizier nicht verlockend genug. Im Januar 1822 erfüllte der dänische König Moltkes Bitte, in preußische Dienste übertreten zu dürfen. Seine ersten Erfolge und auch erstmalig etwas öffentliche Bekanntheit erlangte Moltke dann ausgerechnet im Krieg gegen Dänemark – der Rest ist Geschichte.

Nach Düppel, Fredericia und Helgoland schien der Kriegswille der dänischen Eiferer gebrochen. Am 12. Mai 1864 wurde ein Waffenstillstand geschlossen. Schon seit dem 25. April und bis zum 25. Juni 1864 tagte auf britische Initiative hin eine Friedenskonferenz in London unter dem Eindruck des Siegs bei Düppel. Anwesend waren Vertreter aller Signatarmächte des Londoner Protokolls von 1852, außer den drei Kriegsparteien also Großbritannien, Frankreich, Russland und Schweden. Für den Deutschen Bund, der ja kein Vertragspartner war, reiste der sächsische Außenminister Friedrich von Beust an; Sachsen hatte seinerzeit das Londoner Protokoll unterzeichnet, aber mit dem Vorbehalt der späteren Zustimmung des Deutschen Bundes.[82] Beust vermochte es in London nicht, ein augustenburgisch regiertes Herzogtum Schleswig-Holstein als neuen Mittelstaat zu erschaffen. Der völlige Bedeutungsverlust des Bundes wurde einmal mehr offenbar.

Um den Konflikt diplomatisch zu lösen, wurde eine Teilung Schleswigs erwogen, die sich an der Sprachgrenze orientierte. Preußen schlug eine weit nördlich verlaufende Teilungslinie etwa auf Höhe von Apenrade und Tondern vor, die weitgehend der heutigen Grenzlinie entsprochen hätte. «Ich weiche keinen Zoll», instruierte dagegen Dänemarks

Premierminister Monrad seine Delegation, die daraufhin eine sehr viel weiter südlich verlaufende Teilungslinie in Anlehnung an das Danewerk vorschlug. Von Großbritannien und Frankreich eingebrachte Kompromissvorschläge fanden nicht die Zustimmung der Streithähne.[83]

Der Krieg begann erneut; Dänemark musste in seiner Folge sehr viel mehr als einen Zoll weichen. Denn noch weniger als im Februar konnte es irgendeinen Zweifel über die militärischen Machtverhältnisse geben, zumal Österreich und Preußen ihr Vorgehen nun wieder eng abstimmten. Von Düppel aus beschossen die Preußen Stadt und Schloss Sonderburg und erzwangen am 29. Juni den Übergang nach Alsen. Der dänischen Armee blieb nur der Rückzug nach Fünen. Doch auch dort war sie bald bedroht, nachdem die alliierten Truppen am 11. Juli die Nordspitze Jütlands erreicht hatten.

Die Einnahme von Sylt hatte sich wegen des hinhaltenden Widerstands des dänischen Ortskommandeurs relativ lange hingezogen. Die «Sylter Rundschau» gab den Bericht eines steirischen Jägers über diese bewegten Tage so fern seiner gebirgigen Heimat wieder. Er sah «eine ziemlich große Menschenmenge am Landungsplatz [...], welche mit Tüchern uns entgegenwinkte und uns freudige Hurrahs entgegenrief». Ausgerechnet steirische Jäger aus dem äußersten Südosten des deutschen Sprachraums hatten Sylt an dessen äußerstem nordwestlichen Ende erobert. Mehrere von ihnen wurden Ehrenbürger von Sylt und Wyk, einer kehrte gar nach Kriegsende nach Tinnum auf Sylt zurück und heiratete dort. Bis zum Ersten Weltkrieg wurde der 18. August, der Geburtstag des österreichischen Kaisers Franz Joseph, auf Sylt gefeiert.[84]

Angesichts des zwar manchmal verzögerten, aber unaufhaltsamen Vormarschs der Alliierten war es nur eine Frage der Zeit, bis die weiteren dänischen Inseln, Fünen voran, aber auch Seeland mit der Hauptstadt Kopenhagen erobert werden würden. Endlich fügte sich die dänische Regierung in das Unvermeidliche und ersuchte erneut um Waffenstillstand; am 20. Juli trat er in Kraft. Die Friedensverhandlungen fanden nun unter deutlich schlechteren Bedingungen für Dänemark statt als noch Ende April. In London war eine internationale Konferenz einberufen worden; in Wien saßen die geschlagenen Dänen seit dem 25. Juli den Siegern allein gegenüber. Bereits am 1. August wurde der Präliminarfrieden geschlossen. Dänemark musste die drei Herzogtümer Schleswig, Holstein und Lauenburg an Österreich und Preußen abtreten sowie finanzielle Entschädigungen zusagen. Schleswig, Holstein und Lauenburg wurden von Österreich und Preußen vorerst durch das sogenannte Kondominium gemeinsam verwaltet. Der endgültige Wiener Friedensvertrag vom 30. Oktober 1864 bestätigte diese Regelungen in allen wichtigen Punkten.

Die Folgen des verlorenen Kriegs waren für Dänemark gravierend. Es verlor ein Drittel seines Territoriums und zwei Fünftel seiner Bevölkerung. Es wurde von einem Vielvölkerstaat zu einem relativ homogenen Nationalstaat. Düppel steht heute symbolisch für den Wandel des dänischen Selbstverständnisses: weg von der einst überregional einflussreichen, kriegerischen Macht hin zum friedliebenden Kleinstaat, der mit Lego, Hygge und Æblekage identifiziert werden will. Politisch, wirtschaftlich und kulturell über Jahrhunderte eng mit dem deutschen Raum verbunden, grenzte es sich seit 1864 ausdrücklich von seinem südlichen Nachbarn ab.[85]

Während des Kriegs und auch noch während der Friedensverhandlungen heizte ein Teil der Presse die Stimmung gegen die Deutschen an, die sich «wie Trichinen in den menschlichen Körper» in Dänemark eingeschlichen und «deutschen Hochmut, deutsche Vorurteile und deutsche Sklavengesinnung mitgebracht» hätten, wie «Fædrelandet» Mitte September 1864 giftete. Da wollte der Staatsrechtler und Ökonom William Scharling im «Dabgladet» nicht nachstehen und verteufelte die gerade 0,6 % der Bevölkerung stellenden deutschen Einwanderer wenig später als «Heuschreckenschwarm» und verlangte, «daß jede Spur von Deutschem innerhalb von Dänemarks Grenzen verschwindet; deutsche

Sprache, deutsche Sitten und Gebräuche, deutscher Geist und Denkweise». Doch es gab selbst im hitzigen Sommer 1864 einzelne Gegenstimmen; im «Fædrelandet» etwa beklagte ein Leserbriefschreiber, dass «wir Dänen» offensichtlich «immer noch nicht genug gelitten [haben] für unser eitles und einseitiges Pochen auf das Nationale und das Nationale und immer das Nationale». Eine Leserbriefschreiberin beharrte zwar darauf, dass die Dänen «so blutig, so schändlich Unrecht erlitten» hätten, doch sollte man sich deshalb davor hüten, selbst «Unrecht gegen unsere Feinde zu verüben», und stattdessen dafür sorgen, dass nicht «Deutsch für uns ohne weiteres gleichbedeutend wird mit Lüge, Gewalt, Diebstahl und Hinterlist». Tröstlich, insbesondere im Hinblick auf die Ausschreitungen in vielen kriegführenden Ländern im Ersten Weltkrieg, ist immerhin, dass es wohl keine größeren Angriffe auf die Deutschen gab und die nationalistisch aufgeheizte Propaganda nur wenig Wirkung auf das Verhalten der Dänen hatte, auch wenn es vereinzelte Abschiebungen wegen des angeblichen Verdachts, «in Verbindung mit dem Feind zu stehen», gab.[86]

Die Kultur im weitesten Sinn geriet im Zeitalter des Nationalismus zunehmend in den Blick der Eiferer, erst recht, wenn es um historische Fundstücke ging, die vermeintlich die eigenen Ansprüche begründeten. Der Wiener Frieden verpflichtete Dänemark dazu, das Schicksal der im Krieg evakuierten «Flensburger Sammlung» – einer Zusammenstellung von an die 10 000 archäologischen Fundstücken – zu klären. 1868 wurde sie großteils an Preußen übergeben; nach vielen Wirren befindet sie sich heute im Museum für Archäologie im Schloss Gottorf in Schleswig.[87] Doch wie, jenseits der hohen Politik und Kultur, erlebten die Menschen in den umstrittenen Gebieten den Krieg, der vorgeblich in ihrem Interesse geführt wurde?

«Nicht befreit, sondern erobert» – Was will das Volk?

Als erst die sächsisch-hannoveranischen Bundestruppen in Holstein und dann die Österreicher und Preußen in Schleswig einmarschierten, jubelten die meisten deutschen und deutschsprachigen Bewohner. Dennoch blieb eine antipreußische Stimmung vorherrschend, weil die Sympathien der meisten Menschen dem augustenburgischen Thronanwärter galten. «Prodeutsch» war noch weitgehend gleichbedeutend mit «antipreußisch». Preußens vermeintlicher Verrat 1848 bis 1851 war unvergessen, was ein von Landesbewohnern an die einrückenden preußischen Truppen verteiltes Gedicht in Reime fasste: «Wir kennen Preußen, kennen seine Farben / [...] / Doch kennen wir auch die, die uns verdarben / Das gute Recht durch Lüge und Verrath! / Das sind die Diplomaten! / Verflucht sei'n ihre Taten!»[88]

Die Stimmung im Norden war angesichts der historisch bedingten Traditionen und Loyalitäten, der vielfältigen ethnischen und sprachlichen Schichtungen zwischen «Deutschen», «Dänen» und «Friesen» keineswegs einheitlich, aber es war kaum zweifelhaft, was die Menschen in ihrer überwältigenden Mehrheit *nicht* wollten. Ende August 1864 etwa hat der augustenburgisch gesonnene Bernhard Rathgen die Menschen in Eckernförde «gut herzoglich gesinnt gefunden [...]. Preußisch will hier niemand werden».[89]

Insbesondere nach Abschluss der Gasteiner Konvention von 1865, in deren Folge sich Österreich aus Schleswig zurückzog und das Land Preußen überließ, verdüsterte sich die Stimmung. Ferdinand Philipp klagte in seinen Erinnerungen, dass «aus der Augustenburgischen Sympathie, welche die Bevölkerung in Holstein immer stärker beherrschte, je deutlicher die Annexion der Herzogtümer als Ziel der Bismarckschen Politik hervortrat», sich umso stärker «ein leidenschaftlicher Preußenhaß und eine vertrauensvolle Zuneigung zu dem gemütlichen österreichischen

Regiment im Lande» entwickelten. Viele Landesbewohner fühlten sich «nicht befreit, sondern erobert».[90]

Schärfer entlang nationaler Linien geteilt als im weitgehend homogenen Holstein war die Lage in Schleswig. Während die deutschsprachigen Nordschleswiger über das Ende der dänischen Herrschaft zunächst jubelten, trauerten die dänischsprachigen. Bertha Hahn, die einer wohlhabenden Kaufmannsfamilie aus Sonderburg entstammte und als Sechzehnjährige den Krieg erlebte, erinnerte sich ein halbes Jahrhundert später: «Es war schwer, sich an den Gedanken zu gewöhnen, dass wir unter Fremdherrschaft waren. Es ist schwer, die Schleswigholsteiner [...] triumphieren zu sehen».[91]

Doch auch manch ein Schleswiger, der unter der Dänisierungspolitik gelitten hatte, wurde nun ein scharfer Kritiker der Preußen. Husum war «ganz mit schleswig-holsteinischen Fahnen geschmückt», hatte Theodor Storm nach dem Ende der dänischen Herrschaft sichtlich bewegt beobachtet. 1842 hatte er noch sein Jura-Examen in Kiel in der Sprache seines Königs abgelegt, im März 1864 trat er nun das Amt als Landvogt in Husum unter gemeinsamer österreichisch-preußischer Verwaltung an. Doch von seinem Preußen- und Militärhass ließ er nicht. «Könnten wir die verfluchte Junkerbrut nur ...» – verjagen, wäre wohl die Lücke auszufüllen. So schrieb er in einem Brief, als preußische Truppen in Husum einzogen. Einerseits verfasste er ein Huldigungsgedicht für den Augustenburger Thronprätendenten, andererseits hat er sich «auch weder den Kommissären [den Statthaltern der preußischen und österreichischen Verwaltung] noch dem Herzog vorgestellt; es ist so etwas von instinktiver verbissener Opposition nach allen Seiten in mir», wie auch Fontane bemerkte. Beider Freundschaft überstand die konträren Ansichten von der «Bismarckschen Räuberpolitik». Bei einem Besuch Fontanes in Husum hatten sich die beiden «fast um den Hals geredet», doch dessen ungeachtet sei der überzeugte Preuße und Redaktor der reaktionären «Kreuzzeitung» «ein netter traitabler Mensch».[92]

Spätestens nach dem Wiener Friedensvertrag wurden nicht nur ausgesprochene Preußenhasser wie Storm immer skeptischer gegenüber den Besatzern. Insbesondere in den reichsdänischen Enklaven auf Sylt, Föhr und Amrum trauerten auch deutschsprachige Bewohner der dänischen Herrschaft nach. Der Amrumer Pastor Lorenz Friedrich Mecklenburg etwa bemerkte im Dezember 1864, dass es «uns Amrumern» höchst unangenehm sei, «daß die Verbindung mit dem dänischen Staate, die wir als eine uns wertvolle in dankbarer Liebe im Andenken behalten werden», nun gekappt sei. Auch wenn die evangelische Kirche zumeist als machtfromme Staatskirche auftrat, so gab es doch nicht nur diese abweichende Stimme. Anlässlich der in allen Kirchen der beiden Herzogtümer am 4. Dezember 1864 abgehaltenen Dankgottesdienste anlässlich des Wiener Friedensschlusses beklagte der Pastor Hinrichs in der St. Laurentius-Kirche auf Föhr die «Schande», dass «gegen das kleine Dänemark Krieg» geführt worden war. Der zuständige Landrat wollte das nicht dulden und erwirkte seine Verabschiedung.[93]

Ein dänisch gesinnter Lehrer in Flensburg schöpfte angesichts der von Unsicherheit und Skepsis geprägten Haltung nicht nur der dänisch-, sondern auch der deutsch- oder friesischsprachigen Bevölkerung gar neue Hoffnung: «Jetzt ist es nicht mehr weit, dass Dänen und Schleswig-Holsteiner einig darüber werden können, Dänemark zum Vaterland zu wählen. [...] Auf der einen Seite stand Freiheit und ein mildes Regiment, auf der anderen Seite Preußen – mehr braucht man nicht zu sagen».[94]

Doch noch immer war die Zukunft der drei Herzogtümer unklar, und ein selbständiges Schleswig-Holstein unter dem Augustenburger war, bei aller Abneigung gegen die Preußen, bei den «Dänen» Nordschleswigs keineswegs beliebt. Würden die beiden Herzogtümer unter einem eigenen Souverän vereinigt werden, würde auf jeden Fall ganz Schleswig von Dänemark losgelöst werden. Übernahm dagegen Preußen dieses Land, bestand die Hoffnung, dass das vorherrschend dänischsprachige Nordschleswig bei Dänemark bleiben würde. Berta Hahn war es «deshalb eine hämische Freude», dass Preußen den Augustenburger auflaufen ließ. Der ebenfalls pro-dänische Martin Bahnsen fragte sich dagegen noch während der Wiener Friedensverhandlungen, wie «noch jemand auf den Gedanken kommen [könne], dass Preußen sich einfach so von allen seinen ‹Errungenschaften› zurückziehen wird».[95]

Auch auf der anderen Atlantikseite wurden die Ereignisse aufmerksam beobachtet. Den langen Weg aus Illinois im mittleren Westen der USA nach Kiel legte Anfang 1865 ein Brief des ausgewanderten Leopold Alberti an seinen Bruder zurück, den in Kiel lehrenden Literaturwissenschaftler Eduard Alberti: «Also ein von den Dänen freies, deutsches Schleswig-Holstein ist doch endlich eine Wahrheit geworden u. haben meine politischen Lieder ihrer Zeit denn doch etwas Propheti enthalten. ‹Du Heimat mein, du freie!›»[96]

Wer nicht aus großer Ferne beobachtete, erkannte unter Umständen verlockende Chancen für sich unter den neuen Herren. Der Verwaltungsjurist und spätere Polizeimeister von Flensburg, Christoph Tiedemann, 1878 Chef der Reichskanzlei, 1883 geadelt und von 1898 bis 1906 zusätzlich Mitglied im Deutschen Reichstag, kam schon im Juni 1864 zu dem Schluss, «daß es jetzt an der Zeit sei, zu unserer ersten Liebe, d. h. zu Preußen zurückzukehren und für den Gedanken Propaganda zu machen, daß Schleswig-Holsteins Zukunft nur im engsten Anschluß an Preußen gesichert werden könne».[97]

Ähnlich sah das Carl von Scheel-Plessen. Eigentlich war er legitimistisch eingestellt und daher ein Freund der alten gesamtstaatlichen Verfassung Dänemarks. Doch nach dem Erlass der Novemberverfassung hatte er sich innerlich von seinem König in Kopenhagen losgesagt. Mit Bismarck abgestimmt, begann er, eine pro-preußische «Bewegung» im Land zu organisieren. In die Öffentlichkeit trat Scheel durch die insgeheim von Bismarck redigierte «Siebzehner-Adresse» vom 21. Dezember 1864, in der sich siebzehn Großgrundbesitzer und Bürger, denen sich später 200 weitere anschlossen, an die neuen Souveräne des Landes wandten. Sollte sich herausstellen, so schrieben sie, dass kein einheimischer Fürst – sprich der Augustenburger – sichere Rechte auf die Erbfolge habe, dann solle die enge Anlehnung an eine der beiden Großmächte gesucht werden. Angesichts der Geografie musste nicht ausgesprochen werden, dass nur Preußens breiter Rücken stark genug für diese «Anlehnung» sein konnte. Während Kaiser Franz Joseph in Wien diese vergiftete Offerte ablehnte, nahm Wilhelm I. sie freudig an.

Die pro-augustenburgische «Gegenpetition» fand Anfang Januar 1865 40 000 Unterschriften. Doch im Stillen arbeitete Scheel-Plessen unverdrossen weiter. Im Januar 1866 sprach die von ihm initiierte und an Bismarck gerichtete «Neunzehner-Adresse» dann «unumwunden aus, dass wir das Wohl und Heil unseres Vaterlandes nur in dessen Vereinigung mit der preußischen Monarchie sehen können».[98]

Dass die Zukunft ihres Landes trotz des Wiener Friedensvertrags unsicher blieb, weil Preußen und Österreich einander belauerten, war auch den pro-dänischen Bewohnern bewusst. Frederik Fischer, ein dänischsprachiger Uhrmacher, notierte in seinem Tagebuch anlässlich der von preußischen Truppen abgefeuerten Salutschüsse zu Ehren des Kaisers von Österreich: «In früheren Tagen haben die Kanonen der Preußen rechtzeitig gegen die Österreicher gedonnert, und wer weiß wie lang oder kurz es sein wird, bevor dies wieder geschieht».[99] Es sollten nicht einmal zwei Jahre vergehen, bis sich diese Vorhersage bewahrheitete.

«Der Frieden gebar den Krieg» – Alliierte werden Gegner

Theodor Fontane hatte eine Erklärung für den raschen Sieg der Alliierten, der sich seiner Meinung nach nicht einfach aus den Kräfteverhältnissen ergab. Für ihn waren «die Ueberlegenheit des oestreichisch-preußischen Systems (gegenüber dem Milizsystem der Dänen)» sowie «vor allem auch die Ueberlegenheit ihrer Bewaffnung»[100] entscheidend. Zudem erwies 1864 das Scheitern der Mittelstaaten und damit gewissermaßen auch der liberalen Opposition in Preußen. Sie waren nicht in der Lage gewesen, eine machtpolitisch realistische Alternative aufzuzeigen. Die augustenburgischen Aspirationen wurden zwar von den Mittelstaaten und der nationalen Öffentlichkeit unterstützt, doch Preußen legte sein Veto ein, das von Österreich mitgetragen werden musste, solange es mit Preußen gemeinsame Sache machte.

Die preußischen Konservativen feierten 1864 daher nicht nur aus militär- und außenpolitischen Gründen als Beweis dafür, «daß die Zukunft Deutschlands in der Einigkeit Preußens und Österreichs beruht».[101] Ungeachtet aller Rivalität zwischen den beiden war für sie entscheidend, dass die konservativen Vormächte des Deutschen Bundes den Liberalismus in Schach hielten und die Adelsprivilegien bewahrten. Dafür waren sie notfalls bereit, auf jene Machterweiterung Preußens zu verzichten, die Bismarck immer unverhohlener anstrebte.

Von solchen konservativ-publizistischen Querschlägen ließ sich die preußische Regierung daher nicht beeindrucken. Bereits am 24. März 1864, da war noch nicht einmal die Schlacht um die Düppeler Schanzen geschlagen, verlegte Preußen seine Marinestation von Danzig nach Kiel und setzte sich dort, auf holsteinischem Bundesgebiet, fest. Ein zaghafter Protest aus Wien wurde kühl abgebürstet. Am 29. Mai 1865 votierte der preußische Kronrat für die baldige Annexion, im September stellten preußische Kronjuristen hochoffiziell die Unbegründetheit der augustenburgischen Ansprüche fest; die Zukunft des Landes liege daher allein in den Händen Preußens und Österreichs. Nun brach auch der letzte Widerstand Wilhelms I. und des Kronprinzen gegen Bismarcks Annexionspolitik zusammen.

Die zunächst ähnlich stark gegen Preußen und Österreich gerichtete Stimmung in der national gestimmten Öffentlichkeit kippte in relativ kurzer Zeit. Nicht nur im mehrheitlich katholischen Süden, sondern auch im protestantischen Norden ruhten die Hoffnungen 1864 bald wieder mehr auf Österreich, das als Interessenvertreter der Augustenburger galt, als auf Preußen, von dem nichts als eine kalte Annexionspolitik erwartet wurde. Österreichs Ziel war es nun, durch Schaffung eines neuen Mittelstaates zumindest keine Machtverschiebung zu Gunsten Preußens zuzulassen, und wenn die Einverleibung in Preußen schon nicht vermeidbar war, sich das durch eine Gebietsabtretung in Schlesien kompensieren zu lassen, was von Berlin aber abgelehnt wurde. Preußen handelte in Schleswig und Holstein sehr energisch und zielgerichtet, Österreich dagegen zögerlich. Das war bei einem Blick auf die Landkarte auch nicht erstaunlich, denn der offenbarte: Preußen hatte langfristige Ziele *im* Land, während Österreich lediglich Ziele *mit* dem Land verfolgte. Immerhin war es vor Preußens Haustür präsent wie hundert Jahre später das an die UdSSR angelehnte Kuba im «Hinterhof» der USA; Österreicher und Preußen konnten diese Konstellation jederzeit zur Eskalation nutzen.[102]

Im Sommer 1865 schien dieser Konflikt bereits auf eine militärische Lösung zuzusteuern, zumal Bismarck angesichts der nicht nachlassenden pro-augustenburgischen Stimmung im Land befürchtete, dass «unsere Stellung unhaltbar» werde. Doch die Rivalen setzten sich nochmal zusammen. Im idyllischen Kurort Bad Gastein schlossen sie am 14. August 1865 einen Vertrag, durch den sie die Verwaltung der Herzogtümer aufteilten: Preußen übernahm Schleswig, Österreich Holstein. Ein deutscher Abgeordnetentag legte feierlich Protest gegen diese Abmachung ein, was wiederum Österreich und Preußen in zeitgleichen Noten zu der Aussage verleitete, der Abgeordnetenausschuss sei «ein in Permanenz erklärtes Organ der deutschen Revolutionspartei».[103]

Die Gasteiner Konvention war alles andere als gleichgewichtig. Preußen übte die militärische Kommando- und Polizeigewalt im Kieler Hafen aus, der zum Bundeshafen ausgebaut werden sollte, und es konnte die dafür notwendigen Festungsanlagen auch auf holsteinischem Gebiet errichten. Außerdem wurde Preußen der Bau zweier Militärstraßen, einer

Telegrafenlinie und einer Eisenbahnlinie zugestanden sowie, vor allem, des Nord-Ostseekanals. Komplettiert wurde der Eindruck, dass Österreich sich langsam zurückzog, durch den avisierten Beitritt der Herzogtümer in den preußisch dominierten Zollverein und den Verkauf der Rechte am Herzogtum Lauenburg für 2,5 Millionen dänische Reichstaler an Preußen.

Die Zeichen der österreichischen Politik standen zu dieser Zeit also noch auf Appeasement: Holsteins Kommandant von Gablenz vermied provokative öffentliche Auftritte und dämpfte die Propaganda der augustenburgischen Partei. Doch gänzlich unterbunden wurde sie auch nicht. Österreich hatte, wie kurz zuvor Dänemark, nicht zur rechten Zeit unhaltbar gewordene Positionen aufgegeben. Stattdessen schwenkte es, in dem Glauben, seine «Ehre» und seinen Großmachtstatus verteidigen zu müssen, durch einen Ministerratsbeschluss am 21. Februar 1866 auf Kriegskurs um, wie der preußische Kronrat genau eine Woche später. Kaiser Franz Joseph war «zum Krieg resigniert», wie Russlands Zar Alexander II. so schön formuliert hatte. Österreich begann stufenweise mit der Mobilmachung, was den Preußen nicht verborgen blieb. Anfang Mai begannen auch hier die Mobilmachungsmaßnahmen; ab Monatsmitte wurden erste Truppenteile in ihre Aufmarschräume verlegt.[104]

Diese Eskalation offenbarte, wie stark die alte Ordnung des Wiener Kongresses infolge des Krimkriegs bereits ins Wanken geraten war. Man könne nicht Schach spielen, «wenn einem 16 Felder von 64 von Hause aus verboten sind», schrieb Otto von Bismarck an seinen Förderer Ludwig von Gerlach im Mai 1860 und sprach damit nicht nur für sich, sondern auch für seine «Amtskollegen» Cavour, Schwarzenberg, Gortschakow oder auch Napoleon III. Prinzipien galten nicht mehr viel in der Außenpolitik der 1860er Jahre; alles war erlaubt, sofern es nur dem eigenen Machtzuwachs zu dienen schien. «Die Solidarität der europäischen Kabinette ist tatsächlich aufgehoben», die Idee des europäischen Gleichgewichts sei nicht länger «die Garantie aller gegen die Übergriffe des ein-

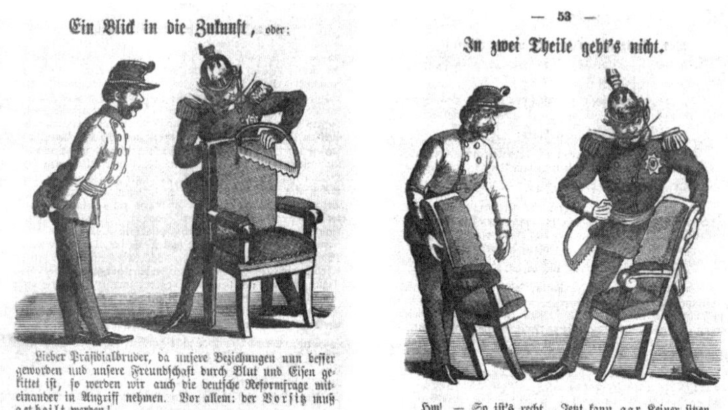

Abb. 4: «Ein Blick in die Zukunft, oder: In zwei Theile geht's nicht». Preußen fordert Österreichs Vorrangstellung im Deutschen Bund heraus: Nur einer kann gewinnen.

zelnen», sondern nur noch «ein toter Buchstabe», klagte Österreichs Außenminister Rechberg im Dezember 1863. Doch das Mitleid mit ihm darf sich in Grenzen halten, war er doch gerade selbst dabei, die Fundamente des Deutschen Bundes und damit ein Kernelement der europäischen Gleichgewichtsordnung einzureißen. Die preußische Politik war insofern nicht skrupelloser als die der anderen Staaten. Sie nutzte nur besonders geschickt das Auftauchen eines machtpolitischen «Wellentales zwischen je zwei hegemonialen Dünungswellen» aus, wie es der Historiker Ludwig Dehio 1948 immer noch leise bewundernd feststellte, obwohl sich inzwischen die Folgen der Bismarck'schen Politik nach der nicht mehr zu überbietenden Zerstörungsorgie der Weltkriege gezeigt hatten.[105]

Großbritannien hatte sich als Garantiemacht der Wiener Ordnung von 1815 schon in den 1830er Jahren langsam zurückgezogen, weil seine globale Vorrangstellung in der Industrie, den Finanzen und als Kolonialmacht kontinentale Bindungen als Einengung erscheinen ließ. Lord Palmerston, als langjähriger Außen- und Premierminister einer der wichtigsten Politiker seiner Zeit, betrieb eine im Kern anti-österreichische

Politik, weil er das Habsburgerreich als eine politisch, gesellschaftlich, sozial und ökonomisch reaktionäre, nicht ebenbürtige und nicht bündnisfähige Macht wahrnahm, wodurch er ungewollt dem späteren Aufstieg Preußens und auch der Expansionspolitik Napoleons III. den Weg ebnete. Anders als noch 1850/51 waren sich die anderen europäischen Mächte 1864 daher nicht mehr darin einig, eine Ausdehnung des Deutschen Bundes – und das hieß potentiell Preußens – weit nach Dänemark hinein zu verhindern.[106]

Es gehört zu den vielen, bemerkenswert listigen Schachzügen Bismarcks, dass er Österreich als Erfüllungsgehilfe der eigenen Annexionsbestrebungen an Bord holte und damit einen Teil der schmutzigen (und blutigen) Arbeit verrichten ließ. Heinrich Beitzke erkannte das zumindest im Nachhinein klar, als er Ende 1866 schrieb: Der Krieg in Schleswig wurde «gewiß nicht darum» unternommen, «um Schleswig-Holstein von Dänemark loszureißen, sondern nach dem Ausspruch unseres Ministeriums, um die Demokratie niederzuhalten und zu verhindern, daß nicht zahlreiche Freischarenzüge aus Deutschland die Losreißung auf eigene Hand unternahmen». Prophetisch hatte der Grazer «Telegraf» bereits am 29. November 1863 geschrieben: Österreich scheine für das Londoner Protokoll nur eingetreten zu sein, «um Preußen die Chancen zu eröffnen, schließlich das Londoner Protokoll mit Eklat zu zerreißen». Mehr noch, wie Wilhelm Ritter Gründorf von Zebegény 1913 zurückblickend formulierte: «Österreich ging in die gemeinsame Aktion hinein, ohne sich vorher klar zu sein, was es eigentlich wollte». Stattdessen «ließen wir uns von Bismarck zu dem Bundesbruche verleiten, womit wir eigentlich selbst es waren, die den von Metternich im Jahre 1815 errichteten Bund gesprengt haben». Diesem Urteil ist auch aus heutiger Sicht wenig hinzuzufügen. Eine unheilvolle Kombination aus nationalistischem Eifer, zynischer Machtpolitik und verzerrter Wahrnehmung der Machtverhältnisse hatte zu dem Krieg von 1864 geführt. Rund achttausend Menschen bezahlten dafür mit ihrem Leben. Begrenzte Kriege, so lautete der von den europäischen Regierungen gezogene Schluss, waren führbar, wenn man geschickt vorging und die eigentlichen Kämpfe schnell abgeschlossen werden konnten.[107]

Dennoch gelang schon gegen Dänemark die lokale und zeitliche Begrenzung des Kriegs keineswegs mühelos. Die Gefahr des Eingreifens der anderen Großmächte und damit der Entgrenzung des Konflikts bestand durchaus. Vor allem aber schuf dieser Krieg die Voraussetzungen für den nächsten. Mit Fontanes Worten: «Der Frieden von 1864 gebar den Krieg von 1866».[108] Die nationalistischen Wallungen der Öffentlichkeiten beider Konfliktparteien, die insbesondere auf das Handeln der dänischen Regierung einen selbstzerstörerischen Einfluss gewannen, brachten eine weitere, nur schwer kalkulierbare und noch weniger kontrollierbare Dynamik in die Situation. Das sollte sich auch 1866, vor allem aber 1870/71 wiederholen, und dann in sehr viel größerem Ausmaß. Denn sosehr die Regierungen und traditionellen Autoritäten das Heft des Handelns letztlich noch in der Hand zu halten schienen: Im Zeitalter des hochwogenden Nationalismus ließ sich das Schicksal der betroffenen Menschen nicht mehr völlig ignorieren.

II

«Der traurigste aller Bürgerkriege»

Österreich 1866

«Einer muss weichen oder gewichen werden» – Der deutsche Dualismus

Seit Mitte des 18. Jahrhunderts waren Österreich und Preußen nur selten gute Freunde gewesen. Deutlich wurde der wachsende Machtanspruch der in der märkischen Streusandbüchse am nordöstlichen Rand des Heiligen Römischen Reichs Deutscher Nation residierenden Hohenzollerndynastie durch die Selbsterhebung Friedrichs III., Kurfürst von Brandenburg, zum König Friedrich I. Vollzogen werden musste diese Krönung am 18. Januar 1701 in Königsberg im außerhalb des Reichs liegenden Ostpreußen. Die Machtausweitung der Hohenzollern konnte erfolgen, weil sich Kaiser Leopold I. in Wien nur dadurch der preußischen Hilfe im Spanischen Erbfolgekrieg zu versichern wusste; diese zumindest äußerliche Harmonie endete bald. Friedrich II. katapultierte das ärmliche Preußen durch den Überfall auf das reiche, habsburgische Schlesien 1740 in den Rang einer Österreichs Vormachtstellung im Reich anfechtenden europäischen Großmacht. Seither prägte der österreichisch-preußische Dualismus die deutsche Politik. Kaiser Joseph II. akzeptierte schließlich die infolge des Siebenjährigen Krieges verfestigte Machtverschiebung, und während des Kampfs gegen Napoleon kooperierten beide Staaten zeitweise wieder, ebenso bei der Gründung des Deutschen Bundes.

Als 1848/49 die Entscheidung «großdeutsch», also unter österreichischer Führung, oder «kleindeutsch» unter der Hegemonie Preußens und unter Ausschluss Österreichs anzustehen schien, war das eine harte Belastungsprobe für das national gesinnte Bürgertum. Preußens König Friedrich Wilhelm IV. lehnte die ihm vom demokratischen Paulskirchenparlament angetragene Kaiserkrone am 28. April 1849 endgültig ab, erschien sie ihm doch als ein «imaginärer Reif, aus Dreck und Letten gebacken». Neue Staaten wurden durch Könige gegründet, nicht durch das Volk, das war sein fester Glaubenssatz. Die Ereignisse danach erscheinen als eine Art Blaupause für den ab 1863 einsetzenden Einigungsprozess. Denn einerseits unterdrückte Preußen, wie in seinem Herrschaftsbereich Österreich, alle national-demokratischen Bewegungen, besonders brutal in Sachsen, der Rheinpfalz und in Baden. Doch andererseits lud der preußische Ministerpräsident, Friedrich Wilhelm Graf von Brandenburg, an ebenjenem 28. April, als Friedrich Wilhelm IV. die Krone demonstrativ abgelehnt hatte, die übrigen Bundesstaaten ebenso demonstrativ dazu ein, einen neuen Bundesstaat zu errichten.[1]

Die «Erfurter Union» war der Versuch Preußens, eine kleindeutsche Staatsgründung unter konservativen Vorzeichen zu Wege zu bringen. Wie ernsthaft ihn Friedrich Wilhelm IV. betrieb, ist umstritten. Immerhin tagte vom 20. März bis zum 29. April 1850 das verfassunggebende «Parlament der Deutschen Union», dessen Mitglieder in allen Bundesstaaten außer Holstein, Lauenburg, Hessen-Homburg, Hannover, Sachsen, Bayern, Württemberg, Liechtenstein und Österreich gewählt worden waren. Ein Gegenmodell, das dem «Dritten Deutschland» eine eigenständige und gleichgewichtige Rolle erlauben würde, trieb der sächsische Außenminister Friedrich von Beust voran. Das am 7. Februar 1850 geschlossene «Vierkönigsbündnis», dem sich Österreich zögerlich anschloss, hätte faktisch eine Wiederherstellung des Deutschen Bundes mit verstärkten Bundeskompetenzen bedeutet, die auch für die preußischen Hochkonservativen nicht unattraktiv war, denn eine Nationalstaatsgründung nach liberalen Vorstellungen wäre dann unmöglich gewesen.[2]

Entschieden wurde diese Frage durch den Konflikt um Kurhessen. Unter dem neuen, reaktionären Staatsminister Ludwig Hassenpflug schwenkte Kurhessen, gegen den erbitterten Widerstand der Parlamentskammer, die den Etat verweigerte, ab Februar 1850 auf einen pro-österreichischen Kurs um. Während der vom hessischen Kurfürst Friedrich Wilhelm zu diesem Zweck initiierten Bundesintervention standen bayerisch-österreichische Truppen den Preußen mit Gewehr im Anschlag gegenüber. Der preußische Außenminister Joseph von Radowitz unterlag jedoch der auf Ausgleich mit Österreich bedachten hochkonservativen Kamarilla. Preußen wich vor dem bewaffneten Kampf zurück und Österreich setzte sich am 29. November 1850 in der «Olmützer Punktation» durch. Preußen verzichtete auf eine eigenständige Bundespolitik; die alte Ordnung wurde wiederhergestellt.[3]

Olmütz hinterließ ein zwiespältiges Erbe. Einerseits wurde dadurch das nationale Einigungsprojekt von 1848 endgültig zu Grabe getragen und die innenpolitische Reaktionszeit eingeläutet. Bezeichnenderweise einigten sich im Frühjahr 1851 die acht größten Bundesstaaten von Österreich bis Baden auf eine enge, die Ländergrenzen überschreitende Polizeikooperation, um die Reste demokratischer und liberaler Opposition zu zerschlagen. Andererseits verhinderte Olmütz, dass die «deutsche Frage» durch einen Krieg gelöst wurde, dessen Dynamik kaum mehr beherrschbar gewesen wäre.

Durch die außen- wie innenpolitische Kooperation Österreichs und Preußens entspannte sich das Verhältnis beider für ein Jahrzehnt wieder, und die vor allem von Bayern verfolgte Trias-Politik, die Zusammenführung der Mittelstaaten zu einem kollektiven, gleichberechtigten Akteur, verlor dadurch vorerst ihre Grundlage. Oft ist preußischerseits von der «Schmach von Olmütz» die Rede gewesen. Der bayerische Ministerpräsident von der Pfordten konnte jedoch keine «Demütigung Preußens» erkennen, im Gegenteil: Österreich habe «die Partei, die es in Deutschland für sich hatte, preisgegeben, um sich mit Preußen zu versöhnen, dessen Lebensbedingung und Ziel die Verdrängung Österreichs aus Deutschland ist. Der Kampf um die Hegemonie in Deutschland», spürte er, «ist entschieden, und Österreich hat ihn verloren».[4] Einmal mehr hatten sich beide deutsche Großmächte für eine rückwärtsgewandte Stabilitätspolitik entschieden, die zu Lasten sowohl des «Dritten Deutschland» als auch der deutschen Nationalbewegung ging. «Olmütz» bewies, dass Österreich eine kaum anders als unredlich zu bezeichnende Politik betrieb, die die Wahrung der Interessen des «Dritten Deutschland» vorgab, nur um im passenden Augenblick die direkte Verständigung mit Preußen vorzuziehen. So war es 1850 gewesen und ebenso 1863/64. Die Freunde Österreichs hatten es nicht leicht.

Auch die Erfurter Unionspläne haben ein zwiespältiges Erbe hinterlassen. Sie waren der Versuch, einen kleindeutschen Bundesstaat auf Grundlage der konservativ revidierten Paulskirchenverfassung in Kooperation von Fürsten und liberaler Nationalbewegung zu schaffen. Voraussetzung dafür war: Preußen blieb, anders als Österreich, ein Verfassungsstaat. Und das bald bekannteste konservative Mitglied des Unionsparlaments, Otto von Bismarck, zog den Schluss, dass nur eine «Politik der Stärke» dazu führen konnte, Preußens Vormachtstellung in Norddeutschland und seine Gleichberechtigung mit Österreich zu erreichen. Wo Bismarck war, lagen von nun an «Eisen und Blut» in der Luft; davor undenkbare Koalitionen wurden möglich. Wie er gegenüber dem Gründungsmitglied des Nationalvereins, Hans Victor von Unruh, 1859 bemerkte, sei «das deutsche Volk»[5] nunmehr der einzige Verbündete Preußens – nicht, weil er plötzlich von seinen hochkonservativen Ansichten gelassen hätte, sondern weil er die Chance erblickte, sowohl Österreich als auch die Mittelstaaten strategisch aus dem Spiel zu nehmen.

Ende der 1850er Jahre erhielt die Nationalbewegung neuen Schwung. «Wann doch, wann erscheint der Meister, / Der, o Deutschland, dich erbaut, / Wie die Sehnsucht edler Geister / Ahnungsvoll dich längst geschaut»[6] – in diese pathetischen Worte fasste 1858 Immanuel Geibel seine Heilserwartung. 1859 wurde der «Deutsche Nationalverein» als elitäre Honoratiorenvereinigung nach dem Vorbild der bereits 1857 entstandenen «Società nazionale» gegründet, die für die Vereinigung Italiens unter der Führung Sardinien-Piemonts und seines Ministerpräsidenten Camillo Graf Cavour warb. Auch der «Partito nazionale» unter Giuseppe Garibaldi verfolgte das Ziel der nationalstaatlichen Einigung Italiens unter liberalen Vorzeichen.

Ebenfalls 1859 trat der Schillerverein ins Leben. Ab 1860 wurden nationale Turnerfeste gefeiert, beginnend in Coburg, dann in Berlin und Leipzig. Als «die zukünftige Hauptstadt Deutschlands» wurde auf dem «Deutschen Schützenfest» im Juli 1862 das gastgebende Frankfurt am Main gepriesen, das als Sitz des Nationalvereins eine zentrale Rolle für die nationalliberale Agitation gegen die konservativen Führungsmächte Preußen und Österreich spielte. Auch das Sängerbundfest in Dresden mobilisierte 1865 das nationale Bürgertum. Schon seit dem 18. Jahrhundert trugen (Volks-)Liedersammlungen, die Verweltlichung des Luther-Chorals «Ein feste Burg ist unser Gott» oder das Schaffen und die Rezeption von Komponisten wie Beethoven, Schubert, Schumann und Brahms zur «kulturellen Nationsbildung» bei. Zeitgleich begann sich die entstehende Industriearbeiterschaft zu organisieren, beginnend mit der Gründung des «Allgemeinen Deutschen Arbeitervereins» unter Ferdinand Lassalle 1863.[7]

Hemmend auf die Nationalbewegung wirkten sich freilich die vielen gesellschaftlichen Bruchlinien aus, darunter nicht zuletzt die Konfessionsspaltung. Gewissermaßen als Gegenstück zum preußisch-protestantisch geprägten Nationalverein entstand 1862 der in Süddeutschland und Österreich wirkende, katholisch dominierte «Deutsche Reformverein». Wie schon in den Jahrzehnten davor wurde die Zeit nicht nur von säkularen, nationalistischen Emotionen geprägt. Die Konfessionalisierung politischer Konflikte, bei der oft eine drohende Wiederholung des Dreißigjährigen Krieges als Menetekel an die Wand gemalt wurde, gab dem österreichisch-preußischen Dualismus eine religiöse Wendung. So kam ein protestantischer Autor 1852 zu dem Schluss: «In unserer Zeit gibt es wieder eine protestantische und eine katholische Politik, wie es eine Liga und eine Union gab».[8] Tatsächlich erschien den Zeitgenossen eine kriegerische Lösung der «deutschen Frage», die zu einem jahrelangen europäischen Krieg mit ungewissem Ausgang, ja vielleicht zu einem zweiten Dreißigjährigen Krieg führen würde, als ein keineswegs unrealistisches Szenario.

Bis ins 17. Jahrhundert musste die deutsche Nationalbewegung aber gar nicht zurückgehen, um ihre erste Konfrontation mit der Realpolitik zu erleben. Quer durch die politischen Lager stritt man 1859 darüber, ob Preußen Österreich im Krieg gegen Frankreich und Sardinien-Piemont beistehen solle. Berlin entschied sich für die Neutralität, was seinem Renommee im nationalen Bürgertum schweren Schaden zufügte. Dabei hatte Preußen durch die zarten innenpolitischen Reformansätze im Zeichen der «Neuen Ära» gerade erst Hoffnungen geweckt. Aus katholischer Sicht hing am Ausgang des Konflikts um das von Frankreich unterstützte Italien nicht weniger als das Schicksal des Abendlandes: «Mit Österreich siegt oder fällt Recht und Freiheit, mit Napoleon das Antichristentum», meinten die «Historisch-Politischen Blätter für das katholische Deutschland». Doch auch radikale Demokraten wie Jakob Venedey bliesen zum letzten Gefecht. «Um Frieden wieder auf Menschenalter möglich zu machen», rief er «das ganze Deutschland zu den Waffen», und zwar «gegen die Macht, die ohne Krieg und Ruhm nicht bestehen kann», Frankreich nämlich. Der «Baier, der Sachse, der Schwabe, der Franke», alle sollten «im Zorn aufspringen und dem Preußen zurufen: ‹Hierher, hilf, dort hetzt der Napoleonide seine afrikanischen Hunde gegen den

Österreicher›». Und wenn «das Blut aller deutschen Stämme im bewussten Kampfe für das Eine Deutschland auf den Schlachtfeldern des kommenden Krieges zusammengeflossen, gemeinsam die deutsche Erde getränkt, gemeinsam das deutsche Banner geweiht hat», dann wäre die Zeit gekommen für die echte, vom Volk für das Volk errungene nationale Einheit. Venedey war ein überzeugter Demokrat, Republikaner und Feind des militaristisch-despotischen Preußen – sympathisch sind seine Worte dennoch nicht. Dauerhaften Frieden gab es für ihn nur durch einen Freiheitskrieg gegen Frankreich und dessen totale Niederlage – und als wäre das nicht schon größenwahnsinnig genug, gab es die rassistische Entmenschlichung des Feinds noch obendrauf.[9]

Aufmerksam beobachteten die Zeitungen in Europa seit dem Frühjahr 1861 auch den US-amerikanischen Bürgerkrieg. Vor allem die liberale Presse sah Parallelen zum deutschen Dualismus, wobei Österreich und die ihm anhängenden Mittelstaaten oft als rückständig beziehungsweise partikularistisch mit den abtrünnigen Südstaaten gleichgesetzt wurden. Ähnlich sah das auch der in den USA exilierte Alt-48er Friedrich Kapp: «Die hiesigen Rebellen wollten nichts, als die Kantönlisouveränität, die Raubstaatenwirtschaft; sie wollten die Union zerreissen, um besser die Herren spielen zu können, [...] kurz, die Gemeinsamkeiten des Zieles zwischen Baumwollstaaten und den deutschen Kleinstaaten lag so offen am Tage», schrieb er im November 1866. Die konservativen Blätter billigten die Sezession und die Sklaverei zwar nicht offen, zeigten aber viel Verständnis für die Südstaaten und hofften, dass die USA zur Monarchie werden und dadurch das konservative Gemüter so erregende Experiment eines dauerhaft stabilen, republikanischen Großstaats beenden würden.[10]

Auf dem alten Kontinent sahen die Machtpolitiker weiterhin schwarz, weil Preußen im Juli 1860 in der «Teplitzer Punktation», durch die es sich zu militärischer Hilfe für die verbliebenen oberitalienischen Besitzungen Österreichs verpflichtete, abermals vor dem Machtkampf mit Wien zurückgeschreckt war. Heinrich Alexander Graf von Redern, Preußens

Gesandter in Brüssel, schrieb im November 1860 an seinen Kollegen in Dresden, Karl Friedrich von Savigny: «Sie können meiner Ansicht nach die Zustände nicht schwarz genug schildern, damit man endlich aus der bestehenden Sorglosigkeit bei uns erwache». Savigny teilte diese Sicht und erwartete sehnsüchtig den Retter: Es «findet sich kein Mann, der Besonnenheit und Kraft genug besäße, um uns durch eine rechtzeitige Umkehr vor den unausbleiblichen Folgen des bisherigen Taumelns am Rande des Abgrunds zu bewahren». War der Deutsche Bund «vor Bismarck» also wirklich eine «Periode kläglicher Thatenlosigkeit und thatenloser Kläglichkeit», wie Friedrich von Bernhardi 1895 meinte? Das war jener Bernhardi, der bei der Siegesparade 1871 an der Spitze der Truppen durch den Triumphbogen in Paris reiten durfte und 1913 mit seinem Buch «Deutschland und der nächste Krieg» Aufsehen erregte.[11]

Ungeachtet der pessimistischen Unkereien Savignys und anderer Konservativer waren die Verhältnisse in Bewegung geraten. Mit dem Regierungsantritt Wilhelms I., der 1858 seinem wegen zunehmender geistiger Erkrankung regierungsunfähig gewordenen älteren Bruder, Friedrich Wilhelm IV., zunächst noch als Prinzregent auf den Thron folgte, begann die «Neue Ära» in Preußen. Die Berufung des Reformministeriums unter Karl Anton von Hohenzollern-Sigmaringen weckte zarte Hoffnungen auf eine durchgreifende Liberalisierung Preußens, zumal auch in Bayern 1859 und vor allem in Baden 1860 liberale Regierungen gebildet wurden. Die Erfolge dieser Politik blieben jedoch mäßig, am ehesten waren sie noch in Baden feststellbar, weil hier der Großherzog und sein Staatsminister Roggenbach an einem Strang zogen. Selbst Österreich öffnete sich ab Dezember 1860 vorsichtig der neuen Zeit unter Staatsminister Anton Ritter von Schmerling, der 1848 zeitweilig die Provisorische «Reichszentralgewalt» in Frankfurt geleitet hatte. Durch das Februar-Patent von 1861 wurde nun auch Habsburg zum Verfassungsstaat mit einer zwei Kammern vorsehenden Repräsentativverfassung.[12]

Derart legitimiert, konnte Österreich wieder geltend machen, in der nationalen Frage die Führung zu übernehmen. Wie zehn Jahre zuvor lagen wiederum drei Optionen auf dem Tisch: preußisch-kleindeutsch, das großdeutsche 70-Millionenreich unter Einschluss der gesamten Habsburgermonarchie und das Trias-Modell mit einem «Dritten Deutschland» zwischen Österreich und Preußen. Wieder ergriff Sachsens Außenminister Friedrich von Beust im Oktober 1861 die Initiative und legte einen Reformplan vor, der den Staatenbund erhalten, aber stärker zentralisieren und von zwei auf drei Beine stellen wollte. Geleitet werden sollte er von einem Triumvirat aus den Souveränen Österreichs, Preußens sowie – rotierend – eines der Mittelstaaten. Das allein genügte Bayern, um den Plan abzulehnen, beanspruchte es doch, beständig die Mittelstaaten zu repräsentieren und dadurch selbst zum gleichberechtigten dritten Akteur neben Österreich und Preußen aufzusteigen.

Franz von Roggenbach versuchte von Baden aus durch einen ausgesprochen liberalen Kurs mit kleindeutscher Orientierung eine führende Rolle im Einigungsprozess zu übernehmen. Militärische Eroberungen konnten das ja keinesfalls sein, aber «moralische» sollten es werden. Realistisch waren diese Vorstellungen nicht. Sie bauten nicht nur darauf, dass Österreich freiwillig seine Machtposition im Bund räumte, sondern auch darauf, dass alle anderen Bundesstaaten sich für den Liberalismus öffneten. Und auch Roggenbachs Liberalismus war eher altliberal geprägt, jedenfalls nicht so eindeutig parlamentarisch ausgelegt, dass er Deutschland zwingend in eine parlamentarische Monarchie nach britischem Vorbild geführt hätte.[13]

Grob zurückgewiesen wurde auch der im Dezember 1861 ventilierte Unionsplan des preußischen Außenministers Albrecht Graf von Bernstorff, der die Grundidee der «Erfurter Union» wieder aufnahm und einen preußisch dominierten «engeren» Bund vorsah, an den Österreich in einem «weiteren» Bund lediglich locker angelehnt sein sollte. Die Reaktion kam prompt. Österreich, Bayern, Hannover, Sachsen, Württemberg, Hessen-Darmstadt, Nassau und Sachsen-Meiningen wiesen in gleichlautenden Noten diesen Vorschlag scharf zurück – Olmütz schien sich zu wiederholen, denn auch der Hinweis auf diesen Vertrag fehlte nicht. Preußen reagierte darauf wiederum brüsk, indem es das auf Kosten Habsburgs gerade erst geeinte Königreich Italien diplomatisch anerkannte und mit dessen Schutzmacht Frankreich einen Handelsvertrag abschloss.

Es war nicht zuletzt Preußens Gesandter zum Bundesrat, Otto von Bismarck, der zwischen 1851 und 1859 alle Versuche unterminierte, den Deutschen Bund zum Werkzeug der nationalpolitischen Integration zu machen, weil dadurch Preußens politisches und militärisches Potential gebunden wäre. Zugleich entwickelte er früh seine Gegnerschaft zu Österreich. Schon Ende 1851 fühlte er sich an «Erscheinungen zu Anfang des 30jährigen Krieges» erinnert, welche den habsburgischen Kaiser «zum Herrn Deutschlands» gemacht hätten. Zum Jahresende 1853 belehrte er Leopold von Gerlach, den engen Vertrauten des preußischen Königs Friedrich Wilhelm IV.: «Für beide ist kein Platz [...], also können wir uns auf die Dauer nicht vertragen. Wir atmen einer dem anderen die Luft vor dem Munde fort, einer muss weichen oder vom anderen ‹gewichen werden›, bis dahin müssen wir Gegner sein». Drei Jahre später konnte er sich «der mathematischen Logik der Tatsachen nicht erwehren, [...] daß Österreich nicht unser Freund sein kann und will». Er sah «keinen anderen Ausweg», als «dass wir in nicht zu langer Zeit für unsere Existenz gegen Österreich werden fechten müssen».[14]

Bismarck konnte als preußischer Gesandter am Bundestag zu Frankfurt seine Vorstellungen zwar formulieren, aber noch nicht umsetzen. Doch Nadelstiche vermochte er zu setzen, etwa als wesentlich durch sein Auftreten eine offene Parteinahme des Deutschen Bundes auf Seiten Österreichs während des Krimkriegs verhindert wurde. Der damalige österreichische Stabschef, Heinrich Freiherr von Heß, bedauerte «die Verblendung Preußens [...], das seine Kräfte in einer wenig begründeten Eifersucht gegen Österreich ausnützt, anstatt sich an dieses aufs engste anzuschließen»; nur so könnte es sich gegen einen zukünftig einmal drohenden Angriff von Ost und West wappnen, «der kaum durch die Bemühungen aller deutschen Stämme, selbst wenn engst verbunden, sicher abzuwehren wäre».[15]

Ab Herbst 1862 war Bismarck der bestimmende Politiker Preußens. Alexander Malet, 1849 bis zur Auflösung des Deutschen Bundes britischer Gesandter in Frankfurt, konstatierte bei ihm eine «unangemessene Verachtung der öffentlichen Meinung und eine kaum geringere gegenüber dem deutschen Liberalismus und seinen Führern». Bedenken werde er nicht haben, «wenn es sich um eine territoriale Abrundung Preußens handelt». Kurz vor seiner Ernennung zum preußischen Ministerpräsidenten verriet Bismarck auch dem späteren britischen Premierminister Benjamin Disraeli seine Pläne: «Meine erste Sorge wird sein, mit oder ohne Hilfe des Landtages die Armee zu reorganisieren [...], dann werde ich den ersten besten Vorwand ergreifen, um Österreich den Krieg zu erklären, den deutschen Bund zu sprengen, die Mittel- und Kleinstaaten zu unterwerfen und Deutschland unter Preußens Führung eine nationale Einheit zu geben». Es war nicht nur die taktische Offenherzigkeit Bismarcks, die seine Gesprächspartner ebenso faszinierte wie verschreckte, sondern vor allem seine geradezu brutale Zielgerichtetheit. Disraeli warnte den österreichischen Gesandten in Großbritannien: «Nehmen Sie sich vor diesem Mann in Acht; er meint, was er sagt».[16]

Genützt hat diese Warnung offensichtlich ebenso wenig wie spätere. Anfang Dezember 1862 ließ Bismarck den österreichischen Botschafter in Berlin, Alajos Graf von Károlyi, wissen, Österreich werde es jetzt mit Preußen «als europäische Großmacht zu thun bekommen», und die Paragraphen des Deutschen Bundes würden nicht die Kraft haben, «die Entwicklung der deutschen Geschichte zu hemmen».[17] Ein erster Schritt in diese Richtung war 1863 die «Alvenslebensche Konvention», die es russischen Truppen gestattete, zur Niederschlagung des polnischen Aufstands preußisches Territorium zu betreten. Dadurch wurden die traditionell guten Beziehungen zu Russland aufgefrischt und dessen Wohlwollen bei einem allfälligen Vorgehen gegen Österreich sichergestellt.

Innenpolitisch war dieses Manöver freilich sehr umstritten, wenn auch nicht unbedingt aus Sympathie für die ebenfalls um ihren eigenen Nationalstaat ringenden Polen, sondern aus Sorge um das Wohl der «deutschen Nation». Es sei «ein unzweifelhaft preußisches und deutsches Interesse, Posen zu behaupten», schrieb etwa die liberale «Illustrierte Zeitung» 1863, doch müsse Preußen auf tatsächlicher Neutralität beharren, denn sonst könnten sich auch andere Staaten berechtigt fühlen, einzugreifen, und dann «wäre ein Conflict da». Einen «glühenden Hasse gegen Deutschland, insbesondere gegen Preußen» unterstellte den Polen auch der Leipziger «Grenzbote», die angeblich die Überlegenheit des preußisch-protestantischen, «germanischen Volksgeistes» nicht ertragen könnten. Verständnisvoller zeigten sich die katholisch-konservativen «Historisch-Politischen Blätter für das katholische Deutschland». Sie verteidigten mit den polnischen Freiheitsbestrebungen zugleich die habsburgische Führungsrolle in Mitteleuropa, zumal «die Interessen Preußens [...] keineswegs mit den deutschen» identisch seien. Während «Preußen am Status quo der Zerfleischung Polens das größte Interesse hat» und damit den Machtambitionen des «asiatischen» Russland diene, komme Polen die Rolle als «Deutschlands treuestem Freund» zu.

Durch seine Kumpanei mit dem Zarenreich galt Bismarck dem liberalen Bürgertum ebenso als nationaler Verräter wie durch sein scheinbares Beharren auf dem Londoner Protokoll für Schleswig-Holstein. Preußen konnte sich weder 1848 noch 1863 oder später von der durch das «Teilungsbündnis» im späten 18. Jahrhundert herbeigeführten «eigentümliche[n] Rußlandbindung» abnabeln; jegliche Lösung der «deutschen Frage» ging auf Kosten Polens, auch wenn im Osten kein «Einigungskrieg» geführt wurde. Die stillschweigende Missachtung Polens und der Polen war eine der «Ursünden» der Reichsgründung.[18]

Österreich, außenpolitisch seit dem Krimkrieg isoliert, nutzte die antipreußische Gunst der Stunde. Kaiser Franz Joseph berief vom 17. August bis 1. September 1863 einen Fürstentag nach Frankfurt am Main ein. Dass dieser letzte Versuch einer Bundesreform grandios scheiterte, lag gewiss nicht an der Gastfreundschaft Frankfurts. Dieser Kongress tanzte vielleicht weniger als der in Wien knapp fünfzig Jahre davor, aber er tafelte gewiss nicht schlechter. Die hohen Herrschaften – Frauen spielten, soweit ersichtlich, tatsächlich nur dekorative Nebenrollen – sättigten sich an erlesenen Kreationen der französischen Haute Cuisine, darunter «Le Potage Chevalière», «Le Quartier de Boeuf Historique», «Les Suprêmes des Perdreaux au Congrès des Princes», «Les Cotelettes de Poulets à l'Impériale» und «Les Cascades diplomates». Etwas patriotischer gestimmt war die Weinbegleitung. Neben einem 1858er «Château Lafite» und einem «Champagne des Souverains» durften auch die Winzer aus dem nahegelegenen Rheingau ihr Können unter Beweis stellen. Kredenzt wurden vergorene Traubensäfte aus Hochheim und Aßmannshausen sowie ein 1858er Rauenthaler für neun Taler die Flasche. Das zahlte sich für die rund fünf Kilometer vom Rhein gelegene Weinbaugemeinde aus, denn der Ruhm ihres «Fürstenweins», als der er seither vermarktet wurde, katapultierte den Ort in die erste Liga der teuersten Weinlagen am Rhein. Noch gänzlich unbelastet von der Angst vor Feinstaubbelastungen wurde als Finale brillante ein Feuerwerk mit Märchenszenen aus Tausendundeiner Nacht dargeboten. Eine Germania-Figur stürzte allerdings in sich zusammen, statt zu erstrahlen.[19]

Doch dieses bösen Omens hätte es gar nicht bedurft; zwar waren 30 der 35 Gliedstaaten am Main präsent, doch einer, gegen den nichts zu bewegen war, fehlte. Bismarck hatte König Wilhelm von der Teilnahme abgehalten. «Der König von Sachsen», genoss Bismarck diesen Triumph, «der klügste aller Diplomaten, erwartete unseren Herrn schon, um ihm in aller Liebe die österreichische Schlinge um den Hals zu werfen». Es «war ein schwerer Tag, am Abend hatte unser armer König einen Nervenanfall, ich war todmüde, konnte aber dem König von Sachsen einen Brief bringen, der dreißig lange Nasen für Frankfurt enthielt».[20]

Der Fürstentag war trotzdem ein gelungener Propagandacoup. Kaiser Franz Joseph wurde überall auf seiner Reise an den Main jubelnd empfangen. Doch durch seinen Boykott verhinderte Preußen, dass Wien diese Stimmung für sich nutzen konnte. Österreich hatte sich allerdings zweifelhafter Methoden bedient, um einen «engeren» Bund unter Ausschluss Preußens zu formieren. Der Plan wurde lange geheim gehalten und erst präsentiert, als sich die Souveräne am Main versammelt hatten. Immerhin sahen die Reformvorschläge eine erweiterte Bundesexekutive ebenso vor wie ein Bundesgericht sowie eine zwar nicht direkt, aber immerhin durch Delegierte der Einzelstaaten beschickte Volksvertretung. Diese Stärkung des Bundes hätte Preußen die geforderte Gleichberechtigung weiterhin verweigert und die österreichische Dominanz verewigt, zumal es die Mittelstaaten in der Regel mit Habsburg hielten. Nur Großherzog Friedrich von Baden trat allen Bestrebungen eines Sonderbunds unter Leitung Österreichs energisch entgegen und wahrte insofern die Interessen des abwesenden Preußen.

Die von Bismarck formulierte Ablehnung dieser Pläne bemängelte, die Reformen würden «die Gesammt-Interessen der deutschen Nation» zu wenig berücksichtigen, und ein Nationalparlament müsse direkt gewählt sein. Das war freilich wenig glaubwürdig, da sich die preußische Regierung gerade in einem schwerwiegenden Konflikt mit dem eigenen Parlament befand, dem sogenannten Verfassungskonflikt. Skeptisch zeigte sich auch der Großherzog von Baden, der die Souveränitätsrechte seines Staates *und* zugleich das Banner des Konstitutionalismus hochhielt; eine von den Parlamentskammern und Regierungen abgekoppelte reine Fürstenversammlung erschien ihm mit dem liberalen Zeitgeist unvereinbar. Dass die Reformakte «in keiner Weise den Ansprüchen der Nation auf Einheit und Freiheit» genüge, stellte auch der «Deutsche Nationalverein» fest. Als Österreichs Versuch, die Reformakte notfalls auch ohne, also gegen Preußen umzusetzen, im Oktober 1863 keine Mehrheit fand, war die Bundesreform auf politischem Weg gescheitert.[21]

Preußen war durch den Boykott des Fürstentags im Hinblick auf sein Ziel, die Gleichberechtigung mit Österreich oder gar seine Verdrängung aus dem Deutschen Bund zu erreichen, allerdings nicht vorangekommen. Das sollte auf dem Umweg über Schleswig und Holstein gelingen, wo die beiden Rivalen doch vermeintlich gerade ihre Einigkeit gegen die übrigen Bundesmitglieder demonstriert hatten. Nicht weniger wichtig als politische Reformbemühungen und die Debatten der Intellektuellen und der Presse waren allerdings die ökonomischen Fakten. Im Industriezeitalter wurde es immer wichtiger, die Chancen der entstehenden bürgerlich-kapitalistischen Epoche beherzt zu nutzen, viele alte Zöpfe in Recht, Politik, Wirtschaft und Armee abzuschneiden. Und da konnte von einer Ebenbürtigkeit der beiden deutschen Großmächte zunehmend weniger die Rede sein.

«Eisen und Kohle statt Eisen und Blut» – Wirtschaft, Rüstung, Politik

Verfassungspolitisch war Österreich noch behäbiger als Preußen und trat 1851 in die Phase des Neoabsolutismus ein, auch wenn nicht alle Fortschritte der Revolutionszeit kassiert wurden. Dennoch wurde die Entwicklung einer auch *ökonomisch* dynamischen Bürgergesellschaft dadurch behindert. Nach 1859 stand zwar eine vorsichtige Öffnung auf der Tagesordnung, doch zu einer echten konstitutionellen Monarchie wurde der Kaiserstaat weder durch das Oktoberdiplom von 1860 noch durch das Februar-Patent von 1861, das 1865 auch wieder suspendiert wurde. Erst durch den «Ausgleich» von 1867, der das Habsburgerreich in eine ungarische und eine österreichische Hälfte teilte, wurde die nunmehrige Doppelmonarchie endgültig zum Verfassungsstaat.[22]

Auch militärisch blieb Österreich zurück. Preußens Armee unterlag einem beständigen Modernisierungsprozess. Die Roon'schen Reformen der frühen 1860er Jahre ließen sich, in ihrer Bedeutung übersteigert, leicht in die Reichsgründungslegende integrieren. Zusammen mit Moltkes vermeintlichem strategischen Weitblick und Bismarcks angeblicher politischer Genialität schufen sie die Meistererzählung einer staatszentrierten Dreifaltigkeit, die alle nicht staatlich-militärischen Triebkräfte der Reichseinigungszeit in den Hintergrund schob.[23]

Österreichs Armee wurde nicht reformiert, sondern musste unter dem Dirigat des Finanzministers Ignaz von Plener ein «Streichquartett» aufführen: Von 179 Millionen Gulden 1861 wurden die Militärausgaben auf 96 Millionen Gulden 1865 nahezu halbiert. Zwischen 1862 und 1864 steckte Österreich 20 % seiner Staatsausgaben in die Heeresrüstung, Preußen dagegen 27,5 %; 1866 waren es in Preußen schon 40 %, vor 1870 dann gar 45,7 %. Während im Habsburgerreich einer von 57 Einwohnern Soldat war, war das einer von 35 Preußen. Bis auf die kurze Hochrüstungsphase nach 1865 war das im Vergleich der europäischen Mächte nicht einmal besonders viel; vielmehr war es Österreich, das in der Entfaltung seiner Ressourcen langsam auf das Niveau eines Mittelstaats zurückfiel. Österreichs späterer Finanzminister Johann Graf Larisch von Moennich erklärte einmal trocken: «Entweder Sanierung des Staatshaushalts durch eine preußische Kriegsentschädigung oder ein veritabler Staatsbankrott». Larisch forderte keinen Präventivkrieg, doch ein langer Rüstungswettlauf wäre nicht finanzierbar; das hatte er klar erkannt.[24]

Und Österreich hätte viel investieren müssen, denn hinsichtlich Ausbildung und Bewaffnung hinkte es Preußen weit hinterher. Feldmarschall Heinrich Freiherr von Heß, ein intimer Kenner der preußischen Armee, hatte in einem Memorandum Anfang 1864 die Mängel schonungslos benannt, doch nichts geschah. Zwar wurde die Überlegenheit des eine «treffliche Feuerwaffe» darstellenden preußischen Zündnadelgewehrs erkannt, doch werde sie durch die größere «Manövrierfähigkeit und

Selbständigkeit der Unterbefehlshaber» und die Überlegenheit der eigenen Artillerie ausgeglichen. Das berichtete jedenfalls der im August 1865 mit dem Auftrag, «Bewegungen des eventuellen Gegners [...] nicht mehr aus den Augen zu lassen»[25], an die Spree gesandte österreichische Militärattaché, Oberst Josef Pelikan von Plauenwald.

Die Planungen für einen allfälligen Schlagabtausch mit Preußen wurden nach der vermeintlichen Entspannung infolge der Gasteiner Konvention nicht mehr weiterverfolgt. Mit höchstens 180 000 Mann rechnete Pelikan von Plauenwald im Februar 1866; tatsächlich waren es im Juni 1866 dann 254 000 Preußen, die in Böhmen einmarschierten. Preußen mit gerade einmal 18 Millionen Einwohnern war damit erheblich effizienter als das doppelt so bevölkerungsreiche Österreich, das zudem 100 000 Mann an seiner Südgrenze belassen musste als Schutz vor italienischen Begehrlichkeiten – ein Erfolg Bismarcks, der zeitgenau ein Bündnis mit Italien eingefädelt hatte.[26]

Auch die 1864 vergleichsweise leicht errungenen militärischen Erfolge förderten die fatale Überschätzung der eigenen Macht und die Unterschätzung Preußens, die von den anderen europäischen Mächten geteilt wurde. So sah sich Napoleon III. im Oktober 1865 dazu veranlasst, im Fall eines preußisch-österreichischen Konflikts die französische Neutralität zuzusichern, da er die ihm schwächer erscheinende Partei stärken wollte. Erst im Juni 1866 wechselte er auf die Seite Österreichs, nur um schnell zu bemerken, dass er auf das falsche Pferd gesetzt hatte.[27]

Dass Habsburg hinter Preußen mehr und mehr zurückfiel, hatte nicht zuletzt ökonomische Gründe. Die Kräfteverschiebungen in Europa zwischen 1864 und 1871 waren die Folge und zugleich der verstärkende Resonanzboden für Entwicklungen, die die Welt im 19. Jahrhundert dauerhaft veränderten. Die Produktivitätssteigerung der Landwirtschaft erreichte zwischen 1850 und 1870 20 bis 30 %. Sie war zugleich die Basis der Industrialisierung; sie setzte einerseits Arbeitskräfte frei und ermöglichte andererseits ein starkes Bevölkerungswachstum. Die Industrialisierung war ein weitgehend evolutionäres Phänomen, das lokal und regional, so etwa im Ruhrgebiet, aber auch revolutionäre Dynamik entfalten konnte. Doch neben solchen Knotenpunkten der Industrialisierung gab es davon kaum berührte Gebiete. In Mecklenburg und Lauenburg fiel 1864 einem sächsischen Soldaten, dessen Heimat zu den Industrieschwerpunkten zählte, auf, dass die Menschen hier «noch sehr ungebildet und um 100 Jahre zurück» seien: «Ihre Speise besteht nur aus Kartoffeln, Speck und schwarzem Brot, das Pumpernickel heißt. Das Bier und das Wasser ist sehr schlecht und alles sehr teuer».[28]

Es ist eine Ironie der Geschichte, dass Preußen 1815 lieber Sachsen geschluckt hätte als das vom Kernland getrennte Rheinland und Westfalen; doch genau dort entstand die größte kontinentaleuropäische Ballung an Schwerindustrie mit den Waffenschmieden Preußens. Die von Preußen erzwungene nationalstaatliche Einigung beruhte nicht zuletzt auf Kohle, Schweiß und Dreck. Der britische Ökonom John Maynard Keynes meinte gar: «Das Deutsche Reich ist weit eher auf Kohle und Eisen als auf Blut und Eisen aufgebaut».[29]

Das war freilich keine erst nachträglich zutage geförderte Erkenntnis. Der Publizist und Schriftsteller Rudolf Löwenstein stellte Ende Oktober 1862 fest, dass die deutsche Einheit vorerst nur eine Hoffnung sei, doch sie «werde ebenso sicher hergestellt werden, wie ein Naturgesetz mit Nothwendigkeit sich erfüllen müsse; freilich nicht durch ‹Eisen und Blut›, sondern vielmehr durch Eisen und Kohle». Tatsächlich wuchs die Steinkohleförderung im Zollverein zwischen 1850 und 1869 von 3,5 auf 26,3 Millionen Tonnen, die Roheisenproduktion von 220 000 auf 1 413 000 Tonnen, die Länge des Eisenbahnnetzes von 5859 auf 18 876 Kilometer. Zwar verschloss sich Österreich keineswegs der Industrialisierung, doch hier entwickelten sich nur wenige schwerindustrielle Zentren, so etwa in Böhmen und Mähren sowie in der Hauptstadt Wien. Vor allem im direkten Vergleich mit Preußen fiel Österreich zunehmend zurück: 1865 verfügte Ersteres über 11 000 Kilometer Eisenbahnstrecke sowie 15 000 Dampfmaschinen und produzierte 850 000 Tonnen Roheisen; Letzteres nannte 6600 Eisenbahnkilometer und 3400 Dampfmaschinen sein eigen und erzeugte 460 000 Tonnen Roheisen.[30]

In vielen anderen Gebieten des Deutschen Bundes vollzog sich die wirtschaftliche Umgestaltung verzögert, nicht zuletzt, weil ein einheitliches Wirtschaftsgebiet, anders als in Großbritannien oder Frankreich, noch nicht bestand. Der Deutsche Zollverein war in vieler Hinsicht ein Vorläufer und Motor der nationalstaatlichen Einigung. Der preußische Finanzminister Friedrich von Motz prophezeite 1829, dass aus der «auf gleichem Interesse und natürlicher Grundlage ruhenden und sich notwendig in der Mitte von Deutschland erweiternden Verbindung» wieder ein «verbündetes, von innen und außen festes und freies Deutschland unter dem Schutz und Schirm von Preußen entstehen und glücklich sein» werde. Der 1834 gegründete Deutsche Zollverein und der mit ihm einhergehende «Sieg des Talers über den Gulden» bewirkte die langsame Herausdrängung Österreichs aus Deutschland, die sich aber auch etwa in den Kommunikationsstrukturen und bei den gesellschaftlichen Eliten abzuzeichnen begann. 1860 umfasste der Zollverein praktisch das spätere Deutsche Reich, außer Mecklenburg, Schleswig-Holstein und dem damals französischen Elsass-Lothringen.[31]

Die wirtschaftliche Einigung war zugleich höchst politisch, denn im Vergleich zur national- und innenpolitischen Reformträgheit des Deutschen Bundes kam es wirtschafts- und rechtspolitisch zu weitreichenden Reformen, die später im Norddeutschen Bund und im Kaiserreich fortgeführt wurden: das Allgemeine Deutsche Handelsgesetzbuch (1861), das Urheberrecht (1864), die Maß- und Gewichtsordnung (1865) sowie die Zivilprozessordnung (1866). Auch das moderne Finanz- und Börsenwesen entstand in dieser Zeit, was dem ökonomisch erstarkenden Bürgertum ungeahnte Tätigkeitsfelder eröffnete.[32]

Der wirtschaftliche Aufschwung füllte auch die Staatskassen. Zwischen 1855 und 1870 wuchs das Nettosozialprodukt auf dem Gebiet des späteren Deutschen Reichs um fast 50 %, bereinigt um das Bevölkerungswachstum immer noch um 32 % pro Kopf. Das war ein zehnmal höheres Wachstum als in vorindustrieller Zeit. Zwischen 1848 und 1865 wuchsen entsprechend die Einnahmen aus direkten Steuern von 20,3 auf 31,5 Millionen Taler, also um über die Hälfte, die der indirekten Steuern um gut ein Drittel, von 28,3 auf 38,7 Millionen Taler. Statt 95 Millionen 1849 betrugen die Staatsausgaben 1865 150 Millionen Taler. Am stärksten profitierte das Kriegsministerium von der exzellenten Haushaltslage; sein Etat wuchs zwischen 1858 und 1865 um 35 %, über dreimal stärker als die übrigen Ressorts. Der Regierung stand 1862 bis 1865 ein jährlicher Einnahmeüberschuss von knapp vier Millionen Talern zur Verfügung.[33]

Dem ökonomischen Gewicht des Bürgertums entsprach sein politisches bei weitem nicht, was es zu ändern trachtete. Noch bei Eröffnung des ersten Vereinigten Landtags am 11. April 1847 hatte König Friedrich Wilhelm IV. getönt: «Zwischen mir und mein Volk soll sich kein Blatt Papier drängen». Die oktroyierte, einseitig vom König erlassene Verfassung vom 31. Januar 1850 machte Preußen zwar endgültig zum Verfassungsstaat, doch in eingeschränkter Form, die viele liberale – und erst recht demokratische – Inhalte vermissen ließ. Aufgrund der extrakonstitutionellen Stellung der Armee, des königlichen Vetorechts und des die Begüterten privilegierenden Dreiklassenwahlrechts blieb der Durchbruch liberaler Prinzipien aus. Diese Verfassung war «trotz aller liberalen Errungenschaften doch auch und vor allem ein Produkt der Gegenrevolution». Das zeigte auch die 1855 vollendete Umformung der Ersten Kammer in das Herrenhaus. Es wurde zur Versammlung von auf Lebenszeit Berufenen, die überwiegend dem agrarischen Großgrundbesitz entstammten, und dadurch zur Bastion dieser sozialen Gruppierung. Stark waren Liberalismus und Bürgertum dagegen vor allem in den Städten und Gemeinden. Die liberale Presse jener Tage hatte sechsmal mehr Leser als die konservative, und nach der Abgeordnetenhauswahl im

Dezember 1858 standen 236 liberalen nur 56 konservative Abgeordnete gegenüber.[34]

Doch diese liberale Mehrheit war allein nicht handlungsfähig. Nur im Zusammenspiel von Regierung, Herrenhaus und Abgeordnetenhaus waren Gesetzesänderungen problemlos möglich. Keiner der drei Akteure konnte sich alleine durchsetzen, vermochte es jedoch jederzeit, den Gesetzgebungsprozess lahmzulegen. Das Abgeordnetenhaus besaß zwar ein Mitentscheidungsrecht über die Ausgaben und konnte diese auch ganz verweigern, kontrollierte aber nicht die Einnahmen, die Steuern und Abgaben. Stattdessen fand sich in Artikel 107 der später so bedeutungsvolle Satz: «Die bestehenden Steuern und Abgaben werden forterhoben, [...] bis sie durch ein Gesetz abgeändert werden». Wie es ohne das Steuerverweigerungsrecht des Parlaments aussah, bemerkte Ludolf Camphausen, Chef des liberalen «März-Ministeriums», schon 1849 scharf, nämlich «daß in dem einen Falle die Regierung dem Geiste der Verfassung gemäß regieren *kann*, wenn sie will, und daß sie in dem anderen Falle diesem Geist gemäß regieren *muß*, auch wenn sie nicht will». Die Gegenposition, die im Verfassungskonflikt zum Tragen kommen sollte, formulierte ebenfalls 1849 Finanzminister David Hansemann. Er betonte das Recht der Krone, die Kammern zu vertagen, zu schließen und aufzulösen, «die Meinung der Kammern unberücksichtigt zu lassen und die Gelder zu verwenden».[35]

Der auf diese Weise gewissermaßen jahrzehntelang vorbereitete Machtkampf zwischen Krone und Parlament brach schließlich im preußischen Verfassungskonflikt aus. Im Februar 1860 hatte Kriegsminister Albrecht von Roon die Militärvorlagen – einen Militärgesetz- und einen Finanzgesetzentwurf – ins Abgeordnetenhaus eingebracht, dessen liberale Majorität aus zwei Gründen «nein» sagte. Zum einen wurde die Verlängerung der Dienstzeit abgelehnt, zum anderen die geplante Degradierung der Landwehr, die aus dem Feldheer ausscheiden sollte. Sie wurde als «bürgerliches» Element und Kern einer künftigen «Volksbewaffnung» angesehen, die das Adelsmonopol auf die Armee zumindest relativieren würde. Die Regierung zog daraufhin die Vorlagen zurück, weil diese Gesetze notfalls auch ohne das Parlament auf Grundlage der königlichen Kommandogewalt durchgeführt werden konnten. Doch ohne Geld keine Militärreform – und hier saß das Abgeordnetenhaus am längeren Hebel. Zweimal hatte es die zusätzlichen Mittel zwar bewilligt, aber mit einem Provisoriumsvorbehalt versehen. Doch das kümmerte die Regierung wenig, zumal sie aufgrund der guten Wirtschaftslage auf absehbare Zeit gar nicht auf die Bewilligung erhöhter Einnahmen angewiesen und daher nicht erpressbar war. Es sei offensichtlich, so Kriegsminister Roon im Abgeordnetenhaus schnippisch, dass man «große Summen doch wohl nicht provisorisch bewillige, um sie nachher definitiv zu verwerfen». Doch frisch gestärkt durch den Sieg bei den Abgeordnetenhauswahlen im Mai 1862 lehnte die liberale Mehrheit die Zusatzgelder für die Heeresreform am 23. September 1862 erneut ab. Die voraussehbare Folge war, dass wiederum nun das Herrenhaus diesen Etat ablehnen und das Land 1863 dadurch ohne gültigen Haushalt dastehen würde. Für einen kurzen Augenblick sah es so aus, als würden die Regierung, das konservative Kabinett unter Adolf zu Hohenlohe-Ingelfingen, und der an Thronverzicht denkende Wilhelm I. unfreiwillig Preußens Weg in die parlamentarische Monarchie öffnen. Die einzige Alternative schien der offene Verfassungsbruch, vor dem die um Wilhelms I. Generaladjutanten, Edwin von Manteuffel, gescharte Militärpartei nicht zurückschreckte. Die liberale Mehrheit im Abgeordnetenhaus dagegen «litt statt zu handeln».[36]

Ein anderer handelte, und zwar entschlossen und rücksichtslos. Der als Gesandter Preußens nach Paris abgeschobene Otto von Bismarck, von Kriegsminister Roon geschickt ins Rennen gebracht, überzeugte König Wilhelm davon, mit ihm als Ministerpräsidenten den Kampf gegen das Abgeordnetenhaus aufzunehmen. Und das tat er. Am 30. September 1862 hielt er seine berühmt-berüchtigte Rede vor dessen Budgetkommission: «Nicht durch Reden oder Majoritätsbeschlüsse werden die großen Fragen der Zeit entschieden, das ist der große Fehler von 1848 und 1849 gewesen, sondern durch Eisen und Blut». Viele Liberale wie Ludwig August von Rochau, dem wir das Schlagwort «Realpolitik» verdanken, waren entsetzt. Mit «der Verwendung dieses Mannes ist der schärfste und letzte Bolzen der Reaktion von Gottes Gnaden verschossen», hoffte er in der «Wochenschrift des Nationalvereins», und Max von Forckenbeck, später Oberbürgermeister von Breslau und Berlin, wertete den Antritt Bismarcks als «Regieren ohne Etat, Säbelregiment im Innern, Krieg nach außen. Ich halte ihn für den gefährlichsten Minister für Preußens Freiheit und Glück».[37]

Doch Bismarcks Gewaltrede muss als stillschweigendes Angebot an die Liberalen gedeutet werden, in der Nationalpolitik zusammenzugehen, denn er konnte bieten, was der Nationalbewegung 1848/49 gefehlt hatte: politische und militärische Macht. Gegenüber Hans Victor von Unruh meinte Bismarck 1866, dass man seinen Ausspruch «von Blut und Eisen [...] mißverstanden oder entstellt» habe, denn er habe nur sagen wollen, «daß es auf friedlichem Wege doch nicht gehe, nicht ohne Blutvergießen; die 500 000 Bajonette müßten den Ausschlag geben». Karl Marx hatte das genau so verstanden. Gewohnt polemisch schrieb er an Friedrich Engels Mitte November 1862: «Übrigens ist das Ministerium Bismarck durchaus nichts als der realisierte fromme Wunsch der kleindeutschen Fortschrittler. Sie schwärmten für den ‹Fortschrittsmann› Louis Bonaparte. Sie sehen jetzt, was ein ‹bonapartistisches› Ministerium in Preußen heißt. Und Bismarck ist ja gewissermaßen von Bonaparte (und Rußland) ernannt». Die Einsicht, dass die nationale Einheit nur durch Macht zu erreichen sei, war jedenfalls längst Gemeingut der Liberalen. Bismarck schuf nicht etwa das Bild von «Eisen und Blut»; vielmehr bezog er sich auf diese längst etablierte Idée fixe des nationalen Bürgertums. Schon 1813 hatte Max von Schenkendorf gedichtet: «Denn nur Eisen kann uns retten, / Und erlösen kann nur Blut / von der Sünde schweren Ketten, / Von des Bösen Uebermuth».[38]

Angesichts der unklaren Verfassungslage verkündete Bismarck Ende Januar 1863 nur das Offensichtliche: «Konflikte, da das Staatsleben nicht still zu stehen vermag, werden zu Machtfragen; wer die Macht in Händen hat, geht dann in seinem Sinne vor». Ein Verfassungskonflikt um den Militäretat war an sich keine preußische Besonderheit, wohl aber die Härte der Regierung. Zeitgleich stritten sich in Bayern Parlament und Regierung ebenfalls um das Budgetrecht, doch selbst im Sommer 1863, als sich die Auseinandersetzung wie in Preußen zuzuspitzen schien, anerkannte die Regierung grundsätzlich das Mitspracherecht des Parlaments.[39]

Das geschah in Preußen nicht, doch der Geist des Widerstands äußerte sich bei zahlreichen Gelegenheiten. Insbesondere im Rheinland hatte die antipreußische Stimmung Tradition und verband sich mit der Reserviertheit der Bürgerschaft gegen die Zumutungen militärischer Präsenz. Die Stadt Krefeld etwa wehrte sich 1860 erfolgreich gegen die Einrichtung einer Garnison. Erst 1867, wohl unter Eindruck des Siegs von 1866, wendete sich das Blatt zu Gunsten der Garnison-Bewerbung. Die liberale Opposition nutzte auch die «Abgeordnetenfeste», öffentliche Feiern der Mandatsträger des Abgeordnetenhauses, als Medium der Agitation gegen die Regierung. Das Kölner Dombaufest 1863 wurde von der Stadtverordnetenversammlung boykottiert und die Absage Wilhelms I. machte deutlich, dass er durchaus nervös auf die öffentliche Meinung blickte. Ferdinand Lassalle verspottete die Abgeordnetenfeiern im September 1863 dagegen als die «Saturnalien der deutschen Bourgeoisie». So wie im alten Rom einst die Sklaven für wenige «tolle Tage» die Herren spielen durften, so «feiern sie Feste! Feste, wie sie etwa die Franzosen zu feiern pflegen nach ihren siegreichen Revolutionen, sie feiern sie nach ihren Niederlagen!»[40]

Als zwei Jahre später der fünfzigjährigen Zugehörigkeit des Rheinlands zu Preußen gedacht werden sollte, stimmten Fortschrittsliberale und Katholiken im Kölner Stadtrat mit nein. Die Feier fand, vom Kölner

Großbürgertum großzügig finanziert, trotzdem statt und ließ die Regierung den Wert der Beeinflussung der Öffentlichkeit erkennen. Das Ende Juli 1865 geplante Abgeordnetenfest wurde von Wilhelm I. daher verboten. Den Gürzenich durch Soldaten blockiert vorfindend, zog die Festgesellschaft zum im damaligen Vorort Longerich liegenden Zoologischen Garten. Wieder war Militär aufmarschiert, doch der Zoodirektor zeigte Courage: «Es ist hier mein Eigentum. Für die gesetzliche Haltung der Herren stehe ich ein. Entfernen Sie sich also», sagte er unter dem Jubel der Umstehenden dem Kommandanten ins Gesicht. Doch der ließ sich, obgleich alle Anwesenden «natürlich Partei gegen die Militärmacht» nahmen, nicht beeindrucken und befahl stattdessen, den Zoo zu räumen. «Auch ein Elefant», so berichtete die «Neue Frankfurter Zeitung», wurde «von einem Kerl in polizeiartiger Jacke geritten» und dazu verwendet, «die Aufmerksamkeit des Publikums [...] zu teilen und die Haufen durch schnelles Einreiten zu sprengen».[41]

Die Erinnerung an die Völkerschlacht von Leipzig 1813 wurde ebenfalls in den Bann des Verfassungskonflikts gezogen, obwohl damals keine Kriegselefanten eingesetzt worden waren. Die Predigt des Pfarrers Brückner am 50. Jahrestag wies den Weg zum nationalen Heil «durch die Demüthigung zur Erhebung, durch Züchtigung zum Segen».[42] Das Volk – gemeint war selbstverständlich nur das nationale Bürgertum in seiner männlichen Gestalt – sah sich als Antreiber der Nationaleinigung, während die Fürsten als deren Bremser angesehen wurden.

Den radikalsten Versuch, den Krieg abzuwenden, unternahm einer der Söhne Mannheims, der Student Ferdinand Cohen-Blind, durch sein gescheitertes Attentat auf Bismarck am 7. Mai. Doch nicht nur die Gebildeten fühlten, dass sie in einer Krisenzeit lebten, die auf eine Entscheidung zusteuerte. Im Mai 1866 riet eine nicht weiter bekannte ältere Frau aus Freising ihrem Neffen, «bey dieser kritischen Zeit, in Deinem jetzigen Platze zu bleiben, und Gott recht innig zu danken, daß Du unter so vielen jungen Menschen so glücklich warst, von Militär Stand befreyt zu sein». Denn jetzt stehe eine Zeit bevor, «wo tausende von Menschen hingeschlachtet u. verstümmelt werden, eine wahrhaft traurige Zukunft liegt vor uns». Einerseits die politischen und ökonomischen Entwicklungen aufmerksam verfolgend, deutete sie diese andererseits traditionell religiös als «schon lange voraus prophizeigt[es]» Strafgericht Gottes, als gerechte Strafe für «alle Sünden und Ungerechtigkeiten», durch die «das Maaß voll zu werden scheint; indem auch kein Glauben, und keine Nächstenliebe mehr existiert, es empört sich wahrlich, daß menschliche Gefühl, so unerhörte Betrügereyen mit Wucherzinsen» zu erleben, «wo der unschuldige so viel darunter leiden muß. [...] Was heltest Du von Krieg? Glaubst Du daß Östereich eine Staats Bangerok macht?» Leider ist nicht überliefert, was der offensichtlich vom Militärdienst befreite junge Mann in Bayern von dem im Mai 1866 schon nicht mehr vermeidbaren Krieg hielt. Doch Österreich machte schneller Bankrott, als sich die Zeitgenossen das vorstellen konnten.[43]

«Und wenn wir verloren hätten?» – Der Krieg im Deutschen Bund

Als am 9. April 1866 der preußische Bundestagsgesandte von Savigny auf Bismarcks Geheiß den Antrag auf Neugestaltung der Bundesverfassung und Einberufung eines aus freien und direkten Wahlen hervorgegangenen Nationalparlaments stellte, tat er das nicht, um den Bund zu reformieren, sondern um ihn zu sprengen – wohl wissend, dass Österreich aufgrund seiner nationalen Vielfalt unmöglich zustimmen konnte. Die Absicht hinter diesem nur scheinbar demokratiefördernden Manöver blieb nicht unentdeckt. Der württembergisch-liberale «Beobachter» kommentierte bissig: «Es sind immer wunderliche Sprünge, die der Teufel macht, wenn er in einen Weihkessel fällt». Auch der französische Gesandte in Berlin, Vincent Graf Benedetti, erblickte darin «nur ein

Hilfsmittel [...], erdacht, um das Wiener Kabinett zu reizen und in Deutschland Verwirrung anzurichten, um Zeit zu gewinnen und um von allen Seiten Rüstungen hervorzurufen».[44]

Benedetti dürfte richtiggelegen haben. Als Österreich am 1. Juni 1866 die Schleswig-Holsteinische Frage dem Bundestag zur Entscheidung vorlegte und die holsteinischen Stände auf den 11. Juni 1866 einberief, war das die Provokation, auf die es Bismarck angelegt hatte. Österreich bereitete dadurch die von der Nationalbewegung und den meisten Mittel- und Kleinstaaten gewünschte Einsetzung des Augustenburgers vor. Selbst das notorisch preußenfreundliche Baden konnte daher in dem nun gewiss gewordenen Krieg nicht anders, als sich dem Kaiserstaat anzuschließen. Preußen warf Österreich im Gegenzug den Bruch der Gasteiner Konvention vor; ein Antrag der Mittelstaaten auf Abbruch der bereits eingeleiteten Mobilisierung im Bund scheiterte. Die Falle war zwar von Bismarck gestellt worden, doch es war schließlich Österreich, das in sie hineintrat. An diesem 11. Juni versuchte Bayerns Außenminister von der Pfordten in einem Privatbrief an Bismarck in letzter Sekunde das Unvermeidbare abzuwenden. Die Entscheidung über Krieg und Frieden liegt, schrieb er seinem Berliner Amtskollegen, «in Ihrer Hand [...]. Wollen Sie die Annexion um jeden Preis, auch um den des Krieges, dann ist der Krieg unvermeidlich»; verzichte Preußen darauf, «so ist der Krieg unmöglich», denn bei einem anderen Kriegsgrund bliebe Österreich «gewiß ganz isoliert, kommt es zum Kriege um der Herzogtümer willen, [...] wird Preußen isoliert bleiben». Ganz unbegründet war der Verdacht Kaiser Franz Josephs also nicht gewesen, dass «in München eine [...] Friedenspassion» herrsche, die an der Zuverlässigkeit Bayerns Zweifel erwecken musste.[45]

Doch da von der Pfordtens Appell an Bismarck folgenlos verhallte, konnte Fontane schließlich schreiben: «Über den Krieg selbst aber war entschieden, als Feldmarschalllieutenant von Gablenz die Einberufungsordre für die holsteinischen Stände veröffentlichte. Dies war der Handschuh. Österreich hatte ihn hingeworfen, Preußen nahm ihn auf». Doch es war Preußen, das Österreich den Fehdehandschuh hingeworfen hatte. An jenem 11. Juni stellte Österreich den Antrag auf Mobilmachung der nicht-preußischen Teile des Bundesheers, dem die Bundesversammlung drei Tage später mit 9 zu 6 Stimmen stattgab (neben Preußen stimmten dagegen die beiden Mecklenburgs, die Hansestädte, einige Kleinststaaten sowie Luxemburg). Wie immer man den nun folgenden Machtkampf nennt, «Deutschen Krieg», «Deutsch-Österreichischen Krieg», «Preußisch-Österreichischen Krieg», «Bruderkrieg», «Sezessionskrieg» oder «Bürgerkrieg»: Formal handelte es sich um eine Bundesexekution gegen Preußen. Dieses erklärte den Deutschen Bund am 14. Juni für aufgelöst – in einem einseitigen und insofern ungültigen Akt. Bereits am 12. Juni hatte es die diplomatischen Beziehungen mit Österreich abgebrochen. Auch König Wilhelm, an sich geneigt, «den Frieden zu erhalten [...], so lange es meines Landes Ehre möglich macht», hatte sich schließlich davon überzeugen lassen, dass diese «auf die insultierendste Weise» von Österreich angegriffen worden sei und nur durch einen Krieg wiederhergestellt werden könne. Am 15. Juni stellte Preußen Bündnisultimaten an Hannover und Kurhessen und begann nach deren Verstreichen sofort mit dem Einmarsch dort. Alle anderen 19 norddeutschen Staaten mit Ausnahme Sachsen-Meiningens und Reuß ältere Linie nahmen das preußische Bündnisangebot an. Auch wenn etwa Braunschweig sich damit bis zum 6. Juli Zeit ließ: Wie die anderen norddeutschen Staaten trat es ebenfalls aus dem Deutschen Bund aus.[46]

Da sich die Konflikteskalation über Monate hinzog, begann noch vor den eigentlichen Kämpfen eine intensive, oft auch religiös und historisch aufgeladene Propagandaschlacht. «Österreich ist uns zu feist / Preussen uns zu mager, / Und es lebt der deutsche Geist / Heut in anderem Lager», lautete Georg Herweghs ratlose, für viele Liberale typische Analyse. Im «anderen Lager», den Mittelstaaten, erschienen ihm «alle blind».[47] Herwegh hatte scharf den größten Mangel des «Dritten Deutschland» erkannt: Es war sich zwar in der Abwehr gegen Preußen und in der Vorsicht gegenüber den österreichischen Hegemonialbestrebungen einig, vermochte es aber nie, eine eigenständige, positive Politik zu formulieren.

Einen «kurzen und entschiedenen Krieg» erblickten fast alle Seiten als alternativlos, sei er doch ein notwendiges «Strafgericht Gottes» oder ein «reinigendes Gewitter». Die Stimmung in Süddeutschland war allerdings keineswegs einheitlich. In Württemberg beispielsweise versuchten die liberalen Blätter zunächst, gleiche Distanz zu beiden Konfliktparteien zu halten: «Weder mit Oesterreich, noch mit Preußen, nur mit der Freiheit», titelte etwa der liberale Stuttgarter «Beobachter» noch Mitte Mai 1866. Einen Monat später rückte er dann aber, wie die württembergische Regierung, zunehmend an die Seite Österreichs, weil Bismarck als «Brecher des Friedens», «Mörder des Rechts», «Verräther deutschen Landes» und «Henker Schleswig-Holsteins» auftrete; dagegen sei das «gebrechliche Österreich» trotz seiner antiliberalen Haltung zu unterstützen. Die «Historisch-Politischen Blätter für das katholische Deutschland» nahmen das preußische Volk in Schutz, um Bismarck desto heftiger anzugreifen, weil er der «größte Feind der nationalen Idee» sei und einen «*Eroberungskrieg* [...] zwischen *deutschen* Mächten auf *deutschem* Boden» provoziere.[48]

Nicht viel anders sah das der pommersche Fortschrittler Heinrich Beitzke, der schon Ende März 1866 den «Kampf der Häuser Habsburg und Hohenzollern um die Oberherrschaft» erkannte, für den der Streit um Schleswig-Holstein nur der Anlass, nicht aber die Ursache war. Dass sich so viele Bundesstaaten Habsburg angeschlossen hätten, sei wiederum dem «Kampf der vielen deutschen Fürsten-Dynastien um ihr Fortbestehen» geschuldet und betrüblich, denn beiden Großmächten sei die «bürgerliche Freiheit der Völker verhaßt. [...] Wer auch siegen mag, so ist von keinem ein freiheitlicher Zustand freiwillig zu erwarten, sondern er müßte erst vom Volke erzwungen werden». Dennoch hatte Beitzkes Argumentation eine pro-preußische Schlagseite. Seine Sympathie galt dem «Beherrscher von rein deutschen Ländern» – die polnischsprachige Bevölkerung der Ostprovinzen schien ihm keiner Erwägung wert – «und aufgeklärter, meist protestantischer Bevölkerung», also Preußen, nicht «dem Haus Habsburg mit einer meist slawischen, wenig aufgeklärten katholisch-ultramontanen Bevölkerung. Der Kampf [...] wird, wie ich hoffe, bald eine deutsch-nationale Färbung annehmen müssen», weil Preußen, an Bevölkerungszahl und Fläche unterlegen, das Volk werde zu Hilfe rufen müssen, und dann schlage die Stunde der liberalen Nationalbewegung.[49]

Auch der liberale Historiker Rudolf Köpke sah, trotz des Verfassungskonflikts, das Gegeneinander von preußischem Fortschritt und österreichischer Reaktion weiterhin am Werk: «Wenn wir auch kein volksfreundliches Ministerium bei uns am Ruder haben», schrieb er im Juni 1866 in der «National-Zeitung», so vertrete Preußen gegenüber Österreich «dennoch die deutsche Volksfreiheit». Wie Köpke und Beitzke ging es vielen Liberalen; sie waren alles andere als Pazifisten. Sie lehnten einen «dynastischen» Krieg ab, hatten aber nichts dagegen, ja befürworteten es sogar, dass aus einem Kabinettskrieg ein «nationaler Befreiungskampf» würde, auch auf die Gefahr hin, dass dieser zu einem großen europäischen Krieg eskalieren könnte. Der Stuttgarter «Beobachter» warnte Mitte Juni nicht ohne Grund, dass nur die «Verblendeten an eine Lokalisierung des Unheils» glauben könnten. Doch wie 1863/64 blieb der Konflikt 1866 ein Krieg der Kabinette.[50]

Dennoch wollten auch stramm preußisch-konservative Politiker *diesen* Krieg nicht. Preußens Finanzminister Carl von Bodelschwingh trat aus Protest gegen den «sündhaften Bruderkrieg» zurück. Der hochkonservative Ernst Ludwig von Gerlach, einst ein stiller, aber einflussreicher Förderer, nun ein ebenso scharfer wie zunehmend einflussloser Gegner Bismarcks, war sich mit dem als liberal geltenden Kronprinzen einig: Selbst im Falle eines Sieges «steht die Zerrüttung des Vaterlandes, des preußischen und des deutschen, in Aussicht», drohe doch die Intervention Frankreichs und Italiens. Auch «die Befleckung des Gewissens des greisen Königs und des gesamten Landes»[51] und schließlich das Vordringen der Liberalen in die Regierung seien zu befürchten. Gerlach hatte, keineswegs zu Unrecht, den Verdacht, dass das Kriegsgeschrei der Liberalen vor allem bezweckte, die preußische Regierung auf den Kurs der Nationalbewegung zu verpflichten. Mit dem Deutschen Bund als lockerem Staatenbund konnten die preußischen Konservativen gut leben, und dafür waren sie bereit, die protokollarische Vorrangstellung Österreichs weiterhin anzuerkennen. Doch den Geist der Revolution von 1789, den sie im Liberalismus verkörpert sahen, wollten sie um jeden Preis in die Flasche zurückzwingen. Dass das gelang, wurde mit jedem weiteren Schritt hin zum Nationalstaat weniger wahrscheinlich, wenn es denn überhaupt jemals eine realistische Option gewesen sein sollte.

Denn die Bevölkerung, zumindest soweit sie bürgerlich-gebildet und wohlhabend genug war, um am öffentlichen Leben teilzuhaben, konnte nicht mehr völlig ignoriert werden. Während Österreich keine nennenswerte «Pressepolitik» betrieb, handelte die preußische Regierung auch auf diesem Feld beherzter und erließ eine «Mahnung an die Zeitungen», nur im «vaterländischen Sinn» zu berichten. Am 1. Juli 1866 wurden Zeitungsverbote ermöglicht, doch schon in den Wochen davor war die «Kölnische Zeitung» mit einem solchen bedroht worden. Auch in den besetzten Gebieten griff die Zensur durch, so gegen die pro-augustenburgische «Kieler Zeitung», die im Juni und von Ende August bis Mitte November nicht erscheinen durfte. Die «Frankfurter Zeitung», als liberales Flaggschiff der deutschen Presse von Preußen schon lange nicht wohlgelitten, wurde gleich beim Einmarsch der Preußen verboten, ebenso wie Mitte Juli das «Wochenblatt des Nationalvereins». Die Presse der Mittelstaaten konnte dagegen weitgehend unbehelligt von Zensurmaßnahmen berichten, selbst dann, wenn sie, entgegen der Politik ihrer Landesregierungen, den Anschluss an Preußen forderte.[52]

Im Juni 1866 finden sich viele Belege für eine weit verbreitete antipreußische Stimmung, nicht aber für Kriegsbegeisterung. Die «Augsburger Allgemeine» etwa war sich sicher, «daß nichts, gar nichts herauskommen werde bei diesem traurigsten aller Bürgerkriege, als eine Vergrößerung des Auslands und Entehrung Deutschlands». Entgegen der offiziellen Propaganda und dem am 9. Juni 1866 verkündeten Erlass Wilhelms I., dass Preußen sich nur verteidige, war der Krieg gegen Österreich auch dort unpopulär. Am 5. Mai demonstrierte eine Volksversammlung in Berlin ihren Widerwillen gegen den Krieg; Ähnliches geschah vier Tage später in Königsberg oder nochmals vier Tage darauf in Köln. Insbesondere im Rheinland, aber auch aus Ostpreußen gab es Berichte, dass die Landwehrleute nur unwillig in die Kasernen rückten. Doch letztlich blieben diese Akte der Kriegsverweigerung episodisch, ebenso wie die Antikriegsdemonstration des Nationalvereins in Berlin am 11. April mit immerhin 4000 Teilnehmern.[53]

Der Krieg nahm am nördlichen Ende des Bundesgebiets seinen Anfang. Alfred Graf von Waldersee reiste als Adjutant der 1. Artillerieinspektion nach Kiel, wo sich die Kontrahenten unmittelbar gegenüberstanden, nur getrennt durch eine neutrale Zone. Ludwig Freiherr von Gablenz war Österreichs Gouverneur in Holstein, Konteradmiral Eduard Jachmann befehligte die preußische Marinestation in der Stadt. Als Waldersee dort eintraf, war das Verhältnis zwischen beiden bereits sehr angespannt. Am Nachmittag des 6. Juni 1866 wurde Gablenz Manteuffels Schreiben übermittelt, in dem er ihm die Bevorzugung der augustenburgischen Partei vorwarf, was preußischerseits als Bruch des Gasteiner Vertrags aufgefasst werde. Daher würden preußische Truppen am nächsten Morgen die Eider südwärts überschreiten. Waldersee gab noch in seinen Erinnerungen das Gerücht wieder, «daß von augustenburgischer Seite eine Erhebung der Herzogtümer unter Anlehnung an die österreichischen Truppen geplant war. Waffen, Uniformen usw. sollen vorhanden, zum Teil sogar im Lande gewesen sein». Doch statt sich auf solch ein Abenteuer einzulassen, verließen die österreichischen Truppen nach einer entsprechenden telegrafischen Order Kiel am nächsten Morgen. Angesichts der Überlegenheit von 12 000 Preußen gegen 4800 Österreicher wäre ein militärischer Widerstand wohl aussichtslos gewesen.

Schon am frühen Morgen des Folgetags, dem 7. Juni, fand am Bahnhof eine formvollendete Abschiedszeremonie statt. Der Gouverneur erschien, die «Ehrenwache präsentierte, die Musik spielte ‹Gott erhalte Franz, den Kaiser›, Gablenz wechselte mit Jachmann einige Worte, umarmte ihn, grüßte sehr höflich die Offiziere und fort war er». Die überwiegend adligen Offiziere der nunmehr verfeindeten Armeen stellten ihre von dem Konflikt ungetrübte gegenseitige Hochachtung feierlich zur Schau – und zugleich ihre Geringschätzung der Bürger. Gablenz ließ nämlich keinen Zweifel daran, dass Österreich die Augustenburgische Bewegung und die mit ihr verknüpften nationalen und liberalen Phantasien nur als Ressourcen im diplomatischen Kampf angesehen hatte. Die «ein Dutzend Herren in weißen Krawatten, die Führer der augustenburgischen Partei», hatten ihre Schuldigkeit getan und konnten gehen. Gablenz «würdigte sie keines Blickes mehr». Keiner der Beobachter zweifelte wohl daran, «daß sich hier der erste Akt des Krieges abgespielt hatte!»[54]

Das Geschehen in Kiel war wohl eher ein kleines Vorspiel als der erste Akt. Der spielte sich mitten in Deutschland ab, denn Preußen eröffnete den Krieg bereits am 15. Juni mit dem Einmarsch in Hannover und Kurhessen. Noch wichtiger war jedoch der zeitgleiche Einfall in Sachsen, der ein zentrales Element für den Moltke'schen Kriegsplan darstellte. Peter Wilhelm Molitor war mit seiner Truppe, dem 2. Rheinischen Infanterie-Regiment Nr. 28, den langen Weg von Aachen in 36 Stunden mit der Bahn bis Halle gekommen und von dort bis nach Seidewitz im heutigen Burgenlandkreis unmittelbar an die sächsische Grenze marschiert. Am frühen Morgen des 16. Juni «gings über die Grenze mit geladenem Gewehr, ja man glaubte jede Stunde auf den Feind zu stoßen», doch sein Trupp marschierte «durch ganz Sachsen ohne einen Schuß abzugeben».

Das war auch zwei Tage später in der Landeshauptstadt Dresden so, die Molitor «eine sehr schöne Stadt» fand.[55]

Die sächsische Armee hatte das Land zwar sich selbst überlassen, um in Böhmen mit der österreichischen Nordarmee zusammenzutreffen, aber ganz ohne Verteidiger war Sachsen dennoch nicht. Die gewitztesten Feinde der Preußen waren nicht die sächsischen Soldaten, sondern listige Bahnbeamte. Die Preußen versuchten ihre Hand nicht nur auf die Bahnhöfe und Schienenwege zu legen, sondern auch auf das rollende Material, das wiederum von den Sachsen nach Böhmen in Sicherheit gebracht wurde. Um das zu verhindern, hatten preußische Husaren am frühen Abend des 18. Juni den Chemnitzer Bahnhof umstellt. Das Objekt ihrer Begierde waren die beiden letzten noch dort befindlichen Lokomotiven, die auf die Namen «St. Egidien» und, passender hätte es kaum sein können, «Augustenburg» hörten. Deren Übertritt in preußische Dienste wollten die heranstürmenden Husaren mit gezogenen Säbeln erzwingen.[56]

Doch sie unterschätzten den Widerstandsgeist der tapferen Lokführer. Die ließen ihre Stahlrösser «furchtbar schrillende Pfeiffentöne» ausstoßen, «und aus den geöffneten Abstoßehähnen und Schnelldampfern zischte und prasselte es hervor, daß beide Locomotiven in einem Augenblicke in dichte Dämpfe gehüllt wurden». Die Rösser, an derart vorlaute Technik nicht gewöhnt, gingen durch, so dass die Husaren alle Mühe hatten, sie zu bändigen, dieweil die Lokomotiven «wie feuerspeiende Drachen» Schrecken erzeugten und entkamen. Dieses Husarenstück der Lokomotivführer vermochte freilich den preußischen Aufmarschplan nicht entscheidend zu verzögern; insgesamt wurden von Preußen fast 200 000 Mann, 55 000 Pferde und 5300 Fahrzeuge per Bahn an die böhmische Grenze geführt. Doch durch waghalsige Aktionen wie in Chemnitz oder an der «Werdauer Kurve» und der 78 Meter hohen Götzschtalbrücke konnten 142 sächsische Lokomotiven und tausende Waggons vor dem preußischen Zugriff ins böhmische Eger in Sicherheit gebracht werden, und ein Teil des preußischen Nachschubs verdarb in auf Nebenstrecken festsitzenden Zügen oder erreichte die Truppe erst mit Verspätung.[57]

Dennoch machte die preußische Eisenbahn Moltkes Motto «getrennt marschieren – vereint schlagen» umsetzbar. Dieser Plan erschien einem als Militärpublizist dilettierenden Fabrikantensohn so miserabel, dass er in einem just am Tag der Schlacht von Königgrätz erschienenen Artikel verkündete, dass «ein Offizier, der einen solchen Feldzugsplan vorschlägt, nicht einmal ein Leutnantspatent verdiene».[58] Die Fähigkeiten des Generalstabschefs von Moltke wurden trotz der ersten Sporen, die er sich gegen Dänemark verdient hatte, nicht nur von diesem Autor, einem gewissen Friedrich Engels, angezweifelt. Sein Irrtum schrieb Geschichte.

Auch wenn es diesmal kein Winterkrieg wie zwei Jahre davor war: Bequem hatten es die Soldaten in der Eisenbahn auch im Sommer nicht. In eine «Reihe von Bagage Wagen, in denen improvisirte Bänke angebracht waren», so klagte ein bürgerlicher Unteroffizier, der spätere Reichstagsabgeordnete Louis Ernst, «wurden nun je 36 Stück Menschen gepackt ohne Rücksicht auf ihre persönliche Stimmung & Verhältnisse: Nüchterne und Besoffene, Traurige & Fröhliche». Standesbewusst, wie er war, setzte Ernst alle Bemühungen daran, in einem eigentlich für Offiziere reservierten Coupéwagen fahren zu können, doch als ihm das nicht mehr gelang, reiste er im Mannschaftswaggon; «jeder trug nun redlich sein Theil dazu bei die Atmosphäre des Wagens zu verschlechtern. Nasse Kleider, schlechter Taback & noch schlechterer Branntwein gaben ein Gemisch von Gerüchen ab – hurrje!», berichtete er entnervt nach Hause. Trotz Eisenbahn bestand das Soldatenleben vor allem aus Marschieren, Marschieren und nochmals Marschieren. Die auf dem böhmischen Kriegsschauplatz zurückgelegte Wegstrecke von Louis Ernst summierte sich zwischen dem 9. Mai und dem 14. September 1866 auf mindestens 1500 Kilometer. In seinem Garnisonsort Nieder-Würgsdorf in Schlesien angekommen, fing die Truppe bald an, für den Krieg zu üben. Ernst hoffte lange, «daß der Conflict beigelegt werden würde & daß die Sache sich in einer großen Parade mit weißen Hosen verlaufen würde, heute machen aber die Herren Vorgesetzten sehr bedenkliche Gesichter», berichtete er seiner Frau halb erregt, halb ängstlich Ende Mai 1866.[59]

Es ließ sich wohl kaum einem Soldaten ausreden, dass es diesen Krieg eigentlich gar nicht geben durfte. Das zeitgenössisch viel gebrauchte Wort vom «Bruderkrieg» traf manchmal wortwörtlich zu. Im hannoverschen Heer diente 1866 Major William von Goeben, im preußischen sein älterer Bruder, General August Karl von Goeben. Der hannoversche Soldat Georg Steinberg berichtet von der Schlacht bei Langensalza, dass ihm ein verwundeter Preuße zurief: «O, Camerad, warum müssen wir deutschen Brüder uns gegenseitig todtschießen?» So «ganz genau weiß ich das auch nicht», fasste Steinberg seine Stimmung in seinen Kriegserinnerungen lakonisch zusammen. Ob William von Goeben, der ebenfalls in Langensalza kämpfte, eine Antwort wusste?[60]

Dass es etwas anderes war, in Sachsen einzumarschieren als zwei Jahre zuvor in Dänemark, konnte sich auch Hans von Kretschmann nicht verhehlen. Am 18. Juni 1866 überschritt er, vom schlesischen Görlitz kommend, die sächsische Grenze mit Marschrichtung Zittau. Im an der Görlitzer Neiße gelegenen Marienthal – heute verläuft hier die Grenze zu Polen – galt sein Misstrauen dem Probst des dortigen Zisterzienserinnenklosters. Er ließ ihn barsch wissen, dass er ihn und seine Korrespondenz überwachen lassen werde, damit er nicht dem «Feind» Nachricht zukommen lasse. An dieser Stelle stockt Kretschmanns Brief an seine Frau: «Dem Feinde? Es klingt fast komisch. Dasselbe Land, derselbe Himmel, dieselbe Sprache, dieselben Gewohnheiten und doch Feinde».[61]

Anders sah es aus, als es nach Böhmen hineinging, das ja ebenfalls zum Deutschen Bund gehörte. Dieser Grenzübertritt wurde regelrecht zelebriert. Peter Wilhelm Molitor berichtete, dass seine Einheit «mit Musik über die böhmische Grenze» einrückte und anschließend der

Major «uns den Erlaß des Königs vorlas», der die Gerechtigkeit der preußischen Sache betonte. Am weitesten westlich rückte die Elbarmee mit 46 000 Mann unter Herwarth von Bittenfeld vor und mit ihr der Abenteurer und Kriegsberichterstatter Hans Wachenhusen, der schon die Krim, Solferino und Düppel bereist hatte. Bevor es über die Grenze ging, schrieben die Soldaten noch einmal besonders eifrig Feldpostbriefe. «Arme Feldpost! Was hatte sie während dieses Feldzuges zu leiden! Es giebt keine Armee in der Welt, die so viel correspondirte wie die unsrige, die ja so eng mit der Familie zusammenhängt», bemerkte Wachenhusen.[62]

Die weiter östlich formierte 2. Armee stand direkt an der preußisch-böhmischen Grenze. Der Siegener Bürger Louis Ernst lag mit seiner Truppe schon seit Ende Mai im schlesischen Liebau. «Von hier aus ist die Grenze kaum eine Viertelstunde entfernt, man sieht sehr gut das erste östreichische Haus: eine Weinkneipe», hielt er fest, alle Klischees bestätigend, die ein siegerländisch-nüchterner Protestant über das katholisch-genussfreudige Österreich hegen mochte. Louis Ernsts größter Stolz war es, als Unteroffizier Offiziersdienst zu leisten, weshalb er «auf dem herrschaftlichen Gute, wo die Hauptleute & die Offiziere lagen», einquartiert wurde. «So habe ich dann gestern Abend & heute sehr fein gespeist & gelebt». In den Genuss dieser Privilegien kam er nur, weil «weder die Offiziere, noch die Portepeefähndriche, noch die Vicefeldwebel» in genügender Zahl zur Verfügung standen, weshalb man «auf die Unteroff[iziere] mit dem Qualificationsattest» zurückgriff. Vorteile hatte Ernst nicht nur durch das bessere Essen, sondern auch durch den leichteren Dienst der Offiziere, ohne dass er deren Qualifikationen besaß. Häufig gab es «Felddienstübungen, wobei die Leute mit Helm, Tornister etc kurz vollständig ausgerüstet, über Stock & Stein zu springen haben & wir gehen natürlich blos in Mütze mit & ich leite diese oder jene Übung mit Kennermiene, ohne übrigens selbst etwas davon zu verstehen». Der Krieg eröffnete rasche Karriereaussichten, selbst für die, die das Kriegshandwerk nicht von klein auf erlernt hatten. Louis Ernst, der

1874 bis 1878 für die Nationalliberale Partei im Reichstag saß, wurde, wie manch anderer braver Bürgersmann, durch den aktiven Militärdienst nicht nur militarisiert, sondern militarisierte sich eifrig selbst. Äußerlichkeiten waren daher von großer Bedeutung. So trug er «schon seit der Schlacht bei Nachod den Säbel unseres damaligen Bataillons Adjutanten der sich bei jener Gelegenheit den Säbel eines österreichischen gefallenen Offiziers verschaffte», wie er, schon auf dem Rückmarsch in die Heimat, Anfang August seiner Frau schrieb. Es hatte ihn betrübt, dass der eigens für ihn in Solingen angefertigte Säbel noch immer nicht bei ihm eingetroffen war. Auch das Leben eines Offiziers war nicht sorgenfrei.[63]

Ebenso wie die Elbarmee überschritt östlich von ihr über Zittau die 1. Armee mit 93 000 Mann unter Friedrich Karl Prinz von Preußen am 23. Juni die Grenze. Die 2. Armee unter Kronprinz Friedrich mit 115 000 Mann, am weitesten im Osten stehend, folgte am 27. Juni. 254 000 Mann marschierten also in Böhmen ein, wo sie auf 24 000 Sachsen und 271 000 Österreicher trafen. Die österreichische Nordarmee wurde von Feldzeugmeister Ludwig von Benedek geführt. Am 27. Juni 1866 fand ein Gefecht statt, bei dem es, wie neun Tage davor in Chemnitz, um den Besitz eines Bahnknotenpunkts ging. Preußische Truppen versuchten den Bahnhof von Oświęcim zu erobern, mussten aber unter großen Verlusten vor der österreichischen Übermacht zurückweichen. Achtzig Jahre später war der Ort dieses für den Kriegsverlauf 1866 wenig bedeutsamen Gefechts unter seinem deutschen Namen Auschwitz zum Synonym für das vielleicht größte Verbrechen der Menschheitsgeschichte geworden, verübt von jenem Deutschen Reich, das 1866 zu entstehen begann.[64]

Die ersten für den Kriegsausgang entscheidenden Kämpfe bestritten auf preußischer Seite die Elbarmee bei Hühnerwasser und die 1. Armee, denen das I. Österreichische sowie das Sächsische Korps gegenüberstanden, bei Liebenau am 25., bei Turnau und bei Podol am 26. Juni. Unter hohen österreichischen Verlusten erzwangen die Preußen die Überquerung der Iser, so dass die Elbarmee und die 1. Armee, nunmehr vereinigt, weiter in Richtung Münchengrätz marschieren konnten. Dort fand am 28. Juni die nächste große Schlacht statt, die wiederum die Preußen für sich entschieden. Die Österreicher zogen sich nach Gitschin zurück, wo es am 29. Juni erneut zu einer Schlacht zwischen der preußischen 1. Armee und dem I. Österreichischen sowie dem Sächsischen Korps kam. Im Osten entwickelten sich die Gefechte von Königinhof und Schweinschädel. Nach diesen letztgenannten Begegnungen verloren beide Armeen die Fühlung zueinander, bis sie am 2. Juli nordwestlich von Königgrätz wieder aufeinandertrafen.

Etwas schlechter kam die preußische 2. Armee unter Kronprinz Friedrich voran. Die erste große Schlacht bei Nachod endete am 27. Juni zwar mit einem preußischen Sieg, doch bei Trautenau, etwa 30 Kilometer nordnordwestlich davon, gelang den österreichischen Truppen über das I. preußische Armeekorps der einzige Sieg des gesamten Krieges in einer großen Schlacht. Nutzen konnten sie ihn allerdings nicht, denn bereits am Folgetag mussten sie bei Skalitz und Soor erneut Niederlagen einstecken. Doch die Schlacht von Trautenau ist nicht nur deshalb bemerkenswert, weil die Österreicher gesiegt hatten.

«Sie, Schurke, haben uns in eine Falle gelockt, ich hätte Lust, Sie sogleich zu erschießen», schrie ein Offizier mit Pistole im Anschlag den Ortsbürgermeister an, der zu Recht vermutete, «daß der Kampf für die Preußen keinesfalls günstig stehen müsse» und dass man für den «übereilten Einmarsch nach Trautenau einen Mitschuldigen in meiner Person suche». Für den «Verrat von Trautenau» wurden mehrere Bürger des Ortes in Gefangenschaft verschleppt, weil sie angeblich aus dem Hinterhalt auf preußische Truppen geschossen hatten. Diese Episode war Gegenstand wildester Gerüchte, zahlloser Presseberichte und vieler Rechtfertigungsschriften. Gänzlich geklärt werden konnten die Vorfälle nie. Fontane kam zu dem Schluss, dass von einem Verrat «nicht wohl die Rede sein» könne, weswegen er bei der «Gesammthaltung der Stadt und ihrer Vertretung [...] unbedingt für Nichtschuldig» plädierte, doch zeigte er sich sicher, dass es zu einzelnen Angriffen von Zivilisten auf preußische Soldaten gekommen war. Dieser Vorfall ging letztlich noch glimpflich aus, wirkt aber wie eine erste Vorahnung dessen, was gut vier Jahre später als «Franctireurkrieg» die Gemüter beiderseits des Rheins erhitzen sollte. Bismarck zeigte allerdings schon damals «wilde Instinkte» und hatte verlangt, man «solle Trautenau niederbrennen».[65]

Entgegen der insgesamt für Österreich ungünstigen Entwicklung des Feldzugs verbreiteten sich falsche Siegesmeldungen. Baronin Hildegard von Spitzemberg jubelte am 28. Juni 1866: «Preußen geschlagen. Verfolgt, Tote und Verwundete auf Schlachtfeld zurückgelassen. Oswiecim angreifend zurückgeschlagen, 20 Kanonen erbeutet. [...] Das war ein Jubel!» Doch die durch ihren Vater, den württembergischen Ministerpräsidenten Varnbüler und ihre zahlreichen Verbindungen in Berlin privilegierte Baronin, die mit ihrem Mann, dem württembergischen Gesandten Carl Freiherr von Spitzemberg, dort lebte, erkannte zwei Tage später, dass sie Falschmeldungen aufgesessen war: «Die Nachrichten aus Böhmen lauten sehr betrübend, die österreichischen Siege bestätigen sich nicht, der Feind dringt allerseits vor; in Berlin wahnsinniger Jubel, Beleuchtung, Beflaggung. O wie das schmerzt!»[66]

Österreichs Feldherr Benedek war bereits nach wenigen Tagen damit gescheitert, die Vereinigung der getrennt aufmarschierten preußischen Verbände zu verhindern. Daher bat er am 1. Juli in Wien telegrafisch darum, Friedensverhandlungen aufnehmen zu dürfen. Doch das lehnte Franz Joseph energisch ab, hatten doch erste Erfolge in Italien die Aussicht auf ein baldiges Kriegsende an der Südfront eröffnet. Am 24. Juni 1866 war die italienische Armee, die entsprechend dem mit Preußen geschlossenen Bündnis gegen Österreich vorging, bei Custozza geschlagen worden. Doch die Ereignisse in Böhmen zwangen Österreich, Truppen aus Italien nach Norden zum Schutz der Hauptstadt abzuziehen, so dass es diesen Sieg nicht ausnutzen konnte.

Eines freilich zeigte dieser Krieg: Noch war der sich auf vermeintliche

Gemeinsamkeiten wie Sprache und Kultur berufende Nationalismus nicht allmächtig. Garibaldis Versuch, die Bewohner im italienischsprachigen Welschtirol zum Kampf gegen Habsburg aufzustacheln, hatte wenig Erfolg. Ähnlich desaströs verlief auch Italiens Versuch, am 20. Juli durch einen Angriff auf die Insel Lissa in der Adria ein Faustpfand für die anstehenden Friedensverhandlungen zu gewinnen. Die österreichische Adriaflotte unter Wilhelm von Tegetthoff, der schon das Seegefecht bei Helgoland gegen die Dänen bestanden hatte, siegte über die italienische Flotte, die größer, moderner und kampfkräftiger, aber völlig desorganisiert war.[67]

Diese Triumphe erwiesen sich indes als bedeutungslose Pyrrhus-Siege; entscheidend war allein, was in Böhmen geschah. Um die Festungsstadt Königgrätz an der Elbe standen sich zwei praktisch gleich starke Armeen gegenüber, 215 000 Österreicher und Sachsen gegen 220 000 Preußen. Trotz ihres überlegenen Zündnadelgewehrs konnten Letztere lange Zeit keinen entscheidenden Vorteil erringen; die Kämpfe wogten hin und her. Vielen Beobachtern erschien das Gemetzel um die Mittagsstunden des 3. Juli 1866 sogar bereits zu Gunsten der Österreicher entschieden. «Times»-Reporter William H. Russell war so etwas wie der Vater der modernen Kriegsberichterstattung. Seine Karriere hatte schon 1850 begonnen, als ihn die Zeitung nach Schleswig-Holstein schickte und er die Schlacht von Idstedt sah. Nun war er mit der österreichischen Armee nach Königgrätz gelangt. Vom Frühstückstisch eilte er, durch den Kanonendonner aufgeschreckt, auf den Turm des Prager Tors der Festungsstadt, um den Kampf zu beobachten. «Regenschwer trieben die Wolken über das Land», als die Schlacht begann, die auch ihm lange unentschieden erschien.[68]

Gegen Mittag standen die Preußen gar am Rand der Niederlage. «Es war ein banger Augenblick», erinnerte sich Bismarck eineinhalb Jahre später in einem Gespräch mit dem in den USA zu hohen Ämtern und ebensolchem Ansehen gekommenen Alt-48er Carl Schurz. «Was wäre aus uns geworden, wenn wir diese Schlacht verloren hätten?» Die sehnsüchtig erwartete Armee des Kronprinzen erschien nicht, die Lage wurde bedenklich, Bismarck «war sehr besorgt». Er «blickte auf Moltke, der unbeweglich auf seinem Pferde saß und durchaus nicht beunruhigt von dem schien, was um ihn her vorging». Um zu testen, «ob er innerlich wirklich so ruhig war, wie er schien», bot er ihm zwei Zigarren an, «eine sehr gute Havanna und eine minderwertige. Moltke [...] prüfte sie aufmerksam auf ihre Güte und wählte dann langsam und bedächtig die Havanna. ‹Sehr fein›, sagte er gleichmütig. Dies beruhigte mich außerordentlich. Wenn Moltke so viel Zeit und Aufmerksamkeit auf die Wahl einer Zigarre verwenden kann, dachte ich, können die Dinge nicht besonders schlimm liegen». Als kurz darauf die Kanonen der Armee des Kronprinzen zu hören waren, so Bismarck weiter, flohen die Österreicher, «und die Schlacht war gewonnen».[69]

Diese Anekdote des großen Fabulierers Bismarck, aufgezeichnet von dem ebenfalls in der Kunst der journalistischen Zuspitzung geübten Carl Schurz, ist fast zu schön, um wahr zu sein, zumal Moltke an diesem Tag von einer Erkältung gequält wurde, die seine Lust auf Tabakkonsum vermutlich nicht gefördert hat. So oder so sollte das heißen: Die Zukunft der deutschen Nation war in den Händen des preußischen Militärs bestens aufgehoben, selbst wenn der äußere Anschein den gegenteiligen Schluss nahelegte. In diesem Sinn verwendete Hitler jedenfalls diese Anekdote im April 1943. In einem Gespräch mit dem Staatschef des verbündeten Ungarn, Miklós Horthy, setzte er die militärische Krise nach der Niederlage von Stalingrad mit dem Augenblick gleich, als sich am Tag der Schlacht von Königgrätz «Moltke seine berühmte Zigarre anzünden» konnte, «da die Krise überstanden war. Diese Erwägungen gelten auch für die jetzige Lage».

Anders als 1943 ereignete sich die vielfach erzählerisch ausgeschmückte Wendung des Schlachtgeschehens 1866 tatsächlich. Die 2. Armee unter Kronprinz Friedrich war in Gewaltmärschen zum Schlachtfeld vorgestoßen und unternahm von Norden einen Flankenangriff gegen die österreichischen Stellungen. Dadurch entlastete sie zugleich die schwer angeschlagenen beiden anderen preußischen Armeen. Schlachtentscheidend war, dass sie die Höhe von Chlum eroberte und von dort aus die Artillerie ihr Flankenfeuer gegen die österreichischen Stellungen eröffnete. Doch dieser Erfolg hing am seidenen Faden. Gegen ein Uhr mittags hätte Benedek womöglich unter Einsatz seiner Reserven bei Lipa am Fuß der Chlumer Höhe die schwer angeschlagene 1. Armee der Preußen schlagen können. «Jetzt ist es Zeit, den Stoß auszuführen», soll er gemurmelt haben, ließ sich dann aber doch zum weiteren Abwarten überreden – bis diese Chance vertan war. Der Kommandeur der 1. Armee, Prinz Friedrich Karl, wusste am Abend, wem er zu danken hatte: «Wenn ihr nicht kamt, waren wir verloren, ihr waret meine Retter». Doch Dankbarkeit ist vergänglich. Genau ein Jahr später meinte er, «es war keine Noth vorhanden, u. ich bedurfte keiner Unterstützung!» Großsprecherei konnte Bismarck freilich ebenso: So einen Sieg «könnt ich auch» erringen, hatte er getönt, denn auf «so unverschämtes Glück hätten sie nicht rechnen können».[70]

Große Teile «Deutschlands» hatten an diesem Tag auch gerechnet, aber auf den Sieg Österreichs. Im jahrhundertelang vorderösterreichisch gewesenen und erst 1805 zum Großherzogtum Baden gekommenen Freiburg im Breisgau nahm der dreizehnjährige, aus einer nordbadischen Beamtenfamilie stammende Berthold Deimling enthusiastisch am Kriegsgeschehen teil. Obwohl er Protestant war, schwärmte er, «wie ganz Süddeutschland, für Österreich [...]. Am Abend der Schlacht von Königgrätz wurde zur Feier einer falschen Meldung, die von einem Sieg der Österreicher berichtete, die Münsterpyramide bengalisch beleuchtet», erinnerte er sich über sechzig Jahre später an diese aufregenden Tage. Für Deimling wurde, so stellte er es jedenfalls rückblickend dar, dieses Ereignis zur Weichenstellung in seinem Leben, denn durch «diesen Sieg gewannen die Gestalten von Bismarck und Moltke immer breiteren Raum in unserer jugendlichen Phantasie».[71] Ob diese Wendung

Abb. 5: Sie zahlten den Preis für Preußens glorreiche Siege. Adolph von Menzel malt die Toten des Kriegs in Böhmen.

sich so ereignet hat, mag dahingestellt sein – Deimling jedenfalls trat ins preußische Heer ein, verschaffte sich im Kolonialkrieg in Südwestafrika den Ruf eines «Hottentottenschlächters» und im Elsass den eines Verächters des «demokratischen Zivils», um dann, nach dem vierjährigen Massentöten im Ersten Weltkrieg, als Pazifist und Parteigänger der Weimarer Republik aufzutreten. Was für Wendungen!

Tatsächlich war Moltkes Sieg, wie er selbst eingestand, «vom Glück in fast beispielloser Weise begleitet» worden. Die Bilanz der bis dahin größten Schlacht der Geschichte, in der sich rund 435 000 Mann gegenübergestanden hatten, war für Österreich verheerend. Exakte Zahlen sind, wie bei allen Schlachten dieser Zeit, nicht ermittelbar, doch auf preußischer Seite gab es wohl gut 2000 Tote und Vermisste sowie 7000 Verwundete, bei den Österreichern und Sachsen waren es dagegen etwa 6000 Tote, 8000 Vermisste sowie ungefähr 22 000 Gefangene. Bei annähernd gleich starken Armeen lag das Verhältnis der gesamten Verluste bei mindestens eins zu vier! Doch so groß die taktische Niederlage auch war: Strategisch war noch nichts entschieden, denn die Einkesselung der österreichischen Truppen gelang nicht. Manch preußischer General bekam Angst vor Moltkes tollkühner Courage; das II. Armeekorps und auch die Elbarmee setzten dem weichenden Gegner nicht entschieden nach. Beim Vorstoß der Letzteren etwa gegen die sächsischen Positionen bei Problus, ganz im Süden des Schlachtfelds, war der Sieg mit hohen Verlusten erkauft worden. Zu den Schwerverwundeten zählte der Feldwebel Johann Konrad Adenauer, dessen Sohn Konrad gut 83 Jahre später zum zweiten deutschen «Bundeskanzler» gewählt wurde; der erste war jener des Norddeutschen Bundes, Otto von Bismarck, der dieses Amt am 14. Juli 1867 übernehmen würde.[72]

Immerhin rund 180 000 Mann konnten sich der drohenden Einschließung entziehen und elbaufwärts entkommen. Doch die Stimmung der Österreicher war noch viel katastrophaler als ihre tatsächliche Lage. Der österreichische Feldmarschall-Leutnant Ludwig von Gablenz, der kaum einen Monat zuvor bei dem erzwungenen Abschied als Gouverneur von Holstein noch «in tadelloser Toilette, mit pechschwarzem Haar und aufgewichstem Schnurrbart» erschienen war und «eine ungewöhnlich elegante Erscheinung» abgegeben hatte, begegnete dem König Wilhelm mit verbundenem Kopf und in niedergeschlagener Verfassung. Schließlich im Hauptquartier des Prinzen Friedrich Karl angelangt, wurde Gablenz gefragt, ob er einen Waffenstillstand wünsche, worauf dieser resignierend antwortete: «Mein Kaiser hat keine Armee mehr, sie ist so gut wie vernichtet».[73] Doch weil tatsächlich die österreichische Armee zwar geschlagen, aber noch keineswegs zerschlagen war und noch dazu Verstärkung von der Italienfront herangeführt wurde, konnte Österreich durchaus den Krieg zumindest so weit in die Länge ziehen, bis andere Mächte zu seinen Gunsten eingriffen.

Nach einem Ruhetag und der Ablehnung des österreichischen Waffenstillstandsgesuchs traten die preußischen Truppen den Vormarsch gegen Wien an. Benedek wurde durch Erzherzog Albrecht als Oberbefehlshaber abgelöst und zum Sündenbock der Niederlage. Die Elbarmee besetzte am 8. Juli Prag, die 1. Armee stieß südwärts nach Brünn vor. Die Spitzen der preußischen Armee erreichten am 20. Juli schließlich das Marchfeld nördlich von Wien. Der Marsch dorthin war freilich keineswegs so reibungslos verlaufen, wie es der vermeintlich so fulminante Sieg bei Königgrätz hätte vermuten lassen können.

Wie seinerzeit Maria Theresia, die sich gegen Friedrichs II. Truppen wehrte, setzte Österreich nämlich auf den «kleinen Krieg», an dem sich auch die Landbevölkerung beteiligen sollte. Von den uneroberten Festungen Theresienstadt, Josefstadt und Königgrätz aus wurden Razzien ins Umland unternommen, Eisenbahnverbindungen gestört und auch preußische Soldaten gefangen genommen. Neben der Besatzung der Festung Krakau tat sich hierbei Alfred von Vivenot besonders hervor. Er war schon Mitte Juli für seine tollkühnen Aktionen mit dem Militärverdienstkreuz ausgezeichnet und später in den Ritterstand erhoben worden. Von der Festung Josephstadt aus gelang es ihm, die Kommunikation der Festungen mit dem österreichischen Hauptquartier in Olmütz herzustellen.

Vivenot hatte eine Denkschrift über die Organisation eines allgemeinen Landsturms in Böhmen, Mähren und Schlesien entworfen und erhielt schließlich die Erlaubnis, ein freiwilliges Jägerkorps zu bilden, das sofort und mit einigem Erfolg seine Partisanentätigkeit aufnahm. Schließlich vom Kaiser in Wien dazu autorisiert, den Landsturm zu organisieren, erließ er eine Proklamation «an die Völker von Mähren, Schlesien und Böhmen» und eine «Geheime provisorische Instruction für alle Gemeindevorsteher», die konkrete Anweisungen enthielt, wie der «asymmetrische Krieg» gegen den Besatzer zu führen sei.

Der schien auf eine kampfbereite Stimmung zumindest eines Teils der böhmischen, mährischen und slowakischen Bevölkerung zu treffen, etwa in Müglitz nahe Olmütz. Dort hatte eine Schar bewaffneter Bauern, darunter «sogar Frauen und Kinder», preußische Soldaten gefangen genommen, die nur durch Waffengewalt befreit werden konnten, wobei es mehrere Tote und Verletzte gab. Mit fast 300 Soldaten zog Vivenot Ende Juli nach Österreichisch-Schlesien, wo er von Karlsbrunn aus Streifzüge gegen die preußischen Truppen im Umland unternahm und dabei auch in Troppau zuschlug. Kurz bevor er auch nach Preußisch-Schlesien eindringen wollte, erreichte ihn die Nachricht von der am 26. Juli vereinbarten Waffenruhe. Daher kam es in Böhmen, Mähren und Schlesien zu keinem größeren «Volkskrieg», anders als vier Jahre später in Frankreich. Das Potential dazu dürfte jedoch vorhanden gewesen sein.

Habsburg, als Vielvölkerreich sonst extrem zurückhaltend bei der Mobilisierung «des Volkes», war in einer Notsituation offensichtlich bereit, dieses Mittel zu wählen, dessen Wirksamkeit es bei den Kämpfen in Italien bereits kennengelernt hatte. Auch Preußen hatte begonnen, die «nationale Karte» auszuspielen. Bismarck erwog, einen Tschechischen Staat auszurufen, um die «Waffe, die uns die entfesselte nationale Bewegung nicht nur in Deutschland, sondern auch in Ungarn und Böhmen» darbot, zu ergreifen, vermochte sich mit diesen Überlegungen freilich nicht durchzusetzen. Die Bestrebungen des preußischen Generals Türr, in Belgrad ein serbisches Freikorps aufzustellen, wären hier ebenso zu nennen wie die Überlegungen, eine «italienische Legion» zu bilden, sowie der Aufruf an die Bewohner Böhmens und Mährens, der ihnen in Aussicht stellt, dass sie «ihre nationalen Wünsche gleich den Ungarn verwirklichen können». Die «Legion Klapka», gebildet aus fast 1600 Kriegsgefangenen des österreichischen Heeres unter Führung von Georg Klapka, Anführer des ungarischen revolutionären Aufstands von 1848/49, kam erst Ende Juli zum Einsatz und konnte durch entschiedene Gegenmaßnahmen, aber auch wegen der feindseligen Haltung der slowakischen Bevölkerung ihr gegenüber, rasch zurückgedrängt werden. Immerhin fast vier preußische Divisionen waren gebunden worden, um den Guerillakrieg unter Kontrolle zu halten. Letztlich blieb dieser aber ohne große Wirkung.[74]

Das österreichische II. Korps hatte sich nach Preßburg/Bratislava zurückgezogen, wo es mit dem IV. preußischen Korps am 22. Juli zu einem Gefecht bei Blumenau kam, das heute Lamač heißt und ein Stadtteil der slowakischen Hauptstadt ist. Mitten in der noch unentschiedenen Schlacht eilten Parlamentäre mit der Nachricht herbei, dass eine fünftägige Waffenruhe vereinbart worden sei; die Kämpfe, die letzten auf diesem Kriegsschauplatz, wurden daher abgebrochen. Die Befürworter eines raschen Friedensschlusses hatten sich durchgesetzt, weil die Besetzung Wiens angesichts der Kräfteverhältnisse unvermeidlich war. Bereits am 26. Juli wurde der Vorfrieden von Nikolsburg und am 23. August 1866 dann der Prager Friedensvertrag geschlossen, der den Machtkampf um die Vorherrschaft im Deutschen Bund formell beendete.

Der Frieden mit Österreich war noch nicht unter Dach und Fach, da ließ Preußen die Unterlegenen schon spüren, wie es seinen Sieg auszukosten gedachte. Der spätere Nachfolger Moltkes als Generalstabschef, Alfred Graf Waldersee, damals Adjutant beim Hauptquartier, hätte es gern gesehen, wenn die Armee bis Wien durchmarschiert wäre; die «schnelle Beendigung des Krieges hat mich etwas verstimmt». Genugtuung bereitete es ihm dagegen, dass Österreich alle preußischen Friedensbedingungen akzeptierte, seine «treuen Bundesgenossen, mit denen wir noch nicht unterhandeln», dagegen «ihrem Schicksal resp[ektive] unserer Gnade» überließ. Und nicht ohne Häme vermerkte er, dass jetzt «Abgesandte von allen Seiten hierher» kämen und «für ihre Souveräne noch etwas erreichen» wollten.

Wie Waldersee in seinen Memoiren weiter berichtete, legte es der in Nikolsburg residierende Ministerpräsident geradezu darauf an, die nach dem Eintritt des Waffenstillstandes dorthin eilenden Unterhändler der unterlegenen deutschen Staaten zu demütigen. Sie wurden «nicht offiziell empfangen, sondern erhielten den Bescheid, daß wir hier nur mit

Abb. 6: «Und als sie ihn zu Grabe gebracht, hat Niemand geweint, aber Mancher gelacht». Mit dem Ende des Deutschen Bundes werden auch Polens Hoffnungen begraben.

Österreich unterhandeln wollten», da es, mit Ausnahme Sachsens, «alle anderen deutschen Staaten einfach preisgab und uns überließ, mit ihnen zu tun, was wir wollten». Sachsens Ministerpräsident von Beust und Kriegsminister Bernhard von Rabenhorst mussten auf preußischen Druck hin bereits vor Verhandlungsbeginn ihre Posten räumen. Immerhin konnte das Land seine Eigenstaatlichkeit retten, für die auch Frankreich eingetreten war. Franz Josephs Loyalitätsempfinden für seine Verbündeten war freilich geschwunden: «Aus Deutschland treten wir jedenfalls ganz aus», schrieb er wie eine beleidigte Leberwurst seiner Frau, «ob es verlangt wird, oder nicht und dieses halte ich nach den Erfahrungen, die wir mit unseren lieben deutschen Bundesgenossen gemacht haben, für ein Glück für Österreich».[75]

Bayerns Ludwig II. hatte also gute Gründe für sein gegenüber Richard Wagner geäußertes Stoßgebet: «Gott gebe, daß Bayerns Selbständigkeit bewahrt werden kann. Wenn wir unter Preußens Hegemonie zu stehen kommen, dann fort, ein Schattenkönig ohne Macht will ich nicht sein». Um das zu verhindern, war Ministerpräsident von der Pfordten nach Nikolsburg gekommen, aus Württemberg Prinz Friedrich und Ministerpräsident Varnbühler. Als Waldersee sie beim Spaziergang traf, erstattete er sofort Meldung an Bismarck, «der mir auch dafür dankbar war und Vorsorge traf, ‹nicht zu Haus› zu sein». Der für Hannovers König Georg V. nach Nikolsburg gereiste Flügeladjutant Karl Johann Christian von Heimbruch gelangte immerhin «bis in den Schloßhof und wurde, ohne daß man ihm den mitgebrachten Brief seines Königs abnahm, abgewiesen. Er spielte, im Regen auf dem Schloßhofe stehend, wirklich eine bedauernswerte Rolle». Ärger dran war nur der Kurfürst von Hessen, der keinen Emissär nach Nikolsburg entsenden konnte, weil er von den Preußen kurzerhand in Stettin interniert worden war. Und auch für die österreichischen Unterhändler, Graf Károlyi und Kriegsminister Graf Degenfeld, hatten die preußischen Gastgeber eine besondere Bosheit parat. Sie wurden, so berichtet es Waldersee, «in einem Hause am Fuße des Schlosses einquartiert, welches an der Hauptstraße lag», und so hatten sie «anfangs das angenehme Schauspiel, unablässig Truppen in der Richtung auf Wien durchmarschieren zu sehen».[76]

Preußens König Wilhelm I. hatte von Bismarck lange «bearbeitet» werden müssen, ehe er seinen Widerstand gegen den «Bruderkrieg» aufgegeben hatte. Doch nun, da er so schnell gewonnen worden war, wollte er, ganz in militärischer Tradition verwurzelt, den Sieg auch voll auskosten; symbolisch durch eine Siegesparade in Wien, politisch durch Gebietsabtretungen. Mit diesen Wünschen wusste er sich eins mit den Militärs. Doch sein Ministerpräsident hatte andere Vorstellungen und wollte den Krieg nicht nur schnell, sondern auch unter Schonung des Besiegten beenden.

Dafür gab es gute politische Gründe. Es sollte verhindert werden, dass sich ausländische Mächte, Frankreich vor allem, entscheidend in diesen Konflikt einmischten, ihn gar durch eine Parteinahme zu Gunsten

Österreichs weiter in die Länge zogen und den gerade gewonnenen Vorteil dadurch gefährdeten. Österreich aus «Deutschland» herauszudrängen, war zwar schon seit über einem Jahrzehnt das erklärte Ziel Bismarcks gewesen. Doch es von der Landkarte zu löschen, lag nicht im Interesse des wohlbedachten preußischen Egoismus. Stabilität konnte es auf Dauer nur *mit* Österreich geben, nicht *gegen* es. Um dessen Revanchegelüste, deren Nutznießer vor allem Frankreich gewesen wäre, zu dämpfen, das Habsburgerreich mittelfristig gar wieder als verlässlichen Bündnispartner zu gewinnen, musste auf triumphalistische Gebärden verzichtet werden.

Ein weiterer Grund für die baldige Beendigung des Kriegs entzog sich dem Kalkül der Könige, Politiker und Militärs: Die Cholera begann sich im preußischen Heer auszubreiten. 1866 verzeichnete die preußische Armee knapp 4500 Tote durch Kampfhandlungen, aber beinahe 6500 durch Krankheiten. Im Zuge der Besetzung Niederösterreichs wütete die Cholera auch dort. Am 27. Juli 1866 wurde der erste Fall in Wien gemeldet. Bis Ende November starben dort fast 1900 Menschen, im Umkreis der Stadt rund 4000, im restlichen Niederösterreich weitere 8000. Doch auch in Leipzig beispielsweise fielen ihr 2000 Menschen zum Opfer, weil die Stadt ein Knotenpunkt der Truppenbewegungen und des Lazarettwesens war. Die Cholera forderte mehr Todesopfer als manche Schlacht.[77]

Den Kronprinzen wusste Bismarck bei seinem Drängen auf Frieden auf seiner Seite. Der eröffnete ihm, dass er, wenn «Sie nun überzeugt sind, dass der Zweck erreicht ist und jetzt Frieden geschlossen werden muss», bereit sei, ihm «beizustehen und Ihre Meinung bei meinem Vater zu vertreten». Durch ein halbstündiges Gespräch konnte er Wilhelm I. überzeugen oder zumindest überreden. Doch der König machte keinen Hehl daraus, dass er letztlich genötigt wurde, gegen seine Überzeugung zu handeln: «Nachdem mein Ministerpräsident mich vor dem Feinde im Stiche lässt und ich hier außerstande bin, ihn zu ersetzen», so äußerte er sich resigniert, und der Kronprinz sich «der Auffassung des Ministerpräsidenten angeschlossen hat, sehe ich mich zu meinem Schmerze gezwungen, nach so glänzenden Siegen der Armee in diesen sauren Apfel zu beißen und einen so schmachvollen Frieden anzunehmen».[78] Es war in der Tat nicht einfach für Wilhelm, unter diesem Ministerpräsidenten König zu sein.

Wien wurde also nicht besetzt, die preußische Siegesparade im Herzen der Kaiserstadt entfiel. Doch ganz abwenden ließ sie sich nicht. Am 31. Juli 1866 fand eine Ersatzveranstaltung mit 60 000 preußischen Soldaten auf dem Feld zwischen Schönkirchen und Gänserndorf, etwa 40 Kilometer nordöstlich der Hauptstadt, statt. Bleibende Spuren im deutsch/preußisch-österreichischen Verhältnis hinterließ dabei der Auftritt des Kapellmeisters Johann Gottfried Piefke, dem die Nachwelt den von ihm für diesen Anlass komponierten «Königgrätzer Marsch» verdankt. Doch wahren Ewigkeitswert genießen Johann Gottfried und sein ebenfalls vor Wien anwesender Musikerbruder Rudolf, weil sie als Quelle des meist wenig vorteilhaft gemeinten Spitznamens für alle Deutschen dienten, zumindest für jene von nördlich der Mainlinie: «die Piefkes». Die Gänserndorfer wenigstens scheinen ihren Frieden mit den zackigen Preußen geschlossen zu haben: Seit 2009 ziert ein Piefke-Denkmal den Ort. Ob es am Ende auch an ihrem musikalischen Einsatz lag, dass die Wiener «Neue Freie Presse», gewissermaßen als Quintessenz der Verarbeitung der Niederlage, schreiben konnte: «Wir blicken dem aus Österreich abrückenden preußischen Heere ohne Haß und Rachsucht nach»?[79]

Hans Wachenhusen erschien der nunmehr beendete Kampf als einer «der interessantesten und denkwürdigsten Feldzüge, ein Krieg, der ohne Beispiel in der Geschichte, unglaublich in seiner Schnelligkeit, in seinen blitzähnlichen Erfolgen» gewesen sei. Er war «ein Traum für Jeden, der daran betheiligt gewesen, ein unvergänglicher Stolz für das endlich zum ganzen Bewußtsein eigener Kraft gelangte Preußen». Für die Zehntausenden getöteten oder verwundeten Soldaten und erst recht für die Bevölkerung des Landes war dieser Krieg eher ein Alptraum. Denn das erst nach Norden und wieder zurück nach Süden ziehende österreichische Heer, dann die nachsetzenden und schließlich wieder heimwärts strebenden Preußen brachten viel Leid über sie. Das fing schon mit der Lebensmittelknappheit in den von oft wochenlanger Einquartierung betroffenen Gebieten des eigenen Landes an, denn «was in die Magazine geht, wird nun aber dem bürgerlichen Bedürfniß entzogen», berichtete Louis Ernst über das schlesische Liebau. Weil dieses «keine Eisenbahn besitzt, so ist der Ersatz der verzehrten Gegenstände nicht so leicht zu bewirken. Daher kommt es, daß sich jetzt schon vielfach ein Mangel an Nahrungsmitteln bei den Bürgern bemerkbar macht».[80]

Erst recht betraf das die Bewohner der gegnerischen Staaten, zum Beispiel die verängstigten Nonnen im Kloster Marienthal. Denen hatte Hans von Kretschmann zugesichert, dass sie von seinen Truppen nichts zu befürchten haben würden, was seine Wirkung nicht verfehlte: «Du glaubst nicht wie komisch es ist, daß alle Welt sich erst verkriecht und wenn sie sehen, daß wir keine Menschenfresser sind, daß sie dann so gar weich erscheinen», schrieb er seiner Frau nach Hause. Doch selbst beim besten Willen eines Soldaten, unnötiges Leid zu vermeiden, ist der Krieg von Anfang bis Ende gewalttätig. Das musste auch Kretschmann erfahren, den schnell das schlechte Gewissen plagte, da er schon am Tag darauf enorme Requisitionsanforderungen gegen das Kloster durchzusetzen hatte. «Das ist die Schattenseite des Krieges», schrieb er nach Hause, «daß man allerdings unter Sanction des Staates so eine Art von Räuber werden muß».[81]

Es waren wohl *auch* solche Schilderungen, die von Kretschmanns Tochter dazu brachten, sich politisch von dem Weg ihres zeitlebens geliebten Vaters abzuwenden. Lily Braun, ein Jahr und einen Tag vor der Schlacht von Königgrätz geboren, wurde im Stil der Klasse ihres Vaters in dem Bewusstsein erzogen, zur Herrschaftsschicht des Kaiserreichs zu gehören. Doch langsam wandte sie sich von der Aristokratie ab und der Arbeiterschaft zu. Sie trat der SPD bei und wurde eine bedeutende

Frauenrechtlerin. 1896 heiratete sie in zweiter Ehe den sozialdemokratischen Politiker und Publizisten Heinrich Braun. Ihr einziger Sohn, Otto Braun, meldete sich im September 1914 siebzehnjährig freiwillig zum Kriegsdienst, den er in seinen Briefen und Gedichten schwärmerisch besang, im April 1918 jedoch mit dem «Heldentod» an der Somme bezahlte. Da war seine Mutter schon fast zwei Jahre tot, weshalb sie auch nicht mehr Otto Brauns posthumen literarischen Ruhm miterleben konnte. Lily Brauns Großnichte, Marianne von Kretschmann, heiratete 1953 Richard von Weizsäcker, der in seinem Amt als Bundespräsident schließlich die zweite deutsche staatliche Einigung mitgestalten sollte.

Die gelang zum Glück ohne den Einmarsch in andere Staaten, anders als jene von 1864 bis 1871. Weil mit der österreichischen Armee auch der Verwaltungsapparat abzog, litt das tägliche Leben in Böhmen und Mähren schwer, zumal die Bevölkerung der Einsetzung neuer Verwaltungsbeamter durch Preußen oft mit passivem Widerstand begegnete. «Die Gegenden, die wir jetzt durchziehen, sind sehr arm & werden nun von den massenhaften Einquartirungen total aufgefressen, so daß es uns vielfach am Nöthigsten fehlte», hielt Louis Ernst neun Tage nach Königgrätz fest, als seine Truppe in Mährisch-Trübau Quartier bezog, wie schon davor die österreichischen Truppen auf dem Weg nach und von Königgrätz. Diese mehrfachen Einquartierungen bekamen der dortigen, an den Kriegsursachen gewiss völlig unbeteiligten Bevölkerung nicht gut: «es werden die Ochsen & Kühe etc aus den Ställen gezogen & den Compagnieen zugeteilt. [...] In einem Städtchen von 5000 Einwohner sind heute 12 000 Mann einquartirt, wo die werden etwas zu essen bekommen, ist unklar. Das Land leidet hier entsetzlich».[82]

War in diesen Zeilen immerhin noch Mitleid spürbar, so machte das in den folgenden Tagen rasch hochmütiger Verachtung für die mährische und slowakische Landbevölkerung Platz. Zwar erkannte Ernst an, dass die Einquartierung von 200 Soldaten in drei Häusern der kleinen Stadt Niemtschitz (heute Velké Němčice) gut 20 Kilometer südlich von Brünn nur katastrophale Bedingungen zeitigen konnte, doch das hinderte ihn nicht daran, von «einem erbärmlichen slowakischen Drecknest» nahe Sekula in der heutigen Slowakei im Dreiländereck mit Tschechien und Österreich zu sprechen, wo «Milch & Eier die einzig genießbaren Nahrungsmittel waren. Die Menschen leben da wirklich in einem halbwilden Zustande; die abentheuerlichsten Fetzen hängen ihnen als Kleider um den Leib herum, sind aber wegen der unendlich vielen Löcher schlecht geeignet den Dreck, der drunter sitzt, zu verdecken».[83]

Oft waren die Dörfer freilich verlassen. Der mit der Elbarmee durch Böhmen ziehende Hans Wachenhusen hatte «die Wälder angefüllt von flüchtigen Familien gefunden, die sich zwischen den Bäumen durch Stroh und Decken förmliche Baracken errichtet und verproviantirt hatten. [...] Mit dem Säugling an der Brust saß die arme Mutter, fröstelnd vor Kälte und Nässe unter der zwischen den Bäumen aufgespannten Decke [...]. Niemand wagte sich auch aus dem Walde, um nicht den Preußen in die Hände zu gerathen, welche, wie das Gerücht und die Zeitungen sagten, alle Männer bis zu 40 Jahren ergriffen und in ihre Armee steckten».[84]

Auch die Chronik der Weinvierteler Gemeinde Unter-Markersdorf lässt erahnen, was die Zivilbevölkerung durchmachen musste. Die wirtschaftliche Lage war durch vorangegangene Missernten bereits schlecht und wurde durch einen späten Frosteinbruch nicht besser. Die Siegesnachrichten aus Custozza und Trautenau waren noch mit einem Dankgottesdienst gefeiert worden, doch als die Niederlage bei Königgrätz und der anschließende Vormarsch der Preußen bekannt wurden, brach Panik aus. Sie «nähmen die junge männliche Bevölkerung zum Militärdienst» mit und würden «Sengen und Brennen». Die Bewohner rechneten mit dem Schlimmsten, «das Hab und Gut wurde vergraben oder in die Keller eingemauert, viele flüchteten sich in die Wälder [...], ja es gab Dörfer, wo keine 10 Personen zu finden waren». Andere «flüchteten sich mit ihren Habseligkeiten und dem Vieh in das Waldviertel, wo sie zu Tausenden in den Wäldern kampierten. Lange Reihen von Wagen bedeckten die

Straße nach Fladnitz. [...] Viele kleine Kinder, in das Bettgewand eingewickelt, erstickten während der Fahrt». Als die Preußen Markersdorf erreichten, plünderten sie tatsächlich und wurden, als auf den Fuß folgende Strafe, von einer österreichischen Dragonerpatrouille gestellt, wobei ein Preuße den Tod fand.[85]

Doch bald arrangierten sich Besatzer und Besetzte miteinander, zumal «das Benehmen der Preußen musterhaft» war und sie «auch sehr religiös» auftraten und ihr «Betragen gegen die Frauenzimmer lobenswert» war.[86] Und doch: Auch die offensichtlich um zivilisiertes Auftreten bemühten preußischen Soldaten hinterließen nicht nur einen – unter den gegebenen Umständen – guten Eindruck, sondern auch die Cholera in Untermarkersdorf; 45 Menschen fielen ihr allein hier zum Opfer.

Auf dem Kriegsschauplatz mitten in Deutschland lief es ähnlich gut für Preußen wie in Böhmen. Bereits am 18. Juni wurde Kassel erobert und der Kurfürst gefangen gesetzt. Auch die militärischen Operationen gegen Hannover liefen rasch an. Während die preußische Armee planmäßig vorging, besaß Hannover keinen Kriegsplan. Schnell war die Residenzstadt besetzt, ebenso wie der strategisch wichtige Hafen von Emden. Göttingen im Süden des Landes drohte ein ähnliches Schicksal. Daher zog sich die Armee dorthin zurück. Man könnte das auch eine Flucht nennen, denn es lief darauf hinaus, das Land preiszugeben, um die Armee zu erhalten – und dadurch den Anspruch auf die Eigenstaatlichkeit.[87]

Die gut 18 000 Mann starke hannoversche Armee entschloss sich zum Abzug Richtung Gotha. Am 27. Juni kam es bei Langensalza zum Gefecht – und das Unerwartete geschah: Die Preußen wurden geschlagen. Beide Seiten verloren je rund 1500 Mann, auch das war ein Indiz dafür, dass Preußens Armee keineswegs unverwundbar war. Doch die Hannoveraner konnten ihren Sieg nicht ausnutzen. Am 29. Juni kapitulierten sie stattdessen, desorganisiert und ohne Munition, vor den nachgerückten frischen Kräften der Preußen. Der hannoversche Soldat Steinberg war fassungslos: «Capituliren! [...] Aber müssen wir denn das?» Für Hannover war der Krieg zu Ende – und wie sich bald herausstellen sollte, auch seine staatliche Existenz.[88]

Ähnlich verlief der Krieg am Main. Das begann schon damit, dass der Oberbefehlshaber der größten Armee der Südstaaten, Bayerns König Ludwig II., am 22. Mai 1866 nach einem Morgenvortrag eines Ministers sein Schloss Berg am Starnberger See in Begleitung seines Reitknechts heimlich verließ, um zu Richard Wagners Geburtstagsfeier nach Tribschen am Vierwaldstätter See zu eilen. Immerhin war er wenige Tage später rechtzeitig zur Eröffnung des Landtags wieder in München, um seinen Friedenswillen zu bekunden. Am 10. Juni zog er sich in Begleitung seines Adjutanten und seines Reitknechts auf die Roseninsel im Starnberger See zurück, wohin nur einmal täglich ein Boot Staatspapiere brachte. «Der König und sein Adjutant», vermeldete die Gerüchteküche, «seien als Lohengrin und Barbarossa kostümiert im Mondschein lustgewandelt. Während Ludwig die Insel nachts illuminieren und Feuerwerke abbrennen ließ». Erst fünf Tage nach Preußens dramatisch inszeniertem Bundesbruch kehrte er endlich in seine Hauptstadt zurück. Gustav von Blome, Österreichs Gesandter in München, notierte lakonisch: «man fängt an den König für irrsinnig zu halten».[89]

Der größte Nachteil der Bundestruppen war ihre geografische Verstreutheit einerseits, andererseits ihre organisatorische Zersplitterung. Das VII., VIII., IX. und X. Bundeskorps waren nämlich sehr bunt zusammengesetzt. Nördlich des Mains standen die 18 400 Hannoveraner, 9400 Hessen-Darmstädtische und 7000 kurhessische sowie 5400 Hessisch-Nassauische Truppen. Im Süden marschierten 52 000 Bayern unter Prinz Karl von Bayern, 16 250 Württemberger sowie 10 850 Badener. Insgesamt aktivierten Österreichs Alliierte beeindruckende 120 000 Mann, doch den ihnen gegenüberstehenden 50 000 Preußen der Mainarmee unter Vogel von Falckenstein gelang es, diese in Schach zu halten.[90]

Das lag vor allem daran, dass die Kommandostrukturen, Exerzier- und Drillreglements des Bundesheeres, von Ausrüstung und taktischer

Übung ganz zu schweigen, nicht einheitlich waren. Das badische Signal für den Rückzug beispielsweise war identisch mit dem württembergischen für den Angriff. Bei der gemeinsamen Besetzung des bayerischen Kreuzwertheim, strategisch wichtig gelegen gegenüber dem badischen Wertheim am Zusammenfluss von Tauber und Main, schossen die Truppen beider Staaten mangels gemeinsamer Erkennungszeichen versehentlich aufeinander.[91]

Der vage Kriegsplan sah vor, dass sich die süddeutschen Korps mit den Hannoveranern bei Bad Hersfeld vereinigen sollten. Doch während die Hannoveraner schon marschierten und ihren sinnlosen Sieg errangen, wurde Karl von Bayern erst zum Oberkommandierenden der Bundestruppen am Main ernannt. Die Kommunikation zwischen den verschiedenen Verbänden war extrem mangelhaft, die Telegrafie blieb ungenutzt, und erst am 24. Juni wurde ein Verbindungsmann der Hannoveraner nach Bayern gesandt. Die württembergische Baronin von Spitzemberg sah die Schuld eindeutig beim östlichen Nachbarn. Es hätten «sich die tapferen Hannoveraner ergeben müssen, nachdem sie zuvor bei Langensalza die Preußen geschlagen hatten. Die elende Zögerung der Bayern hat sie geliefert; Schmach über sie!», notierte sie am Tag der Schlacht von Königgrätz, deren Ausgang sie zu diesem Augenblick noch nicht kannte. Fünf Tage später traf der Bannfluch der Baronin den westlichen Nachbarn: «Die Bayern haben jetzt ein paar Gefechte mit den Preußen gehabt, im ganzen aber geht nichts voran, es ist die alte Reichsarmee. Der Prinz Wilhelm von Baden hat erklärt, unter obigen Umständen das badische Korps zurückziehen zu wollen, und nur als seine Truppen ihm deshalb die Fenster einwarfen und zu meutern drohten, gab er nach, O Schmach und Schande!»[92]

Wie auf anderen Kriegsschauplätzen wurden etwa die Kämpfe bei Bad Kissingen durch die dort weilenden Kurgäste, es war ja Sommersaison, unfreiwilligerweise beobachtet, sie selbst zu Schlachtenbummlern. «O Gott», berichtete einer von ihnen, «welch' ein Anblick die Stadt darbot!

Die Häuser von oben bis unten mit Kartätschen besäet, durchlöchert von Kugeln und Granaten, die hier und da selbst steinerne Wände gesprengt hatten». Überall waren «eine Menge Todter und Verwundeter, Lachen von Blut, umhergeworfene Waffen, Patronen, Munition» zu sehen, der «Cursaal im Garten und die Galerien verwandelten sich in ein Lazareth», das «sich im Verlauf weniger Minuten mit einigen hundert Verwundeten» füllte: «Ein trübes, trauriges Bild!»[93]

Als das Bayerische VII. Korps endlich Richtung Norden zog, musste es in den Gefechten bei Dermbach am 4. sowie bei Hammelburg und Kissingen am 10. Juli Niederlagen einstecken, zumal das VIII. Korps die Vereinigung mit den Bayern lange verweigerte. Als das endlich geschehen sollte, entschied Preußen die Schlacht bei Aschaffenburg am 14. Juli für sich – und damit auch das Schicksal Frankfurts, das am 16. Juli eingenommen wurde. Das Ende des nunmehr zwar vereinigten, aber zunehmend desolaten Bundesheeres kam am 24. Juli in der Schlacht bei Tauberbischofsheim, bei der zudem württembergische und badische Regimenter teilweise den Kampf verweigerten, was insbesondere Letzteren erneut den Vorwurf des Verrats einbrachte.[94]

Ein bayerischer Soldat berichtete von den letzten Kämpfen am Main am 26. und 27. Juli 1866, die ahnen lassen, wie überlegen die straff organisierten Preußen waren. Das auf Heidingsfeld südlich von Würzburg marschierende Bundeskontingent «war ein buntes Gemisch von Oesterreichern, Württenberger, Badenser, Curhessen u. Darmstädter, die alle die schwarz-roth-goldenen Feldbinden am Arm trugen». Am nächsten Tag, die Preußen rückten bedrohlich näher, «wurden die Brücken abgebrochen, aufgeladen u. nach Würzburg gefahren», und als das preußische Kanonenfeuer gegen die Veste Marienberg und gegen die «auf einer Anhöhe befindlichen Badenser» begann, erlebte die Stadt ihre erste Beschießung seit dem Dreißigjährigen Krieg. Das Zeughaus auf dem Marienberg fing Feuer, «aus der Stadt kamen Nachrichten, daß auf der Mainbrücke schon mehrere Einwohner von einer Granata verwundet u.

einer getödtet worden sei; in den Main fallen Kugeln sowie in die Stadt». Der am 26. Juli unterzeichnete Waffenstillstand beendete diese Kämpfe und damit das Leiden der Stadt und ihrer Bewohner.[95]

«Wer die Zerreißung Deutschlands beklagt, wird Gefühlspolitiker gescholten» – Reaktionen und Erwartungen

Der Sieg Preußens mochte militärisch überwältigend gewesen sein – an den gesellschaftlichen Machtverhältnissen änderte sich nichts. Der Vater der preußischen Wunderwaffe, der Zündnadelgewehrerfinder Nikolaus Dreyse, war zwar schon nach dem Krieg gegen Dänemark geadelt worden. Doch zur «guten Gesellschaft» gehörte er deswegen nicht, denn ihn zur Siegesparade am 20. September 1866 einzuladen, fiel nur Kronprinz Friedrich ein: «Sonst dachte kein Mensch an ihn!!!»[96]

In den kaum mehr als zwei Monaten, die zwischen der einseitigen Aufkündigung des Deutschen Bunds durch Preußen und dem Prager Frieden lagen, stürzte, so die vielzitierten Worte des römischen Kardinalstaatssekretärs Giacomo Antonelli, die Welt ein: «Casca il mondo». Doch nicht nur er fühlte sich besiegt: «Wir sind in Sadowa geschlagen worden», gab Frankreichs Kriegsminister Jacques-Louis Randon als Parole aus. Die «Revanche für Sadowa» als Ziel französischer Politik wurde zum geflügelten Wort. Da «Königgrätz» für französische Zungen unaussprechbar ist, musste das nahe der Festungsstadt liegende Dorf Sadowa seinen Namen für den Revanchismus hergeben.[97]

«Österreich» und «Deutschland» gingen von nun an getrennte, wenn auch weiterhin vielfach miteinander verbundene Wege. Das Haus Habsburg, fast ein halbes Jahrtausend lang die bestimmende Macht in der Mitte Europas, musste dem Emporkömmling aus dem Haus Hohenzollern weichen. Die «Historisch-Politischen Blätter für das katholische Deutschland» notierten diese Tatsache mit trauernder Bitterkeit: «Ueber das deutsche Volk ist eine Zerstörung seiner politischen Basis und eingewöhnten Lebensbedingungen gekommen wie seit tausend Jahren nicht» mehr. Das Neue habe «definitiv gesiegt [...] über das Alte; das besiegte Alte aber datirt nicht erst von 1815 herwärts sondern bis auf Karl den Großen zurück. Die Reichs-Idee ist gefallen und begraben; und wird das deutsche Volk je wieder in einem Reiche vereiniget werden, so wird es ein Reich seyn das nicht eine tausendjährige sondern nur eine dreihundertjährige Geschichte hinter sich hat».[98]

Friedrich Engels sah bereits drei Wochen nach Königgrätz die «Geschichte in Deutschland [...] ziemlich einfach»: «das kleindeutsche Kaisertum in dem von den Bourgeois beabsichtigten Umfang, d. h. inkl. Süddeutschland», werde entstehen, doch die «deutsch-österreichischen Provinzen» würden diesem neuen Reich «in nicht gar langer Zeit auch zufallen».[99] Dazu kam es damals bekanntlich noch nicht, sondern erst 72 Jahre später – und das unter gänzlich anderen, 1866 nicht einmal ansatzweise ahnbaren Umständen. Dieses «Großdeutsche Reich» beanspruchte 1938 eine tausendjährige Zukunft für sich, hatte aber noch eine von sieben Jahren, in denen es ein bis dahin unvorstellbares Maß an Zerstörung über Europa brachte. Daran hatte der «Mythos vom Reich» (H. A. Winkler), den die «Historisch-Politischen Blätter für das katholische Deutschland» hier zitierten, seinen ganz eigenen Anteil.

Trotz dieser ideologisch-konfessionellen Überfrachtung einer militärischen Entscheidung, die auch anders hätte fallen können, fand sich das katholische Deutschland ausweislich seines wichtigsten Sprachrohrs letztlich mit den neuen Gegebenheiten ab. Ein «seelenlose[r] Südbund» oder gar ein wiederauflebender Rheinbund erschienen jedenfalls nicht wünschenswert. Die «Spenersche Zeitung» erblickte in Königgrätz *auch* einen Kampf zwischen Protestantismus und Katholizismus: «deutschem Geist gewehrt / um röm'schen Glaubenszwang», habe Habsburg über Jahrhunderte, doch nun «naht der Tag der Rache, / der Spieß nun wendet sich, / [...] mit dem Zündnadelblitz». Der Theologe Hermann

Krause, Mitherausgeber der «Protestantischen Kirchenzeitung für das evangelische Deutschland», triumphierte: «In der Schlacht bei Königgrätz hat endlich der dreißigjährige Krieg seinen Abschluß gefunden, der nationale Gedanke und der Protestantismus haben gesiegt». Der Dreißigjährige Krieg trat nach 1866 als geschichtsmythische Referenz freilich in den Hintergrund, weil sie ihre Plausibilität vor allem aus der konfessionell zuspitzbaren österreichisch-preußischen Rivalität gewonnen hatte, die relativ bald einer neuerlichen Annäherung wich.[100]

Die Deutung von der Entscheidung im konfessionellen Machtkampf war offen für eine gewissermaßen kulturprotestantische Wendung. «Bruder-Krieg? Nein! Prinzipien-Kampf!» nannte der Hesse Eduard Schüller in einer Flugschrift diesen Konflikt und machte damit ein auch für die preußischen Liberalen akzeptables Deutungsangebot. Selbst von ganz links wurde dieser «Principienkrieg» durch Arnold Ruge als Freiheitskrieg verstanden, sofern ein frei gewähltes deutsches Parlament dem «Siege über die Tyrannen» demokratische Weihen verleihe. Für Helmuth von Moltke war dieser Krieg keine Notwehr gegen eine existentielle Bedrohung gewesen und schon gar nicht auf den Druck der nationalisierten öffentlichen Meinung hin zustande gekommen: «Es war ein im Kabinett als notwendig erkannter, längst beabsichtigter und ruhig vorbereiteter Kampf, nicht um Ländererwerb, Gebietserweiterung oder materiellen Gewinn, sondern für ein ideelles Gut, für Machterweiterung». Den Ruhm, die nationalstaatliche Einigung zustande gebracht zu haben, wollte das preußische Militär mit niemandem teilen.[101]

Doch was ist von dem zeitgenössischen Reden und Schreiben über den Bürgerkrieg zu halten? Die strengen politikwissenschaftlichen Kriterien dafür sind nicht erfüllt. Dennoch war diese Deutung für die Zeitgenossen überzeugend. Bayernkönig Ludwig II. etwa wollte in seiner Thronrede Ende Mai 1866 «die Hoffnung nicht aufgeben, dass das Verderben eines Bürgerkrieges von Deutschland abgewendet werde». Als den «traurigsten aller Bürgerkriege» bezeichnete ihn die «Augsburger

Allgemeine» und auch Rudolf Schleiden, der transatlantische Politiker und Diplomat, beklagte «das Ergebnis des traurigen Bürgerkriegs». Für ihn, in Holstein geborener Spross einer in Schleswig begüterten Familie, der seine letzten zwanzig Lebensjahre in Freiburg im Breisgau verbrachte, wie für viele andere Vertreter des «Dritten Deutschland», brachte das Wort «Bürgerkrieg» zum Ausdruck, dass um widerstreitende Ordnungsmodelle gekämpft worden war, wenn auch in der Form eines Kabinettskriegs.[102]

Für Theodor Fontane hatte dieser Krieg gezeigt, «wer unabänderlich für das Alte und wer für das Neue, wer für Oestreich und wer für Preußen sei». Preußen siegte «nicht, weil wir unsern Gegnern im Einzelnen, in dem einen oder andern über jeden Vergleich hinaus überlegen waren; wir siegten noch viel weniger, weil wir ihnen in all und jedem überlegen waren [...]; wir siegten vielmehr lediglich deshalb, weil wir ihnen im Ganzen überlegen waren». Ähnlich sah das auch Erzherzog Albrecht. Königgrätz erschien ihm als Folge einer alle Bereiche von Politik, Wirtschaft, Militär und Gesellschaft umfassenden Rückständigkeit, nicht nur als «eine für Österreich verlorene Schlacht», sondern als bedeutender «Umschwung in den Machtverhältnissen der europäischen Staaten! Ein Staat von 18 Millionen Seelen, bis dahin in seinem Werte als Großmacht vielseitig gering taxiert, wurde durch seine Siege und die schlau ausgebeuteten Konsequenzen derselben rasch zum tonangebenden und zwingt den ganzen europäischen Kontinent zu (einer) sehr bedeutenden Steigerung der Wehrkräfte, so wie zur Neubewaffnung».[103]

Mit den Preußen, so schien es den Zeitgenossen, zog die neue Zeit, mochte man das begrüßen, verteufeln oder achselzuckend zur Kenntnis nehmen. Und in gewissem Sinn war das auch so. Karl Marx und Friedrich Engels verachteten zwar die reaktionäre politische Haltung Preußens nicht weniger als diejenige Österreichs, erblickten in Ersterem aber jene Kraft, die, wenn auch unbeabsichtigt, die Reste des Feudalismus zerstören, den Durchbruch der bürgerlich-kapitalistischen Ordnung herbeiführen und damit letztlich den Sieg der Arbeiterklasse bewirken werde.[104] Und auch mancher Landesbewohner der annektierten Gebiete zog mit der neuen Zeit.

«Wendehälse» gab es nicht erst 1989. 1866 war Rudolf von Jhering so einer, Jura-Professor in Göttingen und ein bedeutender Rechtsgelehrter. Bei Kriegsbeginn 1866 zeigte er, der, «weiß Gott, kein Freund Österreichs» sei, sich erschüttert über diesen «Frevel an allen Grundsätzen des Rechts und der Moral», der die Liberalen in den tragischen Konflikt stürze, den Sieg der «ungerechten Sache», Preußens nämlich, wünschen zu müssen, weil der Sieg Österreichs «unser eigenes Verderben sein würde». Nach der Entscheidung von Königgrätz dagegen beugte er sich «vor dem Genie eines Bismarck», mehr noch, er sah sich «überzeugt, daß es notwendig war, was uns Uneingeweihten als freventlicher Übermut erschien». Für «einen solchen Mann der Tat» wollte Jhering mehr geben als für «hundert Männer [...] der machtlosen Ehrlichkeit». 1864 hatte die erste Bresche in die liberale Überzeugungstreue geschlagen, dass Einheit und Freiheit zusammengehörten. Die «National-Zeitung» stellte schon im August 1864 fest: «Jeder Fortschritt aber in der Gewinnung der notwendigen deutschen Macht ist zugleich ein Fortschritt im freiheitlichen Leben».[105] Der linke 1848er-Politiker und zeitweilige USA-Exilant Julius Fröbel hatte gar schon 1859 befunden, dass die deutsche Nation «der Principien und Doctrinen» satt sei. «Was sie verlangt ist Macht, Macht, Macht», und wer ihr die zu verschaffen vermöge, dem werde «sie Ehre geben, mehr Ehre, als er sich ausdenken kann».[106]

Der in Karlsruhe, ab 1872 im annektierten Straßburg lehrende Historiker Hermann Baumgarten musste gestehen, dass der Liberalismus «dreißig Jahre vergebens gerungen» hatte, «der Nation eine erträgliche staatliche Existenz zu erobern». Auch wenn Baumgarten vorgab, seine liberalen Parteigenossen nicht deshalb tadeln zu wollen, weil «sie nicht gleich von vornherein entschieden Partei nahmen für die Bismarcksche Politik», tat er genau das: Es sei unverzeihlich gewesen, «noch im Mai, ja noch im Juni [...] gegen Bismarck Chorus zu machen mit allem, was in Deutschland reaktionär und antinational war, mit dem dynastischen Partikularismus, mit der [...] Bürokratie der Kleinstaaten, mit dem engherzigen Philistertum, [...], mit jenem wirklich traurigen Junkertum, das mit richtigem Instinkt in Preußen den revolutionären Emporkömmling haßt, mit jenen Ultramontanen, deren Liebe zum Hause Habsburg für alle Patrioten ein ausreichender Grund zu der entgegengesetzten Empfindung sein sollte». Der Sieg Preußens müsse «der Sieg einer liberalen und einer nationalen Politik werden».[107]

Der 1798 in Pommern geborene Pfarrerssohn Heinrich Beitzke war Schriftsteller und liberaler Abgeordneter im preußischen Abgeordnetenhaus. Während des Verfassungskonflikts hatte er sich als entschiedener Bismarck-Gegner profiliert. Mitte Oktober 1866 zog er eine keineswegs strahlende Bilanz dieses turbulenten Jahres. Deutschland sei «in drei Teile zerrissen, welche sich feindlich gegenüberstehen». Im Inneren diene der Krieg der preußischen Regierung dazu, vom Verfassungskonflikt abzulenken. «Unser Ministerium», so Beitzke, «sagt mit dürren Worten, daß es nur Gnade wäre, wenn die Regierung die Verfassung noch bestehen ließe». Doch obwohl Bismarcks Weg zur Einheit «nicht mit der liberal-nationalen Denkart der deutschen Patrioten» übereinstimme, sei man nun «genöthigt, die Thatsachen hinzunehmen», auch wenn niemand wisse, «wie das übrige zusammenkommen soll», da man nicht wünschen kann, «daß abermals bloß das Schwert entscheidet». Doch Beitzke tröstete sich mit dem Gedanken, dass jede «große politische Veränderung [...] mit vielen Wehen verbunden» sei, doch diese sei notwendig, «oder wir werden von Russland und Frankreich zertrümmert».[108]

Der bereits 1867 verstorbene überzeugte Liberale Heinrich Beitzke hatte sich, darin für viele seiner Geistesbrüder sprechend, damit abgefunden, dass Bismarcks Gewaltpolitik als einzig erfolgversprechender Weg erschien, auch wenn er deren Preis nicht übersah. Und das im Kaiserreich mit der Regentschaft Wilhelms II. zum Durchbruch kommende Streben nach «Weltgeltung» zeichnete sich ebenfalls bereits ab. Friedrich Kapp sprach in seiner Wahlheimat USA unverhüllt davon, dass der Sieg von 1866 «der erste Schritt zur Gründung einer deutschen Gross- und Weltmacht» sei.[109]

Nur wenige blieben ihren Idealen, zumindest noch, treu. Conrad Ferdinand Meyer etwa beklagte gegenüber seinem Verleger, dass die jetzige europäische Politik «einen Zug der Rücksichtslosigkeit, des rohesten Positivismus» zeige, «der einen schneidenden Gegensatz bildet zu den schönen Theorien von 30 u. 48». Auch Ferdinand Freiligraths Silvesterwunsch «Allerlei Funken» für 1867 sollte sich nicht erfüllen: «Ein rechtes Jahr der Freiheit, / Anstrebend klar und licht / Die Einheit, nicht die Dreiheit, / Die Einheit durch die Freiheit, Die Einheit durch die Willkür nicht!»[110]

Rudolf Schleiden zog nach Königgrätz ebenfalls eine wenig optimistische Zwischenbilanz. «Das lockere Band, welches seit Auflösung des deutschen Kaiserreichs *alle* deutschen Staaten umfaßte, ist zerrissen», stellte er nüchtern fest, und das «Ausland kennt nicht länger eine deutsche Nation». An ihre Stelle seien ein «mächtig gewordenes Preußen, ein provisorischer norddeutscher Staatenbund» sowie die drei süddeutschen Staaten getreten, «welche durch die Auflösung des bisherigen Bundes ihre völlige Unabhängigkeit erreicht haben», während von Österreich «nicht länger als von deutschen Landen die Rede» sei. Während die Preußenfreunde über «diesen vorläufigen Erfolg von ‹Blut und Eisen›» jubeln, so Schleiden weiter, wird, wer «über die Zerreißung Deutschlands klagt, [...] ein Gefühlspolitiker gescholten» und mit der Aussicht auf «ein glorreiches einiges Deutschland unter preußischer Hegemonie» getröstet. Dass sich die Welt «von jeher dem Baal des Erfolgs gebeugt» habe und in Preußen nun der «Machtschwindel» herrsche, beklagte Schleiden ebenso lautstark, wie er kleinlaut anerkannte, dass in Zukunft «mit den gegebenen Thatsachen» gerechnet werden müsse. Die «schnelle Umstimmung der Gemüther» bei den einstigen Bismarck-Gegnern auf liberaler wie konservativer Seite sei «fürwahr kein Beweis politischer Reife», zumal «Intelligenz, administratives Talent, Bravour und Ehrgeiz» nicht ausreichen, um «ein wirklich einiges und mächtiges Deutschland zu schaffen». Das könne, so Schleiden, nur gelingen, wenn «das spezifische Preußenthum dem deutschen Volksgeist geopfert wird», um «das große Werk ohne Revolution und ohne neuen Krieg einträchtig zu Stande zu bringen». Um das zu erreichen, so Schleiden abschließend, sei es notwendig, «auf den Weg des Rechts und der Besonnenheit zurückzukehren, durch ehrenhafte Mittel, gegenseitige Concessionen, zu einer Verständigung zu gelangen, welche die Wiedervereinigung und Neugestaltung ganz Deutschlands ermöglicht».[111]

Schleidens Appell wurde nicht gehört. Weder gelang die Herstellung des deutschen Nationalstaats ohne neuerlichen Krieg, noch ließ der 1871 entstandene Staat vom «Machtschwindel». Tatsächlich war für die Zeitgenossen unklar, wie es mit «Deutschland» weitergehen würde. Durch den Krieg war erst einmal *weniger* statt *mehr* Einheit entstanden. Nicht die Frage der «Einigung», sondern die einer «Wiedervereinigung» der drei Bruchstücke des Deutschen Bundes stand auf der Tagesordnung.

Dessen stilles Ende kam am 24. August 1866. An seinem Exilsitz Augsburg löste ihn Baron Kübeck, Österreichs Bundestagsgesandter, offiziell auf, nachdem noch der Austritt Luxemburgs verlesen worden war. Auch das Fürstentum Liechtenstein wurde seiner bisherigen Bindungen ledig und lehnte sich danach als souveräner Staat an Österreich an. Das Großherzogtum Luxemburg hatte im Krieg seine Neutralität gewahrt. Wie das benachbarte Herzogtum Limburg war es durch Personalunion weiterhin mit dem Königreich der Niederlande verbunden. Während Limburg, Luxemburg und Liechtenstein ihrer Zugehörigkeit zum Deutschen Bund friedlich ledig wurden, verloren andere Bundesmitglieder ihre Eigenstaatlichkeit. Kaum waren die entscheidenden Schlachten geschlagen, ließ Preußen erkennen, welches Schicksal den auf dem Bundesrecht beharrenden Staaten bevorstand.

Als Erstes traf es Frankfurt am Main. Als Sitz der Bundesversammlung hatte der Stadtstaat eine wichtige Funktion in Deutschland, doch politisch und militärisch war er, kaum 80 000 Einwohner und nur 700 Soldaten zählend, unbedeutend. Zwar hatte er sich in die pro-österreichische Phalanx eingereiht, aus unmittelbaren Kampfhandlungen aber herausgehalten. Am 18. Juni 1866 besetzten bayerische Truppen das Telegrafenamt, doch erklärte der Gemeinderat Frankfurt am 4. Juli zur offenen Stadt. Am 13. Juli zogen sich die Bundestruppen vor den sich nahenden Preußen zurück, der Bundestag wurde daraufhin nach Augsburg verlegt. Als am 16. Juli das preußische Heer einmarschierte, wurde die Stadt wie ein unterlegener Gegner behandelt und mit einer Kontributionszahlung von 5,75 Millionen Gulden konfrontiert. Acht Eisenbahnwaggons voller Silber gingen auf den Weg nach Berlin, was die dortige Gier aber nicht stillte, sondern erst recht erweckte. Die ungeheuerliche Summe von 25 Millionen Gulden forderte Preußen nun, und Stadtkommandant General Edwin von Manteuffel ließ demonstrativ Kanonen auffahren, um dieser Forderung Nachdruck zu verleihen. Die vom letzten Bürgermeister des freien Frankfurt, Karl Fellner, vorgeschlagene Ratenzahlung lehnte der Stadtrat ebenso ab wie die preußischen Besatzer, die eine Auflistung der Vermögensverhältnisse der städtischen Mandatsträger einforderten. Fellner sah keinen anderen Ausweg mehr und erhängte sich an seinem 59. Geburtstag.[112]

Sein Schicksal wühlte die Zeitgenossen nicht nur in Frankfurt auf. Unter dem Pseudonym Alberti erschien 1867 das Drama «Der letzte Bürgermeister der freien Stadt Frankfurt a. M.», in dem das politische Handeln der Väter mit der Liebesbeziehung ihrer Kinder verknüpft wird und ein General Manengels die Schurkenrolle Edwin von Manteuffels übernimmt. «Eh' zieh ich's vor, als freier Mann zu sterben, Als um die Gunst der Tyrannei zu werben!» – mit diesen pathetischen Worten lehnte es

Fellner in Albertis Theaterstück ab, zum Handlanger der neuen Machthaber zu werden.[113]

Als wäre das nicht der Dramatik genug, umwehte das Schicksal der Mainmetropole in einem anderen Theaterstück gar ein Hauch von Mantel- und Degenliteratur. 1867 verfasste Alexandre Dumas für das Pariser Journal «La Situation» den Fortsetzungsroman «La Terreur prussienne», der im Jahr darauf als Buch erschien. «La Situation» war ein ausgesprochen parteiisches Blatt, denn es wurde durch den exilierten König Georg V. von Hannover finanziert, um Stimmung für die «welfische Sache» zu machen. Dumas war eigens durch Deutschland und zu den Schlachtfeldern von Langensalza und Königgrätz gereist. Statt dreier Musketiere diente nur einer als Protagonist der Handlung, der Franzose Benedict Turpin. Er erlebt Frankfurt als freiheitsliebende und traditionsreiche Bürgerrepublik, die unter der harten Hand des preußischen Militärs leidet, was am dramatischen Schicksal Fellners offenbar wurde. «Daß der Roman die beabsichtigte Rückwirkung auf die Stimmung in Frankreich üben, d. h. im dortigen Lesepöbel, bei der bodenlosen Unwissenheit desselben, den Haß gegen Preußen vermehren wird, bezweifeln wir nicht», giftete die pro-preußische Presse. Den im Roman prophezeiten nächsten Krieg erlebte Dumas jedoch nicht mehr mit.[114]

Im richtigen Leben wurde Fellners Beerdigung zu einer antipreußischen Demonstration. Leberecht von Guaita, Kaufmann, niederländischer Konsul und mütterlicherseits ein Vetter von Preußens ehemaligem Bundestagsgesandten, Karl Friedrich von Savigny, bat am Tag von Fellners Selbstmord bei ihm um Gnade für die Stadt. «Wir sind verloren auf 100 Jahre, wenn die uns angedrohten Maßregeln in Ausführung gebracht werden. Was haben wir getan», fragte er. Savigny äußerte zwar Sympathie mit dem Leiden der Frankfurter, erklärte aber, nichts tun zu können, zumal Frankfurt «der Herd gewesen ist für die giftigste Verleumdung Preußens, seines Königs, seiner Regierung und seines Volkes, welche von dort aus systematisch über ganz Deutschland verbreitet worden ist».[115] Gustav Struve, erst 1863 aus dem US-Exil zurückgekehrter 1848er-Veteran, war so jemand, den Savigny wohl im Auge hatte, denn er war von Frankfurt aus als scharfer Kritiker Preußens in Erscheinung getreten. Als dessen Truppen anrückten, floh er nach Stuttgart.

Imageschaden im Ausland fürchtend und bedenkend, dass eine dauerhafte Schädigung Frankfurts nicht in Preußens Interesse sein konnte, lenkte Bismarck ein. Die Stadt wurde zwar am 7. September 1866 annektiert, doch die Kontributionszahlungen wurden ihr schließlich erlassen. «Für alle freiheitlichen Einheitsbestrebungen war das freie Frankfurt der gegebene neutrale Boden», hatte «Der Beobachter» aus Stuttgart im Oktober 1866 geschrieben und damit Bismarcks Motive für die Annexion der Stadt auf den Punkt gebracht. Nicht nur real, sondern auch symbolisch demonstrierte die Annexion der «heimlichen Hauptstadt», gelegen an der Schnittstelle von Nord und Süd und zentraler Schauplatz der demokratischen Revolution von 1848/49, dass es ein alternatives Deutschland jenseits des autoritären preußischen Machtstaats nicht mehr geben sollte.

Den Bürgern blieb nur stiller Protest. Am 8. Oktober wurde die preußische Fahne vor dem Römer aufgezogen, die meisten Bürger blieben dem Schauspiel fern, viele Frankfurterinnen kleideten sich demonstrativ in den alten Stadtfarben rot-weiß. Auch als König Wilhelm am 15. August 1867 die Stadt besuchte, war die Stimmung gedrückt. Besser wurde sie erst, als er Gelder für den Wiederaufbau des in der Nacht davor brandzerstörten Doms ankündigte. Es dauerte Jahre, bis die rechtlichen und finanziellen Fragen der Annexion Frankfurts geklärt waren – böses Blut hatte Preußens Vorgehen allemal hinterlassen. Es war viel kleinliche Rachsucht in Bismarcks Politik.

Die größte Bedeutung hatte für Preußen das Königreich Hannover, da es die direkte Verbindung zwischen dem östlichen und dem westlichen Landesteil blockierte und mit der Schlacht von Langensalza auch für die einzige Niederlage Preußens in Mitteldeutschland gesorgt hatte. Da es, anders als Sachsen, nicht unter der Fürsprache Österreichs stand und schon seit 1837 nicht mehr mit dem englischen Königshaus verbunden war, war sein Schicksal besiegelt. Am 20. September 1866 wurde das vom preußischen Landtag beschlossene Annexionsgesetz verkündet und trat am 3. Oktober in Kraft. Diesen «Tag der deutschen Einheit» mochte allerdings in Hannover kaum jemand feiern. Preußen zeigte sich einmal mehr kleinlich; in der Stadt durfte kein Denkmal für die Gefallenen des 1866er-Kriegs errichtet werden. Ein Anfang Oktober 1869 in Celle erbautes Denkmal für die hannoverschen Gefallenen der Schlacht von Langensalza wurde bereits keine zwei Wochen nach seiner Einweihung vom preußischen Militär entfernt, obwohl die Rechtmäßigkeit von dessen Errichtung gerichtlich festgestellt worden war. Selbst Bismarcks Intervention erbrachte vorerst nichts. Erst im Sommer 1872 konnte es auf einem Privatgrundstück erneut aufgestellt werden.[116]

Durch die Annexion Nassaus, Kurhessens, Frankfurts und Hannovers war Preußen von 279 000 auf 350 000 Quadratkilometer Fläche sowie von knapp 20 Millionen auf fast 24 Millionen Einwohner gewachsen. Es beherrschte nunmehr völlig unangefochten Deutschland nördlich des Mains. Zusammen mit den in ihm vereinigten Staaten umfasste der 1867 gegründete Norddeutsche Bund 415 000 Quadratkilometer und knapp 30 Millionen Einwohner. Aus dem einstigen Aschenputtel unter den europäischen Großmächten war die führende Macht des Kontinents geworden, mit der es allenfalls noch Frankreich aufnehmen konnte.

Auch jenes Gebiet ging in Preußen auf, das lange Zeit einer der Kristallisationskerne der deutschen Frage und der Nationalbewegung gewesen war. Nach dem Abzug der Österreicher aus Holstein trat Carl von Scheel-Plessen sein Amt als Oberpräsident beider Herzogtümer am 11. Juni 1866 an. Doch pro-preußisch waren die Menschen mehrheitlich immer noch nicht. Der Kieler Professor Alfred von Gutschmid beklagte im August 1866 gegenüber seinem Historikerkollegen Heinrich von Treitschke, der kurz darauf für einen Lehrstuhl aus Freiburg im tiefsten

Südwesten in den Norden umziehen sollte: Die «Leute sind nicht nur noch nicht Preußen, sondern noch gar nicht Deutsche. Du kannst nicht glauben, mit welch stupider Gleichgiltigkeit der Normalmensch die große Zeit vom Anfang Juni an hier durchgemacht hat».[117]

Das war allerdings eine recht einseitige Sicht, denn nicht nur die Bildungsbürger Schleswigs und Holsteins beobachteten die politischen Vorgänge genau. Der dänischsprachige Frederik Fischer aus Apenrade bemerkte im Juni 1866, dass infolge der preußischen Besatzung viele junge Männer aus Holstein nach Dänemark auswanderten, um einer drohenden Einberufung in die preußische Armee zu entgehen, denn «Soldat zu werden ist ein Gedanke, der überall Grauen und Schrecken weckt, bei den Deutschgesinnten wie den Dänischgesinnten. Dieses Gefühl ist es, das die jungen Holsteiner scharenweise hier durch treibt, um Rettung in dem vormals so sehr verhassten und verfluchten Dänemark zu suchen». Lieber dänisch weiß und rot als preußisch weiß-schwarz-tot scheint ihr Motto gewesen zu sein – und wer wollte es ihnen verübeln. Ernst wurde es mit dem Preußentum spätestens im Dezember 1866, als die dreijährige Wehrpflicht eingeführt wurde.[118]

Dadurch wurde die Frage der Optanten zu einem größeren Problem. In Artikel 19 des Wiener Friedensvertrags war den Bewohnern der besetzten Gebiete das Recht zugestanden worden, bis zum November 1870 – unter Beibehaltung ihres Grundbesitzes – nach Dänemark zu übersiedeln und aus der preußischen Staatsangehörigkeit entlassen zu werden. Davon machten nun vor allem Männer im wehrpflichtigen Alter regen Gebrauch, ohne zwingenderweise tatsächlich ihren Lebensmittelpunkt nach Dänemark zu verlegen. Die preußischen Behörden reagierten zunächst sehr scharf, indem sie solche «Scheinoptanten» mitsamt ihren Familien aus dem Land wiesen, doch wurde diese Maßnahme bald wieder zurückgenommen, weil sie zu vielen Härtefällen führte und auch schwer zu kontrollieren war. Doch das Problem, dass die Optanten sich faktisch der Wehrpflicht entzogen, ohne tatsächlich ihre Heimat zu verlassen, blieb bestehen, was wiederum unter der deutschsprachigen Bevölkerung böses Blut erzeugte. Anfang 1872 schließlich wurde durch die «Apenrader Konvention» nachträglich für fast alle Optanten die Rechtmäßigkeit ihres Handelns festgestellt und selbst bei Zuwiderhandlungen die Straffreiheit garantiert; ausnahmsweise ließ das neue Reich Gnade walten. 1883, als die ersten Söhne der Optanten wehrpflichtig wurden, zwang man sie jedoch, entweder tatsächlich auszuwandern oder den preußischen Militärdienst anzutreten. So kam das preußische Heer nach den Soldaten polnischer Nationalität in den Ostprovinzen nun mit den «Dänen» auch im Norden zu einer nationalen Minderheit.[119]

In Schleswig wie anderswo waren in der Mitte des 19. Jahrhunderts die Loyalitäten noch flüssig. Die Sprache definierte nicht zwangsläufig die politische Loyalität und umgekehrt, aber die Luft wurde zunehmend dünner für jene, die sich nicht eindeutig zuordnen konnten oder wollten. Manche «Dänen» hatten gehofft, dass die Annexion durch Preußen wenigstens die Teilung Schleswigs entlang der Sprachgrenze zur Folge haben könnte. Das war ja schon auf der «Londoner Konferenz» im Sommer 1864 diskutiert worden. In ihrer Hoffnung wurden die «Dänen» bestärkt, weil laut Artikel 5 des Prager Friedens auf Druck des französischen Kaisers hin im nördlichen Schleswig eine Volksabstimmung über die Zugehörigkeit zu Dänemark oder Preußen vorgesehen war. Bismarck hätte sich wohl damit abgefunden und erklärte im Dezember 1866 im Preußischen Landtag, eine integrationsunwillige Bevölkerungsgruppe sei kein Gewinn, sondern eine Schwächung des Staats. Doch im nationalistisch erhitzten Klima der Zeit konnte auch Bismarck nicht immer entscheiden, wie er wollte.

Nationalistisch waren auch viele Dänen eingestellt und erhoben ebenfalls unrealistische Maximalforderungen. Weil weder ein Termin noch ein Abstimmungsgebiet konkret bestimmt worden war, versickerte die Volksbefragung im historischen Nirwana, zumal in Preußen schon 1866 und erst recht nach 1871 wenig Neigung bestand, die Beute wieder herzugeben. 1878 einigten sich Preußen und Österreich, inzwischen wieder beste Freunde, auf die ersatzlose Aufhebung des Artikels 5. Erst nach dem verlorenen Weltkrieg wurde diese Abstimmung 1920 durchgeführt, Schleswig geteilt und der bis heute gültige Zustand geschaffen.[120]

Aufgrund der Annexion nahm Schleswig-Holstein am 12. Februar 1867 an den Wahlen zum Reichstag des Norddeutschen Bundes teil. Das Land wählte weitgehend liberal, was gleichbedeutend mit augustenburgisch war, in Flensburg und nördlich davon «dänisch». Die pro-preußischen Kandidaten waren dagegen überall chancenlos. Scheel-Plessens Agitation hatte offensichtlich nichts gefruchtet. Karl Samwer, einige Jahre Berater des Augustenburgers, hatte Kronprinz Friedrich gewarnt. «Preußen sei gehaßter» im Norden als irgendwo sonst, «weil Scheel Plessen von uns angestellt sei», im Lande aber «stets verachtet» wurde, weil er «seit 30 Jahren nur im dänischen Sinne [und] im feudalistischen Sinne wirkte». Bei überzeugungstreuen Liberalen wie Theodor Storm hatte er von vorneherein keine Chance gehabt, obwohl er unter der dänischen Herrschaft gelitten hatte. Doch die preußische Regierung gefiel ihm nicht besser. «Wie zur Dänenzeit kann ich nur, stumm die Fäuste geballt, den Schrei des Herzens in meiner Brust ersticken. Ich komme über die Vergewaltigung meines Heimatlandes nicht weg», weil Preußen «die Existenz von Menschen in dem Lande Schleswig-Holstein ignorierte» und dadurch einmal mehr bewies, «daß in Preußen nur der ein Recht hat, der die Gewalt besitzt». So schrieb er Anfang 1868 dem einen Freund, und einem anderen, dass «doch jeder preußische Beamte, amtlich oder außeramtlich, mit der Miene eines kleinen persönlichen Eroberers» auftrete.[121]

Dass sich die dänischsprachige Bevölkerung nur schwer mit ihrer Zugehörigkeit zu Preußen und Deutschland abfinden konnte, lag nicht zuletzt an der Sprachenpolitik der neuen Regierung. Oberpräsident Scheel-Plessen versuchte immerhin, den Interessen und Gefühlen der dänischen Minderheit Geltung zu verschaffen, doch mit den im März 1878 erlassenen neuen Instruktionen für den Schulunterricht wurde der Weg einer zunehmend repressiven Sprachenpolitik beschritten. Wenn auch in kleinerem Maßstab, war es doch dasselbe Drama wie in den Ostprovinzen Preußens gegenüber der polnischsprachigen Bevölkerung. Integrationswille sieht jedenfalls anders aus. Nicht nur Scharfmacher wie Heinrich von Treitschke ignorierten die komplexen Loyalitäten der Bewohner der nordelbischen Herzogtümer, sondern auch der damals schon, erst recht aber in späterer Zeit als Herold liberalen Bürgersinns und Gegner Bismarck'scher Gewaltdespotie geltende Theodor Mommsen. Er, selbst schleswigsches Landeskind und folglich gebürtiger Untertan des Königs von Dänemark, sprach den Menschen in den Herzogtümern das Recht auf das entscheidende Wort bezüglich ihrer politischen Zukunft ab. Es gebe «kein schleswig-holsteinisches Volk, sondern nur ein deutsches und wo dieses spricht, hat jenes zu gehorchen», dekretierte der vielleicht bedeutendste deutsche Gelehrte seiner Zeit wie ein preußischer Feldwebel auf dem Kasernenhof.[122]

Im September 1868 bereiste König Wilhelm seinen neu erworbenen Kasernenhof und nun bewies sich einmal mehr, dass nichts so erfolgreich ist wie der Erfolg. Der Polizeimeister von Flensburg, Christoph Tiedemann, schätzte, dass 90 % der dortigen Bevölkerung augustenburgisch-antipreußisch eingestellt waren, doch dann geschah das Wunder: «Die Menge, die bisher in eisigem Schweigen verharrt hatte, war unter dem unmittelbaren Eindruck der furchtlosen, würdevollen Haltung des Königs, der sich vertrauensvoll in ihre Mitte begeben hatte, ganz spontan von einer Gefühlswallung erfaßt, die um so überraschender wirkte, als das Temperament der Nordschleswiger bekanntlich nichts weniger als leicht erregbar ist». Auch die «Flensburger Nachrichten» berichteten, dass sich «unendliche Volksmassen [...] vor dem Bahnhofe eingefunden» hatten, «die den König [...] jubelnd begrüßten». Doch die überwältigende Anziehungskraft nationaler Identitätszuschreibungen vermochte auch der royale Glanz nicht zu überwinden. Als Wilhelm von Flensburg aus ins auf der Insel Alsen gelegene Sonderburg reiste, war der

Empfang deutlich kühler. Im Hafen grüßte ihn ein rot-weiß-beflaggtes dänisches Schiff, wogegen nach internationalem Seerecht nichts unternommen werden konnte. Als Wilhelm die Düppeler Schanzen besuchte, konnte dagegen jegliches rot-weiße Dekor entfernt werden.[123]

«Ein scheinbarer Ansatz zur deutschen Einheit» – Der Norddeutsche Bund

Bevor an die staatliche Einigung des Nordens gedacht werden konnte, musste erst einmal das Porzellan in der preußischen Innenpolitik zusammengekehrt werden, das die preußische Regierung zerschlagen hatte. Finanzielle Nöte, die in der Vergangenheit oft selbstherrliche Machthaber zu Kompromissen mit Ständeversammlungen oder Parlamenten gezwungen hatten, gab es dieses Mal allerdings weiterhin nicht. Im März 1865 schrieb Bismarck mit ersichtlicher Genugtuung an den preußischen Gesandten in Karlsruhe, Savigny: «Unser vorjähriger Finanzabschluß (1864) ergibt das Resultat, daß wir für den dänischen Krieg nur 2 Millionen aus dem Staatsschatz brauchen, alles Übrige ist aus den Überschüssen 63/64 bestritten. Dieß ist, der Kammer wegen, geheim zu halten, obschon sehr erfreulich. Die Finanziers drängen uns Anleihen ohne Kammer auf, aber wir könnten den dänischen Krieg noch 2 Mal führen, ohne eine zu brauchen».[124]

Doch vielleicht war es genau diese Sicherheit, nicht erpressbar zu sein, die Bismarck Souveränität im Umgang mit der liberalen Fundamentalopposition ermöglichte. In Preußen herrschte natürlich Jubelstimmung: «Alle Kinder auf der Straße spielen Königgrätz, warum nicht auch die Volksvertretung»[125], spottete die «Berliner Volkszeitung». Tatsächlich doppelten sich wieder einmal zwei Ereignisse am selben Tag, was jedem Romanautor wohl als unglaubwürdige Übertreibung aus seinem Text herausgestrichen worden wäre, denn zeitgleich zur Schlacht von Königgrätz, wenn auch ohne Kenntnis von deren Verlauf, wurden Wahlen zum preußischen Abgeordnetenhaus abgehalten. Die Hoffnung der Fortschrittler, ein klares Votum für eine weiterhin unnachgiebige Haltung im Verfassungskonflikt zu erhalten, schlug grandios fehl. Sie stürzten um 100 Mandate auf nur noch 148 von 352 Sitzen ab, während die Konservativen nun fast gleich stark waren und 142 statt wie vorher 38 Sitze beanspruchen konnten. Die Zeit der liberalen Dominanz war vorbei. Nach dieser ernüchternden Niederlage wollten nun auch viele Liberale «Königgrätz spielen».

Und hatte nicht Bismarck tatsächlich sein martialisch formuliertes Versprechen an die liberale, kleindeutsch-preußisch orientierte Nationalbewegung gehalten? Österreich war draußen, die als reaktionär verschrienen Dynastien von Hannover und Kurhessen waren abgesetzt, die Schaffung eines – wenn auch vorerst nur norddeutschen – Nationalstaats war nur noch eine Frage der Zeit. War es da nicht besser, jetzt mit zu gestalten, was sonst ohne einen geschaffen würde? Die Indemnitätsvorlage, die Bismarck im September 1866 dem Abgeordnetenhaus vorlegte, beinhaltete immerhin das Anerkenntnis, seit 1862 ohne rechtmäßigen Etat regiert zu haben, wofür die Regierung um Straffreiheit bat; seine «Lückentheorie» gab Bismarck aber keineswegs auf und auch die Verfassungen des Norddeutschen Bundes und später des Kaiserreichs hätten im Notfall der Regierung ein wiederholtes Vorgehen dieser Art ermöglicht. Nur die weiterreichenden Überlegungen der Militärpartei, die Verfassungskrise gleich zum Staatsstreich und für die Aufhebung der Verfassung zu nutzen, waren obsolet geworden.

Gemessen an dem ursprünglichen Ziel, das Parlament zum entscheidenden Agenten in Haushalts- und damit in Politikfragen insgesamt zu machen, war das ein dürftiges Resultat. Das Ziel des Nationalvereins, Preußen in einen Krieg hineinzutreiben, durch den der preußisch-österreichische Dualismus zu Gunsten der kleindeutschen Lösung aufgehoben wurde, war nun allerdings erreicht. Jetzt stand der zweite Schritt an, dieses Ergebnis nachträglich durch ein nationales Parlament und eine Verfassung zu legitimieren. Die Indemnitätsvorlage war keineswegs allein Bismarcks Idee; ihr gingen längere Beratungen namentlich mit Rudolf Bennigsen voraus, in denen er im Namen des Nationalvereins klarstellte, dass die Lösung des Verfassungskonflikts weiterhin *die* Vorbedingung für eine Zusammenarbeit mit der Regierung war. Die Zustimmung der Liberalen für die Indemnitätsvorlage hatte *auch* für die Regierung einen Preis.

Darüber und über die Frage der Annexion der besiegten deutschen Staaten spaltete sich dennoch der Liberalismus. Zunächst ging im November 1866 die «Fraktion der nationalen Partei» im preußischen Abgeordnetenhaus ihre eigenen Wege, im Februar 1867 erfolgte dann die offizielle Gründung der Nationalliberalen Partei. Doch weder hatte Königgrätz *allein* über die Zukunft Deutschlands entschieden noch die Indemnitätsvorlage über die des Liberalismus. Die Trennung zwischen «linker» Fortschrittspartei und «rechter» Nationalliberaler Partei war zunächst noch nicht sehr scharf. Deutlich wird das an engagierten Liberalen wie Eduard Lasker oder Ludwig Bamberger, die erst nach 1878/79 im Zuge von Bismarcks konservativer Wende zu scharfen Kritikern des Reichskanzlers wurden. Wichtiger als die Verfassungsfrage war für die dauerhafte Spaltung des Liberalismus der innerliberale Klärungsprozess. Die Fortschrittler waren stärker *preußisch*-national, die Nationalliberalen eher *deutsch*-national orientiert.[126]

Doch nicht nur der Liberalismus spaltete sich gewissermaßen in einen Realo- und einen Fundiflügel. Im Februar 1867 formierte sich die Freikonservative Partei, die den bisherigen Widerstand der Konservativen gegen die als «liberal kontaminiert» verschriene Nationalstaatsbildung aufgab, denn von nun an seien «Preussisch und Deutsch Eins und dasselbe», die Geschichte des preußischen Staats «die Vorzeit des neuen Deutschland».[127] Die Altkonservativen erblickten dagegen in Bismarcks Zugehen auf die Liberalen bereits eine unverzeihliche Sünde gegen das monarchische Prinzip. Daher standen sie auch dem weiteren Plan Bismarcks, Preußens neugewonnene Machtposition durch die Schaffung eines deutschen Bundesstaats abzusichern, kritisch gegenüber.

Und auch die Annexionspolitik Bismarcks verurteilten die Altkonservativen scharf. Ludwig von Gerlach schrieb im Dezember 1867: «Daß Hannover, Nassau und Frankfurt ganz nach den Regeln der Naturgeschichte von Bismarck gefressen wurden, daran habe ich nicht den leisesten Zweifel. Mein Schmerz ist kein sentimentaler Schmerz, daß es kein Hannover, Nassau und Frankfurt mehr gibt, sondern der Schmerz eines preußischen, deutschen Christen, daß meine Partei und mein Vaterland Preußen so schmählich die zehn Gebote Gottes verletzt und durch das Laster des Pseudopatriotismus Schaden an seiner Seele genommen und sein Gewissen befleckt hat».[128]

Das Beharren des stockkonservativen von Gerlach hat angesichts der zynischen Brutalität Bismarcks fast schon etwas Rührendes. Man muss seinen starren Antiliberalismus nicht befürworten, um ihm zuzugestehen, dass er das, was ihm heilig war, tatsächlich ernst nahm und dafür auch darauf verzichtete, den Fetisch nationaler Machtentfaltung anzubeten, wie es viele Liberale zunehmend taten. Und auch der als deren Parteigänger geltende Kronprinz Friedrich hatte, anders als Gerlach, kein Problem mit den Annexionen, im Gegenteil: Mit Befriedigung registrierte er, dass hier keine «halben Maßregeln» getroffen worden waren, zumal sich die «kleinen Staaten als Herd der intriguen» aufgeführt hätten und daher «Rücksicht auf die Dynastien nicht maßgebend»[129] sei.

Tatsächlich bedeutete die Zwangseinverleibung zum Beispiel für Hannover, dass die vielfältigen Widerstände gegen den Durchmarsch des Kapitalismus gebrochen wurden. Der antipreußische Affekt speiste sich *auch* aus der Befürchtung, die mit der Industrialisierung einhergehenden Proletarisierungsprozesse würden die vermeintlich stabile, noch weitgehend agrarisch orientierte Ordnung zerstören.[130] Tatsächlich schuf der nur rund vier Jahre bestehende Norddeutsche Bund ungeachtet seines episodischen Charakters die rechtlichen, politischen, wirtschaftlichen und institutionellen Grundlagen nicht nur für den deutschen Nationalstaat, sondern auch für die bürgerlich-kapitalistische Gesellschaft. Das wirkt trotz aller tiefen Brüche bis in unsere Gegenwart fort. Nur das Problem der Einheit vermochte auch er nicht zu lösen; er verschob es nur auf eine andere Ebene.

Gewissermaßen den Anfang des Norddeutschen Bundes bildeten die zwischen Preußen und den norddeutschen Mittel- und Kleinstaaten bereits im August 1866 geschlossenen Militärbündnisse, durch die deren Armeen im Kriegsfall dem preußischen Oberkommando unterstellt wurden. Die Militärkonvention mit Sachsen vom Februar 1867 sah immerhin das Fortbestehen einer eigenen sächsischen Armee vor, die jedoch ebenfalls eng an Preußen gebunden wurde.[131] Noch wichtiger war aber die Erarbeitung eines Verfassungsentwurfs. Damit wurden der schlesische Demokrat Oskar von Reichenbach, der Sozialkonservative (und fatalerweise auch antisemitische) Hermann Wagener sowie der Liberale Maximilian Duncker beauftragt; Bismarcks Mitarbeiter Lothar Bucher, Rudolf Hepke und Karl Friedrich von Savigny sollten aus diesen dann konkrete Vorlagen erarbeiten, über die im konstituierenden Reichstag beraten wurde. Eine echte verfassunggebende Nationalversammlung war dagegen unerwünscht.

Am stärksten prägend war Dunckers Entwurf, den dieser mit dem Historiker Johann Gustav Droysen und dem früheren badischen Minister Franz von Roggenbach abgestimmt hatte. Die Verfassung orientierte sich letztlich an altliberalen Vorstellungen, was gut zu dem faktischen Regierungsbündnis aus Nationalliberalen und Freikonservativen passte. Allerdings war viel Wasser in den starken Wein der Verfassungsentwürfe gegossen worden. Die Mischung aus liberalen Ideen, Rücksichtnahmen auf die Empfindlichkeiten der kleineren Mitgliedsstaaten und Bismarcks Einwürfen in den «Putbuser Diktaten» ergaben eine Verfassung, in der die verschiedenen Elemente nicht zu einem schlüssigen Ganzen verbunden waren, sondern gegeneinander ausgespielt wurden und sich neutralisierten. Sie diente nicht zuletzt der Machtsicherung Bismarcks; langfristige Überlegungen für eine dauerhafte politische Ordnung traten demgegenüber weit zurück. Das sollte sich nach Bismarcks Abgang 1890 als schwere Hypothek erweisen.

Die Wahl zum konstituierenden Reichstag des Norddeutschen Bundes ergab eine knappe Mehrheit der liberalen Parteien, 151 gegen 146 sonstige, vornehmlich konservative Abgeordnete. Als Eduard Simson am 2. März 1867 zum Parlamentspräsidenten gewählt wurde, war das ein Déjà-vu-Erlebnis für ihn. Dieses Amt hatte er schon in der Paulskirche und im Erfurter Unionsparlament bekleidet; auch dem Zollparlament stand er ein Jahr später vor, ebenso dann dem ersten gesamtdeutschen Reichstag. Wie niemand sonst verkörpert er die Brüche und Kontinuitäten der deutschen Parlamentsgeschichte im 19. Jahrhundert und nicht weniger die des Liberalismus. Es war nicht zuletzt seinem Wirken zu verdanken, «daß zum Schluß das fertige Werk der Frankfurter Reichsverfassung erheblich ähnlicher sah, als Bismarck beabsichtigt hatte».[132] Da die Liberalen in vielen Fragen nur geringfügige Meinungsunterschiede hatten, war die Fraktions- und dann auch Parteispaltung vorerst von nur geringer Bedeutung. Doch da die Altkonservativen ebenfalls auf eine Fundamentalopposition verzichteten – diese lebten sie stattdessen im preußischen Abgeordnetenhaus aus –, herrschte letztlich ein breiter Konsens über die verfassungsrechtlichen Grundlagen des neuen Staates, ein regelrechter «Vereinbarungsparlamentarismus»[133] – umso mehr, als im Norddeutschen Reichstag die ostelbischen Hochkonservativen und die hannoveranische «Welfenpartei» wenig bewirken konnten und die Radikaldemokraten sowie die Arbeiterbewegung (noch) sehr schwach waren.

Dennoch hatten die Liberalen viele Kröten zu schlucken. Es gab keinen Grundrechtekatalog, der Zentralstaat war relativ schwach, doch immerhin stärker, als Bismarck ursprünglich vorgesehen hatte. Dem zentralen Lenkungsorgan, dem Bundespräsidium, stand der Bundeskanzler vor. Als dieses Amt noch den Charakter eines protokollarisch aufgeblasenen Bürovorstehers haben sollte, wollte Bismarck seinen Vertrauten Karl Friedrich von Savigny damit betrauen. Doch als aufgrund der Intervention der Liberalen die Institution und das Amt aufgewertet wurden, übernahm es Bismarck lieber selbst, was der Anlass für den Bruch mit seinem langjährigen Weggefährten war.

Im Norddeutschen Bund, wie später im Kaiserreich, gab es nur *einen* dem Reichstag verantwortlichen Minister: den Bundes- beziehungsweise Reichskanzler. Alle anderen Ressorts wurden von weisungsgebundenen Staatssekretären geleitet, über denen der dadurch umso mächtigere Kanzler schwebte. Doch dessen Ernennung oblag bis zum Untergang des Kaiserreichs ausschließlich dem Monarchen. Eine parlamentarische Monarchie zu werden, in der die «Royals» den schönen Schein verkörperten, die Politik aber den Parlamenten und den von ihnen abhängigen Regierungen überließen, war Deutschland nicht vergönnt. Anders als zum Beispiel im Vereinigten Königreich, in Schweden oder in Belgien und den Niederlanden waren und sind Demokratie und Monarchie in Deutschland Gegensätze. Nicht weniger fatal war es, dass die Liberalen sich in der Frage der Abgeordnetendiäten nicht durchsetzen konnten. Dadurch wurde die Entwicklung eines modernen Parteiwesens verzögert; die gezielt verbreiteten Ressentiments gegen die «Berufspolitiker», ohne die eine moderne, arbeitsteilige parlamentarische Demokratie aber nicht funktionieren kann, diente und dient Populisten verschiedener Farben als Dauerargument gegen diese Form des Regierens.

Es widerspricht unseren heutigen Vorstellungen von Liberalismus und Konservatismus, doch damals waren die Liberalen für einen «starken Staat», weil nur er die Beseitigung der feudalen Reste und die Durchsetzung der bürgerlichen Gesellschaft garantieren konnte. Deshalb waren die Konservativen gegen eine zu starke Zentralgewalt. Diese aus deutscher Sicht befremdliche Perspektive lässt sich vielleicht mit dem Blick über den Atlantik erklären. Nicht erst seit der «Tea Party» und Donald Trumps Ausfällen gegen den «deep state» sind es dort die liberalen Kräfte, die einen (relativ) starken Zentralstaat wollten und wollen, während die Konservativen auf ein «schwaches Washington» setzen. Der im US-Exil lebende Alt-48er Friedrich Kapp, nach 1866 zum Bismarck-Anhänger geworden, erblickte daher im Kampf Alexander Hamiltons und der «Federalists» in den jungen USA für einen starken Bundesstaat einen vorweggenommenen Kommentar «zu den Fragen der deutschen Gegenwart [...]: Einheitsstaat gegen Partikularismus, [...] Kampf um die Unterordnung der Einzelstaaten unter die Autorität des Bundes».[134]

Das föderale Element war im Zweikammersystem des Norddeutschen Bundes und dann des Kaiserreichs präsent. Neben dem durch Direktwahl bestimmten Reichstag stand der Bundesrat als Ländervertretung. Doch anders als heute, wo der Bundesrat die parteipolitischen Machtverhältnisse in den Bundesländern widerspiegelt, vertrat sein Vorgänger allein die monarchisch bestimmten Regierungen der Bundesstaaten und war der eigentliche Träger der Souveränität. Zwar war Preußen mit 17 von 43 Stimmen (im Kaiserreich dann 17 von 59) deutlich unterrepräsentiert, verfügte aber über eine Sperrminorität. Anders als im Deutschen Bund, in dem die geschlossene Phalanx der Klein- und Mittelstaaten selbst die Allianz von Österreich *und* Preußen hatte majorisieren können, war das nun nicht mehr möglich. Das neue, kraftstrotzende Preußen ließ es nicht länger zu, dass der Schwanz mit dem Hund wedelte. Dieser Föderalismus war *machtpolitisch* reine Dekoration. Daran änderten auch die wenigen Reservatrechte Sachsens und der Hansestädte nichts.

Trotz dieser Defizite ist der Norddeutsche Bund, der mit Ausnahme Badens, Württembergs, Bayerns, des Südteils von Hessen-Darmstadt sowie des 1871 annektierten Elsass-Lothringen das gesamte spätere Kaiserreich umfasste, zu Unrecht weitgehend vergessen, denn in vieler Hinsicht hat er Neuland betreten und bleibende Spuren hinterlassen, zumal seine Verfassung 1871 weitgehend übernommen wurde und bis 1918 gültig war.[135] Er war der erste deutsche Staat, der den entscheidenden Schritt vom losen, dezentralen Staatenbund zum Bundesstaat unternahm und die Kriterien eines modernen Nationalstaats erfüllte. Es wurden Prinzipien verankert beziehungsweise aus dem Deutschen Bund übernommen und angepasst, die den deutschen Föderalismus bis heute prägen. Die Einzelstaaten hatten zwar ihre Souveränität verloren, konnten aber auch später im Deutschen Reich in allen Bereichen, die nicht ausdrücklich durch das Reich geregelt waren, eigene Gesetze erlassen und eine eigenständige Politik verfolgen. Dennoch setzte sich der Trend zur Vereinheitlichung langsam, aber beständig durch, ohne den Föderalismus völlig außer Kraft zu setzen.

Der Föderalismus widersprach allerdings insofern unseren heutigen Vorstellungen, als Preußen an Fläche, Bevölkerung, ökonomischer und militärischer Macht derart überlegen war, dass der Norddeutsche Bund letztlich nichts anderes als ein «Großpreußen» darstellte. Zwar wurde diese Vier-Fünftel-Übermacht (ab 1871 bildete Preußen immer noch zwei Drittel des Deutschen Reichs) in den Zentralgremien abgeschwächt, dennoch war unübersehbar: Preußen allein gab die Richtung des Gesamtstaats vor. Als vier Jahre später die süddeutschen Staaten beitraten, änderte sich das nicht grundlegend, auch wenn einige dekorative föderale Elemente hinzukamen.

Der Norddeutsche Bund schuf auch erstmals eine Gemeinschaft gleichberechtigter Bürger, in der seit Juli 1869 alle «aus der Verschiedenheit des religiösen Bekenntnisses hergeleiteten Beschränkungen der bürgerlichen und staatsbürgerlichen Rechte» aufgehoben wurden.[136] Davon profitierten vor allem die deutschen Juden, deren rechtlicher Emanzipationsprozess dadurch zum Abschluss kam, selbst in Mecklenburg-Schwerin, das bis dahin die Gleichberechtigung der Juden abzuwehren gewusst hatte. Es entstanden zunächst zwar schwache, aber im Lauf der Jahre und Jahrzehnte zunehmend an Handlungsfähigkeit gewinnende Zentralinstitutionen. Die wichtigste davon war das nationale Parlament, das aus dem gleichen, freien und geheimen Männerwahlrecht hervorging. *Damit* war der Reichstag des Norddeutschen Bundes seiner Zeit weit voraus. Das gleiche Wahlrecht entsprang freilich keiner demokratischen Läuterung der preußischen Staatsspitze, sondern der Überlegung, den Liberalismus, der seine Hauptstütze im begüterten Bürgertum hatte, nicht zu mächtig werden zu lassen.

Das geschah, obwohl dieses Parlament hinsichtlich seiner Befugnisse relativ schwach war. Der Haushalt und Gesetze konnten ohne oder gegen es nicht verabschiedet werden, aber auf die Zusammensetzung der Regierung hatte es formal keinerlei Einfluss. Die Außen- sowie, vor allem, die Militärpolitik blieben seiner Kompetenz entzogen, es sei denn, es ging ums Geld. Dennoch war, oder vielleicht sollte man besser sagen: *fühlte* sich der Liberalismus von 1866/67 an für etwa zehn Jahre als «regierende Partei», die zwar nicht die Regierung stellte, aber eng mit ihr kooperierte und die umfassende wirtschaftliche und gesellschaftliche Modernisierung ins Werk setzte.

Die Verfassung des Norddeutschen Bundes wurde nach ausgiebigen Beratungen am 16. April 1867 mit 230 zu 53 Stimmen verabschiedet und trat zum 1. Juli in Kraft. Nachdem sie auch die Landtage der Einzelstaaten angenommen hatten, war das Einheitswerk *nördlich* des Mains formal abgeschlossen. Interessanter als die Frage, wer dafür stimmte – die nationalliberalen und alle konservativen Abgeordneten –, ist, wer sich dagegen aussprach. Das waren nämlich neben der linksliberalen Fortschrittspartei die sächsischen und hannoveranischen, überwiegend katholischen Partikularisten sowie August Bebel als noch einziger Vertreter der Arbeiterbewegung (sächsische Demokratische Volkspartei, der Allgemeine Deutsche Arbeiterverein als Vorläufer der SPD wurde erst 1869 gegründet) sowie die polnischen Abgeordneten und die beiden Vertreter der dänischsprachigen Schleswiger. Schon bald wurden sie alle als «Reichsfeinde» dämonisiert.

Tatsächlich gab es weiterhin scharfe Kritik an Bismarck. Die süddeutsche (und nicht weniger die österreichische) Presse charakterisierte die Norddeutsche Verfassung als «schön verkleidete[n] Absolutismus und nackte[n] Militarismus», der Reichstag sei nicht mehr als ein «Telegraphen- und Straßenbauparlament»[137], das zwar die wirtschaftliche und infrastrukturelle Einheit befördere, aber politisch rückwärtsgewandt bleibe. Die neue Ordnung sei unausgewogen und verführe zu dem Versuch, von Problemen im Innern durch Erfolge nach außen abzulenken. Heinrich Beitzke konstatierte Anfang März 1867: Die Regierung «nahm scheinbar einen Ansatz zur deutschen Einheit, indem sie den Norddeutschen Bund errichtete. Große Hoffnungen wandten sich ihr zu», doch zeigte es sich bald, dass sie «irrthümlich waren. Unsere Regierung sorgt nur für die Vergrößerung Preußens und behauptet, was Preußen gewinne, gewinne Deutschland». Doch tatsächlich sei hier Täuschung am Werk, denn durch die neue Bundesverfassung würden «die Einzelstaaten, also auch Preußen, ihre Verfassung so gut wie verlieren», die in den Länderverfassungen verankerten Rechte jedoch «nicht an das (Bundes)Parlament übergehen und so zum Vortheile Preußens und der Fürsten das Volk im norddeutschen Bunde die dürftigen Rechte verlier[en], welche es hatte». Jetzt gelte es, so Beitzke kämpferisch, «zu thun, was in unseren Kräften ist, um nicht ganz erdrückt zu werden und in einen Zustand zu gerathen, wie Louis Napoleon Frankreich regiert». Moritz Hartmann, einer der profiliertesten radikalen Demokraten seiner Zeit, vertrat konsequent die Idee, dass die Entstehungsumstände des Norddeutschen Bundes sein weiteres Handeln bestimmen würden. «Die Welt» würde nicht von Deutschland bedroht, «wenn die sog. deutsche Einheit, anstatt mit dem Zündnadelgewehr, mit der Freiheit gemacht worden wäre. [...] Diejenigen, die die Thatsachen mit Anbetung aufgenommen, müssen sich jetzt auch die Logik der Thatsachen gefallen lassen [...], daß Eroberung Eroberung, Krieg Krieg gebiert».[138]

Als Bismarck zum Abschluss seiner Rede am 11. März 1867 im Reichstag des Norddeutschen Bundes den vielzitierten Satz sagte: «Setzen wir Deutschland, so zu sagen, in den Sattel! Reiten wird es schon können», war weiterhin unklar, wer alles an dieser Reitpartie teilnehmen würde. Hinsichtlich der süddeutschen Staaten blieb es vorerst beim Artikel 79 der Verfassung des Norddeutschen Bundes, der ihren Eintritt, einzeln oder im Verbund, «auf den Vorschlag des Bundespräsidiums im Wege der Bundesgesetzgebung»[139] vorsah.

Zwar war *ein* deutscher Staat geschaffen, aber noch immer gab es drei Deutschlands: neben dem Norddeutschen Bund und dem herausgedrängten, aber eventuell durchaus wieder hereindrängungswilligen Österreich die vier Südstaaten, Baden, Bayern, Hessen-Darmstadt und Württemberg, die nun *theoretisch* ihre eigenen Wege gehen mussten, wollten, konnten oder durften. *Praktisch* erinnerte ihre Situation freilich bald an die von Buridans Esel, nur dass die beiden Heuhaufen, zwischen denen sie entscheidungsunfähig zu verhungern drohten, nicht gleichermaßen schmackhaft, sondern ähnlich ungenießbar erschienen: hier die Aussicht, sich unter das preußische Joch zu beugen, dort die Gefahr, sich in die stille Abhängigkeit Frankreichs (und Österreichs) zu begeben, gar noch verbunden mit einer De-facto-Hegemonie Bayerns.

«In der Sackgasse festgefahren» – Der Kampf um Süddeutschland

Heinrich von Sybel war sich sicher: «Im Herbst des Jahres 1866 war das deutsche Reich gegründet». Doch das war eine historikertypische rückblickende Prophezeiung, noch dazu aus einer ganz auf Preußen gerichteten Perspektive, in der die bunte Vielfalt widerstreitender Ansichten und

Handlungsweisen sowie der Eigensinn der Klein- und Mittelstaaten in jenen Jahren nur als ärgerliche Verzögerung auf dem Weg zur Reichseinigung erschienen. Preußen hatte zwar die Schlachten gewonnen – doch noch lange nicht die Köpfe und Herzen der Süddeutschen. Was es aber sofort gewann, genauer: erzwang, waren militärische Bündnispartner. Die Tinte auf dem Prager Friedensvertrag war noch nicht trocken, da schloss Preußen mit den süddeutschen Staaten schon gleichlautende «Schutz- und Trutzbündnisse», die nicht nur deren Armeen im Kriegsfall dem preußischen Oberkommando unterstellten, sondern auch ihre Umgestaltung nach preußischem Vorbild verlangten. Auf dem Gebiet der *Militärorganisation* war nun tatsächlich das ganze außerösterreichische Deutschland unter eine Pickelhaube getrieben und der einheitliche Nationalstaat vorweggenommen. Von daher war Schleidens Diagnose, dass die süddeutschen Staaten «durch die Auflösung des bisherigen Bundes ihre völlige Unabhängigkeit erreicht haben», ein Irrtum, der allerdings dadurch erklärbar ist, dass die Verträge zunächst geheim blieben.[140]

Württemberg unterzeichnete bereits am 13. August ohne großen Widerstand, anders als sein östlicher Nachbar. Ob Bayern «sich zu den Freunden oder zu den Feinden Preußens stellen wolle»[141], fragte Bismarck den Ministerpräsidenten von der Pfordten, wissend, wie die Antwort lauten musste; wer will schon Don Vitos Feind sein, wenn er doch sein Freund sein kann? Die freundschaftlichen Hinweise des Paten auf mögliche Gebietsabtretungen und Bayerns international isolierte Lage verfehlten ihre Wirkung nicht; am 22. August biss es in den sauren Apfel.

Das Großherzogtum Baden war der liberale Vorzeigestaat des Vormärz, dessen bedeutender Gelehrter und Politiker, Karl von Rotteck, 1832 «lieber Freiheit ohne Einheit als Einheit ohne Freiheit» und «keine Einheit unter den Flügeln des preußischen […] Adlers» haben wollte, weil ein «Staatenbund […] zu Bewahrung der Freiheit geeigneter als die ungeteilte Masse eines großen Reiches»[142] sei. Davon war nun keine Rede mehr; das Land wurde zum beinahe bedingungslosen Erfüllungsgehilfen Preußens. Der Abschluss des Militärbündnisses erfolgte daher rasch und unkompliziert am 17. August; gerne wäre das Großherzogtum auch dem bald darauf entstehenden Norddeutschen Bund so schnell wie möglich beigetreten. Hessen-Darmstadt, dessen nördliche Hälfte zum Norddeutschen Bund gehörte und das insofern nicht einmal theoretisch frei entscheiden konnte, folgte erst im April 1867, weil aufgrund der profranzösisch-großdeutschen Gesinnung des leitenden Ministers Reinhard von Dalwigk Zweifel an dessen Zuverlässigkeit bestanden.

Diese Militärbündnisse ermöglichten es Preußen, seinen Einfluss über die Mainlinie hinaus nach Süden auszudehnen, ohne zunächst den Widerstand der anderen Großmächte zu provozieren. Und für die süddeutschen Staaten waren sie letztlich attraktiv, weil die einzige Alternative ein faktisches Abhängigkeitsverhältnis von Frankreich war, eine Art Neuauflage des Rheinbunds aus napoleonischer Zeit. Doch das wäre im Zeitalter des aufgeheizten Nationalismus wohl nicht mehr vermittelbar gewesen. Insofern zeigten sich schnell die Hindernisse einer eigenständigen Politik der Südstaaten, obwohl ihnen im Artikel 4 des Prager Friedens aufgetragen worden war, einen Verein zu bilden, «dessen nationale Verbindung mit dem Norddeutschen Bunde der näheren Verständigung zwischen beiden vorbehalten bleibt und der eine unabhängige internationale Existenz haben wird». Dabei waren sie sowohl hinsichtlich der Kriegskosten wie der Kontributionen und Gebietsabtretungen (in kleinem Umfang waren Bayern und Hessen-Darmstadt davon betroffen) glimpflich davongekommen. Dennoch mussten sich Württemberg und Bayern zur Deckung ihrer Kriegskosten verschulden, wodurch ihre Abhängigkeit vom Norden weiter wuchs. Ihre Unabhängigkeit stand letztlich nur auf dem Papier, was auch an Preußens Eingriffen in ihre Innenpolitik deutlich wurde. Bismarck etwa verfolgte Kritiker wie den württembergischen liberalen Politiker und Publizisten Carl Mayer auf dem Weg der Offizial- und später der Privatklage, die ihm mehrere Haft- und Geldstrafen einbrachten. Kein Wunder, dass der demokratische «Beobachter» in Stuttgart Ende 1866 titelte «Ein freier Süden ist Großpreußens Tod, ist Deutschlands Rettung».[143]

Wie in Preußen geriet auch in den Südstaaten die Parteienlandschaft in Bewegung. In Württemberg konstituierte sich am 19. August 1866 auf Betreiben Julius Hölders die Deutsche Partei als Abspaltung der Demokratischen Partei, die von Carl Mayer und anderen weiter auf antipreußischem Kurs gehalten wurde; weder der Gedanke eines Milizheeres – anstelle der Übernahme der preußischen Heeresreformen – noch der eines «Südbundes» aus Baden, Württemberg und Bayern wurden vorerst aufgegeben. Die Liberalen des «Dritten Deutschland» versuchten dabei eigenstaatliche Selbstbehauptung mit politischem Freiheitsgewinn zu verbinden, wofür sie durchaus eine breite Basis in der Bevölkerung besaßen. Eine Petition zu Gunsten des «revolutionären» Wahlgesetzes von 1849 fand in Württemberg bis Ende April 1867 rund 43 000 Unterstützer, ohne jedoch seitens des Monarchen und seiner Regierung irgendeine Wirkung zu erzielen.[144]

Neuen Auftrieb erhielt die Agitation gegen eine vorauseilende Borussifizierung Württembergs durch Moriz Mohls «Mahnruf zur Bewahrung Süddeutschlands vor den äußeren Gefahren», den er als Reaktion auf die Veröffentlichung der Schutz- und Trutzbündnisse geschrieben hatte. Die Allianzverträge vom August 1866 machten «Süddeutschland zum Vasallen Preußens», denn sie legen «unser ganzes Schicksal in den Willen Preußens». Preußen sei ein «stets auf weitere Ausdehnung angewiesener», das übrige Europa bedrohender Militärstaat, die Süddeutschen dagegen «die inoffensivsten Volksstämme auf der Welt. Hüten wir uns, für diejenigen die Kastanien aus dem Feuer zu holen, welche uns im Jahr 1866 bekriegt, gebrandschatzt und seither in einer ganzen Reihe von Verträgen bewiesen haben, wie sie gegen uns gesinnt sind». Die Einwohner des wenige Jahre später von badischen und württembergischen Truppen belagerten Straßburg oder des vom bayerischen Löwen zerfleischten Dorfs Bazeilles machten leider andere Erfahrungen mit den inoffensiven süddeutschen Volksstämmen. Georg Herweghs «Epilog zum Kriege» von 1871 bezog sich wohl nicht zuletzt darauf: «Vereinigt stehen Süd und Norden; / Du bist im ruhmgekrönten Morden / Das erste Land der Welt geworden: Germania, mir graut vor dir!»[145]

Wie schon in den Jahren davor war auch nach 1866 auf die Kleinstaaterei Verlass. Württembergs Minister Varnbühler befürchtete, dass Bayern im Süden eine ähnliche Vorrangstellung anstrebe wie Preußen im Norden, «und das wäre schlimmer als preußisch werden». Die Planspiele des bayerischen Außenministers von der Pfordten gaben ihm Recht. Der war schon 1859 davon ausgegangen, dass beim Auseinanderbrechen des Deutschen Bundes «der Norden an Preußen, der Südwesten an Bayern fällt». Für solche Visionen bedankten sich Württemberger und Badener ausnahmsweise einmal einmütig, insbesondere das Großherzogtum, das Bayerns Wunsch nach Eingliederung nordbadischer Gebiete fürchtete. Hätte Bayern, so berichtete Preußens Gesandter Georg von Werthern Anfang 1869 nach Berlin, statt eines «politisch unreifen, ja unzurechnungsfähigen jungen Königs» einen Souverän, der «seine Zeit und sein königliches Handwerk verstünde, der seine kostbare Armee fest in die Hand nähme, und seinem kompakten Volksstamme von 5 Millionen Leben einhauchte», könnte er Preußens Einigungspläne durchkreuzen; doch «gottlob, das Haus Wittelsbach hat keinen solchen Mann», stellte Werthern fest. Es machte die Sache in seinen Augen nicht besser, dass er Bayerns Politik gegenüber Preußen für in hohem Maße unzuverlässig hielt. Der «Märchenkönig» konnte verzögern und Verwirrung stiften, doch eine tragfähige Alternative vermochte er nicht aufzuzeigen. Geschwätzt und gegrantelt wurde im Süden viel, erreicht wurde wenig.[146]

Wirtschaftspolitisch ging es dagegen voran. Die süddeutschen Staaten hatten durchaus eigenständige Vorstellungen über die ökonomische Modernisierung, die ihre Unabhängigkeitsbestrebungen gegenüber dem

Norden ökonomisch untermauern sollten. Diese Reformpolitik war anfänglich erfolgreich, bis 1868 die liberale Landtagsmehrheit in Baden schrumpfte, in Württemberg und 1869 auch in Bayern gar verloren ging. Dennoch trug die Umformung des Zollvereins erheblich zur asymmetrischen Angleichung des Südens bei. Vor der Drohung nicht zurückschreckend, den Zollverein zum 1. Juli 1867 aufzulösen, erzwang Bismarck die Zustimmung aller beteiligten Staaten zu weitreichenden Reformen, wobei wieder einmal Hessen-Darmstadt und Baden kooperationsbereit waren, während Bayern und Württemberg sich lange gegen die preußischen Pläne einer Vereinheitlichung und Zentralisierung stemmten.

Doch Handels- und Zollpolitik ist spröde und abstrakt, auch wenn sie große Wirkung auf das Leben der Menschen hat. Wahlen sind konkret erlebbar, und mit dem Stimmzettel können Zeichen gesetzt werden. Und die Wähler – Frauen wurden nach wie vor nicht an die Urnen gelassen – taten das mit kaum zu überbietender Deutlichkeit bei der Wahl zum Zollparlament. Im Februar 1868 wurden nach gleichem, freiem und geheimem Männerwahlrecht 85 Abgeordnete aus Bayern, Württemberg, Baden und Hessen gewählt, die zusammen mit den 297 Reichstagsabgeordneten des Norddeutschen Bundes das Zollparlament bildeten. Doch im Süden wurden zahlreiche preußenfeindliche «Partikularisten» gewählt, die zusammen mit den Bismarck-Gegnern in Preußen – so vor allem die Abgeordneten aus dem eben erst annektierten Hannover sowie viele katholische Abgeordnete unter der Führung Ludwig Windthorsts – die Mehrheit bildeten. Selbst in Baden und Hessen war der Wahlsieg der «pro-preußischen» Nationalliberalen knapp ausgefallen.

Als am 27. April 1867 das Zollparlament von Wilhelm I. eröffnet wurde, erschien das auf den ersten Blick wie ein vorweggenommener gesamtdeutscher Reichstag. Doch der gewissermaßen Hessen, Baden und Preußen repräsentierende, von August Metz, Johann Caspar Bluntschli und Ludwig Bamberger entworfene Antrag der Nationalliberalen Fraktion, durch den Zollverein die «vollständige Einigung des ganzen Deut-

Abb. 7: «Am Ufer des Rubicon – Deutscher Einheit»: Baden sucht den Anschluss an den Norddeutschen Bund; Bayern und Württemberg stellen sich schlafend.

schen Vaterlandes in friedlicher und gedeihlicher Weise» herbeizuführen, wurde mit 186 zu 150 Stimmen abgelehnt. Das bewies einmal mehr, wie groß der Widerwillen vieler Konservativer, Klerikaler, großdeutscher Österreichfreunde und einzelstaatlicher Partikularisten weiterhin war. Die Mehrheit der Deutschen, jedenfalls sofern sie in diesem Wirtschaftsparlament repräsentiert waren, wollte sich weiterhin nicht unter die Herrschaft Preußens begeben.[147]

Es war eine Ironie der Geschichte, dass eben das, was den Anschluss des Südens an den preußisch dominierten Norden für die einen attraktiv machte, für die anderen eine Horrorvorstellung war. Der protestantisch geprägte, freihändlerisch gesonnene und auf die Säkularisierung der Gesellschaft drängende Liberalismus orientierte sich derart stark an Preußen, dass er leicht mit diesem gleichgesetzt werden konnte. Dagegen ließ sich der Widerstand all jener organisieren, die nicht in dieser liberal-protestantisch-kleindeutschen Blase leben konnten oder wollten: Katholiken, die den Teufel der Häresie an die Wand malten; Österreichfreunde, die sich nach dem vermeintlich milden Regiment des Hauses Habsburg zurücksehnten; Anhänger der süddeutschen Dynastien, die Preußens Annexionshunger im Norden erlebt hatten; traditionsbewusste Liberale, die nicht vergaßen, dass die Länder im Süden schon drei Jahrzehnte vor Preußen Verfassungsstaaten gewesen waren; Kleingewerbetreibende, die den Freihandel und die moderne Industrie fürchteten; Demokraten, die Preußens Zensoren kannten; oder Militärpflichtige, die um die Unerbittlichkeit des preußischen Drills wussten. Gegen die Preußen schimpfen hieß immer *auch*, gegen die mit Preußen identifizierbaren Liberalen im eigenen Land zu sein. Und in Preußen selbst blieben die Altkonservativen reserviert, weil sie erlebt hatten, dass Bismarck im Namen der Machterweiterung die Fundamente monarchischer Legitimität und des Gottesgnadentums effektiver unterspült hatte, als das die Liberalen jemals vermocht haben würden.

Trotz der Gründung und Konsolidierung des Norddeutschen Bundes war Anfang 1870 weiterhin kein Weg hin zu einem auch den Süden umfassenden Nationalstaat erkennbar. Auf einer Bahnfahrt warf Bismarck gegenüber dem Kronprinzen «von selber die ‹Kaiser-Frage›»[148] auf. König Wilhelm sollte zum Kaiser des Norddeutschen Bundes proklamiert werden, um den Stillstand in der nationalen Einigung zu überwinden, was aber nicht nur an den Souveränen des Südens scheiterte, sondern auch am Widerstand Englands und Frankreichs. Auch der von Eduard Lasker im Reichstag am 24. Februar eingebrachte Antrag, Baden den sofortigen Eintritt in den Norddeutschen Bund zu ermöglichen, sollte die Regierung zum Handeln zwingen. Bismarcks «nein» verstärkte nicht nur die Ratlosigkeit über die weiteren Handlungsmöglichkeiten Preußens, sondern steigerte auch den Druck auf die geschwächte, vor allem von katholischer Seite als preußenfreundlich und liberal diffamierte Regierung in Karlsruhe, die noch dazu unter den Südstaaten isoliert war.

Bismarck jedenfalls spielte Ende Januar 1870 mit dem Gedanken, die unsichere Regierungssituation in Bayern nach dem Wahlsieg der antipreußischen Bayerischen Patriotenpartei dazu zu nutzen, dort einzumarschieren. «Aufmerksam gemacht, daß hieraus leicht eine Complication europäischer Natur entstehen könnte», erwiderte er, «‹das sei ihm gerade erwünscht und recht.› So treiben wir also», notierte der fassungslose Kronprinz in seinem Tagebuch, mit «gebundenen Händen unter'm Damocles-Schwerdt dieses sogenannten Staatsmannes der in der Sackgasse festgefahren, zu allen Mitteln greift um sich Luft zu machen». Bismarck teilte tatsächlich die Meinung seines Münchner Gesandten von Werthern, dass «die deutsche Einheit durch gewaltsame Ereignisse gefördert werden würde», doch es bedürfe der Wahl des richtigen Augenblicks. Verfehle man diesen, gleiche das dem «Abschlagen unreifer Früchte [...]; und daß die deutsche Einheit keine reife Frucht ist, fällt meines Erachtens in die Augen», so Bismarcks nüchternes Fazit noch Ende Februar 1870.[149]

Doch dass die deutsche Einheit schließlich trotz aller süddeutschen Vorbehalte erntereif wurde, lag nicht zuletzt an der Ungeschicklichkeit der französischen Regierung. Friedrich Engels, der wie heute manch ein Talkshow-Dauergast zu allem eine schnell und schnittig formulierte Meinung hatte, kam bereits sechs Tage nach Königgrätz zu dem Schluss, dass Russland und Frankreich sich nun zwar um die Einhegung Preußens bemühten, es deswegen aber nicht zum Krieg kommen lassen würden, am wenigsten Frankreich, «wäre seine aktive Einmischung ja das beste Mittel, die Süddeutschen den Preußen vollends in die Arme zu treiben und den Bürgerkrieg vergessen zu machen».[150] Engels hatte Recht und er irrte sich zugleich, denn die französische Regierung beging diesen von ihm für unwahrscheinlich gehaltenen Fehler, doch die Reaktion in Süddeutschland entsprach seiner Vorhersage.

Dass das, zwar nicht sofort, aber doch binnen vier Jahren, so kam, lag auch an Bismarcks veränderter Haltung zur Nationalbewegung, die er endgültig als eine Kraft erkannt hatte, die er nicht ignorieren konnte. Schon länger war die Überlegung in ihm herangereift, dass er mit deren Energie seine Vorstellungen einer langfristigen Machtsicherung durchsetzen konnte, nicht zuletzt gegen die Widerstände der Hochkonservativen in Preußen und gegen die auf Selbsterhalt bedachten Fürstenhäuser, vor allem in Süddeutschland. Im März 1867 kam er gegenüber Preußens Botschafter in Paris zu dem Schluss, dass die Mainlinie nicht «eine wirkliche Mauer, sondern [...] gewissermaßen ein Gitter ist, durch welches der nationale Strom [...] seinen Weg findet».[151] Tatschlich sollte der nationale Strom im Sommer 1870 zu einem reißenden Gewässer werden, das fast alle Widerstände gegen die Erzwingung der großpreußischen Einheit fortspülte.

III

«Der glücklichste aller Kriege»

Frankreich 1870

«Napoleons unzüchtige Bündnisvorschläge» – Preußen und Frankreich

Frankreichs Kaiser Napoleon III. gilt vielfach als schwacher Herrscher und politisch instabiler Hasardeur, dessen charismatische Herrschaft der beständigen Bewährung durch äußerlich sichtbare «Erfolge» bedurfte. Dennoch hat er sich, insbesondere beim Ausbau von Paris zur ikonischen Metropole des 19. Jahrhunderts, auch viele Verdienste erworben. In der «deutschen Frage» war er grundsätzlich preußenfreundlich eingestellt. Als Bismarck am 26. Juni 1862 seine letzte Audienz als preußischer Gesandter hatte, sah er sich in die Lage «Josephs bei der Frau von Potiphar» versetzt, denn Napoleon «hatte die unzüchtigsten Bündnisvorschläge auf der Zunge; wenn ich etwas entgegengekommen wäre, hätte er sich deutlicher ausgesprochen. Er ist ein eifriger Verfechter deutscher Einheitspläne, d. h. klein-deutscher, nur kein Österreich darin».[1]

Diese frühe Einsicht gab Bismarck die Sicherheit, dass der französische Kaiser kein leichtsinniger Kriegstreiber war. Noch als die «spanische Thronfolgekrise» im Sommer 1870 ihrem Höhepunkt zustrebte, sah es Bismarck als «eine mir mit aller in solchen Dingen möglichen Sicherheit bekannte Tatsache», dass Napoleon «einen auswärtigen Krieg als eine sehr große Gefahr und den inneren Kampf gegen die Revolution als die geringere ansieht». Auch halte Napoleon, so Bismarck weiter, «das Streben nach der Rheingrenze [...] für die größte Gefahr für sich und seine Dynastie», weil das «die Koalition von ganz Europa gegen ihn [...] in Permanenz erhalten würde». Auch nach Königgrätz war es daher keineswegs ausgemacht, dass ein Krieg gegeneinander unvermeidlich sei. Nicht nur ein gegenseitiges Zollabkommen wurde in dieser Zeit erwogen, selbst einer auf dem Franc basierenden Währungsunion zeigte sich Bismarck keineswegs grundsätzlich abgeneigt.[2]

Napoleons Politikansatz, die Nationalstaatsbildung in Europa zu fördern und dadurch die französische Hegemonie langfristig zu sichern, war aufgrund der damit verbundenen Entfesselung nationaler Emotionen freilich hoch riskant. Am Ende seiner Regierungszeit war Napoleon III. ein von seinen Beratern abhängiger und schwacher Kaiser, der das Unheil zwar kommen sah, es aber nicht zu verhindern vermochte. Ihren Anfang nahm diese Spätphase von Napoleons Herrschaft spätestens mit der Luxemburg-Krise 1867; doch schon 1864 hatte er weitgehend einflusslos an der Seitenlinie gestanden und auch 1866 keinen Nutzen aus der österreichisch-preußischen Selbstzerfleischung ziehen können. Sachsens Premierminister von Beust, «der böse Dämon seines eigenen Königs und aller seiner politischen Anhänger», wie Hans Wachenhusen meinte, soll gegenüber Napoleon III. geweissagt haben: «Wenn Sie jetzt auf jede militärische Demonstration verzichten, dann haben Sie vielleicht in fünf bis sechs Jahren den Krieg gegen Preußen, und dann, das versichere ich Sie, marschiert ganz Deutschland gegen Sie». Beust, schon während seiner Ministerzeit in Sachsen ein erbitterter Bismarck-Gegner und seit Ende Oktober 1866 neuer österreichischer Außenminister, versuchte, tragfähige Absprachen mit Frankreich zu treffen, scheiterte damit jedoch. Der Wunsch, 1866 rückgängig zu machen, war nicht stark genug, um Frankreichs lange Zeit antiösterreichische Politik umzupolen.[3]

Doch durch 1864 und 1866 war die europäische Staatenwelt unwiderruflich ins Rutschen geraten und auch die nationalistischen Emotionen ließen sich, einmal erweckt, nicht wieder einschläfern. Die nächste Krise kam daher bald in Gestalt eines wie Schleswig und Holstein dynastisch komplexen, sprachlich-national diversen und strategisch bedeutsamen, aber noch viel kleineren Gebiets: des Großherzogtums Luxemburg. Landesherr war in Personalunion der niederländische König Wilhelm III., die Sprache der Bevölkerung überwiegend Luxemburgisch, die Amtssprache jedoch Französisch. Bereits nach der Abtretung seines wallonischen Teils an Belgien 1839 hatte es seine heutige Gestalt erlangt und war seit August 1866 kein Teil eines deutschen Staatswesens mehr.

Das weckte die Begehrlichkeit Napoleons III., der für sein Stillhalten während des Kriegs gegen Österreich Kompensationen erwartete. Konkret sollte Preußen Frankreichs Zugriff auf Luxemburg und allfällig auch Belgien wohlwollend unterstützen, während Frankreich sich nicht gegen eine Verbindung des entstehenden Norddeutschen Bundes mit den süddeutschen Staaten sperren würde. Eine vom niederländischen König Wilhelm ins Spiel gebrachte Aufnahme des Großherzogtums in den Norddeutschen Bund lehnte Bismarck mit Rücksicht auf Frankreich ab, aber auch, weil dagegen «eine entschiedene Abneigung [...] in allen Schichten der Bevölkerung» Luxemburgs festzustellen sei, wie er am 1. April 1867 im Reichstag zugeben musste. Doch schon im Januar war Bismarck zu dem Schluss gekommen, dass ein Bündnis mit Frankreich «durch eine demütigende Verletzung des deutschen Nationalgefühls» zu teuer erkauft wäre und auch nur der Verdacht, «als ob wir Deutsche wider ihren Willen und aus unklaren Beweggründen Frankreich auslieferten», unbedingt zu vermeiden sei. 1864 hatte sich Bismarck beim eigenmächtigen Vorgehen gegen Dänemark gemeinsam mit Österreich noch kühl über die «öffentliche Meinung» hinweggesetzt. Nun schien ihm das weder opportun noch möglich. Es war wohl auch gar nicht mehr nötig, denn große Teile der Öffentlichkeit waren ihm schon sehr weit entgegengekommen. Um «des jugendlich aufstrebenden Vaterlands Ehre und Macht» gehe es in der Luxemburg-Krise, meinte etwa die «Augsburger Allgemeine Zeitung» – von «Freiheit» war nun keine Rede mehr.[4]

Um seinem Ziel der territorialen Erweiterung näher zu kommen, unterbreitete Napoleon III. am 16. März 1867 dem niederländischen König ein Kaufangebot für Luxemburg. Dem wollte der nicht ohne Absprache mit Preußen zustimmen. Drei Tage später veröffentlichte Bismarck jedoch die Schutz- und Trutzbündnisse mit den süddeutschen Staaten, was der König der Niederlande als Drohung verstand, woraufhin er das Verkaufsangebot für Luxemburg zurückzog. Weiter aufgeheizt wurde die Stimmung dadurch, dass durch eine Indiskretion die französisch-niederländischen Verhandlungen veröffentlicht worden waren. Eine mit Rudolf Bennigsen, inzwischen Vorsitzender der nationalliberalen Reichstagsfraktion, abgesprochene Interpellation im Reichstag gab diesem am 1. April 1867 die Gelegenheit, den Schulterschluss seiner Partei mit der Regierung zu beschwören. Alle Parteien, versicherte Bennigsen, würden «in der kräftigsten Unterstützung zur Abwehr eines jeden Versuchs, ein altes deutsches Land von dem Gesamtvaterland loszureißen»[5], zusammenstehen.

Innenpolitisch hatte Bismarck seinen Kritikern damit Wind aus den Segeln genommen, war ihm doch vorgeworfen worden, durch die Gründung des Norddeutschen Bundes Süddeutschland der französischen Hegemonie preisgegeben zu haben. So ganz traute die Öffentlichkeit Bismarck daher noch immer nicht. Indem die «Kölnischen Blätter» Anfang April 1867 feststellten, Bismarck sei «gewiß kein Landesverräther», der «nationale Rechte und Ansprüche preisgibt», spielten sie geschickt auf die Vorbehalte gegen ihn an. Deutlicher wurde die «Augsburger Allgemeine», für die «das Aufgeben dieses Rechts [an Luxemburg] gegenüber französischer Anmaßung dem Zweck der nationalen Einheit gefährlicher wäre als eine Niederlage durch Krieg». Der preußische Gesandte in München, Georg von Werthern, warnte seinen Chef ebenfalls, dass

Preußen Gefahr laufe, «die Popularität von zwei Drittel der Population von Süddeutschland» zu verlieren. Das sah nun wohl auch Bismarck so und antwortete, dass wir «eher den Krieg wagen als nachgeben» müssen; entscheidend sei es nun, die Krise zur «Konsolidierung der nationalen Sache» zu nutzen «und uns daneben vom Kriege, der schnell eintreten kann, materiell nicht überraschen» zu lassen.[6]

Auch auf der anderen Seite des Rheins wurde diese diplomatische Krise zu einer Frage der nationalen Ehre hochgespielt, denn wenn Frankreich vor dem Ausland zurückweiche, wäre es «nur noch [...] ein großes Belgien»[7], meinte etwa die Zeitung «Liberté». Die Kriegsgefahr war sehr real, obwohl Bismarck ebenso wie Napoleon III. einen Krieg um Luxemburg vermeiden wollte. Die nationalistisch erhitzten Temperamente kamen Bismarck allerdings innenpolitisch gelegen, um die zahlreichen Widerstände gegen die Verfassung des Norddeutschen Bundes unter Hinweis auf die vermeintliche außenpolitische Bedrohung zu überwinden. Die Luxemburg-Krise eskalierte nicht zum Krieg, weil der König der Niederlande Anfang April einen Rückzieher machte; Luxemburg war nicht länger «for sale» und Napoleon III. düpiert. Die Zeit der anti-österreichischen und pro-preußischen Politik war dadurch jedoch vorbei. Generalstabschef Moltke drängte folglich auf einen Präventivschlag. Doch dieses Mal trug die Diplomatie den Sieg davon. Auf Initiative der britischen Regierung fand vom 7. bis 11. Mai 1867 eine Konferenz in London statt, auf der die Unabhängigkeit und Neutralität Luxemburgs unter der Souveränität der niederländischen Krone durch die fünf Großmächte garantiert wurde; Preußen zog seine Truppen ab, doch das Großherzogtum verblieb bis 1918 im deutschen Zollgebiet.

Die Luxemburg-Krise offenbarte einmal mehr die zwielichtige Politik Bismarcks. An einem der langen, kalten und dunklen Winterabende der Jahreswende 1870/71, während der Belagerung von Paris, sollte er vor seiner Tischgesellschaft erklären, warum er nicht schon die Luxemburg-Krise zum Losschlagen genutzt hatte. Preußen wäre nicht vorbereitet gewesen; zum einen, weil die Armeen der anderen deutschen Staaten noch nicht kampftauglich gewesen seien: «Die Württemberger – was sind das jetzt für prächtige Leute, ganz ausgezeichnet! Aber damals, Sechsundsechzig, da mußte jeder Soldat lachen, als die einmarschierten in Frankfurt wie eine Bürgergarde». Zum anderen aber hatte Preußen beziehungsweise der Norddeutsche Bund, ungeachtet der einhelligen Meinung der Öffentlichkeit, kein Recht, sich einzumischen. «Ich habe es öffentlich nie zugegeben, hier aber kann ichs sagen», badete der Kanzler geradezu im Sündenstolz: «nach der Auflösung des Deutschen Bundes war der Großherzog souverän geworden und konnte mit dem Lande machen, was er wollte. Daß ers für Geld abtreten wollte, war eine Gemeinheit, aber abtreten konnte ers an Frankreich». Eigentlich hätte Preußen nach der Auflösung des Deutschen Bundes auch die Bundesfestungen Rastatt und Mainz räumen müssen, dachte aber natürlich nicht daran. Doch nicht nur nach außen hatte Bismarck ein falsches Spiel gespielt, sondern auch nach innen. Denn es ging ihm keinen Augenblick darum, «deutsches Land» zu bewahren. Er hätte, so behauptete er jedenfalls an diesem Januarabend 1871, Luxemburg am liebsten an Belgien abgegeben, weil dann dessen Neutralität von Großbritannien garantiert und französischen Annexionsbestrebungen ein Riegel vorgeschoben worden wäre. Die «nationalen Gefühle» der Deutschen waren ihm nicht mehr als *ein* Instrument in seinem Werkzeugkoffer, mit dem er den Umbau der europäischen Ordnung betrieb.[8]

War die Luxemburg-Krise mit ihrer Mischung aus dynastischen Verwicklungen, machtpolitischer Großmannssucht und innenpolitischer Verwundbarkeit schon eine Skurrilität, wurde sie darin noch von dem Mexiko-Abenteuer Napoleons III. übertroffen. Maximilian war der jüngere, in vieler Hinsicht begabtere, interessiertere und weltoffenere Bruder des österreichischen Kaisers Franz Joseph I. Maximilian ließ sich auf ein abenteuerliches Angebot Napoleons III. ein: Er sollte Kaiser von Mexiko werden! Dieses Land, 1821 unabhängig geworden, war von

Bürgerkriegen zerrissen und tief gespalten. Als ab 1859 liberale Reformen die Privilegien der konservativen Eliten zu gefährden schienen, intervenierten Mexikos Gläubigerstaaten Frankreich, Großbritannien und Spanien. Frankreich versuchte, das Land als Quasi-Kolonie abhängig zu machen, und installierte Maximilian als Kaiser. Der konnte sich aber aufgrund der Widerstände in Mexiko nicht halten – und vor allem nicht, weil die 1865 wieder geeinten USA keine europäische Militärintervention mehr duldeten. Maximilian wurde am 19. Juni 1867 hingerichtet, doch bis dahin hatte Frankreich wertvolle Ressourcen in diesem Abenteuer gebunden. Die bis zu 40 000 dort stationierten Soldaten fehlten 1864 und 1866, um in Europa französischen Forderungen Nachdruck zu verleihen.[9]

Infolge der Luxemburg-Krise und des Mexiko-Abenteuers formierte sich in Frankreich eine «Kriegspartei», die eine Einigung Deutschlands unter preußischen Vorzeichen unter allen Umständen verhindern wollte, weil diese nicht nur als machtpolitische Schwächung, sondern auch als weiterer «Ehrverlust» Frankreichs wahrgenommen worden wäre. Joseph Charles Napoléon versuchte Ende April 1868, den preußischen Kronprinzen davon zu überzeugen, dass sein Cousin, Napoleon III., «keineswegs [...] der Kriegsidée zugethan wäre», musste aber zugeben, dass «sein Charakter kein fester sei, vielmehr zur Unentschlossenheit neige» und «man nicht dafür einstehen könne in wieweit er im Stande sein werde, einem unläugbaren Drängen zum Kriege seitens einer Partei Widerstand zu leisten».[10]

Neben dem 1869 verstorbenen Kriegsminister Adolphe Niel gehörten zur «Kriegspartei» vor allem Alfred Antoine Agénor de Gramont, seit 1861 Botschafter in Wien, ab dem 15. Mai 1870 Außenminister im Kabinett Émile Olliviers, sowie Napoleons Frau Eugénie. Eugène Rouher, von Juni 1863 bis Juli 1869 als Staatsminister Napoleons «rechte Hand», oder auch Graf Benedetti, der französische Botschafter in Berlin, waren, wie der Kaiser selbst, weiterhin an einem guten Verhältnis zu Preußen interessiert. Doch ein schwächer werdendes Frankreich traf auf ein erstarkendes Preußen. Mochte die Weltausstellung 1867 in Paris noch einmal seine Vormachtstellung auf dem Kontinent glanzvoll in Szene setzen: durch diplomatische oder gar militärische Macht war sie zunehmend weniger unterfüttert.

Die Besucher der Weltausstellung hätten erkennen können, welches Ausstellungsstück in naher Zukunft den größten Einfluss auf ihr Leben haben würde. Es war nicht das gerade erfundene Aluminium, nicht der aus den USA gekommene Schaukelstuhl, ja nicht einmal Alfred Nobels Dynamit, sondern die Riesenkanone der Essener Krupp-Werke, die Geschosse mit 800 Pfund Gewicht verschießen konnte.[11] Das tat sie gut drei Jahre später – und ihr Ziel war ebenjenes Paris, in dem sie 1867 prachtvoll zur Schau gestellt worden war. Und niemand konnte ahnen, dass einer der Fesselballons, die der bekannte Photograph Nadar (Gaspard-Félix Tournachon) aufsteigen ließ, um gegen gutes Geld den Passagieren einen grandiosen Panoramablick zu bieten, dem Kriegsminister der Republik, Léon Gambetta, drei Jahre später die Flucht aus der belagerten Stadt ermöglichen sollte.

Trotz der für Frankreich nicht eben günstig ausgegangenen Luxemburg-Krise war das «Publikum ungeheuer warm theilnehmend», als Wilhelm I. Anfang Juni in Paris eintraf. Der schon früher angereiste Kronprinz war gar als «vainqueur de Sadowa»[12], als Sieger von Königgrätz gefeiert worden. Das am Tag nach Wilhelms Ankunft auf den ebenfalls anwesenden Zar Alexander von einem polnischen Nationalisten verübte, aber fehlgeschlagene Attentat machte drastisch deutlich, wie unruhig Europa im Zeitalter der ungeklärten nationalen Fragen war. Mit zwei unter Volldampf aufeinander zurasenden Zügen verglich 1868 der Publizist Lucien-Anatole Prévost-Paradol Deutschland und Frankreich. Deren Zusammenstoß lasse sich nach «diversen Ausweichversuchen» nicht mehr verhindern; «menschliche Allmacht und menschlicher Irrsinn» würden dafür sorgen, dass «Ströme von Blut und Tränen» fließen werden. Prévost-Paradol ist nicht nur der Erste, der das Wort «holocauste» in einem politischen Kontext verwendete, sondern gewissermaßen das erste Todesopfer des von ihm herbeigefürchteten Kriegs. Gerade erst zum französischen Gesandten ernannt, erschoss er sich nach dem Bekanntwerden der französischen Kriegserklärung in der Nacht vom 19. auf den 20. Juli 1870 im fernen Washington.[13]

«Das schreckliche Gemetzel hat nicht einmal einen Vorwand» – Der Weg in den Krieg

Wie 1863/64 im Konflikt um Schleswig-Holstein und in der Luxemburg-Krise 1867 ragte eine dynastische Verwicklung ins nationalistische 19. Jahrhundert hinein, die als Kriegsauslöser «von geradezu erhabener Lächerlichkeit»[14] war. Als 1868 eine Revolution in Spanien die bourbonische Königin Isabella II. vom Thron gefegt hatte, wurde ein neuer Thronprätendent gesucht – und in Prinz Leopold von Hohenzollern-Sigmaringen gefunden. Da dieser ein entfernter Verwandter des preußischen Königs Wilhelm I. war, schien eine neue Umklammerung Frankreichs zu drohen – nicht mehr, wie im 16. und 17. Jahrhundert durch das Haus Habsburg, sondern durch Preußen. Jedenfalls ließ sich das einer jederzeit nationalistisch entflammbaren Öffentlichkeit in Frankreich so verkaufen. Anfänglich zögernd, ergriff Bismarck diese Eskalationsmöglichkeit und betrieb im Stillen die Kandidatur Leopolds. Am 2. Juli gab sie das Haus Hohenzollern offiziell bekannt.

Die berechnete Erregung brach aus. Am 6. Juli hielt der neue Außenminister Gramont, der den konzilianteren Napoléon Graf Daru abgelöst hatte, in der Deputiertenkammer eine flammende Rede. Man werde nicht «dulden, daß eine fremde Macht, indem sie einen ihrer Prinzen auf den Thron Karls V. setzt, […] das gegenwärtige Gleichgewicht der Mächte Europas stören und so die Interessen und die Ehre Frankreichs gefährden könne». Sollten sich Preußen und Spanien nicht eines besse-

Abb. 8: Die Kriegsschuldfrage als Bildergeschichte: Napoleon III. als einziger Übeltäter. Visuelle Kriegspropaganda im «Kriegsbilderbogen».

ren besinnen, «so würden wir, stark durch Ihre [der Deputierten] Unterstützung und durch die der Nation, unsere Pflicht ohne Zaudern und ohne Schwäche zu erfüllen wissen».[15]

Die Lunte war entzündet. Da Napoleon krank darniederlag und Kabinettschef Ollivier keine klare Linie verfolgte, wurde Gramont zum Mann der Stunde. Er entsandte Graf Benedetti nach Bad Ems, wo Wilhelm kurte. Am 9. Juli erreichte dieser tatsächlich, dass Wilhelm, ohne Bismarck zu informieren, den Chef der Hohenzollernschen Linie, Karl Anton, ermunterte, den Thronverzicht im Namen seines Sohns Leopold zu erklären. Der Thronanwärter selbst war nämlich unerreichbar; er wanderte in den Alpen. Zum Thronverzicht hatte auch Russlands Zar Alexander II. geraten. Am 12. Juli gingen gegen 10 Uhr vormittags Telegramme nach Bad Ems und an den spanischen Botschafter in Paris heraus, die den Verzicht mitteilten. Diese wurden in Frankreich abgefangen und dem Kaiser und seinem Premier übergeben – der diplomatische Triumph schien erreicht, die Lunte erloschen.

Doch der Triumph sollte noch prachtvoller ausfallen. Gramont veranlasste Benedetti, vom preußischen König nunmehr einen förmlichen und dauerhaften Verzicht auf die spanische Thronfolge zu erklären, sich bei Napoleon persönlich zu entschuldigen und zu erklären, er habe nie «den Interessen und der Ehre der französischen Nation»[16] schaden wollen. Das lehnte Wilhelm, am 13. Juli mittags von Benedetti auf der Kurpromenade in Ems gestellt, mit klaren Worten ab, hielt die Angelegenheit damit aber auch für erledigt. Er ließ ein Gedächtnisprotokoll des Gesprächs mit Benedetti anfertigen, das Bismarcks enger Mitarbeiter Heinrich Abeken telegrafisch nach Berlin sandte, wo es kurz nach 18 Uhr eintraf.

Bismarck war, auf seinem abgelegenen Gut Varzin in Pommern weilend, bis zu seiner Rückkehr nach Berlin am 12. Juli noch nicht in Erscheinung getreten. Der Rückzug Leopolds von der Thronkandidatur kam ungelegen, denn Moltke und Roon planten bereits die Mobilmachung. «Das ist Krieg»[17], vertraute Innenminister Friedrich Albrecht Graf zu

Eulenburg trotzdem seinem Tagebuch bereits an, nachdem er am 12. abends mit Bismarck, Moltke und Roon diniert hatte; Eulenburg kolportierte diesen Sachverhalt auch dem Historiker Leopold von Ranke, der ihn im Dezember 1870 schriftlich festhielt.[18] Es hatte gar nicht des Berichts über das unglücklich verlaufene Gespräch Benedettis und Wilhelms in Ems bedurft, um die Lunte erneut anzuzünden. Und dieses Mal löschte sie niemand mehr. Das am Folgetag eintreffende Telegramm Abekens war nur dekoratives Beiwerk, nicht der Anlass des Krieges und schon gar nicht seine Ursache. Am 13. Juli abends redigierte Bismarck die von Abeken zugesandte Pressemitteilung über die Vorgänge in Ems so, dass sie in Frankreich als Affront verstanden werden musste. Diese Depesche wurde als Extrablatt um 21 Uhr von der «Norddeutschen Allgemeinen Zeitung» veröffentlicht.

Die «Emser Depesche» ist ein geschraubtes Produkt der Diplomatenprosa. Bismarck strich den Text auf weniger als die Hälfte zusammen. Provozierend wirkte der Satz, dass der König es abgelehnt habe, den französischen Botschafter «nochmals zu empfangen, und demselben durch den Adjutanten vom Dienst [habe] sagen lassen, dass S. Majestät dem Botschafter nichts weiter mitzutheilen habe». Dadurch klangen Wilhelms Worte sehr viel schärfer als im ursprünglichen Text, als eine ehrverletzende Brüskierung Benedettis und damit Frankreichs. Dieser Text ist als zentraler Baustein der Reichsgründungslegende mit Bedeutung überfrachtet worden. Bismarcks Schilderung ist mehr Dichtung als Wahrheit, weil er die bereits am 12. getroffene Entscheidung, eine allfällig sich bietende Möglichkeit, Frankreich zu einer Kriegserklärung zu provozieren, wider besseres Wissen umdatierte. Er rühmte sich, am 13. Juli aus der sachlichen Depesche eine kalt kalkulierte Provokation Frankreichs gemacht zu haben, durch die er auch Roon und Moltke neuen Kriegswillen einhauchte. Doch es war wohl Moltke, der ihn am Abend des 12. davon abhielt, gleich wieder nach Varzin zurückzufahren: «Der Krieg sei immer noch willkommen». Der Generalstabschef hat eher den

Ministerpräsidenten zum Krieg ermuntert als umgekehrt. Die Ereignisse auf der Kurpromenade von Bad Ems waren *demgegenüber* zweitrangig. Fontane erfasste die Situation wohl recht gut: «Bismarcks Telegramm schuf nicht den Krieg, sondern zwang ihn nur in die richtige Stunde».[19]

Die meisten Beobachter waren sich einig, dass trotz des Sigmaringer Rückziehers die Lage angespannt blieb. Der württembergische Gesandte in Berlin, von Spitzemberg, meldete seinem Außenminister von Varnbühler am 13. Juli, dass, auch wenn «der Friede vorerst nicht gestört» werde, dennoch «für lange Zeit die Ruhe und Sicherheit Europas erschüttert» sei, weshalb «der geringste Anlaß das bestehende Mißtrauen zum Ausbruch des Konflikts steigern kann». Der preußische Kronprinz hoffte nach Bekanntwerden des Kandidaturverzichts dagegen noch, dass der «Kriegsvorwand der Franzosen geschwunden» sei, «wenn diese nicht überhaupt den Krieg wollen!?»[20]

Doch den wollten sie – genauer gesagt die «Kriegspartei» und jener Teil der Öffentlichkeit, der die «Revanche pour Sadowa» herbeisehnte. Schon die Datierung der Ereignisse wirkt, als habe ein übermotivierter Autor das Drehbuch geschrieben. Auf den 13. Juli folgt üblicherweise der 14., besser gesagt der «Quatorze Juillet», der Jahrestag der Erstürmung der Bastille 1789. Der war damals kein Feiertag, dennoch liefen am Abend Menschenansammlungen durch die Straßen und skandierten «à Berlin», nach Berlin, «Nieder mit den Preußen» und auch die verbotene Marseillaise wurde gesungen, denn kurz nach 18 Uhr war die «Emser Depesche» in vollem Wortlaut im «Soir» veröffentlicht worden. Die Regierung hatte von dem Text sogar schon seit dem frühen Morgen Kenntnis. Mittags trat das Kabinett zusammen, beschloss die Einberufung der Reservisten und verfasste am nächsten Morgen die Kriegserklärung. Am Abend des 15. Juli wurden die Gelder für den Krieg mit überwältigender Mehrheit vom Parlament bewilligt und am 19. Juli in Berlin die Kriegserklärung offiziell übergeben. Die erregte Pariser Öffentlichkeit war durchaus nicht unbeteiligt an diesem Ergebnis; dennoch machte es sich Botschafter Benedetti zu einfach, wenn er später behauptete, dass es «die öffentliche Meinung» gewesen sei, «die die Regierung gezwungen hat, das Schwert zu ziehen».[21]

Nicht alle verfielen in Kriegstaumel. Der Historiker Jules Michelet verzweifelte an der Welt, denn niemand «will den Krieg. Und doch will man ihn unternehmen, oder Europa glauben machen, dass wir ihn wollen. Das ist eine Überrumpelung und Taschenspielerei». Auch Adolphe Thiers hatte beständig vor einem Krieg gewarnt, gegen den wenigstens zehn Abgeordnete stimmten, allerdings waren 245 dafür. Gustave Flaubert ließ in einem Brief an seine Muse, George Sand, seiner Verzweiflung freien Lauf. «Die Dummheit meiner Landsleute widert mich an, zerreißt mich. [...] Das schreckliche Gemetzel, das sich vorbereitet, hat nicht einmal einen Vorwand. Es ist das Gelüst zu kämpfen, um zu kämpfen. [...] Sie haben gehört, daß ein Herr der Kammer die Plünderung des Großherzogtums Baden vorgeschlagen hat. Ah! Warum kann ich nicht bei den Beduinen leben!»[22]

Bismarck hatte den Krieg gewollt, und er hat ihn bekommen. Er hatte lange verschiedene Optionen erwogen. Hätte er seine Ziele ohne ihn erreicht, wäre es ihm auch recht gewesen. Vom Zeitpunkt und den tatsächlichen Ereignissen war er freilich nicht weniger überrascht als alle anderen. «Niemand habe an den Krieg geglaubt. Bismarck vor allem nicht», erfuhr Ludwig Bamberger vom Wiesbadener Regierungspräsidenten Botho Graf zu Eulenburg am 15. Juli, der diese Information von seinem Onkel, dem amtierenden Innenminister erhalten hatte. Fürst Karl Anton von Hohenzollern gab zwei Jahre nach den Ereignissen zu, dass er sich damals «aus patriotischen Gründen» Stillschweigen auferlegen musste, «denn die Kriegsursache durfte niemals aus einem dynastischen Vorwande hergeleitet werden», galt es doch, «die Kriegsbegeisterung zu entflammen und zum äußersten zu drängen. Dieses ist gelungen», stellte Karl Anton lakonisch fest. Bismarck gab der Nachwelt seine Erkenntnis mit auf den Weg, dass der historisch gewachsene Unterschied der verschiedenen Teile Deutschlands «nicht wirksamer überbrückt werden könne als durch einen gemeinsamen nationalen Krieg gegen den seit Jahrhunderten aggressiven Nachbar».[23]

Der Rest war Formsache. Am 19. Juli trat der Reichstag des Norddeutschen Bundes zusammen und bewilligte die Kriegskredite. Karl Marx war tags darauf begeistert, weil die «Franzosen Prügel brauchen». Sein Freund Friedrich Engels bemängelte, dass August Bebel und Wilhelm Liebknecht sich der Stimme enthalten hatten, denn er war davon überzeugt, dass Bismarck unwissentlich «immer ein Stück von unserer Arbeit» tut, nämlich mit dem Nationalstaat die Voraussetzungen dafür zu schaffen, dass die feudalen und partikularistischen Hemmnisse des Kapitalismus beiseitegeräumt werden und zugleich der Aktionsrahmen für die Arbeiterbewegung entsteht. Siege Napoleon, wäre der «Bonapartismus auf Jahre gefestigt und Deutschland auf Jahre, vielleicht auf Generationen kaputt» und von «einer selbständigen deutschen Arbeiterbewegung ist dann auch keine Rede mehr». Aus purem «Antibismarckismus» gegen die Kriegskredite zu stimmen, sei daher falsch.

Einhundert Jahre später sah das die DDR-Geschichtswissenschaft noch immer so. «Das deutsche Volk fühlte richtig», meinte Ernst Engelberg, «daß in jenem Augenblick der Hauptfeind der deutschen Nation und der anderen Völker nicht der preußisch-deutsche, sondern der französische Bonapartismus und Militarismus war», weshalb kein patriotischer Deutscher «die französischen Heere auf deutschen Boden» wünschen könnte, wodurch die staatliche Zersplitterung verewigt würde. «Um diesen Preis», so sprach Engelberg mit Marx- und Engelszungen, «konnte kein Deutscher die Niederlage des preußischen Staates wünschen, zumal Berlin eine zwar undemokratische Einigung, aber immer hin eine Einigung, wenn auch auf kleindeutscher Grundlage, in Aussicht stellen konnte». In ähnlichen Worten hatte er auch den «nationale[n] Abwehrkampf des deutschen Volkes» gegen Dänemark 1863 gepriesen.

Engelbergs 1959 erstmals erschienene Darstellung der deutschen Geschichte war vom damaligen «nationalen Kurs» der DDR geprägt. Der westdeutschen Geschichtsschreibung wurde vorgeworfen, die progressiven Aspekte der Reichsgründung ebenso zu leugnen wie das Fortbestehen eines Proletariats in der Bundesrepublik, die stattdessen von Soziologen wie Helmut Schelsky zur «nivellierten Mittelstandsgesellschaft» aufgehübscht werde. Wie nah eine doktrinär-marxistische Geschichtsinterpretation an typisch rechten, gar antisemitisch angehauchten Deutungsmustern liegen kann, enthüllte Engelbergs Breitseite gegen das «Europäertum à la Adenauer», durch den der reaktionäre Partikularismus der Reichsgründungszeit nahtlos «in einen nordatlantischen Kosmopolitismus» überging.[24]

Von solch einem «nordatlantischen Kosmopolitismus» konnte 1870 keine Rede sein, und auch sonst von keinem. Im Gegenteil: Weil Frankreich Preußen den Krieg erklärt hatte, war für die süddeutschen Staaten der Bündnisfall gegeben. Der Chauvinismus kochte nun auch rechts des Rheins hoch. Die «Historisch-Politischen Blätter für das katholische Deutschland» hofften, dass der Süden «den sofortigen Anschluß an Preußen unter annehmbaren Bedingungen erlangen» könne «durch einen mannhaften Kampf gegen den französischen Erbfeind». Auch die liberale «National-Zeitung» erblickte in Frankreichs Forderungen eine «jedes Maass überschreitende Frechheit». Trotzdem waren die Menschen mehrheitlich nicht begeistert, eher schicksalsergeben. Eine Schwüle «wie vor einem Erdbeben» beschrieb ein Zeitgenosse. Wer konnte, verließ aus Invasionsfurcht Karlsruhe, wo der Dichter Viktor von Scheffel am Tag der französischen Kriegserklärung «weder Damen noch Leutnants noch Regierungsräte», sondern «nur Möbelpacker» sah; eine Lokomotive wurde für die allfällige Flucht des Großherzogs ständig unter Dampf gehalten. Auch Hohenlohe-Ingelfingen gab nachträglich zu, dass man in der Armee «nicht so fest von unserem Siege überzeugt» war. All diese Sorgen erzeugten ein buntes, vielfältiges und widersprüchliches Bild. Wie im August 1914 keine einhellige Kriegsbegeisterung herrschte, so auch nicht im Juli 1870.[25]

In Hessen-Darmstadt warteten Regierung und Beamtenschaft «auf die Franzosen wie auf den Erlöser», hatten aber keinen Spielraum, weil das Land zur Hälfte zum Norddeutschen Bund gehörte und militärisch bereits in die preußische Armee integriert war. Baden dagegen war schon lange auf preußenfreundlichem Kurs. Dieser Krieg sei «eine nationale Notwendigkeit» und «Recht, Ehre, Sittlichkeit so allein auf unserer Seite. Nach diesem Krieg ist eine Mainlinie nur noch ein Mythus aus alter Zeit», meinte etwa Berthold Auerbach, Verfasser der vielgelesenen «Schwarzwälder Dorfgeschichten». Unbehagen an dem drohenden Kriegseintritt empfand vor allem die katholisch-großdeutsche Seite. Die unmittelbare Grenzlage des Landes ließ die Gefahr der in der kriegsentscheidenden Sitzung der französischen Deputiertenkammer am 15. Juli angedrohten Verwüstung des Lands aber sehr real erscheinen. Die Erfüllung der Bündnispflichten war daher kaum umstritten, denn im «Falle des Sieges ist auch die politische Einigung gewiß», notierte der fast schon erleichterte Ministerpräsident Rudolf von Freydorf. Er hoffte, die Isolierung Badens unter den Südstaaten und das Erstarken antiliberaler Kräfte in seinem Land beenden zu können.[26]

In Württemberg war die partikularistisch-antipreußische Stimmung stärker als in Baden. Die Liberalen versuchten anfänglich, wie 1866, Neutralität zu wahren. «Für Deutschland Gut und Blut! Für Hohenzollern keinen Mann und keinen Gulden» – titelte der «Beobachter» noch zwei Tage vor der französischen Kriegserklärung. Manche hegten die Hoffnung, Österreich werde zu Gunsten der Südstaaten handeln und 1866 revidieren. Noch am 21. Juli plädierte Carl Mayer für eine bewaffnete Neutralität der Süddeutschen, die zusammen mit Österreich erst eingreifen sollten, wenn Preußen eine Niederlage drohe; so könnte auch die 1866 erfolgte «Zerreissung des Reichskörpers» revidiert werden. Doch die Regierung, durch die verschiedenen Zweige der großdeutsch, katholisch oder demokratisch gesinnten Oppositionskräfte gehörig unter Druck, stand zu ihrer Bündnisverpflichtung. Dass die Welle der «nationalen Erregung» schließlich auch durchs Schwabenland schwappte, half ihr dabei; der Landtag befürwortete mit großer Mehrheit den Kriegseintritt an der Seite des Norddeutschen Bundes.[27]

In Bayern lagen die Dinge wieder einmal besonders kompliziert. Seit längerem wurde hier um die Auslegung des Bündnisvertrags mit Preußen und um die Wehrverfassung gestritten. Die antipreußisch-antimilitaristische Stimmung gewann zunehmend an Boden, ein Verfassungskonflikt drohte. Doch am 14. Juli 1870 hatte Kriegsminister Sigmund Freiherr von Pranckh gegenüber dem preußischen Gesandten in München bereits Bayerns Kriegsbeteiligung zugesagt. Im Ministerrat sprachen sich freilich am gleichen Tag außer ihm und Handelsminister Gustav Ritter von Schlör alle Minister für die Neutralität aus. Bei der Audienz am folgenden Tag setzte sich Pranckh beim König gegen Außenminister Bray durch; Bayern hatte an Preußens Seite viel zu gewinnen, wenn es gut ausging, und weniger zu verlieren, wenn es schlecht endete, als das bei Neutralität der Fall wäre.

Ludwig fügte sich; bereits am 16. Juli erfolgte die Mobilmachung seiner Armee. Als Preußens Kronprinz Ende Juli auf Truppenbesuch in Bayern weilte, besuchte er eine Aufführung von Schillers «Wallensteins Lager», die von Ausbrüchen patriotischer Begeisterung des Publikums begleitet wurde. Vielleicht erschien ihm Ludwig deshalb «aus vollem Herzen bei der Sache zu sein und mit Hingebung der großen nationalen Erhebung zu folgen». Doch Friedrich erlag Ludwigs Schauspielkünsten, denn gegenüber dem österreichischen Gesandten Baron von Bruck verneinte der, dass «der jetzige Kriegsschritt aus Sympathien für Preußen» erfolge. Stattdessen betonte er, wie sehr er den «Kaiser verehre und wie lieb er Österreich habe». Ludwig tat, so Brucks Fazit, diesen Schritt, um nicht «nach einem preußischen Siege wie Hannover in Norddeutschland aufzugehen». Doch echtes Interesse für den Krieg zeigte Ludwig nicht; er blieb apathisch in Schloss Berg und «kümmert[e] sich um gar nichts». Doch wichtiger als die Traumtänzereien des Königs war, dass die Kammern des bayerischen Landtags die Kriegskredite mit Zweidrittelmehrheit bewilligten, nachdem ein Antrag der Bayerischen Patriotenpartei auf Neutralität Bayerns abgelehnt worden war.[28]

Auch in Bayern herrschte eine fatalistische, teils gar profranzösische Stimmung vor. Florian Kühnhauser, der vor dem Einrücken nochmal sein Heimatdorf Tettenhausen im Traunsteiner Land besuchte, begegnete «ein gebrechlicher alter Mann», der ihn mit den Worten begrüßte: «‹Musst einrücken?› – ‹Ja, Miertl, es ist so!› – war meine kurze Antwort. Tränen rollten nun plötzlich über die Wangen des alten Mannes und mit gebrochener Stimme presste er die Worte heraus: ‹Jetzt muss mein Seppl auch fort!›» Die Bauern in der Gegend um Schweinfurt sagten sich, so erfuhr Ludwig Bamberger, lieber «hundert Jahre französisch als ein Jahr preußisch [...] und wenn man widerspricht, riskiert man totgeschlagen zu werden». Der für seine Zeit weitgereiste Kühnhauser empfand die Preußen dagegen als zwar «protzig und aufschneiderisch», doch auch als «schneidige Soldaten, [...], da können die Österreicher und Franzosen nicht hin, [...] die Rothosen bekommen Schläge». Und auch der Ruhm des preußischen Ministerpräsidenten hatte sich inzwischen verbreitet, denn dass die Österreicher nicht einmarschierten, «dafür sorgt schon Bismarck». Doch andere Dorfbewohner blieben skeptisch, denn «die Preußen haben wieder was Schönes angerichtet, das ganze Bayernlandl geht noch mit dieser preußischen Freundschaft zugrunde, allesamt werden wir noch lutherisch».[29]

Bei genauem Hinsehen waren die drei Südstaaten dem oft als abschreckendes Gegenmodell geltenden Preußen in zumindest einer Hinsicht ähnlicher, als sie sich eingestehen wollten. Sie waren vereint in dem Problem einer sich abzeichnenden innenpolitischen Pattsituation, die durchaus das Potential für die Neuauflage der Verfassungskonflikte der 1860er Jahre hatte. Preußens Militäretat lief im Frühjahr 1870 aus, und seine Neuberatung hätte den Liberalen die Chance bieten können, erneut Reformen in Staat und Gesellschaft einzufordern. In den Südstaaten waren die Regierungen durch *anti*liberale Strömungen unter Druck geraten, doch auch für sie war die Flucht in den Krieg eine Möglichkeit, die innenpolitischen Probleme zu lösen. Die Tatsache, dass sie, anders als Preußen, schon lange praktizierende konstitutionelle Monarchien waren, Baden gar an der Schwelle zur parlamentarischen Monarchie stand, erwies sich unter *diesem* Aspekt als weitgehend bedeutungslos. Die Gefahr von außen schob alle anderen Bedenken beiseite. Gramont habe, wie der britische Gesandte in Darmstadt, Robert Morier, am 19. Juli schrieb, «in vierzehn Tagen mehr getan», um die deutsche Einheit zu verwirklichen, als Bismarck «in den vier Jahren seit der Schlacht von Königgrätz».[30]

Ebenso wie Dänemark 1864 und 1866 Österreich fehlte auch dem als Aggressor dastehenden Frankreich die Rückendeckung anderer Großmächte. Wien blieb trotz seiner Revanchegelüste neutral, da es militärisch unvorbereitet war. Außerdem richtete Zar Alexander II. eine scharfe Warnung an Wien; ein diskreter Truppenaufmarsch an Österreichs Grenze verfehlte seine Wirkung nicht. Schließlich hatte zwar Anfang 1870 der Generalinspekteur der österreichischen Armee, Erzherzog Albrecht, Paris besucht und viele Gespräche geführt, doch konkrete Absprachen für eine allfällige gemeinsame Kriegführung gegen Preußen kamen nicht zustande, auch nicht beim Gegenbesuch des französischen Generals Barthélémy Lebrun im Juni 1870.

Italien wiederum war zwar aufgrund der aktiven, wenn auch eigennützigen Hilfe Frankreichs bei seinen Kriegen gegen Österreich zur Dankbarkeit verpflichtet, doch sowohl die Abtretung Savoyens und Nizzas als auch Frankreichs Schutzmachtstatus für den Kirchenstaat waren ein Stachel im Fleisch der italienischen Nationalisten. Ein unmittelbares Einschreiten gegen den Norddeutschen Bund war schon geografisch unmöglich und auch gegen die süddeutschen Verbündeten nur dann, wenn Österreich das Durchmarschrecht gewährte, was zwar erwogen, jedoch nicht fest vereinbart wurde. Italien griff daher nicht zu Gunsten Frankreichs ein; im Gegenteil, es nutzte dessen Schwäche aus. Nach Abzug der gegen Deutschland benötigten französischen Truppen wurde Rom im September 1870 besetzt und kurz darauf offiziell zur Hauptstadt.

Großbritannien schließlich verhielt sich ebenfalls neutral. Zwar lagen die Sympathien der Regierung und auch der Öffentlichkeit grundsätzlich eher bei Frankreich. Aber weil man von einem französischen Sieg ausging, an einer zu großen Stärkung des Kaiserreichs jedoch kein Interesse hatte, schien abwartende Neutralität der ideale Mittelweg. Die britische Neutralität entschied zugleich über Dänemarks Haltung. Das Land Hans Christian Andersens hätte durchaus Lust auf eine Revanchepartie mit den Preußen gehabt, zumal Frankreichs Außenminister Gramont versprach, im Bündnisfall Dänemarks Herrschaft bis zur Eider wiederherzustellen. Doch der Plan einer Landung an der Nordseeküste war ohne britische Rückendeckung gegenstandslos, obwohl sie angesichts der zehnfachen Überlegenheit der französischen Marine aussichtsreich gewesen wäre. Die Angst vor einer Invasion von See aus beunruhigte vor allem den Hamburgischen Senat sehr, nicht weniger die Furcht vor unziemlichen Einmischungen der Militärbehörden in die Kompetenzen des Stadtstaats.[31]

Aufgrund dieser günstigen außenpolitischen Konstellation konnte Moltke mit Ausnahme einer für den Küstenschutz zurückbehaltenen Division alle Ressourcen gegen Frankreich aufbieten. Wie schon 1864 und 1866 sollte die militärische Entscheidung schnell herbeigeführt werden, auch um zu verhindern, dass sich eine gegen Preußen (bzw. den Norddeutschen Bund und die verbündeten süddeutschen Staaten) gerichtete Koalition der übrigen Großmächte bilden würde.

Wie 1866 Österreich galt 1870 Frankreich allgemein als überlegen, ungeachtet der Berichte des französischen Militärattachés in Berlin, Eugène Baron von Stoffel, in denen er vor Preußens überlegener Kampfkraft und Organisationsfähigkeit warnte. Weitsicht bewies der US-General und Nordstaatenheld Philip Sheridan, der sich dafür entschied, auf deutscher Seite den Krieg zu beobachten, weil «auf der erfolgreichen Seite mehr zu sehen sein würde»; auch sein früherer Oberkommandierender und amtierender Präsident, Ulysses S. Grant, erblickte in Napoleon III. «von je her nur einen Usurpator und Charlatan».[32]

Im Hinblick auf Bewaffnung und Ausrüstung war es tatsächlich nicht leicht zu entscheiden, welche Seite überlegen war. Zwar eilte dem Zündnadelgewehr seit 1864 und 1866 ein grimmiger Ruf voraus, doch das französische Chassepotgewehr war diesem an Reichweite und Schussfrequenz deutlich überlegen. Große Hoffnungen setzten die Franzosen auch auf die Mitrailleuse, ein um die Jahrhundertmitte in Belgien entwickeltes Salvengeschütz und Vorläufer des Maschinengewehrs. Im Krieg 1870/71 erwies es sich jedoch als nur punktuell wirksam. Zum einen war es noch unausgereift, unhandlich und störanfällig. Zum anderen wurde es taktisch ungeschickt eingesetzt, eher als eine Art Artillerie, nicht als ein eigenständiger neuer Waffentyp, der vor allem die Defensive enorm stärken konnte – so wie dann später das Maschinengewehr. Eindeutig überlegen war die deutsche Artillerie. 1866 waren noch überwiegend Vorderlader im Einsatz gewesen, die den österreichischen Geschützen nicht das Wasser reichen konnten. Doch vier Jahre später konnten die technisch verbesserten Hinterlader mit gezogenen Stahlrohren verwendet werden, die schneller, weiter und genauer schossen als die noch ausschließlich mit Vorderladern ausgestattete französische Artillerie.

Nachteilig war die umständliche und bisweilen chaotisch durchgeführte französische Mobilmachung, denn die Truppen wurden in ihre Aufmarschräume verlegt, bevor sie vollständig ausgerüstet und auf Sollstärke gebracht worden waren. Nur bei 35 von 100 Regimentern waren Stationierungsort und Depot identisch, die restlichen zwei Drittel mussten reisen. Das 87. Regiment beispielsweise war in Lyon beheimatet, das zugehörige Depot befand sich dagegen im bretonischen St. Malo. Natürlich gab es auch in Lyon ein Depot, doch das diesem zugeordnete 98. Regiment lag in Dünkirchen am Ärmelkanal. Daher fuhren manche Einberufenen erst zu ihrem Regimentsstandort am Zusammenfluss von Rhône und Saône, dann in den nordwestlichsten Zipfel des Landes, um sich dort ausrüsten zu lassen, und anschließend wieder zurück nach Lyon – und von dort aus endlich in Richtung Front, die sich wiederum ganz im Nordosten des Landes befand. So ging viel Zeit verloren, und wertvolle Ressourcen an rollendem Material, Verpflegung und Kohle wurden für diese Tour de France verschwendet.[33]

Wer dennoch an Frankreichs Überlegenheit zweifelte, wurde schnell als «Prussien» beschimpft, erst recht, wenn er, wie der Straßburger Bürger Ernest Frantz, Protestant war. Sein Vergleich der deutschen und französischen Verbände fiel nicht zu Gunsten seiner Landsleute aus: Viele Straßburger glaubten, «dass die Deutschen Feiglinge seien, die trotz ihrer überwältigenden Anzahl und all ihrer Vorzüge vor Angst sterben würden, wenn sie die Franzosen bei sich einmarschieren sähen». Auch seien viele davon überzeugt, «dass Preußen nicht bereit ist, seine Soldaten Hungers sterben, sich weigern zu marschieren und in bälde offen revoltieren werden». Doch Frantz kam zum gegenteiligen Schluss: Die französischen Soldaten seien «häufig betrunken», die Offiziere dächten nur «an das Amüsement» und viele zeigten eine geradezu «unglaubliche geografische Unwissenheit, Leichtfertigkeit und Unbekümmertheit».[34]

Theodor Fontane breitete die Unzulänglichkeiten der französischen Mobilmachung genüsslich aus. In der Festung Metz, um die sich die «Rheinarmee» mit 210 000 Mann und fast 800 Geschützen versammeln sollte, gab es am Tag nach der offiziellen Kriegserklärung «weder Zucker, noch Caffee, Reis, Branntwein, Salz, sehr wenig Speck und Zwieback», und als General Alexandre Michel tags darauf, am 21. Juli, in Belfort eintraf, telegrafierte er dem Kriegsministerium: «Meine Brigade nicht gefunden, Divisions-General nicht gefunden. Was soll ich thun? Weiß nicht, wo meine Regimenter sind».[35] Diese schlechte Vorbereitung steht in erstaunlichem Kontrast zum politischen Kriegswillen.

Der deutsche Aufmarsch verlief freilich auch nicht perfekt. Manche Züge kamen bis zu zwei Tage verspätet an ihren Zielbahnhöfen an, teilweise wurde «unpassende, unvollkommene Kleidung, schlechte oder gar keine Nahrung» ausgegeben, es herrschte «Unordnung aller Art», bei Göttingen stießen zwei Militärzüge zusammen, es gab sieben Tote und 40 Verwundete. Manches ging, noch viel mehr *hätte* schiefgehen können. Vor allem war die straffe Planung nicht nur ein Vor-, sondern zugleich ein Nachteil, denn ein «Vorstoß von dreißig- oder vierzigtausend Mann, etwa gegen Trier, hätte Moltkes Pläne durchkreuzt», wie Kriegsberichterstatter William Russell meinte, der nach 1866 zum zweiten Mal mit von der Partie war. Doch im Wesentlichen lief es gut. Bis zum 3. August erreichten 460 000 Mann mit 900 Zügen ihre Bereitstellungsräume entlang der französischen Grenze. Der rasche Aufmarsch machte den vermeintlichen Zeitvorsprung der französischen Berufsarmee gegenüber den Wehrpflicht-Armeen von der anderen Rheinseite weitgehend zunichte. Nicht zuletzt deshalb wurde der Krieg fast ausschließlich auf französischem Boden geführt.[36]

Waren die Zugfahrten in den überfüllten, stickigen Waggons schon alles andere als angenehm, wurden die Märsche vom Bahnhof unmittelbar an die Grenze «für die schwer bepackten Soldaten ein wahres Leiden», wie General Voigts-Rhetz seiner Frau schrieb. Manche erlagen einem Hitzschlag «und heute wurde in Wörrstadt ein Soldat völlig rasend, die Hitze hatte sich aufs Gehirn geworfen und Tobsucht hervorgebracht». Doch diese Anstrengungen wurden für ihn dadurch aufgewogen, dass er auf der ganzen Fahrt «den Enthusiasmus für den Krieg» erlebte. «Alle Bahnhöfe waren drückend voll Menschen, Jubel und Hurra überall und zugleich die reichlichste Verpflegung». Die Bevölkerung jubelte den durchziehenden Truppen zu und reichte Essen und Erfrischungen, was Hans von Kretschmann als «Symptome eines nationalen Gefühles» deutete, «dessen Ausdruck in dem guten Muthe der Truppen liegt, die darauf brennen, sich mit den Franzosen zu messen». Den preußischen Füsilier Otto Kopelke jedenfalls «elektrisirte vorwiegend der Gedanke an einen Krieg gegen ‹die Franzosen›», eingedenk dessen, «was unsere Vorfahren durch die Franzosen erlitten» hatten.

Das sah die Bevölkerung der Pfalz freilich zumindest teilweise anders, denn trotz der lebendigen Erinnerung an die Grausamkeiten während der Feldzüge Ludwigs XIV. hatte sie in der «Franzosenzeit» unter Napoleon durchaus *auch* positive Erfahrungen gemacht, zum Beispiel die Abschaffung der feudalen Privilegien. Den Einmarsch der Preußen 1814 hatte sie keineswegs zwingenderweise als Befreiung erlebt. Nun, im Hochsommer 1870, dämpften nicht zuletzt die Belastungen durch die Einquartierungen die vaterländische Stimmung.[37]

Als Napoleon III. am 28. Juli offiziell das Kommando übernahm, um jenen Krieg zu führen, den er eigentlich nie gewollt hatte, sparte er in seinem Tagesbefehl nicht mit Pathos. Wenn die französischen Soldaten nun Richtung Grenze aufbrächen, wandelten sie «auf den ruhmreichen Spuren unserer Vorväter»; von ihnen hänge «das Schicksal der Freiheit und der Zivilisation» ab. Hans von Kretschmann wird diese Worte nicht gekannt haben, aber sein Urteil stand trotzdem fest: Diese «verlogene, nicht Nation, sondern Regierung, die mit allen Gemeinheiten rechnet, kann nicht die Welt regieren können». Gott werde «diesem Treiben ein Ende machen», auch wenn die Wege dahin «für uns vielleicht sehr harte» sein werden, «aber sie werden zum Ziele führen». Gut einen Monat später, nach dem Sieg bei Sedan, war Kretschmanns Überlegenheitshoffnung zur Gewissheit gereift, dass der kleine Mensch «nur der Träger von etwas Höherem ist» und Gott selbst «die Arbeit, die Wahrheit, die Rechtschaffenheit eines Volkes» belohne. Nun war es nicht mehr nur die französische Regierung, sondern die ganze «Nation, die verkommen ist in Lüge, Selbstsucht u. Gemeinheit». Dieser Krieg wurde von Anfang an *auch* als ein Krieg der Ideologien wahrgenommen, in dem sich beide Seiten als Vollstrecker einer «höheren Wahrheit» wähnten. Dieser Deutung schlossen sich auch viele Historiker an, die die als «undeutsch» diffamierten, durch die Französische Revolution verkörperten «westlichen Werte» ablehnten; 1870/71 habe 1789 besiegt. Deutschland wandte sich vom Westen ab und hatte einen langen Weg vor sich, ehe es wieder dorthin fand.[38]

«Uns brachte sogar der Fehler Glück» – Die schnellen Siege

Insgesamt standen sich 300 000 französische und 520 000 deutsche Soldaten zwischen Saarbrücken und Basel gegenüber. Am weitesten westlich stand die 1. Armee unter Karl Friedrich von Steinmetz; daneben lag die 2. Armee unter Prinz Friedrich Karl von Preußen. Am weitesten im Osten stand die 3. Armee, die gewissermaßen die Zukunft vorwegnahm. Zum einen war Kronprinz Friedrich ihr Oberbefehlshaber, der dereinst der zweite Kaiser werden sollte, wenn auch nur für 99 Tage. Zum anderen, und für die spätere Mythisierung war das sehr hilfreich, bestand sie nicht nur aus dem preußischen V. und XI. Korps, sondern auch aus dem I. und II. bayerischen sowie dem VI. Armeekorps, aus württembergischen und badischen Verbänden; Letztere wurden als Reserve zunächst allerdings noch auf rechtsrheinischem Gebiet zurückgehalten.

Kurz vor dem Beginn des Einmarsches, am 30. Juli 1870, richtete der Kronprinz, der relativen Nähe zum nationalen Liberalismus schon lange verdächtig, Worte an die Soldaten der 3. Armee, die das Programm «durch Krieg zur Einheit» entfalteten. Er bekundete seinen Stolz und seine «Freude, an der Spitze der aus allen Gauen des deutschen Vaterlandes vereinigten Söhne für die gemeinsame nationale Sache [...] gegen den Feind zu ziehen». Schwere Kämpfe stünden bevor, doch im «Bewusstsein unseres guten Rechts und im Vertrauen auf Eure Tapferkeit, Ausdauer und Mannszucht ist uns der siegreiche Ausgang gewiß [...] für des geeinigten Deutschlands Ruhm und Frieden».[39]

Er scheint durchaus die Stimmung unter den Soldaten getroffen zu haben. Dem bayerischen Kanonier Vincenz Stubenrauch etwa «ging das Herz auf, als wir unsere [preußischen] Kameraden erblickten, mit denen wir uns berufen fühlten, den Wohlstand und das Glück des theuren

Vaterlands zu schützen und dem Übermut des Erbfeindes Schranken zu ziehen». Manche dieser euphorischen Schilderungen mag allerdings der nachträglichen Deutung des Memoirenschreibers im Zeichen der nationalen Harmonisierung geschuldet sein. Stubenrauchs Landsmann Florian Kühnhauser legte sich in seinen Erinnerungen nämlich Rechenschaft über recht gemischte Gefühle ab. Einerseits stürmte seine Einheit mit «Hurrah und Laufschritt [...] der Brücke zu» und überquerte «unter den Klängen der ‹Wacht am Rhein›» den Fluss bei Germersheim nördlich von Karlsruhe. Doch dann erinnerte er sich «unwillkürlich des Ausmarsches vom Jahre 1866. Auch damals war eine eigentümliche Begeisterung unter den Truppen, auch damals wurde ein Lied gesungen, aber nach der Melodie: ‹Der Graf von Luxemburg›. Es lautete: ‹Bismarck muss sterben, ist noch so jung›». Jetzt starben junge bayerische Soldaten für diesen Bismarck, der erst im biblischen Alter von 83 Jahren in seinem heimischen Bett entschlafen sollte.[40]

Der französische Kriegsplan sah vor, durch die Pfalz und entlang des Mains vorzudringen, um Nord und Süd voneinander zu trennen. Zugleich hoffte man, von antipreußischen Ressentiments in Süddeutschland zu profitieren, gar als Befreier begrüßt zu werden. Während Außenminister Gramont Baden zur bloßen «succursale de Berlin»[41], zur Filiale Berlins erklärte, köderte er Württemberg und Bayern mit dem Versprechen, den «Prussianisme» in Süddeutschland zu verhindern und die Annexionen von 1866 rückgängig zu machen. Erfolg hatte er damit nicht, ebenso wenig wie mit dem Versprechen an Dänemark, dessen Herrschaft bis zur Eider wiederherzustellen. Die ersten Kämpfe wurden immerhin auf preußischem Boden geführt. Das 2. Korps unter General Charles Auguste de Frossard stieß am 2. August gegen das anfänglich nur schwach verteidigte Saarbrücken vor, konnte sich dort aber nicht halten. Der ursprüngliche Offensivplan war Makulatur geworden, bevor er überhaupt ernsthaft umgesetzt werden konnte.

Moltke wollte die französische Rheinarmee grenznah in Lothringen oder im Elsass in einer großen Kesselschlacht stellen. Doch wie der französische Feldzugsplan überlebte auch seiner nicht den ersten Schusswechsel, denn es entfaltete sich eine Reihe unerwarteter und improvisierter Grenzschlachten, die erste um Weißenburg. Dieser pitoreske Ort war einst eine der zehn freien Reichsstädte des Elsass gewesen und vollständig von einer Stadtmauer umgeben, die etwa 6000 Einwohner beherbergte. Nach dem Übergang an Frankreich Ende des 17. Jahrhunderts wurden die «Weißenburger Linien» zu einem Grabensystem ausgebaut, das allerdings im Lauf des 19. Jahrhunderts zunehmend verfallen war, ebenso wie die Verteidigungsanlagen der Stadt.

Die hier versammelte «Elsassarmee» unter Marschall Patrice de Mac-Mahon sollte daran gehindert werden, sich mit der um Metz aufgestellten Rheinarmee zu vereinen. Daher stieß die 3. Armee am 3. August nach Südwesten vor, um Mac-Mahon abzudrängen. Als sie am nächsten morgen bei dem von Hügelketten umgebenen Weißenburg eintraf, frühstückte der Kommandeur der 2. Division, General Abel Douay, noch. Die hastig in ihre Stellungen eingerückten Soldaten konnten den Vormarsch der 3. Armee zunächst stoppen, mussten schließlich aber der Übermacht weichen. Gegen Mittag wurde Weißenburg nach heftiger Gegenwehr eingenommen. Das nächste Ziel des deutschen Vorstoßes war der Geisberg, von dem aus das ganze Gebiet beobachtet und beschossen werden konnte. Bis zum Nachmittag war er gestürmt worden, die Franzosen zurückgewichen, doch um den Preis hoher Verluste. 700 Tote, Verwundete und Gefangene waren es auf deutscher, 1000 Mann auf französischer Seite, darunter General Douay.

Nicht weniger verlustreich war der Sieg, der zwei Tage nach Weißenburg im nahegelegenen Städtchen Wörth (nicht zu verwechseln mit dem pfälzischen Wörth nahe Karlsruhe) errungen wurde – eine Schlacht, die es eigentlich gar nicht hätte geben sollen. Die 3. Armee rückte am 6. August mit bis zu 100 000 Mann gegen rund 50 000 Mann unter Mac-Mahon vor, die sich auf westlich von Wörth gelegenen Höhen gut positioniert hatten. Der Ort selbst war unbefestigt, doch das Hochwasser führende Flüsschen Sauer sowie die befestigten Dörfer Fröschweiler und Elsaßhausen bildeten starke Verteidigungslinien.

Als bayerische Verbände Richtung Wörth vorstießen, führte eine Reihe missverständlicher Befehle zu einer unklaren Gefechtslage, so dass die Schlacht abgebrochen werden sollte, was jedoch angesichts des fortdauernden Feuers von den französisch besetzten Höhen herab undurchführbar war. Schließlich gab die Überlegenheit und Standhaftigkeit der preußischen Artillerie den Ausschlag: Elsaßhausen und Fröschweiler wurden gestürmt, die Franzosen zogen sich nach Südwesten in Richtung Lunéville zurück. 11 000 Tote und Verwundete hatte diese Schlacht auf deutscher, rund 13 000 auf französischer Seite gekostet, wozu noch etwa 6000 Gefangene kamen.

Der französische Soldat Saint-Genest erlebte bei Fröschweiler den modernen Krieg: «Die Bomben und der Kugelhagel fallen zornerfüllt, es ist ein Orkan aus Feuer, das Hopfenfeld füllt sich mit Leichen. [...] Wir verschwinden im Nebel. [...] Als der sich aufgelöst hatte, suchte ich den Horizont ab – kein Feind zu sehen!»[42] Diese «Leere des Schlachtfelds» sollte ein knappes halbes Jahrhundert später zu den eindrücklichsten Erlebnissen der Soldaten im Ersten Weltkrieg zählen. 1870/71 war *noch* kein vollständig industrialisierter Krieg, aber er ließ bereits ahnen, was auf die Menschen zukommen sollte.

Die brennende Sorge um seine Angehörigen trieb einen namentlich nicht bekannten Geschäftsmann aus Thüringen auf der Suche nach seinen Söhnen nach Frankreich. Der eine diente gerade als Einjährig-Freiwilliger, der andere war kriegsbegeistert von seiner Arbeitsstelle in Frankreich nach Hause geeilt, um als Soldat derselben Einheit wie sein Bruder in sein Gastland zurückzukehren. Der Vater suchte in «verzweifelter Gemütsstimmung» das Schlachtfeld bei Wörth ab; nach erfolglosen Stunden und regendurchnässt «schaute [er] trostlos umher», setzte sich schließlich erschöpft «unter einen Wallnußbaum und weinte bitterlich».

Bis Mitte September zog er mit den vorrückenden deutschen Truppen durch Frankreich und erlebte, «was Krieg ist [und] wie wenig ein menschliches Leben Wert hat». Er wurde bei Gravelotte selbst verwundet, ohne seine Söhne zu finden. Ergebnislos kehrte er nach Thüringen zurück – doch die Geschichte ging gut aus. Beide Söhne hatten an zahlreichen Schlachten teilgenommen und dabei das Glück, «unverwundet zu bleiben».[43]

Nach dem schrecklichen Morden entlud sich die Anspannung bei den Überlebenden bisweilen in fast schon karnevalesker Ausgelassenheit. Die deutschen Soldaten staunten nicht schlecht über das, was die Franzosen in Mac-Mahons Hauptquartier zurückgelassen hatten. Die «vielen Sardinenbüchsen, Schokoladen, Fleisch- und Obstkonserven, Arrak, Rum und Wein» landeten in den Mägen der ausgehungerten Soldaten. Doch sie fanden «auch viele Koffer mit den feinsten Damenartikeln und Damenwäsche», woraus sie schlossen, «dass im Generalstab Mac-Mahons auch mutige Damen wirkten, um ihnen das Leben im Biwak zu verschönern».

Nicht nur Prostitution ist ein Teil des Soldatenlebens, sondern auch Travestie, denn mancher «witzige Soldat warf sich in eine seidene Robe, ein anderer verkleidete sich als Turko oder Zuave, ein dritter spielte den Diener und trug die Schleppe, und so wanderten sie zum Ergötzen aller Arm in Arm kokett durch das Feldlager». Das Soldatenleben bot neben allem Zwang, aller Entbehrung und Todesgefahr auch Freiräume, die im bürgerlichen Leben unvorstellbar waren. Schon Friedrich Schillers «Wallensteins Lager» wusste davon, wie dicht beieinander im Soldatenlager Disziplin und Exzess lagen.[44]

Das bei Wörth gelegene Fröschweiler war den ganzen Tag hart umkämpft gewesen. Doch für seine Einwohner endete der Schrecken damit nicht. Nach Stunden im Keller des Gräflichen Schlosses wieder in den Ort tretend, den der von seinen Soldaten bejubelte preußische Kronprinz Wilhelm – «sein Gesichtsausdruck so verklärt» – kurz zuvor durchritten hatte, sah der evangelische Dorfpfarrer Karl Klein, dass aus seinem «Dörflein eine Stätte des Jammers und der Verwüstung geworden» war. «Lasset sie in Gottes Namen brennen, wir bauen sie wieder auf» beschied ihn ein General, auf die brennende Dorfkirche weisend.

Bevor das tatsächlich geschah – am 30. Juli 1876 wurde der durch Spenden aus ganz Deutschland finanzierte Neubau feierlich eingeweiht –, wurde das Dorf von den überlebenden Siegern geplündert. «Überall», so Pfarrer Klein, «brachen die durstigen wütenden Gesellen haufenweise in die Gehöfte hinein; drangen [...] stracks in die Keller, durchlöcherten, zerschlugen die Fässer, füllten, soffen, verschütteten nach Herzenslust Wein, Obstwein, Essig, Schnaps, Kirschengeist, was ihnen unter die Hände fiel. Und die armen Bäuerlein standen dabei und sahen zu». Nur wer «sich geduldig in sein Schicksal fügte, dem wurde kein Haar gekrümmt», doch «wer sich halsstarrig stellte, der wurde mit Gewalt gebändigt». Dass Klein trotzdem zwar «Roheiten und unnöthige Härten» beklagte, aber im Allgemeinen doch keine «Mißhandlungen und Unmenschlichkeiten» festgestellt haben wollte, passt nur schwer zusammen. Denn durch Kleins Chronik, die wie eine Fortsetzung von Grimmelshausens Schilderungen aus dem Dreißigjährigen Krieg erscheint, wurde offenbar: «wer Krieg sagt, sagt in diesem einzigen Wort eine Welt voll von Jammer und Elend».[45]

Die verbreitete auch die Schlacht um die Spicherner Höhen am gleichen Tag. Von Saarbrücken aus zog sich das 2. französische Korps unter General Frossard dorthin zurück. Die zentrale Verteidigungsstellung waren der durch Schützengräben und Artilleriestellungen verstärkte «Rote Berg» und das Dorf Stieringen-Wendel. Teile der 1. und 2. Armee unter Karl Friedrich von Steinmetz bzw. Friedrich Karl von Preußen marschierten auf diese Stellung zu. Am frühen Nachmittag stürmten Steinmetz' Preußen unter großen Verlusten den «Roten Berg» in der Annahme, nur eine Nachhut vor sich zu haben. Sie konnten die Stellung aber nur teilweise besetzen, zumal mehrere französische Gegenangriffe auch diesen teuer erkauften Erfolg wieder gefährdeten. Erst die anrückende 2. Armee konnte am Nachmittag das Blatt zu Gunsten der Preußen wenden und nacheinander den «Goldenen Bremm», den «Roten Berg» und den «Forbacher Berg» einnehmen beziehungsweise endgültig sichern.

Nach vielen weiteren Kämpfen befahl General Frossard den Rückzug in Richtung Saargemünd. Etwa 20 000 preußische Soldaten waren an dieser Schlacht beteiligt, von denen rund 850 getötet und 4000 verwundet wurden. Die Verluste unter den rund 25 000 französischen Soldaten waren deutlich geringer: gut 300 Tote und 1600 Verwundete, allerdings auch über 2000 Gefangene. Die preußische Armee hatte unter hohen Verlusten gesiegt, nicht zuletzt, weil die französische Führung zu zögerlich reagierte und bereitstehende Reserven nicht schnell genug einsetzte.

Im Krieg ist viel von Ehre, Mut und Tapferkeit die Rede, doch es geht auch um den Ruhm des Schlachtengewinners. Hans von Kretschmann erlebte eine unschöne Auseinandersetzung zwischen den Generälen Goeben (der mit dem Bruder im hannoverschen Heer, VIII. Korps) und Alvensleben (III. Korps), wem der Sieg von Spichern gebühre. «Der Kampf von Spicheren ist durch den Anstand des 3., u. die Unwahrheit beim 8. Corps verwischt worden». «Steinmetz, dieser Hanswurst» wurde von Kretschmann kritisiert, weil er «immer mit dem Lorbeerkranze von Nachod u. Skalitz» umherlaufe und erwarte, dass sich alle «demuthsvoll verbeugen». Bei Spichern aber war er es, der erst «ankam als Alles vorbei war», aber dessen ungeachtet «sich das Verdienst» angemaßt habe, «ohne unserer zu erwähnen. Nun rächt er sich kleinlich: Indem er uns unsere Backöfen wegnimmt und unter nichtigen Vorwänden keine Postsachen durchläßt». Mit großer Genugtuung nahm er daher Mitte September die Nachricht entgegen, dass Steinmetz abgesetzt wurde.[46]

Das Unter-Elsass war nun von französischen Truppen geräumt. Unter General August von Werder wurden 40 000, später bis zu 50 000 Mann, zur Belagerung von Straßburg abgestellt, überwiegend badische und württembergische Verbände. Die ab dem 12. August eingeschlossene Stadt sollte rasch erobert werden. Da das aber nicht gelang, wurde sie regelgerecht belagert. Angesichts der schwach besetzten und baulich veralteten Festungsanlagen hatte die Stadt keine Chance. Immer wieder trafen Granaten nicht nur militärische Anlagen, sondern auch Zivilhäuser. Am 24. August wurde die Stadtbibliothek mit ihren wertvollen mittelalterlichen Manuskripten zerstört – 44 Jahre bevor die Bibliothek in Löwen ein ähnliches Schicksal traf.

Auch das Münster, dessen Turm Goethe zwecks Bekämpfung seiner Höhenangst regelmäßig bestiegen haben soll und das er in «Dichtung und Wahrheit» bewundernd beschrieb, wurde von seinen nachgeborenen Landsleuten beschossen. Selbst neutrale Hilfe wollten sie nicht zulassen. Einer schweizer Hilfsdelegation, die Frauen, Kinder und Alte aus der Stadt evakuieren wollte, verweigerte General von Werder das, weil er hoffte, das Leid der Zivilbevölkerung werde die Militärbehörden zur schnellen Kapitulation zwingen. Angeblich verwendete Munition, die nach der Konvention von Sankt Petersburg von 1868 unzulässig war, die Zwangsrekrutierung elsässischer Zivilisten und Erschießungen von Nichtkombattanten sorgten für weitere Verbitterung.

Der Straßburger Ernest Frantz wollte den Deutschen, die «mit ihren Sitten, ihrem Respekt für den heimischen Herd, ihrer Humanität, ihrer Treue, ihrem Fortschritt, ihrer Zivilisation prahlen» und vorgeben, «nur einen Krieg Soldat gegen Soldat zu führen», als Antwort «unsere geplünderten, durch ihre Granaten in Brand gesetzten oder zerstörten Häuser und die Opfer unter den Frauen und Kindern» zeigen. Denen, «die ihre Liebe zur Wissenschaft und Dichtung zur Schau stellen, zeigen wir unsere schöne, vernichtete Bibliothek. Denen, die die Frechheit besitzen zu behaupten, dass die Deutschen die Künste mehr pflegen als alle anderen Nationen, brauchen wir nur unsere schöne Kathedrale zu zeigen», die jetzt beschädigt ist. Diese Deutschen, so Frantz' verbittertes Fazit, sind «die modernen Bilderstürmer, heuchlerischen Frommen, die nicht einmal mehr den Neuen Tempel (Temple Neuf) respektieren – obwohl er eine protestantische Kirche ist».[47]

Dieses Leiden endete, als Straßburg am 28. September kapitulierte. 17 000 Mann gingen in Gefangenschaft. Doch die Belagerung und teilweise Zerstörung der Stadt wurden in Frankreich zum Sinnbild deutscher Barbarei stilisiert und diente 1914 als eine Begründung für das Kriegsziel der Wiedergewinnung des Elsass. Das im Wesentlichen aus badischen Verbänden neu gebildete XIV. Armeekorps unter von Werder zog weiter durch das Oberrheintal nach Süden Richtung Belfort. Mit der Belagerung dieser Festung konnte allerdings erst richtig begonnen werden, als nach dem Fall von Metz am 27. Oktober genügend Kräfte frei wurden. Am 3. November schloss sich der Ring um die Stadt.

Doch das war Mitte August 1870 noch Zukunftsmusik. Für die preußische Armee war es nach den ersten Schlachten unklar, wo sich die französische Armee befand. Bei Colombey und Novilly östlich von Metz kam es am 14. August zu einer weiteren verlustreichen Schlacht, die abermals nur um Haaresbreite siegreich für die Preußen ausging. Erneut waren die deutschen Verluste mit fast 5000 Toten und Verwundeten gegen gut 3500 auf französischer Seite sehr hoch. Erneut gelang der Sieg nur, weil deutsche Verstärkungen gerade noch rechtzeitig eintrafen. Und erneut hatte General Steinmetz eigenmächtig die gewonnenen Positionen geräumt, weil der Angriff ohne seinen Befehl erfolgt war. «Steinmetz macht sich durch seine Widerspenstigkeit unbequem, sogar gefährlich»[48], klagte nun auch Bismarck.

Doch Steinmetz war nicht der einzige General, der sich wenig um Moltkes Direktiven scherte. Statt mit seiner gesamten Streitmacht nach Norden zu marschieren, schickte Prinz Friedrich Karl nur zwei Korps dahin und zog mit dem größeren Rest Richtung Mosel. Nach einigen Verzögerungen war die Rheinarmee unter François-Achille Bazaine endlich auf dem Rückzug über Gravelotte und rastete am Morgen des 16. August in der Gegend um Vionville und Mars-la-Tour. Als das von Colombey aus nach Norden geschickte III. Korps unter General von Alvensleben und das X. Korps unter Voigts-Rhetz diesen entdeckten, hielten sie es jedoch nur für die Nachhut der aus Metz Richtung Verdun entwichenen Rheinarmee. Unter dieser falschen Annahme befahl die 2. Armee den Angriff der beiden Korps. 30 000 Mann stürzten sich versehentlich auf eine mehr als vierfache Übermacht.

Das III. Armee-Korps stieß auf drei französische Korps, ein viertes lag in unmittelbarer Nähe. Vionville konnte trotzdem eingenommen und gehalten werden. Bazaine griff nicht mit voller Energie an, weil er nicht von Metz abgedrängt werden wollte und den preußischen Hauptangriff im nahegelegenen Mars-la-Tour erwartete, wohin er daher einen Teil seiner Verbände schickte. Brenzlig wurde die Situation für das III. Korps, als den Franzosen dämmerte, dass sie keineswegs die deutsche Hauptmacht vor sich hatten. Der französische Angriff konnte nur unter immensen Verlusten gestoppt werden. Der als «Todesritt der Brigade von Bredow», in dem auch Bismarcks Sohn Herbert verwundet wurde, in den Mythenhaushalt der Einigungskriege eingegangene selbstmörderische Entlastungsangriff für die in Bedrängnis geratene preußische und oldenburgische Infanterie kostete die Hälfte der Kavalleristen das Leben. Ein «Blutritt war es, ein Todesritt», dichtete Ferdinand Freiligrath unter dem Eindruck dieses Gemetzels.[49] Bis in die Nacht kam es hier und bei Mars-la-Tour zu weiteren verlustreichen Kämpfen, in denen es die französische Armee versäumte, ihre numerische Überlegenheit in einen Sieg zu verwandeln, da sie nicht entschieden genug nachsetzte. Bazaine begnügte sich stattdessen damit, den Weg nach Metz offenzuhalten. Über 15 000 Tote, Verwundete und Vermisste hat diese Schlacht jede Seite gekostet. Angesichts der krassen Unterlegenheit der Preußen in dieser Schlacht konnten sie sich einen weiteren, teuer erkauften strategischen Sieg ans Revers heften.

Da der Weg nach Verdun nunmehr verstellt war, konnten die Preußen die Franzosen zwei Tage später, am 18. August 1870, bei Gravelotte und St. Privat westlich von Metz zur nächsten Schlacht stellen. Anders als bei Vionville stand nun wieder eine deutsche Übermacht, etwa 200 000 Soldaten, rund 130 000 Franzosen gegenüber. Die lange tobende Schlacht bewies einmal mehr die Überlegenheit des französischen Chassepotgewehrs, und auch die Mitrailleuse zeigte hier, wie schon in Fröschweiler, ihr mörderisches Potential. Trotzdem wurde die französische Rheinarmee am Ende nach Metz abgedrängt und dort belagert. Fast 20 000 Tote und Verwundete kostete dieser Tag die deutsche Seite, fast 12 000 die französische. «Unsere schöne, brave Armee! Viel [sic] solcher Siege und sie ist nicht mehr»[50], klagte Hans von Kretschmann nach dieser Schlacht, doch der größte Schlagabtausch stand noch bevor. Im letzten Augustdrittel trafen bei der deutschen Armee Verstärkungen von 150 000 Mann aus der Heimat ein, die zumindest numerisch die Verluste der ersten Wochen ausglichen.

Die vielen französischen Rückschläge waren nicht zuletzt eine Folge mangelnder Koordination. Nie konnte die deutsche Armee aus einer bewusst herbeigeführten Position der Stärke heraus attackiert werden. Schon früh musste die Elsass-Armee unter Mac-Mahon nach Châlons-sur-Marne ausweichen, wo sie sich neu formieren konnte. Das I. Korps hatte in den Schlachten von Weißenburg, Wörth und Spichern Anfang August hohe Verluste an Menschen und Material erlitten. Die anderen Truppenteile bestanden großteils aus Reservisten, Freiwilligen und der Mobilgarde. Hinzu kamen die ursprünglich für Landungsoperationen an der deutschen Küste vorgesehenen Marinesoldaten aus Cherbourg. Auf dem Papier war die Châlons-Armee mit gut 130 000 Soldaten und über 400 Kanonen sowie 84 Mitrailleusen durchaus beeindruckend, doch insbesondere an erfahrenen Offizieren und Unteroffizieren mangelte es ihr. Nach drei Kampfwochen war ein Innehalten notwendig; erstens, weil sich beide Armeen erholen und reorganisieren mussten, zweitens, weil die anderen europäischen Mächte zaghaft zu vermitteln versuchten, um den Sieg Preußens nicht zu überwältigend ausfallen zu lassen. Doch noch war die Zeit für ernsthafte Waffenstillstandsbemühungen nicht gekommen.

Bedeutsamer als die viel bekanntere Schlacht von Sedan war die Belagerung der Festungsstadt Metz. Was sich hier abspielte, wiederholte sich in Straßburg und in größerem Maßstab in Paris. Die Moselstadt war von enormer strategischer Bedeutung; zudem saßen mit Bazaines Rheinarmee fast zwei Drittel der gesamten französischen Vorkriegsarmee hier fest, etwa 180 000 Mann. Zusammen mit den Einwohnern und Flüchtlingen waren über 250 000 Menschen eingeschlossen. Zu Ihnen zählten auch 730 Gefangene aus der Schlacht bei Gravelotte, die Anfang September gegen französische Gefangene aus Sedan ausgetauscht wurden.[51]

Das öffentliche Leben in Metz wurde so lange wie möglich aufrechterhalten. Geschäfte, Kneipen und Cafés, Bibliotheken und Museen blieben geöffnet. Doch die Lebensbedingungen wurden täglich schlechter. Charles Alexandre Fay, Offizier der Rheinarmee, erfuhr in einer Besprechung im Hauptquartier, dass das Essen knapp werde und die Rationen reduziert werden müssten. Auch «der Gesundheitszustand in der Stadt» wurde «durch die Anhäufung von 19 000 Verwundeten oder Kranken», aber auch «durch den Mangel an Medikamenten, Bettzeug, Räumlichkeiten und Obdach, sowie an Ärzten» hoch bedenklich. Auch starben viele Kranke und Schwerverwundete «an Ruhr oder Typhus», weil die getrennte Unterbringung «innerhalb der Krankensäle oder verschiedener Zelte» nicht in dem notwenigen Maß möglich war, wie ein Arzt schon Ende September an Marschall Bazaine gemeldet hatte.[52]

Neben der Versorgung mit Lebensmitteln und der Fürsorge für die Kranken und Verwundeten hing das Durchhaltevermögen der Stadt auch von der Kommunikation mit der Außenwelt ab, zum Beispiel per Flaschenpost. Hans von Kretschmann sah Anfang September eine «Flasche, welche die Mosel herunter schwamm, um Thionville zu erreichen und die unsere Vorposten auffingen». Neben wendigen menschlichen Boten wurden vor allem Brieftauben eingesetzt. Nachrichten wurden nach neuesten Verfahren auf daumennagelgroße Metallplättchen verkleinert und den flatternden Boten anvertraut. Doch von denen kamen viele vom Weg ab, verhungerten oder fielen Greifvögeln zum Opfer, die deutscherseits auch gezielt abgerichtet wurden.

Das spektakulärste Transportmittel waren freilich die Fesselballons. Hans von Kretschmann beobachte einmal, wie einer über Metz aufstieg und von einer Reiterpatrouille verfolgt wurde, bis er «an einer Pappel angehakt» war und heruntergeholt werden konnte. In ihm fanden sich Briefe und Brieftauben, denen entgegen ihrem ursprünglichen Auftrag nun «die Nachricht von der Capitulation von Straßburg» mitgegeben wurde. Für ihren Einsatz wurde vom französischen Kriegsministerium eine Gedenkmünze für die Brieftauben geprägt.[53]

Die Belagerung von Metz ließ in mancher Hinsicht den Ersten Weltkrieg in ähnlicher Weise vorausahnen, wie sechs Jahre davor die Belagerung von Düppel. Nicht wenige der französischen Offiziere in Metz kannten diese Situation schon von der Krim. Wochen-, ja monatelang lagen sich die Soldaten in Schützengräben gegenüber und gingen ihrer tödlichen Routine nach. «Gestern noch einer der Nächsten am Feind und mitten im Granatfeuer», berichtete ein Soldat von Metz nach Hause, «bin ich heute weit davon und habe Ruhe und Zeit, Euch einen ordentlichen Brief zu schreiben». Das regnerische Herbstwetter erinnert an Schilderungen der Flandernfront im Ersten Weltkrieg. Das «Wasser stand fußhoch auf den Feldern, kleine Gräben wurden zu Bächen», und wer bei deren Überquerung zu kurz sprang, «saß wohl bis unter den Armen im Morast und zappelte nur mühsam wieder heraus. Die Stiefel blieben vielfach im Lehm stecken». Kein Wunder daher, dass die Soldaten dreckig «über alle Vorstellung» waren, denn «Waschen ist nicht, weil es kein Wasser gibt» und man sich «kaum notdürftig Gesicht und Hände reinlich erhalten» konnte. «Wir essen etwas besser wie die Schweine, wir sehen aus wie die Schweine, und wir schlafen auf unserem Lager schlechter wie die Schweine», erinnerte sich ein Soldat noch dreißig Jahre später.[54]

Um Metz zu entsetzen, wurde Ende August Mac-Mahons Châlons-Armee angewiesen, über Reims und Sedan dorthin zu marschieren. Mac-Mahon musste mit einer großen und störanfälligen Operation aus einer Westbewegung heraus Richtung Norden schwenken. Als er die bei Sedan drohende Umfassung erkannte, wollte er sich zurückziehen, was ihm jedoch versagt wurde. Nach zehn anstrengenden Marschtagen traf seine Truppe am 30. August dort ein, wo die Falle zuschnappte. Die Festungen Verdun und Toul konnten vorerst nicht erobert werden, was den deutschen Vormarsch aber nicht ernsthaft gefährdete. George, Theodor Fontanes ältester Sohn, klagte freilich über «ein Gefühl der Leere und des Unbefriedigtseins», weil er «unter Toul nicht im Feuer gewesen»[55] war und keine Aussicht auf den Gewinn eines Eisernen Kreuzes hatte; bei Beaumont erlebte er schließlich sein erstes Gefecht.

Doch nicht alle kämpften an diesem Tag. Manche Zuschauer wurden sich dieser seltsamen Rolle angesichts des sich vor ihren Augen abspielenden Gemetzels mit Schrecken bewusst. Der kommandierende Offizier der Garde-Artillerie, der uns schon bekannte Hohenlohe-Ingelfingen, beobachtete den Angriff auf Beaumont mit Ferngläsern: «Es war, als wenn man eine Theatervorstellung aus einer sehr entfernten Loge mitansehe». Und wie in einer Theatervorstellung vergaßen die Zuschauer Raum und Zeit, denn das «fesselnde Schauspiel hatte uns ganz von der Aufmerksamkeit auf unser Armeekorps abgezogen», das in unmittelbarer Nähe lagernd vermutet wurde. Doch dem war nicht so, denn der zuständige Ordonnanzoffizier musste gestehen, dass er «ganz ruhig mit uns der Schlacht zugeschaut» habe, statt den Befehl zu übermitteln, seine Truppe heranzuführen. Doch wie «so oft in diesem Feldzuge, brachte uns sogar der Fehler Glück»[56], stellte Hohenlohe-Ingefingen erleichtert fest, denn der Sieg bei Beaumont ermöglichte es der versehentlich hinterherhinkenden Truppe, über eine andere Route vorzurücken, die viel besser passierbar war als die ursprünglich vorgesehene.

Vor Sedan trafen die deutsche 3. Armee und die aus großen Teilen der 2. Armee neu formierte «Maasarmee» unter dem Oberbefehl des Kronprinzen Albert von Sachsen zusammen. Zugleich wurde der Fluchtweg nach Westen entlang der belgischen Grenze versperrt. Die kommende Schlacht würde die Entscheidung über das Schicksal der kaiserlichen Armee bringen. Und nicht nur über diese, sondern auch über den Kaiser selbst, der sich bei der Armee in Sedan aufhielt, ohne freilich in das operative Geschäft einzugreifen. Soldatisch derb kommentierte General Ducrot die aussichtslose Lage am Abend des 31. August 1870: «Wir hocken in einem Nachttopf, und morgen wird uns auf den Kopf geschissen».[57]

Der 1. September begann am frühen Morgen mit dem Vormarsch bayerischer Truppen auf den südlichsten Verteidigungspunkt vor Sedan, Bazeilles. Der Widerstand dort war unerwartet heftig, es dauerte bis zum Mittag, ehe die französischen Verteidiger vertrieben waren. Erschwert wurden die französischen Verteidigungsbemühungen durch die Verwundung Marschall Mac-Mahons kurz vor 6 Uhr morgens. Er übertrug das Kommando an den mit der Lage bestens vertrauten General Auguste-Alexandre Ducrot, der es gegen 8:30 Uhr jedoch an den erst am Tag zuvor in Sedan eingetroffene General Felix de Wimpffen abgeben musste. Wohl auch wegen der unklaren Führung versäumten die Franzosen den Abzug aus dem sich schließenden Kessel. «Da waren fremde Offiziere», wie Philip Sheridan, «Adjutanten, Generäle, Hofmarschälle, Prinzen, die alle mit Feldstechern versehen schon vom Morgen an dem Todeskampfe der französischen Truppen wie einem Schauspiele folgten. Und das furchtbare Trauerspiel ging zu Ende», schilderte Émile Zola in «La Dêbácle» die dramatischen Ereignisse mit zwanzig Jahren Abstand in gepflegter Sprache.[58]

Mehrere Versuche der Franzosen, die Ränder des «Nachttopfes» zurückzuerobern, scheiterten, nicht zuletzt an der Überlegenheit der deutschen Artillerie. Gegen 16.30 Uhr wurde die weiße Flagge gehisst, doch erst als die beiden preußischen Unterhändler in der Festungsstadt eintrafen, erkannten sie, dass nicht nur die Châlons-Armee in der Falle saß, sondern auch Napoleon III. Die bis in die Nacht dauernden Waffenstillstandsverhandlungen wurden von Moltke und Bismarck unerbittlich geführt; dass Wimpffen ein entfernter Verwandter des preußischen Generalstabschefs war, half ihm nicht. Seine Kontrahenten bestanden auf der Kapitulation und Kriegsgefangenschaft der gesamten Armee, gut 100 000 Mann. Da die Wiederaufnahme des Kampfes sinnlos war, wurde die Kapitulation am 2. September um 11 Uhr vormittags unterschrieben und übergeben.

Napoleon III. selbst begab sich in Donchery westlich von Sedan in Gefangenschaft. Wie vier Jahre und zwei Monate davor Ludwig von Gablenz nach der Schlacht von Königgrätz fuhr erneut ein geschlagener Gegner in derangiertem Zustand seinem Bezwinger entgegen. Nur handelte es sich diesmal nicht um einen schlichten Feldmarschall-Leutnant, sondern um einen echten Kaiser, der «mit grauem Gesicht, passiv und sphinxähnlich wie immer» seinem Schicksal entgegenrollte. Der «Daily News»-Reporter Archibald Forbes bewunderte Bismarcks Kampftrinkerqualitäten, denn obwohl dieser bis ein Uhr nachts champagnertrinkend Gesellschaft gehalten und danach noch Akten abgearbeitet hatte, ritt er kurz vor sechs Uhr morgens «ohne gerötete Augen, sauber rasiert und mit ruhiger Hand» Napoleon entgegen. An dem seither berühmten Haus einer Weberfamilie angekommen, setzten sich die beiden, zunächst nur von einigen französischen Generalen umgeben, hin und machten «small talk». Doch bald gesellten sich, angelockt von dem neugierigen Ruf «Wo ist denn der Napoleon» die Soldaten einer vorbeiziehenden Verpflegungskolonne hinzu. Bismarck ritt davon, um wenig später zurückzukommen – ausgestattet mit den placet seines Souveräns und seinem Kürassierhelm statt der einfachen Feldmütze. Diese Szene, Bismarck in martialischer Uniform vor dem Haus des Webers mit Napoleon «alle

Abb. 9: Wo ist sein König? Bismarck im Gespräch mit dem gefangenen Kaiser der Franzosen am Morgen des 2. September 1870.

möglichen Dinge, nur nicht politische» besprechend, wurde durch das Gemälde Wilhelm Camphausens berühmt.[59]

Zu den Kapitulationsverhandlungen begab man sich ins nahegelegene Schloss Bellevue. Bismarck und Moltke auf der einen, de Wimpffen und, körperlich, aber nicht geistig anwesend, der auf einem Sofa liegende Napoleon auf der anderen Seite. Auf die Gegenwart des späteren «Heldenkaisers» Wilhelm konnte offenbar verzichtet werden. Auch diese Szene ist durch ein Historiengemälde Anton von Werners in den Ikonenschatz der Reichsgründungszeit eingegangen. Auf ihm wich de Wimpffen im hellen Licht einer Gaslampe vor den gleißend erleuchteten Triumphatoren Bismarck und Moltke zurück – geniale militärische und politische Führer hatten einen Sieg herbeigeführt, dem der als Bild im Bild ebenfalls anwesende Napoleon Bonaparte ohnmächtig zuschauen musste. Die Schmach der preußischen Demütigung durch Napoleon I. war endgültig überwunden, wollte dieses Bild sagen. Sein Neffe wurde vorerst nach Kassel-Wilhelmshöhe gebracht und verstarb Anfang 1873 im englischen Exil.

Abb. 10: Kapitulationsverhandlungen als weltgeschichtliches Strafgericht: Napoleon I. muss als Bild im Bild der Niederlage Frankreichs hilflos zuschauen.

Auch Theodor Fontane, der Sedan und Umgebung Anfang Mai 1871 bereiste, beschrieb die Höhe von Donchery, die «nie größere und nie buntere Gesellschaft in seiner Umgebung gesehen» hat, denn «was sich von fremder und einheimischer, von ziviler und militärischer Berichterstattung an diesem Tage im Gefolge des Heeres befand – es drängte hierher, weil sich, auch dem Laien, beim Eintreten in das eigentliche Schlachten-Terrain dieser Punkt als hochgelegenstes und deshalb begehrenswerthestes Ziel darstellte». Doch was die Beobachter von dort und überall sonst auf dem weiten Schlachtfeld im September 1870 gesehen hatten, ist «eigentlich immer dasselbe, Blut und Leichen, Brand und Zerstörung [...]. Und so überall wo man hinsah, ausgeweidete Körper, Leichen mit abgerissenen Armen und Füßen und halben Schädeln, Blut und Kadaver. [...] Überall die gleiche, grauenvolle Schlächterei». Und doch, bei allem Schrecken, der Florian Kühnhauser erschütterte, tobte im Biwak «bald ein reges, lebhaftes Lagerleben. [...] Mancher Witzbold unterhielt eine ganze Abteilung und unter Gelächter und Gesang verging schnell die kurze, freie Zeit».[60]

Die nunmehr «gesamtdeutsche» Armee hatte ähnlich schnell und beeindruckend gegen die französische gesiegt wie vier Jahre zuvor die preußische gegen die der Österreicher. Wiederum hatten bessere Planung, entschiedenere Führung und, nicht zuletzt, ein Übermaß an Glück, den Ausschlag gegeben. Die deutschen Armeen siegten nicht, weil sie *alles richtig* gemacht hätten, sondern weil sie *weniger falsch* gemacht hatten. «Unsere beispiellos raschen und großen Erfolge haben», so ein über das schier grenzenlose Glück der deutschen Armee irritierter Kronprinz Friedrich, «fast etwas Erschreckendes an sich». Nicht, dass er, wie einst Polykrates, selbst ein Unglück herbeizuführen wünschte, um die neidischen Götter milde zu stimmen; aber seine Hoffnung, nunmehr «das deutsche Eisen, solange es warm ist, zu schmieden», war gering. War der Krieg schon zu Ende, fragten sich auch andere. Kriegsbeobachter Philip Sheridan hörte das Gerücht, «daß im Hauptquartier große Meinungsverschiedenheit darüber herrsche, ob sogleich in Sedan Frieden geschlossen werden» oder zunächst Paris erobert werden solle, wie die Militärs es verlangten. Bismarck dagegen habe vor, «jetzt Frieden zu machen, Elsaß-Lothringen zu behalten» und hohe Kontributionen zu fordern.[61] Sheridan, das sollte sich rasch zeigen, überschätzte freilich den Friedenswillen Bismarcks.

Anders als Österreich fügte sich Frankreich nicht in sein Schicksal, ähnlich wie Dänemark nach Düppel. Wie 1792 wurde in Paris als Antwort auf eine große Krise die Republik ausgerufen. Die erlittenen «Rückschläge haben Frankreich aufgeweckt [...] bevor es zu spät ist», schrieb die «Revue des deux mondes» am Tag der Sedanschlacht und beschwor «ein Volk, das, den Abgrund vor Augen, [...] seine Kräfte sammelt». Und auch Ernest Renan glaubte, dass ein «geschwächtes und gedemütigtes Frankreich [...] nicht überleben» würde: «Der Verlust des Elsaß und Lothringens wäre Frankreichs Ende». Aus dem nur national verbrämten Kabinettskrieg wurde ein «Volkskrieg», eine Krieg neuen Typs, der die ganze Gesellschaft unmittelbar einbezog. Militärische Niederlage, politischer Umsturz und soziale Revolution sollten sich in den kommenden Monaten auf eine Weise miteinander verquicken, wie die Menschen es im und nach dem Ersten Weltkrieg in noch sehr viel größerem Umfang erleben und erleiden sollten.[62]

«Was zu lange dauert, ist nicht mehr schön» – Der Abnutzungskrieg

Nachdem die Kunde von der Niederlage bei Sedan und der Gefangennahme Napoleons am 3. September in Paris eingetroffen war, wurde die französische Deputiertenkammer am Tag darauf von den Volksmassen bestürmt, der Kaiser für abgesetzt erklärt; noch in der Nacht floh die Kaiserin nach England. Frankreich war wieder eine Republik. An die Spitze setzte sich eine «Regierung der nationalen Verteidigung» unter der Präsidentschaft des Generals Louis Jules Trochu. Der war nicht nur der Militärgouverneur von Paris, sondern auch durch seine Schrift «L'armée française en 1867» als schonungsloser Kritiker ihrer Missstände hervorgetreten. Er hatte die Nachahmung der preußische Armeestruktur mit ihrer allgemeinen Wehrpflicht und ihrem Reservistensystem empfohlen, was jedoch für die auf die unbedingte monarchische Zuverlässigkeit der Berufsarmee setzende «Hofpartei» unannehmbar war; Napoleon selbst hatte durchaus ähnliche Ideen gehabt, konnte sich aber nicht durchsetzen. Trochu wurde 1869 nicht Niels Nachfolger als Kriegsminister, denn auch eine männliche Kassandra gilt nichts im eigenen Land. Erst jetzt schlug seine Stunde. Wem, wenn nicht ihm, konnte es gelingen, die «levée en masse» zu organisieren und in kürzester Zeit eine neue Armee aus dem Boden zu stampfen.

Die politisch bestimmende Kraft beim Sturz des Kaisers und der Fortführung des Kriegs war allerdings Innen- und Kriegsminister Léon Gambetta. Er hatte ironischerweise als überzeugter Linker und Republikaner am 15. Juli *gegen* die Kriegskredite gestimmt. Das tat er nicht, weil er, wie Adolphe Thiers, die Niederlage Frankreichs kommen sah, sondern weil er, wie die nationalistischen Heißsporne, den Sieg Frankreichs erwartete, der das verhasste Kaiserreich auf lange Zeit stabilisieren würde, was er nicht wollte. Der neue Außenminister Jules Favre war ebenfalls schon lange ein ausgesprochener Gegner Napoleons, jedoch gemäßigt-bürgerlich eingestellt. Ihm oblag es, die aus dem Geist nationalistischen Widerstandswillens geborene Energie mit den realpolitischen Gegebenheiten in Einklang zu bringen.

So lautstark die neue Regierung ihren Widerstandswillen bekundete, so wenig verschloss sie die Augen vor der Tatsache, dass es Zeit für Waffenstillstandsverhandlungen war. Doch Bismarck war noch gar nicht an der Beendigung des Kriegs gelegen; er ließ die Verhandlungen platzen, und auch die Vermittlungsversuche der neutralen Großmächte verliefen im Sand. Nur unter dem Druck des Kriegs und mit Hilfe der Repressionsmöglichkeiten, die er nach innen bot, konnte er die staatliche Neuordnung Deutschlands nach seinem Gusto gestalten. Dass in Deutschland Anfang September die Hoffnung auf einen «baldigen Sieg und einen günstigen Friedensschluß» weit verbreitet war, schien den Bundeskanzler nicht zu beirren. Sein Kontrahent am Verhandlungstisch, Jules Favre, bot den Frieden im Gegenzug für die völlige Schonung Frankreichs an. Als er mit der Realität, den Kontributions- und Annexionsforderungen, konfrontiert wurde, rief er unter Tränen: «Sie wollen Frankreich vernichten!»[63] Wie zuvor schon maßgebliche Politiker Dänemarks und Österreichs erkannte auch er nicht, dass zur «rechten Zeit aufzugeben, was nicht haltbar ist, mehr Staaten gerettet als zu Grunde gerichtet» hat.

Die Lage schien Anfang September katastrophal. Fast das gesamte Feldheer war entweder eingeschlossen oder in Gefangenschaft. Für die Regierung kam es jetzt darauf an, aus den in Paris vorhandenen Truppenresten und durch Aushebungen im größtenteils noch unbesetzten Frankreich neue Armeen zu formieren, zumal das Land noch über mehr als zwei Millionen Männer im wehrfähigen Alter sowie einen weitgehend intakten Handel und seine Rüstungsindustrie verfügte. In Paris sammelten sich die verschiedensten Truppenteile. Neben dem bei Sedan entkommenen XIII. Armeekorps und anderen versprengten Armeeteilen waren Marineveteranen vorsorglich in die Hauptstadt beordert worden. Hinzu kamen 100 000 Angehörige der Mobilgarde, anfänglich 15 000 Mann Pariser Nationalgarde, die durch Anwerbungen auf über 300 000 Mann anwuchs. Am Ende standen über 500 000 Mann zur Verteidigung der Hauptstadt bereit. Diese war nach den Erfahrungen des Jahrs 1814, als die antinapoleonische Koalition die Stadt erobert hatte, zur größten Festungsanlage Europas mit einem Umfang von über 60 Kilometern ausgebaut worden. Die Belagerungsarmee musste darum herum sogar eine Front von fast 80 Kilometern Länge errichten, was selbst Moltkes siegverwöhnte Truppen an die Grenze ihrer Leistungsfähigkeit brachte.

Rund zwei Millionen Menschen lebten innerhalb der Festungsmauern, als sich am 19. September 1870 der Belagerungsring langsam schloss; Paris bereitete sich auf die Einschließung vor. Wohnhäuser im Schussfeld des Festungsgürtels wurden abgerissen, Massengräber auf dem noch unbebauten Montmartre ausgehoben, Industriebetriebe auf Rüstungsgüter umgestellt, Geschütze in den Tuilerien versammelt. Paris war «keine Stadt mehr, es ist eine Festung, und seine Plätze sind nur noch Paradefelder», schrieb ein Beobachter an seine Mutter in der Provinz, im Bois de Boulogne grasten so «weit das Auge reicht [...] Schafe, Schafe und nochmals Schafe». Hätte der Paris-Korrespondent des «Manchester Guardian» den lebenden Fleischvorrat allein in diesem Park gezählt, er wäre auf 250 000 Schafe und 40 000 Ochsen gekommen – nur Milchkühe fehlten, was besonders für die kleinen Kinder verheerende Auswirkungen haben sollte. So stattlich die Zahl der innerhalb der Festungsstadt befindlichen Nutztiere auch war: Die scherzhafte Vorhersage Henry du Pré Labouchères, dessen «Tagebuch eines Belagerten» regelmäßig in der «Daily News» erschien, sollte sich erfüllen. «Hunde, Katzen und

Ratten» bekamen es tatsächlich «mit der Angst» zu tun, als die Belagerung länger als gedacht dauerte. Auch die Versorgung mit Mehl und anderen Grundnahrungsmitteln war keineswegs so gut gesichert, wie die Regierung anzunehmen schien; auf Rationierungen wurde deshalb zunächst verzichtet. Da blieben Komforteinbußen nicht aus. «Paris ißt seit 8 Tagen schwarzes Brod», bemerkte Hans von Kretschmann am vorletzten Tag des Jahres 1870 und «das hält die Gesellschaft nicht lange aus». Der tiefe Griff in die Klischeekiste erwies sich als zutreffende Prognose, denn genau einen Monat später kapitulierte die Stadt. Ohne Baguette blieb den Belagerten nur noch, klein beizugeben. Der Mangel an anderen Nahrungsmitteln und Kohle in dem langen und kalten Winter dürfte allerdings am Ende doch wichtiger gewesen sein.[64]

Ungeachtet der drohenden Gefahren bestrafte die Regierung die Flucht aus der Stadt mit einer Sondersteuer. Trotzdem flohen manche aus Paris, doch «Tausende drängten aus allen Himmelsrichtungen» in die Stadt hinein, als wäre sie «der einzig sichere Platz auf Erden», wie ein englischer Handlungsreisender berichtete. Darunter waren auch Touristen. Makler brachten Annoncen in Umlauf: «Hinweis zum Nutzen englischer Gentlemen, die die Belagerung von Paris erleben möchten: Komfortable Wohnungen, völlig kugelsicher; Räume im Souterrain für empfindsame Personen vorhanden». Fontane berichtete, dass «Damen, mit Sonnenschirmen spazieren gehend», auf den Befestigungsanlagen gesichtet wurden, weil «die Herren Belagerten, in treuem Festhalten an den Gesetzen französischer Galanterie, ihren Genossinnen eine kleine Fête geben wollten». Allfällige Angstgefühle lächelten die französischen Offiziere mit einem heiteren «Venez donc voir tirer sur les Prussiens. Ce n'est pas dangereux» weg; «Kommen Sie ruhig zu sehen, wie wir auf die Preußen schießen. Das ist nicht gefährlich». Das scheint kein einmaliger Vorfall gewesen zu sein, denn als sich Fontane einmal nach St. Denis begab, um Nachschub an knappen Gütern und Lebensmitteln zu organisieren, fand er «alle Wege und Felder mit Menschenmassen» angefüllt: «Männer,

Weiber, Kinder [...], die herausgekommen waren, um dem Schlachten-Schauspiel beizuwohnen», von dem sie befriedigt und «in freudiger Stimmung» nach Paris zurückkehrten. Nicht zuletzt, weil diese Belagerung ein globales Medienereignis war, entwickelte sich ein regelrechter Katastrophentourismus. Der förderte auch die Angst vor Spionen. Wer mit Akzent sprach oder sonst «auffällig» war, wurde schnell verdächtig, etwa wenn er ein englischer Journalist war – oder der achtzigjährige Marschall Jean-Baptiste Vaillant, der Mitte September als Vorsitzender des Befestigungskomitees nur seines Amtes waltete und die Verteidigungsanlagen inspizierte, jedoch als vermeintlicher Spion beinahe erschossen worden wäre.[65]

Besonders «verdächtig» waren die aus einem der deutschen Staaten stammenden vielleicht 18 000 Männer und 15 000 Frauen Einwohner von Paris.[66] Die rund 15 000 französischen Staatsbürger in den deutschen Staaten, überwiegend Frauen, blieben unbehelligt, denn sie erschienen, zumal nach den frühen militärischen Erfolgen, weder als Gefahr noch als Last. In Frankreich hatte die Erfassung und Aussonderung «feindlicher Ausländer» dagegen schon Tradition. Bereits 1793 hatte ein Gesetz die Inhaftierung «verdächtiger Ausländer» im Kriegsfall ermöglicht. Unmittelbar nach der Kriegserklärung ersuchte der Norddeutsche Bund (und Hessen-Darmstadt) die USA um Schutz für seine Staatsbürger in Frankreich; Baden und Bayern baten die Schweiz, Württemberg das Zarenreich um entsprechende Unterstützung. Zwar sagte die französische Regierung zunächst zu, dass die «feindlichen Ausländer» unbehelligt im Land bleiben könnten, so lange sie sich unauffällig verhielten, doch an der Ausreise wurden die Männer im Wehrpflichtalter gehindert und ihre Bewegungsfreiheit im Land eingeschränkt. Aus Straßburg waren schon unmittelbar nach den Schlachten von Weißenburg und Wörth alle Ausländer ausgewiesen worden; dort war es auch zu Ausschreitungen gegen sie gekommen.

Alle Versicherungen Außenminister Gramonts gegenüber dem US-

Botschafter Elihu Benjamin Washburne, weitere Maßnahmen seien nicht geplant, erwiesen sich angesichts der sich rasch verschlechternden militärischen Lage und der folgenden Suche nach Sündenböcken als eitel. Am 28. August 1870 wurde die Ausweisung der Angehörigen deutscher Staaten aus Paris und dem Département Seine, zusammen etwa 40 000, angeordnet, aber auch 4000 Bürger der neutralen Schweiz verließen die Stadt. Betroffen waren vor allem die «bouches inutiles», die unnützen Esser, die Mittellosen, die angeblich eine «Gefahr für die öffentliche Ordnung oder die Sicherheit der Menschen und des Eigentums» darstellten. Das war eine im Hinblick auf das 20. Jahrhundert bemerkenswerte Maßnahme. Nicht mehr nach dem individuellen Verhalten wurde gefragt – es genügte, die «falsche» Staatsangehörigkeit zu besitzen. Nach diesem Prinzip sollten im Zeitalter der Weltkriege Millionen Menschen in Lagern interniert werden. Die «neutralen» Botschaften halfen zehntausenden der Ausgewiesenen mit Ausweispapieren und Bahnbillets, dennoch wurden viele – genaue Zahlen sind nicht bekannt – in der Provinz inhaftiert, nur weil sie Angehörige eines deutschen Staats waren. Bis zu zehntausend Mittellose, die keine Unterstützung erhalten hatten, mussten dagegen in der belagerten Stadt ausharren.

Doch manche führten ihre Inhaftierung in Frankreich geradezu fahrlässig herbei. Florian Kühnhauser zog am 20. August 1870 durch «Vancouleurs und Domrémy, geschichtlich bekannt durch Jeanne d'Arc. Nur eine ziemlich verwahrloste Kapelle erinnerte an die Heldin der Franzosen». Dass er, der in den folgenden Monaten viele grausame Schlachten miterleben musste, sich bei der Niederschrift seiner Kriegserlebnisse an seine flüchtige Begegnung mit Jeanne d'Arcs Geburtsort erinnerte, lag vielleicht daran, dass er Fontane gelesen hatte. Der war seit Ende September 1870 in Frankreich unterwegs, um, nun schon zum dritten Mal, über einen Krieg zu berichten. Anfang Oktober 1870 unternahm Fontane von Toul aus seine Pilgerfahrt nach Domrémy. Der Eindruck, den das Dorf trotz weiß gestrichener Häuser und des sonnigen Herbsttages auf ihn machte, «war ein düsterer; Alles schien auf Verfall und Armuth hinzudeuten», selbst das «Café de Jeanne d'Arc». In Jeannes Geburtshaus eintretend, erschauerte er wohlig: «alles war Poesie». Doch draußen herrschte Krieg. Als der neugierige Preuße die gotische Kapelle inspizierte, wurde er von einer Gruppe Männer arretiert. Vielleicht dachte Jules Michelet an Fontane, als er im August 1872 ins Goldene Buch von Jeanne d'Arcs Geburtshaus schrieb: «Preußen, die ihr dies bescheidene Haus betretet: Erzittert!»[67]

Nicht nur das belagerte Paris, auch andere Teile Frankreichs führten den Krieg weiter, nicht gegen unvorsichtige Journalisten, sondern gegen die deutsche Armee, insbesondere an der Loire, aber auch in Flandern, rund um Lyon, in Lothringen und in der Normandie. In einer spektakulären Aktion flog Léon Gambetta am 7. Oktober aus Paris mit einem Ballon nach Tours, um von dort aus den Kampf weiter zu organisieren. Als Metz am 27. Oktober kapitulierte, warf er General Bazaine vor, «das Vaterland in der Stunde der größten Gefahr um mehr als hunderttausend seiner Verteidiger beraubt» zu haben und «des Verrats schuldig»[68] zu sein. Nach dem Krieg wurde er zum Sündenbock der Niederlage, Gambettas Ballonflug, der letztlich vor allem symbolische Bedeutung hatte, dagegen zum Sinnbild des Widerstandswillens.

Deutscherseits galt es zu verhindern, dass die neugebildeten Verbände die Belagerer von Paris bedrohten. In vielen kleineren und größeren Gefechten konnte das erreicht werden, wobei sich insbesondere bei Orléans die bayerischen Truppen durch eine robuste Kriegführung hervortaten. Schließlich ermattete der Widerstand der französischen Armee. Als die 87 000 Mann zählende Armée de l'Est unter Charles-Denis Bourbaki in den ersten Februartagen 1871 im Waadtländer Jura und bei Les Verrières im Kanton Neuenburg auf Schweizer Gebiet abgedrängt wurde, war der Kampf endgültig entschieden. Wie es die List der Geschichte wollte, war Neuenburg aufgrund dynastischer, an die Verhältnisse in Schleswig und Holstein erinnernder Verwicklungen seit dem frühen

Abb. 11: Noch gibt es keinen Luftkrieg, doch die dritte Dimension ist bereits Teil des Kampfgeschehens. Fesselballons transportieren Nachrichten und manchmal Menschen.

18. Jahrhundert sowohl ein der Eidgenossenschaft zugewandter Ort und seit 1815 einer ihrer Kantone als auch ein mit dem preußischen Königshaus in Personalunion verbundenes Fürstentum. 1856 wäre es darüber fast zu einem Krieg zwischen Preußen und der Eidgenossenschaft gekommen, doch nach Vermittlung Napoleons III. verzichtete Preußens König Friedrich Wilhelm IV. auf seine Herrschaftsrechte. Hätte der Krieg tatsächlich stattgefunden, würde er vielleicht als der allererste Einigungskrieg gezählt werden. Bis heute erinnert die offizielle Bezeichnung «République et Canton de Neuchâtel» daran, dass sich auch in der Schweiz der Republikanismus bisweilen nur mühsam gegen die Europa beherrschenden Monarchien durchsetzen konnte.

Die Internierung der von Charles-Denis-Sauter Bourbaki geführten Armee war ein Meilenstein auf dem Weg der Schweiz zur humanitären Großmacht, aber auch Anlass für die Schaffung eines weiteren Touristenmagneten dieses mit Natur- und Kulturgütern so reich gesegneten Landes. Der gebürtige Genfer Edouard Castres schuf 1881 ein großes Rundbild mit dem Titel «L'Entrée de l'armée française aux Verrières», das vom unrühmlichen, aber viele Leben rettenden Ende der Bourbaki-Armee erzählt und zugleich die Humanität der Schweizer feiert. Castres wusste, was er malte, hatte er doch selbst als Rot-Kreuz-Sanitäter die Schrecken des Krieges und die Internierung der Bourbaki-Armee erlebt. Das Panorama, seit 1889 in Luzern aufgestellt, erinnert bis heute daran, dass der Krieg auch an der neutralen Schweiz nicht vorbeiging. Als deutsche Migranten in der Zürcher Tonhalle am 9. März 1871 eine Siegesfeier abhalten wollten, wurden sie von einer Menschenmenge, angeführt von Offizieren der Bourbaki-Armee, attackiert. Drei Tage lang erschütterte der «Tonhallekrawall» die Limmatstadt und belastete eine Zeit lang das Verhältnis zwischen den Nachbarn.[69]

Humanität im Krieg konnte leicht eine zynische Note bekommen. Bismarck und Moltke stritten darüber, ob langsames Aushungern oder ein schnell die Kapitulation erzwingender Beschuss «menschlicher» wäre. Während Bismarck, Kriegsminister Roon und andere für die Beschießung eintraten, machte Moltke logistische Schwierigkeiten geltend. Erst nach dem Fall von Straßburg und Toul Ende September und Metz Ende Oktober konnten überhaupt genügend Truppen und Material für solch eine große Operation herangeführt werden, und auch die negativen Reaktionen in der europäischen Öffentlichkeit wurden vom König und dem Kronprinzen ins Spiel gebracht. Doch da sich der Krieg zäh dahinschleppte, Krankheiten und Versorgungsengpässe die Belagerungstruppen auszehrten, wurde es schließlich ernst. Baronin Spitzemberg war am 16. Dezember ganz euphorisch: «ein Jubelschrei wird in der Armee und ganz Deutschland ertönen, wenn die erste Vierundzwanzigpfünder in das übermütige Babel hineinkracht!»[70] Und tatsächlich begann elf Tage später das Bombardement der Stadt, das seine Wirkung nicht verfehlte.

Mit der Kapitulation von Paris am 28. Januar 1871 mit 430 000 Soldaten näherte sich der Krieg endlich seinem Ende. Er hätte sich wohl noch weiter hinschleppen können, denn zugleich Paris großräumig zu belagern und große Teile Frankreichs besetzt zu halten, blieb eine Aufgabe, die an die Grenzen der Leistungsfähigkeit der deutschen Armee ging. Ein bayerischer Kanonier war in der ersten Dezemberhälfte abgehetzt und «ausgehungert, seit 8 Tagen fast ununterbrochen im Kampfe»: «Was zu lange dauert, ist nicht mehr schön»[71], bemerkte er erschöpft.

Der Waffenstillstand sah die Entwaffnung der Pariser Garnison und die vorübergehende Besetzung eines Teils der Stadt vor. Bereits am 26. Februar wurde der Vorfrieden geschlossen, der die Abtretung des Elsass, eines Teils Lothringens sowie eine Kriegsentschädigung von fünf Milliarden Francs vorsah. Auch eine Siegesparade deutscher Truppen musste die Stadt am 1. März erdulden. Die Kampfhandlungen waren allerdings nach dem Waffenstillstand, selbst nach dem Vorfrieden noch nicht völlig zum Ende gekommen. Das belagerte Belfort kapitulierte am 16. Februar, die Zitadelle Bitsch gar erst am 25. März 1871.

Der Krieg wurde nicht nur zwischen den Armeen geführt und durch die Diplomaten beendet, sondern von der Zivilbevölkerung erlitten. Oft bekundeten deutsche Soldaten wie Hans von Kretschmann mit den Einwohnern ihr «ganzes Mitleiden. Verhungert, von Allem entblößt, laufen sie um ihre zerstörten Häuser herum». Florian Kühnhauser beklagte das «Bild des Jammers», das sich ihm im zerschossenen und geplünderten Fröschweiler zeigte. Doch zugleich ließ er seiner Wut über die «auf und an einen Karren gebundenen, 15–20 französischen Zivilpersonen» freien Lauf, denn «es waren Schlachtfeld-Hyänen», die angeblich «nicht nur die Leichen ihrer Wertsachen beraubt, sondern auch Verwundeten die Augen ausgestochen und in unmenschlicher Weise verstümmelt» hatten. Kühnhauser sah in den Beschuldigten nur noch «Halunken», «Schurken» und «Bestien». Mit Befriedigung notierte er das Gerücht, «dass diese Scheusale, nachdem sie ihr eigenes Grab gegraben hatten, erschossen worden waren». Derartige Vorfälle begannen sich zu häufen. «Das Landvolk an der Maas fängt an, recht unbequem zu werden», berichtete

Kretschmann Ende August: «Ueberall schießen die Leute», was leider «zu Repressalien führen» müsse, denn nicht-uniformierte Kämpfer «sind einfach Mörder [...]. So nimmt der Krieg die aller unerfreulichsten Dimensionen an». Moltke war sich sicher, dass die Regierung die «Gewehre an sie vertheilt und den Aufstand organisirt» hat.[72]

1866 hatte es nur wenige, zeitlich und räumlich relativ begrenzte Ansätze einer «irregulären» Kriegführung gegeben; 1870/71 ging sie in den Mythenschatz auf beiden Seiten des Rheins ein. Die Franctireurs entstanden 1868 auf Vorschlag des französischen Kriegsministers Marschall Adolphe Niel. Diese bürgerlichen Schützengesellschaften, «Sociétés des Francs-tireurs», waren vor allem der paramilitärischen Jugendausbildung gewidmet. Schon im August rief Napoleon III. die Franctireurs zu den Waffen, zunächst wohl knapp 60 000 Mann. Sie waren jedoch keine einheitliche Gruppe. Manche waren relativ fest in eine militärische Kommandostruktur eingefügt und gut sichtbar uniformiert, andere nicht.

Schon in den ersten Augusttagen wurden vereinzelte Angriffe französischer Zivilisten auf deutsche Soldaten gemeldet. So sollen Bewohner Weißenburgs «ein sehr feindliches Benehmen» gezeigt und «auch schon vor dem 4. August auf vorübergehende Patrouillen» geschossen haben. Kronprinz Friedrich verzeichnete ebenfalls das Gerücht, dass «aus den Häusern geschossen» worden sei. Daher erließ die preußische Armee eine Anordnung, dass nur als regulärer Soldat gelte, wer «durch Uniformen und Dienstabzeichen, die nicht abgenommen werden können und mit bloßem Auge auf Gewehrschußweite zu sehen sein müssen» ausgewiesen sei. Bismarck drängte schon früh auf Härte: «Wir werden Dörfer abbrennen». Ein zusätzliches Problem war die uneinheitliche Uniformierung der Deutschen. Ein thüringischer Soldat hatte Mitte September versehentlich einen preußischen Kameraden getötet, dessen Uniform er für eine französische gehalten hatte, weil «er in seinem Leben noch keinen Preußischen Jäger gesehen habe». In einer Armee, die noch keine in sich geschlossene, einheitliche Formation bildete, wird «friendly fire» öfters vorgekommen sein und die Furcht vor heimtückischen Franc-tireurs weiter befeuert haben.[73]

Doch wer galt überhaupt als legitimer Kämpfer? Auf dem Weg nach Sedan erfuhr ein durch St. Ménéhould ziehender württembergischer Infanterist, dass «Tags zuvor ein Kampf zwischen Preußischen Husaren und Civilisten (etwa 800 an der Zahl) stattgefunden habe». Nun «lagen 33 hübsche junge Männer mit Wunden bedeckt und todt [...] in blaue Blousen gekleidet» und mit der Nationalcocarde. Die Angehörigen der mobilen Nationalgarde galten in Frankreich als reguläre Soldaten. Der britische Kriegsberichterstatter William Russell, der mit Kronprinz Friedrichs 3. Armee zog, zeigte Verständnis für den Widerstand der Franzosen. «Man bedenke nur», überlegte er, «wie empört wir Engländer wären», wenn ihnen durch die Besatzungsbehörde verboten würde, «englische Truppen zu unterstützen, Brücken oder Telegrafenleitungen zu zerstören». «Mein Gott», zitiert Russell einen lothringischen Schneider, der ihm abgerissene Knöpfe wieder annähte, «sind wir nicht Franzosen und sind wir nicht in Frankreich?» Der Schneider empörte sich so sehr, dass er «so heftig mit der Nadel zusticht, als wollte er einen Preußen erdolchen. Dieser Knopf wird so schnell nicht abgehen», bemerkte Russell lakonisch – und der Widerstand der Franzosen sollte ebenso nicht rasch erlahmen.[74]

Kein Ort steht so sehr für die Grausamkeit dieses Kriegs wie Bazeilles. Als Theodor Fontane «an einem blühenden Maitage» 1871 den Ort passierte, war der Eindruck noch immer gewaltig und bedrückend zugleich. «Das ganze Dorf war noch ein ungeheurer Ruinenhaufen»; Bitsch, Straßburg und Mézières verschwanden «neben dem Anblick, der sich hier bot»: «Achtzig Häuser lagen in Trümmern, [...] zweistöckige Quaderbauten, aus jenem Sandstein», aus dem die Häuser in Lothringen üblicherweise gebaut sind.[75]

Die bayerischen Soldaten, die den Ort am 1. September 1870 einnahmen, erlebten, «dass die Einwohner mit den Soldaten gemeinsame

Sache machten, ja sogar Weiber sich am Kampf beteiligten und frech die Flinte schwangen». Sie nahmen auf tatsächliche oder vermeintliche Zivilisten keine Rücksicht mehr, manche «konnten ihre Unschuld nicht mehr beschwören, denn nicht durch Zufall traf sie eine Kugel», notierte Florian Kühnhauser lakonisch. Hans Wachenhusen sah Ähnliches: «In dem Dorfe vor Sedan wurde nicht nur aus den Fenstern der Häuser, auch von der Kirche herab, sogar aus den Kellern auf uns geschossen. Selbst Weiber hatten Gewehre in den Händen und gaben von den Fenstern Feuer auf uns. [...] ich war auch Zeuge, wie man die Patrone beim Genick herausholte und sie auf der Stelle füsilierte». Oder, wieder in den Worten Kühnhausers: Die Häuser wurden systematisch abgebrannt und die Bewohner «ausgeräuchert wie die Wespen». In Kürze «war das einst so blühende Städtchen ein brennender Trümmerhaufen».[76]

Dem Furor bavaricus fielen einem offiziellen Bericht der bayerischen Armee zufolge 39 Zivilisten zum Opfer. Das waren 39 zu viel, aber doch deutlich weniger, als die «Times» vermeldet hatte: Angeblich hätten von den 2000 Einwohnern Bazeilles nur 300 überlebt. Der am 15. September abgedruckte Bericht von Edouard Antoine Sidoine de Fitz-James war der bekannteste und einflussreichste aus französischer Sicht, denn er war als Vertreter einer internationalen Hilfseinrichtung anwesend und sah «Schreckensszenen und Exzesse ohne Namen [...]. Der Krieg hat seine Härten, aber er hat auch seine Regeln, auf der Grundlage der Gesetze der Ehre und der Menschlichkeit. Diese Gesetze habt Ihr, Bayern und Preußen, [...] in den Schmutz gezogen. [...] Ihr habt Euch aufgeführt wie Wilde und nicht wie Soldaten». In den folgenden Wochen tobte ein internationaler Pressekrieg um die Deutung der Vorkommnisse in Bazeilles. An den Kampfeswillen der dort eingesetzten Marinesoldaten, die bis zur sprichwörtlich letzten Patrone kämpften, erinnert seit Anfang der 1950er Jahre das Museum «Maison de la dernière cartouche»; das Gebäude diente schon in der unmittelbaren Nachkriegszeit als Erinnerungsort, ebenso wie ein 1875 eingeweihtes Denkmal. Das 1873 ent-

Abb. 12: Je aussichtsloser der Kampf, desto pathetischer ist der Mythos: Widerstand «bis zur letzten Patrone» in Bazeilles.

standene Gemälde von Alphonse de Neuville hat den in Bazeilles geleisteten Widerstand ikonisch gefasst.[77]

Fontane hielt den Deutschen zu gute, dass es Frankreich gewesen sei, das «an die Stelle des Duellkrieges den Volkskrieg treten» ließ. Das «hat dem Kriege seine schlimmste, gehässigste Gestalt gegeben und es muß nunmehr die Folgen davon tragen». Doch als traute er seiner Erklärung selbst nicht ganz, musste er zugeben, dass trotzdem «an den Baiern etwas hängen» blieb: «Der baierische Löwe hatte hier seine Tatze eingeschlagen, tiefer, blutiger als an irgend einer anderen Stelle dieses Krieges».[78] Dieser düstere Beiklang des Namens Bazeilles hinderte Bayern nicht daran, seit 1877 durch eine Straße in München dieser zweifelhaften Heldentat zu gedenken. Zwischen Rosenheimer Platz und Ostbahnhof konzentriert sich die Erinnerung an diesen Krieg: Die Schlachten und Belagerungen von Balan und Belfort, (Neu-)Breisach, Gravelotte und Metz, von Orléans, Paris, Sedan, Spichern, Weißenburg und Wörth sind hier verewigt.

Noch unübersichtlicher wurde die Lage nach der Ausrufung der Republik, und das wirkte sich auch auf das Vorgehen der Besatzungstruppen aus. Anfang Oktober erließ Moltke einen Maßnahmenkatalog zum Schutz der Bahnlinien, wobei «auf allen Zügen Geißeln bestehend aus den Maires der anliegenden Ortschaften, der sonst angesehenen Persönlichkeiten» mitzuführen seien. Die Verwendung von Geiseln scheint aber keine durchgängige Praxis gewesen zu sein. Moritz Busch, Bismarcks Pressereferent im Hauptquartier, verteidigte sie allerdings, weil sie dazu diente, «heimtückische Verbrechen unmöglich zu machen».[79]

Dennoch konnten weitere Angriffe nicht völlig unterbunden werden. Am 8. Oktober 1870 überfiel ein Franctireur-Bataillon unter Major de Lipowski deutsche Truppen in Ablis, 20 Kilometer östlich von Chartres. Eine bayerische Landwehrkompanie und Teile eines Husarenschwadrons wurden gefangen genommen, 99 Pferde und zwei Wagen erbeutet. Weil die Einwohner angeblich die Franctireurs unterstützt hatten, wurden mehrere Bauern standrechtlich erschossen. Ein Ziethen-Hussar zeigte sich erschüttert: «Obgleich die Bevölkerung diese Züchtigung für ihre feindliche Haltung verdient hatte», erweckte das «Jammern der Frauen neben ihren erschossenen Männern [...] einen so peinlichen Eindruck, daß man sich wünschte, nie mehr gezwungen zu sein, eine ähnliche Exekution anzuordnen». Um eine Anekdote nie verlegen zitierte Bismarck einmal einen Süddeutschen, «der zu dem preußischen Artillerieoffizier sagte: ‹Was meinens, Herr Kamerad, soll mer das Dörfle do anzünde oder blos moderiert verwüschte?›» Die Gegenmaßnahmen der deutschen Armee wurden übrigens keineswegs geheim gehalten. Der «Berliner Börsen-Courier» etwa vermeldete stolz, dass nach einem Gefecht bei Dreux an der Loire «mit den Franktireurs gründlich aufgeräumt und ein Exempel statuiert» wurde: «diese Bande wurde der Reihe nach aufgestellt und einem nach dem anderen durch eine Kugel vor den Kopf der Garaus gemacht».[80]

Im Raum Orléans wurden nur zwei Tage später, am 10. Oktober 1870, die Franctireurs des Bataillons de Lipowski gefangen genommen. Der kommandierende General des I. Bayerischen Armeekorps, Ludwig von der Tann, dessen Truppen seinerzeit Bazeilles verwüstet hatten, ließ zehn von ihnen erschießen. Einer der spektakulärsten Überfälle auf die rückwärtigen Versorgungslinien der deutschen Armee war am 22. Januar 1871 die von den «Chasseurs des Vosges» durchgeführte Sprengung der Eisenbahnbrücke über die Mosel bei Fontenoy. Nach weiteren Aktionen der Franctireurs wurde der Ort in Brand gesteckt, etliche Einwohner und Freischärler erschossen. Weitere Gefechte fanden Mitte November um Troyes statt; die dortige Franctireurabteilung war ein quasi regulärer Teil der Vogesen-Armee. Die 4. Brigade, knapp 2500 Mann stark, wurde geführt von Giuseppe Garibaldis Sohn Ricciotti, gewissermaßen als Fortführung des französisch-italienischen Zusammenwirkens bei der Vertreibung der Habsburger aus Oberitalien. Sie konnte zwar einige Anfangserfolge erringen, war aber letztlich chancenlos gegen das zu ihrer Bekämpfung eingesetzte XIV. Armee-Korps unter Karl August Graf von Werder.

Die Franctireurs wurden nicht nur von den deutschen Soldaten gefürchtet, sondern auch von der französischen Zivilbevölkerung, da sie durch oft rücksichtslose Requisitionen ähnlichen Schrecken in den Dörfern verbreiteten wie die einfallenden Deutschen. Weil sich unter dem Deckmantel der Franctireurs «alle Art Gesindel» herumtreibe, das «ohne Unterschied auf Preußen, auf Wild und auf die Reichen» schieße, sei «seitens mehrerer angesehener Besitzer an uns die Bitte [herangetragen worden], wir möchten doch durch unsere Truppen etliche Wälder säubern lassen», berichtete Preußens Kronprinz.[81] Wie bei der Niederschlagung der Pariser Commune ein halbes Jahr später wog die Klassensolidarität der Besitzenden offensichtlich schwerer als das Nationalgefühl. Weil die Zivilbevölkerung zudem von den Repressalien der Besatzer betroffen war, geriet sie in eine äußerst unangenehme, bisweilen tödliche «Sandwich»-Position.

Es gibt daher keinen Grund, den Franctireurkrieg zu heroisieren, denn er war «lästig, ohne freilich den Gang der großen Operationen zu beeinflussen»[82], wie schon Moltke in Übereinstimmung mit der historischen Forschung urteilte. Aber er brachte zusätzliches Leid über die Menschen. Es gab wohl mehrere hundert Tote sowohl auf Seiten der deutschen Soldaten wie auf derjenigen der französischen Zivilbevölkerung. Die deutschen Truppen in den vom Franctireurkrieg betroffenen Gebieten wurden daher manchmal geradezu als Befreier begrüßt. Victor Hugos martialische «Adresse aux Français» vom 16. September 1870 fand letztlich nur begrenzten Widerhall – zum Glück, denn sie war kein Dokument des Humanismus: «Führt den Krieg Tag und Nacht, in den Bergen, in den Ebenen und in den Wäldern. Erhebt Euch! Erhebt Euch! [...] Der Despotismus greift die Freiheit an, Deutschland bedroht Frankreich. [...] O Freischärler, [...] löscht die Invasion aus. Verbreitet Schrecken, ihr Patrioten!» Und auch der Aufruf der republikanischen Regierung an die Franctireurs ist kein Ruhmesblatt dieses Krieges: «Demjenigen oder denjenigen, die die Köpfe der Wildschweine Wilhelm, Bismarck, der Kleinkönige und deutschen Prinzen liefern, wird eine Bargeldprämie der Republik zuteil».[83]

Was sich hier abspielte, hatte der preußische Hauptmann Justus Scheibert 1863 schon im US-Bürgerkrieg in offiziellem Auftrag beobachtet, so den Marsch des Nordstaatengenerals Philip Sheridan durch das Shennandoah-Tal in den Appalachen. Der hatte dort «verbrannte Erde» hinterlassen, um die Südstaaten zur Kapitulation zu zwingen. Jetzt zog er als Militärbeobachter im preußischen Hauptquartier durch Frankreich und «sprach ziemlich viel» mit Bismarck, «der sich mit dem amerikanischen General in gutem Englisch lebhaft unterhielt, wozu man Champagner und Porter trank». Sheridan revanchierte sich mit einem Rat: «Sie verstehen es einen Feind zu schlagen, aber ihn zu vernichten, das haben Sie noch nicht gelernt. Man muss mehr Rauch von brennenden Dörfern sehen, sonst werden Sie mit den Franzosen nicht fertig». Der spätere Generalstabschef Graf Waldersee wünschte sich, dass «Verwüstungszüge à la Sheridan quer durchs Land» unternommen würden, «so würde vielen Franzosen die Lust vergehen, Franctireurs zu spielen». Moltke widersetzte sich diesem auch von Bismarck wohlwollend aufgenommenen Ratschlag mit der schroffen Bemerkung, die preußische Armee sei «kein bewaffneter Mob». Dennoch stellte General William T. Sherman, auch er ein Fachmann für den «hard war» gegen die Zivilbevölkerung im US-Bürgerkrieg, nach einer Begegnung mit Moltke 1871 fest, dass «die preußische Armee manche Lektion aus *unserem* Krieg gelernt und davon profitiert hat, was ihre Offiziere auch freudig zugestanden». Sheridan meinte in diesem Sinn sogar, daß er 1870/71 «keine neuen militärischen Grundsätze entfalten sah», sondern nur die geltenden bestätigt fand: «Einfachheit des Plans und der Bewegung und die Vereinigung einer an Zahl überlegenen Truppenmasse an den Entscheidungspunkten». Mitte Januar 1871 dekretierte Léon Gambetta schließlich die Auflösung der Franctireurs, doch erst nach der Kapitulation von Paris am 28. Januar kamen deren Aktionen zum Erliegen.[84]

Besatzer und Besetzte lebten in Extremen. Florian Kühnhauser, inzwischen mit seiner Truppe nördlich von Orléans unterwegs, zog am 9. Oktober durch Angerville, wo ein Gefecht mit Franctireurs stattgefunden hatte, von denen einige «niedergemacht oder gefangen» wurden. Ihre Totenkopfabzeichen ließ ihn ahnen, «dass nun der Kampf bis aufs Messer beginne». Das kurz darauf eroberte Orléans war ihm jedoch schnell «zur zweiten Heimat geworden, wir lebten dort, als wären wir in München in Garnison». Und obwohl sie sich «sprachlich manchmal schwer verständlich machen konnten, die Herzenssprache verstanden alle, diese ist ja international, und Arm in Arm promenierten die blauen Bayern mit den schönen Orleanerinnen durch die Straßen».[85]

Nicht nur die Französinnen weckten das Interesse der deutschen Soldaten, sondern auch des Landes wichtigstes Kulturgut. Der ebenfalls bayerische Kavallerist Paul Bauriedel marschierte Mitte September 1870 «mit voller Regimentsmusik in Epernay, der berühmten Champagnerstadt» ein. Als ihn sein «artiger Hausherr» fragte, «ob wir auch Champagner tränken», konnte die Antwort «in der Stadt der Roninart [wohl Ruinart] Rue et fils und der Moët et Chandon» natürlich nur «ja» lauten. Der auf Hefe flaschengereifte Perlwein, geschüttelt, nicht gerührt, floss in solchen Strömen, dass der Quartiergeber «nach den mit uns gemachten Erfahrungen die nächste Einquartierung» wohl nicht «wieder gefragt hat, ob sie Champagner trinken könnte». Um dem Wein zusprechen zu können, scheuten manche nicht davor zurück, sich auf Kosten anderer Vorteile zu verschaffen. Hans von Kretschmann ließ einem Lazarett Wein, Wurst und Cigarren schicken. Als er sich bei den Kranken erkundigte, «haben diese Nichts bekommen. Trittst Du aber in die Stube der Aerzte, so sitzen die um einen wohlservirten Tisch mit weingerötheten Gesichtern. Das größte Uebel des Krieges ist, daß die Menschen ihre eigene Gemeinheit, die die Schranken des Gesetzes u. der Sitte nicht zum Ausbruch kommen ließen, kennen lernen, und zwar ohne das Odium des Gemeinen». Harmlos war dagegen das Vergehen eines Soldaten, der wegen des Pflückens von Pflaumen zu zwei Monaten Haft verurteilt worden war, die er jedoch nicht absitzen musste – nicht, weil er begnadigt worden wäre, sondern weil er «hinter mir im Glied erschossen wurde», wie sich Bauriedel erinnerte.[86]

Mitmenschlichkeit erlebte Leutnant François-Laurent Desponts nach einer Schlacht, als «die Rothosen vermischt mit den Blauhosen der Preußen, jeder auf der Suche nach seinen Verwundeten» waren, ohne sich dabei zu stören. Auch Leutnant Henry Gastinieau konnte, bei Weißenburg verwundet, nur Gutes über den Feind berichten: «Die Preußen zogen vorbei, ein Offizier näherte sich, gab mir zu trinken und führte mich zur Krankenstation, wo ich bewundernswert behandelt wurde». Solcherart Erfahrungen machte auch ein bei Metz gefangener Offizier. Sie seien «Gegenstand einer ermüdenden Neugier» gewesen, «die aber nichts Feindliches hatte; man bemitleidete uns viel öfter als dass man uns anklagte», staunte er, und auch darüber, dass wir, «zum Gegenstand von

Sympathiedemonstrationen» der deutschen Bevölkerung wurden. Sogar aktive Fluchthilfe leisteten manche Deutsche, vor allem in Sachsen. Der sächsische Kriegsminister und Militärgouverneur in Dresden, Alfred von Fabrice, meldete dem Innenministerium resigniert, «dass die bisherigen Entweichungen von Kriegs-Gefangenen fast stets ihr Gelingen der Haltung der ländlichen Bevölkerung zu danken gehabt haben, indem theils von der Arretur aus Indolenz abgesehen wurde, theils sogar Gewinnsucht selbst die Beförderungsmittel bis zur böhmischen Grenze stellen ließ». Eine professionell von Wien aus organisierte Schleusertätigkeit erschien ihm wahrscheinlich, doch beweisen konnte er sie nicht.[87] Die Versuchung ist groß, hier bewusste «Rache für Königgrätz» zu vermuten, doch das bleibt Spekulation.

Wie es den in Frankreich gefangenen Deutschen erging, erlebte Theodor Fontane. Der war ja während seiner leichtsinnigen Besichtigungsfahrt durch Lothringen festgenommen worden. Die zum Schutz getragene Rotkreuzbinde, die er auch schon bei der Besichtigung der böhmischen Schlachtfelder dabeihatte, half ihm nicht. Der gelernte Apotheker Fontane war nicht der Einzige, der sich durch eine kleine Hochstapelei Sicherheit verschaffen wollte. Während die «echten» Rotkreuzärzte allgemein anerkannt waren, galt das für die freiwilligen Helfer nur begrenzt. Einem deutschen Soldaten erschienen sie schon Ende August 1870 als ein «Heuschreckenzug, welcher unter dem Schirm des Genfer Kreuzes das Land verheert», und auch der französische Hilfsarzt J. M. Montano klagte, dass eine Besuchergruppe mit Rotkreuzbinden im Lazarett «zunächst ein gewisses Misstrauen erregte». Dieses traf auch Fontane, trotz oder vielleicht auch wegen seiner preußischen Legitimationspapiere, die ihn als rasenden Reporter auswiesen. Hätte man in ihm einen preußischen Offizier vermutet, wäre er als Spion des Todes gewesen.

Der Literaturgeschichte ist dieser Verlust erspart geblieben, aber freigelassen wurde Fontane nicht. Auf dem Weg nach Süden sah er in Gray an der Saône jene Männer wieder, die ihn in Domrémy arretiert hatten.

Sie waren inzwischen als Franctireurs nach Süden unterwegs, um sich den von Giuseppe Garibaldis Sohn geführten Freischaren anzuschließen. Fontanes unfreiwillige Tour de France endete schließlich auf der Insel Oléron, wo er drei Monate ausharren musste. Ohne sein Wissen hatte Bismarck, von Fontanes Familie auf dessen Schicksal aufmerksam gemacht, den US-Gesandten in Paris gebeten, sich bei der französischen Regierung für Fontanes Freilassung einzusetzen, andernfalls er die Verhaftung französischer Gelehrter anordnen werde. Der noch nicht berühmte Schriftsteller fand, am Ende seiner Gefangenschaft, dass sich die Verhältnisse «wohl hüben und drüben nicht viel nehmen. Gefangen sein, sei immer unangenehm. [...] an gutem Willen [...] fehle es den Behörden nicht».[88]

Fontanes Erfahrungen lassen sich verallgemeinern. Bis Februar 1871 wurden etwa 8000 deutsche Soldaten in Frankreich festgehalten. Selbst im überfüllten, von Hunger und Krankheiten heimgesuchten Metz lobte ein preußischer Unteroffizier die gute Behandlung. Jeder Gefangene «hatte seinen Strohsack und seine Decke. Zweimal am Tag erhielten wir unsere Mahlzeiten, jedesmal Mehlsuppe und Schweine- oder Rindfleisch». Zwar waren die Fleischportionen «nur mäßig, aber genügend. Die Beköstigung war gewiß nicht brillant, aber man wird nicht unbillig sein, wenn man an die große Anzahl Gefangener und Verwundeter denkt, die auch versorgt sein mußten, und zwar gut». Zusätzlich konnten die Gefangenen ihren Bewachern Einkaufszettel übergeben: Sie «kauften uns Tabak, Wein, Seife usw., und ich muß es den Leuten nachrühmen, sie haben uns immer ehrlich und willig behandelt».[89]

Entsprechend dem Kriegsverlauf gerieten fast fünfzig Mal so viele Franzosen wie Deutsche in Kriegsgefangenschaft, rund 383 000. Sie wurden entsprechend der Bevölkerungszahl auf rund 200 Unterbringungsorte der einzelnen Staaten verteilt. Offiziere konnten auf Ehrenwort in Privatquartieren wohnen und Zivilkleidung tragen, die Unteroffiziere und Mannschaftssoldaten mussten dagegen in Sammellagern leben und für ihren Lebensunterhalt arbeiten. Die ursprünglich vorgesehenen Festungen und leerstehenden Kasernen reichten bald nicht mehr aus; daher wurden Magazingebäude, Stallungen, Reitbahnen und selbst ehemalige Klöster herangezogen. Als auch das nicht mehr hinlangte, wurden ganze Barackenlager wie etwa das Lager Lechfeld bei Augsburg neu errichtet. Nicht einmal zweieinhalb Quadratmeter pro Gefangenem wurde dabei als ausreichend erachtet. Da die Kriegsgefangenen dieselbe Löhnung erhielten wie ihre ranggleichen deutschen «Kollegen», konnten sie in bescheidenem Umfang Lebensmittel und Konsumgüter erwerben. Später kam ihnen über die Neutralen aus Frankreich noch ein zusätzlicher Sold zu.

Die Verpflegung und Gesundheit der Gefangenen variierte naturgemäß im Kriegsverlauf und von Lager zu Lager, scheint aber insgesamt erträglich gewesen zu sein. Trotzdem starben in Bayern etwa 3,8 % der Gefangenen, im Norddeutschen Bund etwa 2,5 %. Ein französischer Bericht bestätigte den Eindruck, dass weitgehend gute Absichten herrschten: «Wenn alle unsere Gefangenen behandelt worden sind wie die in Württemberg internierten, dann haben sie kein Recht, sich zu beschweren». Vicomte d'Anthenaise, im Dezember 1870 als Delegierter eines Hilfskomitees nach Berlin gereist, gestand den Preußen zu, von den unerwartet großen Gefangenenzahlen überrascht worden zu sein, woraus sich viele Beschwernisse erklärten. «Die Masse der Gefangenen», fasste er die zwischenzeitliche Verbesserung der Lage zusammen, «ist heute in Stein- und Holzbaracken untergebracht [...]. Die Ernährung ist ausreichend». Noch war ein unfreiwilliger Lageraufenthalt zwar kein Luxusurlaub, aber auch kein Todesurteil, anders als für die Sowjetsoldaten nach 1941. Von ihnen starben über 50 % – nicht 2–3 %, wie das 1870/71 bei den französischen Gefangenen der Fall war, und auch unter den westalliierten Kriegsgefangenen im Zweiten Weltkrieg. Das Deutsche Reich war 70 Jahre nach seiner Gründung zu einer Völkermordmaschine geworden.[90]

Während Besatzer und Besetzte 1870/71 meist leidlich miteinander auskamen und die Kriegsgefangenen angemessen behandelt wurden, erging es den Kolonialtruppen deutlich schlechter. Hans von Kretschmann beschrieb einen postenstehenden Soldaten, der aufmerksam die Umgebung kartiert – er erweist sich als ein Baumeister, und «steht gegenüber einem Turko oder Zuaven – und die Franzosen marschiren an der Tête der Civilisation!» Ein Arzt des Kaiser-Alexander-Garde-Grenadier-Regiments gestand ein, dass es «natürlich auch Ausnahmen» gegeben habe, «aber im Großen und Ganzen sahen die Zuaven besonders verschmitzt u. hinterlistig aus, wie Leute, die zu jeder Stunde im Stande sind, ihre Nebenmenschen meuchlings zu ermorden». Tatsächlich habe dieser Zuave, womit aus Nordafrika stammende Soldaten gemeint waren, einen ihn behandelnden preußischen Arzt «von der Seite in den Bauch» gestochen. Dieser Rassismus machte selbst vor dem Tod nicht halt. Der Feldgeistliche Edmund Pfleiderer sah, wie ein «bildschöner Blondbart von preußischem Leutnant» sterbend vorbeigetragen wurde, während «ungleichwertiger Ersatz zu dem Indogermanen, [...] der Stolz, die schnöde Hoffnung der ‹großen Nation›, [...] die schwarzen Afrikaner tot mitten auf dem Weg» lagen und dabei «schauerlich anzusehen» waren, zumal sie «teilweise im Tod noch zähnefletschend und grimmig die Fäuste» ballten. Und wer war schuld daran, dass eine «verkehrte Humanität» in der Heimat um sich griff? Die «besonders weibliche Turko-Manie». Wo der Rassismus tobt, ist die Frauenfeindlichkeit nicht weit; das war vor hundertfünfzig Jahren nicht anders als heute.[91]

Auch beschuldigte man sich gegenseitig der Greueltaten. Unsere Kriegführung sei «zu gut, zu großzügig» gegenüber einer Nation, «die zu Lasten der ganzen Menschheit und entgegen den internationalen Verträgen» handelt, meinte etwa der französische Kriegsberichterstatter Edgar Rodrigues. «Mit heftiger Entrüstung» sprach seinerseits Bismarck «von der barbarischen Kriegführung der Franzosen, die auf die Genfer Kreuzfahne und sogar auf einen Parlamentär geschossen haben sollten». Am Ende war wohl weniger die Kriegführung beider Seiten als deren mediale Aufbereitung und kulturelle Überlieferung entscheidend. Nicht zuletzt die sorgte dafür, dass beim deutschen Einmarsch 1914 in Belgien und Nordfrankreich die Erwartung, jederzeit auf Franctireurs zu treffen, unter den deutschen Soldaten allgegenwärtig war. 6000 Zivilisten bezahlten mit ihrem Leben für einen «Volkskrieg», den es nicht gegeben hatte.[92]

Anders als der sich zwar auch über Monate hinziehende, aber relativ «kleine» Krieg gegen Dänemark, der zudem unmittelbar nur Österreich und Preußen betraf, oder der zwar ganz Deutschland aufwühlende «Bürgerkrieg» 1866, der aber nach nicht mal zwei Monaten entschieden war, dauerten die Kämpfe in Frankreich lang genug, um auch in der Heimat nicht nur von den unmittelbar betroffenen Familienangehörigen der Soldaten erlebt zu werden. Erstmals entwickelte sich das, was man seit dem Ersten Weltkrieg eine «Heimatfront» nennt. Wichtig war der Kontakt mit der Heimat mit Hilfe der Feldpost, «die Schätze für alle birgt. Man drängt sich heran mit allen denkbaren Gesichtsausdrücken», schrieb Hans von Kretschmann Mitte September 1870; «wenn nun aber die Post ausblieb!? Dann kannst Du sicher sein, daß eine Viertelstunde kein Wort gesprochen wird».[93]

In diesem Krieg wurde auch wieder eine Frage aktuell, die schon während der napoleonischen Zeit die Gemüter bewegt hatte. Wer gehörte zu Deutschland, zum Volk, zur Nation? Während Unterschiede im Hinblick auf die verschiedenen Regionen und Bundesstaaten als unproblematisch, ja als Ausweis deutscher Einheit in der Vielfalt galten und auch die Trennung in Protestanten und Katholiken für überwindbar erklärt wurde, war das im Hinblick auf die deutschen Juden deutlich komplizierter. Nach Jahrhunderten der Diskriminierung hatte um 1800 das Zeitalter der rechtlichen Emanzipation begonnen und stand, nach zahlreichen Verzögerungen und Rückschlägen, vor seinem Abschluss. Vor allem innerhalb der religiösen Orthodoxie erschien der Krieg als eine Widerlegung weltlich-liberaler Fortschrittshoffnungen, als gerechte Bestrafung des «sittenlosen» Frankreichs. Stärker als ihre christlichen Gesinnungsgenossen blieben die jüdischen Liberalen jedoch ihrem Fortschrittsoptimismus und Nationsgrenzen überschreitenden Humanismus treu. Frankreich blieb als Vorreiterin der Emanzipation insofern auch *ein* Fixpunkt jüdischer Loyalitäten und es diente weniger als Feindbild wie bei den protestantisch-liberalen Deutschen.

Ob liberal oder orthodox: Die Vorbehalte blieben, so dass «wir als Israeliten», wie der bedeutende Breslauer Rabbiner Moritz Rahmer predigte, «den endgültigen Sieg der *Gleichheit*, der Gleichstellung» wünschten, und auch die «Allgemeine Zeitung des Judenthums» hoffte, dass «jener ‹Blutkitt›», der die «verschiedenen Stämme Deutschlands auf den Schlachtfeldern geeinigt sieht, ebenso die Bekenner aller Confessionen zusammenschließt». Doch wie die christlichen Süddeutschen waren auch die jüdischen skeptisch gegenüber Preußen, weil dessen «Regierung noch immer gegen Alles, was die Pflege des Judenthums [...] betrifft, eine Apathie und Geringschätzung» zeige, «welche eine Verläugnung des Princips der Gleichberechtigung involvirt».[94]

Die Hoffnung auf Anerkennung und Integration schien sich kurzfristig dennoch zu erfüllen: Feldrabbiner konnten Feldgottesdienste abhalten, die 14 000 jüdischen Soldaten waren im Allgemeinen gut integriert, viele wurden mit Orden geehrt und zu Offizieren befördert. Doch Zurücksetzungen erfuhren sie auch immer wieder. Dauerhaft war dieser «Kriegsgewinn» daher nicht. Bekennende Juden konnten seit den 1880er Jahren nicht mehr Offiziere werden, sieht man von einer Handvoll Reserve- und Landwehroffizieren in der bayerischen Armee ab. Patriotismus in Kriegszeiten, Wehrdienst, Integrationshoffnung und erneut verschärfte Feindschaft waren Erfahrungselemente, die die deutschen Juden schon aus den antinapoleonischen Kriegen kannten und die sich 1914 bis 1918 wiederholen sollten.[95]

Koscheres Essen auch «im Feld» bereitzustellen, war eine spezifisch jüdische Herausforderung, doch alle Soldaten, es waren weit über eine

Million, mussten zuverlässig mit Lebensmitteln versorgt werden. Da das besetzte Land schnell kahlgefressen war und immer wieder größere Lebensmittellieferungen auf dem Weg zur Front verdarben, war die Phantasie der entstehenden Lebensmittelindustrie gefragt. Eines Novembertags 1870 besuchte Baronin Spitzemberg eine Produktionsstätte Johann Heinrich Grünebergs. Zu Kriegsbeginn hatte dessen «Königlich Preußische Fabrik für Armeepräserven in Berlin» ihre Arbeit aufgenommen. Deren Spezialität war die Erbswurst, «bestehend aus in Fett gekochtem Erbsmehl mit gehacktem Speck, Schweinefleisch, viel Zwiebel und Pfeffer», die «nach 24-stündigem Trocknen steinhart und unverderblich wird und nur des Kochens in Kaltwasser bedarf, um sich zur schmackhaften Suppe aufzulösen». Doch auch «Filets, Roastbeefs, Siedefleisch mit Bouillon und Gemüse, besonders aber Gulaschfleisch» wurde «in Blechbüchsen eingemacht und der Armee gesandt». 500 Zentner Erbsmehl und 80 Ochsen wurden allein in dieser Fabrik täglich von über 1700 Mitarbeitern verarbeitet. Die noble schwäbische Hausfrau bewunderte die Industrialisierung der Lebensmittelherstellung, empfand sie aber noch als Kuriosität – sie setzte sich freilich durch. Bis heute erinnert jede Tütensuppe und jede Fleischkonserve an den Krieg von 1870/71.[96]

Auf eine Bewährungsprobe wurde die deutsche Kriegsgesellschaft gestellt, als das «alte, uns Deutschen so liebe, heilige Familienfest» nahte, das «auch im fremden Land sein Recht behaupten» sollte: Weihnachten. Sauerkraut, Würste und bayerisches Bier hat der pfälzische Militärgeistliche Karl Horn in den mit Christbäumen geschmückten Spitälern genossen. Florian Kühnhauser verbrachte den Heiligen Abend 30 Kilometer loireaufwärts von Orléans in Dampierre-en-Burly. Auch wenn damals noch kein Atomkraftwerk die Flussidylle störte, war der Postendienst bei Eis und Schnee ungemütlich. Da war es egal, dass der Christbaum nur mit Talgkerzen illuminiert wurde: Zur Bescherung erklang «Oh Tannenbaum», «die Gläser klirrten, im Kamin prasselte es, es wurde gesotten und gebraten. Alles war zufrieden und vergnügt». Herzerhebend empfand Kühnhauser auch den «echt vaterländischen, patriotischen Charakter» des Baumschmucks. Statt Goldflieder «wurden blaue und weiße Papierschnitzel verwendet» – vaterländisch und patriotisch waren für ihn immer noch weiß-blau gefärbte Begriffe. Nicht weit entfernt, in Meung, etwa zehn Kilometer loireabwärts von Orléans, wurde Hans von Kretschmann vom Heimweh gepackt: «Könnte ich doch heute, und wär's für Minuten, zu euch huschen. Hier ist's furchtbar kalt, und noch viel mehr – einsam. Welche Opfer kostet dieser Krieg». Er verloste im Kreis seiner Kameraden «allerhand Kleinigkeiten, welche in Orléans für unsinniges Geld gekauft wurden». Doch ein Schatten blieb. «Wie es innerlich in mir aussieht, davon zu sprechen, erlaß mir. Gott gebe bald ein Ende für diesen Krieg». Dennoch fühlte auch Kretschmann «hier so etwas wie: Heimath».[97]

Bereits damals wurde diese erste «Kriegsweihnacht» ansatzweise instrumentalisiert, auch wenn ihr volksreligiöser, familiär-ritueller Charakter noch dominierte. 1914 war die Kriegsweihnacht dann schon Teil des Propagandaprogramms zur Aufrechterhaltung des Durchhaltewillens von Front und Heimat – und schuf in Gestalt der spontanen «Weihnachtsverbrüderungen», während derer die vermeintlichen Todfeinde Geschenke austauschten und gemeinsame Fußballspiele austrugen, zugleich einen Komplementärmythos. 1942 schließlich wurde der Gedanke der Front und Heimat verbindenden Kriegsweihnacht auf seine zynische Spitze getrieben: Der «Großdeutsche Rundfunk» inszenierte ein gespenstisches gemeinsames «Stille Nacht»-Singen von Wehrmachtsoldaten, die angeblich aus Nordnorwegen und der Libyschen Wüste, von einem U-Bootstützpunkt an der französischen Atlantikküste und aus Stalingrad zusammengeschaltet worden waren.[98]

Noch ferner der Heimat wurde der Krieg von 1870, wie die davor, durch die Deutsch-Amerikaner aufmerksam beobachtet und meistens bejubelt. August Willich war 1848/49 Friedrich Heckers militärischer

Anführer im badischen Aufstand gewesen und danach emigriert. Seine Kriegserfahrung half ihm, als er 1861 für die Nordstaaten im Sezessionskrieg focht und diesen im Rang eines Generalmajors beendete. Zu gerne hätte er 1870 gegen Frankreich gekämpft, was ihm wegen seines Alters und seiner politischen Vergangenheit jedoch verwehrt wurde. Auch Francis Lieber, Teilnehmer der Schlacht von Waterloo, Freiwilliger im «Freiheitskrieg» der Griechen gegen das Osmanische Reich und schließlich Amerika-Auswanderer, der als Berater Abraham Lincolns den als «Lieber-Code» bekannten ersten humanitären Kriegsrechtskodex schuf, zeigte sich begeistert. 1870 vertraute er einem Freund an, wie tief ihn der Blick über den Atlantik bewegte: «Nach einer längeren Krankheit stand ich gestern endlich wieder aus meinem Bett auf – auf Tag und Stunde genau 64 Jahre nachdem ich vom Fenster aus den Einmarsch der Franzosen in Berlin erlebte, tiefbedrückt von dieser Schande. Heute, am 28. Oktober, landete Kolumbus auf Kuba – das für Sie – und gestern hat Metz kapituliert – soviel für mich!»[99]

Als Frankreich geschlagen war, organisierten deutsche Immigrantenvereine Siegesparaden; in New York umfasste sie 40 000 Menschen, 12 000 Pferde, 1200 Wagen und 130 Blaskapellen. «Mein Glaube ist die Einheit», rief Friedrich Hecker auf der Siegesparade in St. Louis aus und verkündete, dass nur in einer aus gemeinsamen Opfern geborenen Nation die Freiheit Wurzeln schlagen könne. Doch diese Begeisterung hielt der Begegnung mit der Wirklichkeit nicht stand. In Mannheim sollte er Ende Mai 1873 vor mehr als 10 000 Menschen sprechen, die ihn mit einer «Gluth der Begeisterung» empfingen. Eine Zeitung bemängelte indes, dass er bei seiner Rede am symbolträchtigen Jahrestag der amerikanischen Unabhängigkeitserklärung der Versuchung erlegen sei, «die Lichtseiten Amerikas durch Anschwärzung Deutschlands effectvoller hervorzuheben». Ich «bin ein Deutscher geblieben», erwiderte der Geschmähte bei seinem Abschiedsbankett in Mannheim Ende August, der aber ungebrochen «freie Erde und freies Vaterland» begehre. Mitten in der Sturmflut nationaler Begeisterung bestand er darauf, dass die Nationen der Welt in der Idee der Demokratie «solidarisch verbunden» seien. Zurück im «land of the free» wurde er deutlicher: «Es mag ein politischer Fortschritt, verglichen mit der düsteren Reaktion der 50er Jahre vorliegen, aber einen steten, freiheitlichen Weiteraufbau auf dem 48 Errungenen sehe ich nicht».[100]

Bismarcks Reichseinigung «mit Eisen und Blut» fand dennoch auch Bewunderer unter den US-Amerikanern. Dass ein alter weißer Haudegen wie Sheridan von Bismarck schwärmte, der die deutschen Staaten «zu einem festgefügten Kaiserreich zusammengeschweißt» habe, «das keine Macht in Europa wieder sprengen konnte», überrascht wenig. Eher schon, dass der Bürgerrechtler W. E. B. Du Bois die Reichsgründung mit der erstrebten Emanzipation der Afro-Amerikaner in eins setzte. Bismarck bezeichnete er als «meinen Helden», denn er habe «aus einer Masse sich zankender Völker eine Nation geformt».[101] Es war Du Bois auf seiner Suche nach motivierenden Vorbildern für seinen Freiheitskampf wohl nicht bewusst, wie sehr sich die deutschen Völker noch 1870 zankten.

«Nackte Venus, großer Mummenschanz» – Die Kaiserproklamation in Versailles

Diese Uneinigkeit zeigte sich sehr deutlich, als, während in Frankreich weiter erbittert gekämpft wurde, die Gründung des deutschen Nationalstaats vollzogen wurde. Faktisch handelte es sich dabei um die Einfügung der vier süddeutschen Staaten in den Norddeutschen Bund. Diese gingen mit weiterhin sehr unterschiedlichen Vorstellungen in die Verhandlungen. Der neue Föderalstaat sollte einerseits zentralistisch genug für einen Nationalstaat sein, andererseits aber den partikularistischen Eigenheiten und Souveränitätsansprüchen der Einzelstaaten zumindest pro forma genüge tun.

Da Baden sich schon lange dem schnellstmöglichen Beitritt zum Norddeutschen Bund verschrieben hatte, gab es von dieser Seite keine Widerstände. Hessen-Darmstadt war zwar an sich großdeutsch eingestellt, doch weil Oberhessen schon Teil des Norddeutschen Bundes und die Armee bereits in der preußischen aufgegangen war, hatte es keinen Spielraum. Hessen und Baden schlossen daher bereits am 15. November 1870 die entsprechenden Verträge, durch die ironischerweise für wenige Wochen nochmal ein «Deutscher Bund» genanntes Staatswesen ins Leben trat. Die beiden Großherzogtümer verzichteten auf alle Insignien der Eigenstaatlichkeit – mit Ausnahme der Verfügung über die Bier- und Branntweinsteuer, die Baden für sich retten konnte.

Bayern hielt seine Begehrlichkeiten auf badisches Gebiet auch unter den neuen Bedingungen nicht zurück. Außenminister Otto von Bray-Steinburg schlug Großherzog Friedrich am 25. November vor, als Dank für dessen Verdienste um die nationale Einigung Baden mit dem Elsass zu einem Königreich zu vereinen. Rangerhöhung *und* Landgewinn, das war zu schön um wahr zu sein. A Hund war er scho, der Herr Außenminister, fragte der einfache Graf doch verdruckst den Großherzog im Rang einer Königlichen Hoheit, ob er nicht «geneigt sei, eine Gebietsabtretung an Bayern zu genehmigen». Er wolle «nur einen ganz schmalen Streifen Landes vom Main- und Tauberkreise bis an den Rhein». Dieses vergiftete Angebot konterte der Großherzog kühl mit dem Hinweis, dass Elsass und Lothringen entweder bei Preußen oder als eigenes Reichsland am besten aufgehoben seien und er den Gedanken einer Belohnung für seine nationale Haltung durch die Rangerhöhung zum König entrüstet zurückweisen müsse. Vor allem aber sei die Zeit vorbei, «in welcher man Land und Leute verschenkte».

Zwei Tage später empfing der Großherzog Bismarck. Und auch er verstand es durchaus, Stimmung für sich zu machen, denn er wusste, «daß er sich behaglicher fühlt, wenn das Gespräch rauchend geführt wird». Das Geld für die beiden in den kommenden Stunden von Bismarck in Brand gesteckten und qualitativ bestimmt hochwertigen Zigarren war gut investiert, denn einmal mehr bewährte es sich, den durch seine wespentaillige Gestalt äußerst verwundbaren Staat am Oberrhein durch enge Anlehnung an den Paten aus dem Norden vor den Begehrlichkeiten der Brüder aus dem Süden zu schützen. Des Großherzogs Zurückweisung der Brayschen Forderungen bezeichnete der Kanzler «als deutsch», das Ansinnen des bayerischen Ministers dagegen als «durch und durch welsch wie er selbst». Recht plump spielte Bismarck damit auf die französischen Ursprünge des Geschlechts der Bray an, und er dürfte sich dabei des schenkelklopfenden Einverständnisses mit dem Großherzog sicher gewesen sein. Außerdem habe Bray gegenüber Bismarck keineswegs nur einen schmalen Landstreifen, sondern die ganze badischen Kurpfalz samt Mannheim und Heidelberg verlangt. Und, so Bismarck weiter, auch der Hessen-Darmstädtische Ministerpräsident von Dalwigk konnte sich vorstellen, badische Gebiete in Mainfranken und am Neckar zu erwerben. Viele Hunde sind des Hasen Tod – wer mochte es dem badischen Langohr verdenken, dass es sich mit dem preußischen Schäferhund verbündete? Und auch die Schwaben bekamen ihr Fett ab, denn Bismarck vergaß nicht «als Lächerlichkeit» zu erwähnen, dass Württemberg als Kompensation für den möglichen badischen Landerwerb im Elsass gerne das von einer hohenzollernschen Nebenlinie regierte Sigmaringer Ländchen geschluckt hätte. Das sind erheiternde Anekdoten, die man sich am knisternden Kaminfeuer bei einem gutem Glas badischen Weins zu Gemüte führt – doch sie zeigen, wie wenig sich die Beteiligten als Vollstrecker einer «nationalen Sendung» empfanden. Es ging um Macht und Pfründe, um Länder, Titel und Renommee – Politik des 19. Jahrhunderts eben.[102]

Auf andere Art schwierig gestalteten sich die Verhandlungen mit Württemberg, dessen großdeutsch-pro-österreichische Haltung notorisch war. Am 22. Oktober 1870 genehmigte die württembergische 2. Kammer aber bei nur drei Gegenstimmen weitere Kriegskosten. Die

Verhandlungen in Versailles mündeten am 25. November in die Vertragsunterzeichnung, weil auch die württembergische Regierung letztlich keine Alternative zum Anschluss an «Großpreußen» sah, aber deutlich mehr Reservatrechte erstritt als Baden. Daher behielt Württemberg sein eigenes Kriegsministerium und stellte ein eigenes, das XIII. Armeekorps. Den Oberbefehl über seine Armee hatte es freilich, wie 1866 schon Sachsen, an Preußen abgeben müssen. Daneben verfügte es ebenfalls über die Bier- und Branntweinsteuer, das Post-, Telegrafen- und Eisenbahnwesen.

Carl Mayer warnte trotzdem weiter vor Bismarcks Absicht, «ganz Deutschland unter Preußen zu bringen» sowie «Reaction zu machen»; die Württemberger sollten sich daher davor hüten, «blindlings ins Verderben» zu rennen. Bei den Anfang Dezember 1870 abgehaltenen Neuwahlen mussten seine weiter preußenskeptischen Demokraten jedoch schwere Verluste einstecken. Mayer wurde nicht wiedergewählt, die Linke kam auf nur noch 17 Sitze, die Deutsche Partei auf 30. Mayer zog sich aus der Parteiarbeit zurück, begleitete das neue Reich aber weiter kritisch, auch wenn er konzedierte, dass «es uns nicht mehr erlaubt [ist], gegen dessen Bestand anzukämpfen».[103]

Die fetteste Extrawurst briet sich Bayern. Durch den Vertrag vom 23. November 1870 behielt es viele Reservatrechte: ein eigenes Kriegsministerium, in Friedenszeiten sogar den Oberbefehl über die Armee. Daneben gab es ein eigenes Postwesen und eine eigene Eisenbahn sowie weitreichende Kultur- und Steuerhoheit. Die «Novemberverträge» traten zum 1. Januar 1871 in Kraft, der insofern der offizielle Geburtstag des Deutschen Reichs war. Baronin Spitzemberg sprach sicher für viele, wenn sie einerseits das annus mirabilis, das wunderbare Jahr pries, das unsterblichen «Ruhm unserem Volke» und «die Wiedergeburt des deutschen Kaisertums» brachte und «daneben so unendlich viel Kummer, Elend, Tränen und Greuel!»[104]

Während vor den Toren von Paris das Kaiserreich feierlich verkündet wurde, debattierte der Bayerische Landtag vom 11. bis 21. Januar über die Annahme der Versailler Verträge. Eine beachtliche Minderheit der Parlamentsabgeordneten, größtenteils aus der katholisch-konservativen Bayerischen Patriotenpartei, verweigerte noch im Januar 1871 die Fortführung des Kriegs durch die Ablehnung zusätzlicher Mittel. Die «Abweichler» aus der Patriotenpartei, so ihr Wortführer, Max Huttler, übersahen keinesfalls die vielen Defizite der «Novemberverträge», wollten aber «die Verantwortung für die weit größeren Übelstände, die aus der Verwerfung der Verträge für Bayern hervorgehen, nicht theilen». Begeisterung klingt anders. Doch wenigstens konnte auf diese Weise die einheitliche Zustimmung des Königs, der Reichsräte und des Landtags erreicht werden.[105]

Der Norddeutsche Reichstag stimmte am 9. Dezember 1870 mit großer Mehrheit den Versailler Verträgen zu. Dagegen stellten sich, wie schon 1867 gegen die Verfassung des Norddeutschen Bundes, vor allem die polnischen, dänischen und welfischen Abgeordneten. Und Wilhelm Liebknecht, der als «passendste[n] Ort für die Krönung des modernen Kaisers» den Gendarmenmarkt empfahl, «denn dieses Kaisertum kann in der Tat nur durch den Gendarmen aufrechterhalten werden». Der Bundesrat stimmte am selben Tag für die Änderung des Namens in «Deutsches Reich» und des Bundesvorsitzenden in «Deutscher Kaiser», tags darauf auch der Reichstag. Bei der ersten Wahl zum nunmehr gesamtdeutschen Reichstag am 3. März 1871 betrug die Wahlbeteiligung nur 50 %. Rund 46 % der Stimmen entfielen auf die verschiedenen liberalen Parteien, knapp 19 % auf die neugegründete katholische Zentrumspartei, 23 % auf die Konservativen, der Rest auf die Vertreter verschiedener Minderheiten, darunter gut 3 % auf die noch schwachen Sozialdemokraten.[106]

In seiner Eröffnungsrede am 21. März versprach Wilhelm, das neue Reich werde «ein zuverlässiger Bürge des europäischen Friedens sein» und sich «inmitten seiner Erfolge vor jeder Versuchung zum Mißbrau-

Abb. 13: «Deutschlands Zukunft» aus österreichischer Sicht: «Kommt es unter einen Hut? Ich glaube, 's kommt eher unter eine Pickelhaube!».

che seiner durch seine Einigung gewonnenen Kraft» hüten. Zur Belohnung für seine Verdienste wurde Bismarck in den Fürstenstand erhoben. Am 14. April wurde die neue, mit der des Norddeutschen Bundes weitgehend identische Reichsverfassung verabschiedet, die am 4. Mai 1871 in Kraft trat – erst jetzt wurde der Bundeskanzler zum Reichskanzler – und die «Novemberverträge» ersetzte. Am 8. November 1871 folgten noch die Zustimmungsverträge mit den vier süddeutschen Staaten; formal war die Staatsgründung damit abgeschlossen.[107]

Gewissermaßen zur Folklore der Reichsgründung gehört eine Episode, die ans Jahresende 1870 zurückführt und aus heutiger Sicht lächerlich erscheint. Franz von Roggenbach eilte Anfang Dezember 1870 von Versailles nach Berlin, um die zögernden liberalen Reichstagsabgeordneten zur Zustimmung zu den «Novemberverträgen» zu bewegen. Er «lese gar nicht, was in den Verträgen stehe. Man müsse jetzt den Moment ergreifen, da man nie wieder einen König von Bayern finden werde, der wegen Zahnschmerzen die Kaiserkrone anbiete», meinte er zu Chlodwig zu Hohenlohe-Schillingsfürst, mit dem ihn seine preußenfreundliche Grundhaltung verband. Angesichts der «chaotischen Unentschiedenheit» Ludwigs war es geboten, jetzt zuzugreifen, wo des Königs Schwäche die vielleicht einmalige Chance bot, ihn unter das verhasste Joch Preußens zu beugen.[108]

Dass es dazu überhaupt kommen konnte, lag an Preußens Gesandtem von Werthern. Der hatte schon Mitte August 1870 angedeutet, «daß aus dem Kriege eine Einigung Deutschlands unter einem Kaiser hervorgehen werde, und daß Niemand besser dessen Proclamirung in die Hand nehmen könne» als der Bayernkönig, zumal es auch pekuniär nicht sein Schaden sein werde. Werthern legte wenig später gegenüber dem engsten Berater Ludwigs, Max von Holnstein, nach: Nur der Wittelsbacher, «Abkömmling des ältesten und vornehmsten Hauses in Europa, Erbe von Fürsten, die seit einem Jahrtausend dasselbe Land beherrschen, […] edel und genial wie kein anderer»[109], könne Wilhelm von Preußen auf den Kaiserschild heben.

Doch selbst diese Extraportion Schmäh genügte nicht, denn der so Umgarnte gestand am 1. Oktober gegenüber seinem Onkel Luitpold, dem späteren Prinzregenten: «Ein Bündnis der deutschen Staaten ist selbst im Interesse Bayerns nicht mehr zu umgehen», doch müssten zentrale Elemente der Eigenstaatlichkeit gewahrt bleiben. Die Kaiserwürde für Preußens Wilhelm sei «eine höchst fatale, bedenkliche Sache, die hoffentlich fernzuhalten sein wird». Dass Wilhelm wünsche, von ihm die Kaiserwürde angetragen zu bekommen, «das fehlte noch. Dieu m'en preserve!» Doch Gott erhörte ihn nicht, denn acht Wochen später unterschrieb er den «Kaiserbrief» «mit seiner verbundenen Backe» im Bett sitzend. In dem von Bismarck aufgesetzten Schreiben tat er kund, dass er sich «an die deutschen Fürsten mit dem Vorschlag gewendet» hat, «gemeinschaftlich mit mir bei Ew. M. in Anregung zu bringen, daß die Ausübung der Präsidialrechte des Bundes mit Führung des Titels eines deutschen Kaisers verbunden werde».[110]

Was war geschehen? Ludwig schwankte wie ein Rohr im Wind und war ständig klamm. Seine Schlösser, seine Bewunderung Richard Wagners, sein extravaganter Lebensstil – all das kostete mehr Geld, als er hatte. Preußens Gesandter von Werthern ließ seinen Chef am 19. November 1870 wissen, dass Ludwig «durch Bauten und Theater in große Geldverlegenheit geraten» war. Doch Freunde helfen gern: «Sechs Millionen Gulden würden ihm sehr angenehm sein, vorausgesetzt, dass die Minister es nicht erfahren. Für diese Summe würde er sich auch zur Kaiserproklamation und Reise nach Versailles entschließen».[111] Ströme weißblauer Tinte sind geflossen, um herauszufinden, ob Ludwigs Zustimmung zur Reichsgründung letztlich auf Bestechung beruhte. Für die einen stehen «die Geldzahlungen und die Ratifikation der Versailler Verträge in einem kausalen Zusammenhang – und damit auch der Eintritt Bayerns ins Reich», andere werten «die Zahlungen als Gegenleistung, Anerkennung und Dank für die Verdienste König Ludwigs um Kaiser und Reich [...], vor allem für seine Kaiserinitiative». Der Unterschied zwischen Geldzahlungen als «kausalen Zusammenhang» und «Zahlungen als Gegenleistung» wirkt akademisch; es schmeckt nach Spezerlwirtschaft.[112]

Fest steht: Von 1871 bis 1886 flossen insgesamt knapp fünf Millionen Mark in die königliche Privatschatulle, und zwar, was die Sache besonders pikant machte, aus dem «Welfenfonds», dem erbeuteten hannoverschen Staatsvermögen. Statt im Januar 1871 ins echte Versailles zu reisen, baute sich Ludwig ab 1878 ein falsches auf Herrenchiemsee. Hauptnutznießer seiner Verehrung für Frankreichs Ludwig XIV. ist heute der Freistaat Bayern als Besitzer dieses Schlosses und derer in Linderhof und Neuschwanstein. Auch die dortige Tourismusindustrie schuldet dem fremdes Vermögen großzügig verteilenden Reichskanzler bis heute ein tägliches «Vergelt's Gott».

Das war König Ludwigs Motto nicht, auch wenn er gegenüber Bismarck große Anhänglichkeit zeigte. Doch die übertrug sich nicht auf das Haus Hohenzollern. Während eines gemeinsamen Theaterbesuchs mit dem preußischen Kronprinzen, der es sehr gut verstand, skeptische Herzen für sich zu gewinnen, fand Ludwig dessen Gegenwart «*sehr* störend u. unangenehm». Die fortgesetzten Fremdgehgelüste Ludwigs blieben Kronprinz Friedrich nicht verborgen, da Ludwig auch später «seine Sympathien für Oesterreich ausgesprochen» hat, «die er stets gehegt, leider aber unter dem Druck der ‹Reichs-Verhältnisse›» momentan zurückstellen müsse, wobei er hoffe, «daß die Zeit schon kommen werde». Da blieb Friedrich nur noch ein entrüstetes «ich habe mich nie getäuscht!!!»[113]

Baronin Spitzemberg störte sich, ihre konfessionellen Ressentiments keineswegs verbergend, daran, «daß Bayern so unerhörte Bevorzugungen erhalten hat: unter Preußen uns zu beugen, ist uns Schwaben schon schwer genug gefallen», aber «daß die katholischen, von uns über die Achsel angesehenen Altbayern solche, ein Bundesverhältnis eigentlich annullierende Prärogative haben sollen, wird eine Todfeindschaft zwischen uns hervorrufen». Noch ohne auf die fleißige Archivarbeit von Historikergenerationen zurückgreifen zu können, vermutete ihr Ehemann, der württembergische Gesandte in Berlin, dass die Bayern «Preußen mit dem Anerbieten der Kaiserkrone geködert haben».[114] Auch wenn diese Deutung dem heutigen Wissensstand nicht ganz entspricht: Dass da ein G'schäftle mit G'schmäckle abgelaufen war, ahnte er zu Recht. Am Ende

Abb. 14: Die «Kaiserdeputation» des Reichstags des Norddeutschen Bundes. Die Parlamentarier der deutschen Staaten prägten die Reichsgründung entscheidend mit.

entschied nicht diese Frage über die Form der deutschen Einheit, die zu diesem Zeitpunkt tatsächlich alternativlos geworden war, doch viele Groschenromanepisoden begleiteten diesen politisch-diplomatischen Vorgang. Bei diesem Game of Thrones wurde geschachert und getrickst, erpresst und mit falschen Karten gespielt, wie es sich keine Drehbuchautorin wilder hätte ausmalen können.

Parallel hatte der Reichstag des Norddeutschen Bundes in seiner letzten Sitzung bei nur sechs Gegenstimmen einen Antrag befürwortet, Wilhelm um die Annahme der Kaiserkrone zu bitten. Diese Petition wurde am 18. Dezember 1870 von einer Deputation unter Leitung Eduard Simsons, zu der auch Rudolf Schleiden gehörte, in Versailles vorgelegt – und Wilhelm geruhte gnädigst, sie anzunehmen. Die Politiker, Militärs und Diplomaten nehmen in den Reichseinigungsgeschichten stets viel Raum ein, doch ohne die jahrzehntelange Arbeit der Parlamentarier in den deutschen Staaten hätte das neue Reich nicht entstehen können. Das wurde aus der Reichsgründungslegende leider erfolgreich herauserzählt. «Heute macht der ‹Kaiser› die ‹Verfassung› – nicht aber die Verfassung den Kaiser», vermerkte die hochkonservative «Kreuzzeitung» schon Anfang Oktober erfreut und sparte nicht mit Spott über die «unheilbaren Fortschritts-Kranken», die immer noch an den Ideen der Volkssouveränität festhielten.[115] Der Reichstag wurde trotz seiner eingeschränkten Befugnisse in späterer Zeit zu einem zentralen politischen Forum des Kaiserreichs – doch das Defizit, bei der Reichsgründung viel unverzichtbare Kleinarbeit geleistet zu haben, protokollarisch aber niedergehalten worden zu sein, wurde er bis zum Ende der Monarchie 1918 nicht mehr los.

Dazu passt, dass gemeinhin nicht der 1. Januar, der 3. März oder der 4. Mai, sondern die Kaiserproklamation am 18. Januar 1871 als Geburtsstunde des deutschen Nationalstaats gilt. Das Datum war kein Zufall. Seit 1810 wurde jährlich das Krönungs- und Ordensfest zum Andenken an die Erhebung Preußens zum Königreich am 18. Januar 1701 gefeiert. Preußens Aufstieg, sein Fall unter napoleonische Vorherrschaft, sein Wiederaufstieg und die Erfüllung seiner vermeintlichen «deutschen Sendung» wurden dadurch verknüpft, zumal König Wilhelm bereits einmal in dem die Macht Frankreichs wie kein anderer Ort symbolisierenden Schloss Versailles war: 1814 als junger Prinz hatte er an der Seite seines Vaters die Eroberung von Paris erlebt.

Doch dass die Kaiserproklamation herbeigesehnt worden wäre, kann man nicht behaupten. Als Hans von Kretschmann das Gerücht zu Ohren kam, dass «der König von Baiern ins Hauptquartier kommen und im

Namen der Souveraine Europas dem Könige die deutsche Kaiserkrone antragen» werde, war er nicht gerade begeistert: «Das wäre nicht erfreulich. Lieber gut Preußisch bleiben». Konsequenterweise erwähnte von Kretschmann, der allerdings in diesen Tagen in Le Mans einquartiert war, die Ereignisse des 18. Januar 1871 in seinen Briefen nicht, obwohl er, gut vernetzt wie er war, gewiss zeitnah davon erfahren hatte. Erst zehn Tage später schrieb er über diesen Tag: «Am 18. hat der König einige Anzahl Kreuze I. Classe gegeben».[116]

Das Kreuz stand am Anfang der Festlichkeiten, denn ein Gottesdienst leitete am 18. Januar das große Ereignis ein. Hofprediger Bernhard Rogge, Schwager des krankheitsbedingt abwesenden Kriegsministers Roon, nahm den Spiegelsaal, diesen «Götzentempel der irdischen Majestät», zum Anlass, vor den Folgen dieser «eitle[n] Hoffart» zu warnen: Frankreichs Könige seien «mit aller ihrer eitlen Pracht und in ihrer Thorheit zunichtegeworden; und die nach ihnen emporgetragen von den Wogen der Revolutionen, in der Gunst des Volkes, [...] auch die sind zu Schanden geworden».[117]

Der damalige Oberstleutnant und spätere preußische Kriegsminister, Paul Bronsart von Schellendorff, erlebte «eine lange, aber ziemlich schwache» Predigt; sie hielt ihn nicht davon ab, mit seinem männlichen Blick das ewig Weibliche zu fixieren. «Der improvisierte Altar stand einer nackten Venus gegenüber, ein allerdings im Schloß von Versailles schwer zu vermeidendes Verhältnis». Schon am Tag davor war ihm die geplante Feier nur als ein «großer Mummenschanz» erschienen. Ähnlich empfand das auch Prinz Otto von Bayern, der an Stelle seines älteren Bruders Ludwig dem Akt beiwohnen musste. «Alles so kalt, so stolz, so glänzend, so prunkend und großtuerisch und herzlos und leer», so erschien ihm die Feier. Die besondere Kälte dieses Tages war eine gefühlte, denn wie Moritz Busch in seinem Tagebuch notierte, war der «Himmel bewölkt, Luft klar, weite Aussicht, laue Temperatur».[118]

Und auch in Berlin, nun als Kaiserstadt insofern endlich auf Augenhöhe mit derjenigen an der Donau, blieben die Bewohner ruhig: «Während sonst überall die Wiedererstehung des deutschen Kaisertums mit Sang und Klang gefeiert wurde, war hier sowohl Beflaggung als Beleuchtung keineswegs dem wichtigen Ereignis entsprechend. Die Berliner sind ein ekelhaft blasiertes, nüchternes Volk; um sie zu begeistern, muß man ganze Heere und Kaiser fangen, und außer dem Falle von Paris und dem Friedensschluß wird nichts mehr die Flaggen hervorzaubern».[119]

Das lag nicht zuletzt daran, dass die Kaiserproklamation eine rein monarchisch-militärische Veranstaltung unter weitgehendem Ausschluss der Öffentlichkeit war. Zwar kündigte die Presse dieses Ereignis an, war aber nicht am Ort des Geschehens. Selbst Bismarcks «Regierungssprecher», Moritz Busch, erfuhr nur durchs Hörensagen davon: heute «Ordensfest und Proklamierung des Deutschen Reichs und Kaisers unter militärischem Gepränge. Soll ein sehr stattliches und feierliches Schauspiel gewesen sein. Ich machte inzwischen mit Wollmann einen weiten Spaziergang». William Russell von der Londoner «Times» war von Bismarck dagegen persönlich mit der Lizenz zur Berichterstattung ausgestattet worden. Als Uniform, ohne die es eben nicht ging, trug er die eines Deputy Lieutenant des Londoner Towers.[120]

Anwesend waren im Spiegelsaal, der davor und danach als Lazarett diente, 35 Fürsten und Prinzen, darunter Leopold, Luitpold und Otto von Bayern sowie etwa 2000 Offiziere, Unteroffiziere und Soldaten der Paris belagernden Truppen. Die Ansprache Wilhelms war knapp und schmucklos. Aufgrund der von den deutschen Fürsten und Freien Städten durch «des Königs von Bayern Majestät» an ihn gerichteten Aufforderung werde er «mit Wiederherstellung des Deutschen Reiches die deutsche Kaiserwürde» übernehmen «in der Hoffnung, daß es mir, unter Gottes Beistande, gelingen werde, die mit der Kaiserlichen Würde verbundenen Pflichten zum Segen Deutschlands zu erfüllen». Was Bismarck danach «mit hölzerner Stimme», wie sich von Werner erinnert hatte, vorlas, eine Proklamation an das deutsche Volk, war weitgehend eine Wiederholung der Worte Wilhelms. Dieser übernehme «die kaiserliche Würde in dem Bewußtsein der Pflicht, in deutscher Treue die Rechte des Reiches und seiner Glieder zu schützen, den Frieden zu wahren» und «die Unabhängigkeit Deutschlands» zu verteidigen, und zwar zuerst «gegen erneute Angriffe Frankreichs». In Anlehnung an die Kaisertitulatur des Alten Reichs, «semper augustus», wolle auch dieser Kaiser «allezeit Mehrer des Deutschen Reiches» sein, «nicht an kriegerischen Eroberungen, sondern an Gütern und Gaben des Friedens auf dem Gebiete nationaler Wohlfahrt, Freiheit und Ordnung».[121]

Das Zustandekommen des darauf folgenden Kaiserhochs verdeutlicht einmal mehr, wie verkrampft die Reichsgründung ablief. Im Kaiserbrief und in allen Verhandlungen und Verträgen darum herum war nicht vom «Kaiser von Deutschland» die Rede, weil das eine Territorialherrschaft über alle im Reich zusammengeschlossenen Staaten angezeigt hätte, was viele Fürsten, der Bayer voran, unbedingt vermeiden wollten. Bismarck anerkannte das, «allerdings, ohne Se. Majestät vorher zu fragen». «Deutscher Kaiser» lautete die Kompromissformel, die Wilhelm I. ebenso missfiel wie Kronprinz Friedrich, der die Besprechung am 17. Januar in seinem Tagebuch festhielt. Die Argumente beider Seiten, politische und historische, waren seit Wochen bekannt, doch Wilhelm blieb bockig, weil er «nur ein Scheinkaisertum übernähme». Zum «Schluchzen und Weinen» brachte ihn der Gedanke, dass er am nächsten Tag «von dem alten Preußen [...] Abschied nehmen müßte». Alles Zureden Bismarcks und des von ihm inzwischen umgestimmten Kronprinzen nutzte nichts, denn in höchstem «Zorn sprang der König schließlich auf, brach die Verhandlungen ab und erklärte, von der zu morgen angesetzten Feier nichts mehr hören zu wollen». «Unter solchen Eindrücken», notierte der Kronprinz ernüchtert, «leiten wir die [...] großartige deutsche Feier ein!»[122]

Am nächsten Tag lag der schwarze Peter beim badischen Großherzog als dem ranghöchsten anwesenden Regenten nach Preußens Wilhelm I., der zudem sein Schwiegervater war. Nur er konnte das Kaiserhoch ausbringen, aber welches? Er wusste, dass Bismarck «in seiner Ansicht fest steht», und daher werde diese, «wie in so manchen anderen Dingen», auch durchdringen. *Le roi règne, mais ne gouverne pas,* der König herrscht, aber er regiert nicht: Dieses Motto Adolphe Thiers', 1830 auf den französischen «Bürgerkönig» Louis Philippe gemünzt, galt abgewandelt auch 1871 in Versailles: *Le roi règne, mais Bismarck gouverne.*

Friedrich von Baden konnte nur das Falsche tun: entweder gegen sein und des Preußenkönigs Empfinden handeln oder Bismarcks ausgehandelten Kompromiss unterlaufen. Oder schlimmstenfalls sowohl Bismarck als auch Wilhelm brüskieren. Was da geschah, war geeignet, «der Weihe des Tages etwas Abbruch zu tun», denn unser armer Großherzog erhielt weder von Skylla noch von Charybdis eine Kursansage. Wenigstens von Kronprinz Friedrich hatte er grünes Licht für seine Zauberformel bekommen, die er dann auch, gefolgt von sechsfach donnerndem Hurra der Versammelten, aussprach: «Seine Kaiserliche und Königliche Majestät, Kaiser Wilhelm, lebe hoch, hoch, hoch!» Der gerade erst aus seiner Vertiefung erwachte Anton von Werner hörte: «Seine Majestät, Kaiser Wilhelm der Siegreiche, er lebe hoch!» Danach nahm Wilhelm gnädig Huldigungen entgegen, sprach dankende Worte, bedachte auch ein paar der einfachen Soldaten mit landesväterlichen Worten – nur seinem ersten Minister nahm er den Verlauf der Feier «so übel», dass er ihn «ignorierte» und «vorüberging», ohne ihm die Hand zu reichen. «Diese Kaisergeburt war eine schwere», klagte der so Ignorierte seiner Frau; er habe sich gewünscht, «eine Bombe zu sein und zu platzen». Selbst am Feiertag der Reichseinigung lautete der Beziehungsstatus zwischen Kaiser und Kanzler: «Es ist kompliziert». Wenigstens Bronsart von Schellendorf war von der anfangs als Mummenschanz bespöttelten Feier angetan und musste «anerkennen, daß sie viel Erhebendes hatte».[123]

Einer Kaiser*proklamation* folgt eigentlich eine Kaiser*krönung*; der

Kronprinz hätte sie gerne in Köln abgehalten und wollte dereinst selbst als Kaiser Friedrich IV. regieren. Dadurch hätte er die Nachfolge des Habsburger Kaisers Friedrich III. beansprucht, dessen lange Herrschaft knapp ein Jahr nach Kolumbus' Landung in Amerika geendet hatte; an monarchischem Langzeitgedächtnis mangelte es dem vermeintlich liberalen Kronprinzen nicht.

Warum die Krönungsfeier ausfiel, begründete Hans Freiherr von Türckheim zu Altdorf, badischer Gesandter in Berlin. Diese wäre «schwer ohne Anschluß an die Formen des alten deutschen Reichs durchzuführen», die wiederum «mit dem Zeremoniell der katholischen Kirche zu eng verbunden» seien, «um nicht eine Reihe von Verlegenheiten im Gefolge zu haben. Auch die alte Kaiserkrone Karls des Großen ist nicht zur Hand, sollte sie etwa von der Gefälligkeit des Grafen Beust erbeten werden?»[124] Dass der eingeschworene Bismarck-Gegner und nunmehrige österreichische Staatskanzler Friedrich von Beust für solch einen Deal nicht zu haben sein würde, stand außer Frage. So verblieb die alte Kaiserkrone, mit Ausnahme der Jahre 1938 bis 1946, als sie die Nationalsozialisten nach Nürnberg verbracht hatten, in der Wiener Hofburg. Dort kündet sie bis heute davon, wo jahrhundertelang das Herz des Heiligen Römischen Reiches Deutscher Nation geschlagen hatte.

Für Gustav Freytag war die Vorstellung einer Kaiserkrönung gerade deshalb eine «innerlich unwahre Idee», die für «so viel Ungesundes, so viel Fluch und Verhängnis» stehe. Der Nationalliberale Johannes Miquel meinte am 31. März 1871 im Reichstag: «Wir gründen heute einen modernen Staat, wenn auch unter dem alten Namen». Tatsächlich war das neue Reich formal konsequent weltlich, weil die Reichsverfassung «weder eine Anrufung Gottes in der Präambel noch eine Bestimmung des kaiserlichen Amtes als von Gottes Gnaden» beinhaltete. Insofern wurde 1871 kein Pakt von Thron und Altar geschlossen, doch auf der Ebene der Länder bestand er unverändert fort. Die Rede vom protestantischen Kaisertum war trotz – oder wegen – der unverkennbaren Dominanz des Protestantismus im neuen Staat verpönt, und «die Idee einer Integration der jungen Nation unter dem Banner einer gemeinsamen Religion entwickelte kaum Strahlkraft». Schon die verschiedenen Strömungen des Protestantismus fanden kaum zu einer einheitlichen Deutung der Reichseinigung, noch viel weniger zusammen mit dem Katholizismus. Bereits in der Paulskirchenversammlung war ein hohenzollernsches Kaisertum durch Vertreter der hochkonservativen katholischen Partei als evangelisch bezeichnet worden, und zwar in abwertender Absicht.[125]

So trat der Deutsche Nationalstaat wie ein von nur wenigen vorbehaltlos geliebtes Kind ins Leben. Den einen war er zu zentralistisch, für die anderen nahm er zu viel Rücksicht auf die Partikularisten. Den einen war er zu liberal, den anderen zu konservativ. Der neue Kaiser wäre am liebsten nur König geblieben, und auch viele andere Fürsten fanden sich schwer mit dem neuen Oberhaupt ab. Vor allem aber hatte «das Volk» bei der Staatsgründung nichts, seine gewählten Vertreter wenig zu sagen. Für sie war nur ein Platz am Katzentisch vorgesehen. Wie Ferdinand Freiligrath schon im Sommer 1866 vorausgesehen hatte: «Stets aus Blut hervorgehn die Cäsaren! Blut des Volks muß *Kaiserkronen* löthen!»[126]

«Keine Flagge, keine Bewegung in den Straßen» – Der Frankfurter Frieden

Nach so viel Mummenschanz forderte die Politik wieder ihr Recht. Nachdem endlich die Waffen schwiegen, mussten die Franzosen ihre Zukunft organisieren. Bismarck hatte nicht nur einen großen Einfluss auf die monarchisch-autoritäre Gründung des *deutschen* Nationalstaats, sondern auch auf die demokratisch-republikanische Neugründung des *französischen*. Für einen raschen Friedensschluss brauchte es einen legitimen, akzeptierten und durchsetzungsfähigen Verhandlungspartner. All das war die provisorische Regierung nur bedingt. Die Wahl der Nationalversammlung am 8. Februar konnte daher nur mit aktiver Unterstützung der Besatzungsmacht durchgeführt werden, die im besetzten Nordosten des Landes den Urnengang organisierte und selbst den französischen Soldaten in deutscher Kriegsgefangenschaft die Teilnahme ermöglichte. Die Nationalversammlung konnte daher bereits am 12. Februar im unbesetzten Bordeaux eröffnet werden.[127]

Die Wähler stimmten freilich mit großer Mehrheit, über 400 der 675 Abgeordneten, für royalistische Kandidaten. Die Monarchisten waren für eine schnellstmögliche Beendigung des Kriegs; ihr Wahlerfolg ist insofern auch ein Indiz für die Kriegsmüdigkeit der Bevölkerung. Die Anhänger Napoleons spielten aus naheliegenden Gründen keine Rolle mehr. Die Befürworter der Restauration zerfielen daher in zwei große Lager; die einen wollten die Bourbonen wie vor 1789 und zwischen 1814 und 1830 wieder auf dem Thron sehen, die Orléanisten unterstützten die Familie des zwischen 1830 und 1848 als «Bürgerkönig» regierenden Louis-Philippe. Die Nationalversammlung einigte sich auf Adolphe Thiers als Chef der Übergangsregierung. Er war einerseits mehrfach Minister und Regierungschef unter Louis Philippe gewesen und genoss insofern das Vertrauen der Monarchisten; andererseits war er aber auch als Gegner Napoleons III. aufgetreten, was ihn für die Republikaner akzeptabel machte. Thiers sollte die Kastanien aus dem Feuer holen, indem er den erwartbar nachteiligen Friedensvertrag auf sich nahm. Danach sollte die Monarchie, vom Odium der Niederlage unbelastet, wieder installiert werden. Stattdessen gelang es Thiers, gegen die monarchistische Mehrheit die Republik zu stabilisieren.

Doch der Weg dorthin war blutig. In Frankreich ging der Krieg gegen den äußeren Feind in einen Bürgerkrieg über. Am 18. März 1871 versuchte Thiers, die Nationalgarde in Paris zu entwaffnen. Der daraus folgende Aufstand bewies, dass manche den Krieg noch immer nicht verloren geben wollten. Am 26. März 1871 übernahm eine Revolutionsregierung die Macht, die «Commune de Paris». Marx bejubelte «die erste Revolution, in der die Arbeiterklasse offen anerkannt wurde», weil sie allein «noch einer gesellschaftlichen Initiative fähig war». Er beschimpfte «Thiers, diese Zwergmißgeburt» als «Meister kleiner Staatsschufterei», als «Virtuose des Meineids und Verrats» und beklagte, dass «die siegreiche und die besiegte Armee sich verbünden zum gemeinsamen Abschlachten des Proletariats». Bis Mai dauerte es, ehe die Regierungstruppen den Aufstand niedergeschlagen hatten. 97 Pariser waren während des dreiwöchigen Bombardements der Stadt durch die deutschen Belagerer gestorben; die Niederschlagung der Kommune kostete bis zu 20 000 von ihnen das Leben. Vielleicht waren es auch nur 8000 Tote, entscheidend ist: Es war eine moderne Art des Massakers, staatlich kalkuliert und durchgeführt. Diese Kriegsopfer kamen zu den seit August 1870 getöteten 140 000 Soldaten hinzu. Die photographische Dokumentation der Pariser Commune durch Eugène Appert und andere lieferte Ikonen der Revolution.[128]

So wurden also zwischen November 1870 und Mai 1871 für zwei Staaten, die sich als verfeindet begriffen und deren Schicksal gerade deshalb aufs engste miteinander verflochten war, die Weichen für die Zukunft gestellt. Aufgrund der Komplexität der Themen und der instabilen Lage Frankreichs zogen sich die Friedensverhandlungen lange hin. Erst am 10. Mai unterzeichneten im Frankfurter Hotel «Zum Schwan» Frankreichs Außenminister Favre und Bismarck den Friedensvertrag. Die Berliner hatten ihre Feierlust offensichtlich in den gut zehn Monaten davor ausgelebt: «Keine Flagge, keine Bewegung in den Straßen verkündete das lang ersehnte, hocherfreuliche, welthistorische Ereignis, das sich gestern vollzogen; mir graut vor unserer eigenen Nüchternheit», hielt Baronin Spitzemberg in ihrem Tagebuch fest.[129]

Die Waffen schwiegen, doch ganz war der Krieg immer noch nicht zu Ende. Frankreich musste sehr hohe Reparationen in Höhe von fünf Milliarden Goldfranken zahlen. Das entsprach der dreifachen Summe des in Deutschland insgesamt vorhandenen Bargelds. Dadurch wurde eine überhitzte Hochkonjunktur ausgelöst, die schon 1873 durch eine große Finanz- und Wirtschaftskrise endete. Die deutschen Truppen, immerhin noch 50 000 Mann, zogen im September 1873 aus Frankreich ab. Ursprünglich war ein Viertel aller französischen Départements besetzt gehalten worden, doch schon im Oktober 1871 konnte Frankreich eine erste Rate zahlen und dadurch den Abzug der deutschen Truppen aus allen bis auf sechs Départements erreichen. Keinen Truppenabzug, sondern das Gegenteil, die größte Militärdichte Europas, erlebten dagegen die beiden Ostprovinzen des Landes. Die Menschen in Elsass-Lothringen wollten mehrheitlich nicht zum neuen Deutschen Reich, mussten aber. Diese Annexion war unzweifelhaft die folgenreichste Bestimmung des Frankfurter Friedens.[130]

Während der «Julikrise» 1870 war sie noch kein Thema gewesen, auch wenn der Verlust Lothringens und vor allem des Elsass an das ostwärts expandierende Frankreich immer wieder einmal beklagt worden war, so zuletzt 1859 – ohne dass die Forderung nach Rückgewinnung der Gebiete angesichts der Machtverhältnisse in Europa jemals als realistisch erschien. Die keineswegs nur panische, sondern sehr reale und französischerseits im Juli auch gezielt geförderte Invasionsangst verbunden mit der französischen Forderung nach der Annexion des linken Rheinufers ließ nach den ersten deutschen Siegen den Gedanken der Annexion konkret werden. Britanniens Gesandter in Darmstadt, Morier, gestand daher auch Anfang September ein, «daß die Forderung nach der Vogesengrenze auf einem völlig berechtigten Gefühl der Unsicherheit beruht». Hessens Ministerpräsident von Dalwigk, großdeutsch und frankophil wie er war, sah schon am letzten Julitag voraus, dass Preußen im Fall seines Sieges «Elsaß und Lothringen zurücknehmen» werde.[131]

Am 7. August traf Bismarck erste administrative Vorkehrungen für eine Annexion und tat eine «vorsichtige Aeußerung» gegenüber Ludwig Bamberger. Am 13. August verkündete er, «Elsaß-Lothringen nie wieder herauszugeben». Durch Kabinettsordern vom 14. und 21. August wurde das Generalgouvernement Elsaß und Deutsch-Lothringen geschaffen (die Namen variierten eine Zeit lang). Am 22. August gab es für Moritz Busch daher keinen «Zweifel mehr, daß wir im Falle einer endgiltigen Besiegung Frankreichs das Elsaß und Metz» behalten werden. Frankreich werde, so Bismarcks Begründung, auch ohne Annexionen auf Rache sinnen; schützen könne man sich nur durch die Verschiebung der Grenze auf den Vogesenkamm. Gegenüber dem preußischen Gesandten in London, Albrecht von Bernstorff, hatte Bismarck bereits am Tag davor diese Argumente entwickelt, um Britanniens Regierung die Politik gegenüber dem «alleinigen Friedensstörer Europas» zu rechtfertigen: Einen Feind, «den man nicht zum aufrichtigen Freunde gewinnen kann», könne man nur durch die Abtretung der grenznahen Festungen «wenigstens etwas unschädlicher» machen. Die Annexionsplanungen sollten, so Preußens Innenminister Eulenburg im Januar 1871, allerdings auch dazu führen, die Lage der französischen Kriegsgefangenen aus dem Elsass und aus Lothringen «thunlichst zu verbessern».[132]

In den folgenden Monaten steigerte sich die Öffentlichkeit in Deutschland geradezu in einen Annexionsrausch hinein. Großherzog Friedrich von Baden dagegen machte Ende Februar 1871 geltend, «seit Beginn des Krieges [...] gegen den Erwerb französischen Gebiets» gewesen zu sein, «gleichviel, ob dasselbe früher deutsch war oder nicht. Diese alten deutschen Länder sind ganz französisch geworden, sie wollen nicht deutsch werden». Allerdings beugte auch er sich der normativen Kraft des Faktischen. Es «bemächtigte sich die politische und historische Literatur dieser Fragen mit größtem Eifer und es wurde in allen Tonarten bewiesen, daß diese Erwerbungen eine politische und strategische Notwendigkeit seien». Fast alle waren sie für die Annexion: die Militärs, Politiker, Ökonomen; Liberale aller Schattierungen, Konservative und Katholiken, Groß- und Kleindeutsche. Bei diesem Thema wenig sensibel fuhr Fontane, die Vergewaltigung des Willens der Mehrzahl der Neu-Deutschen in

Abb. 15: «Man muß der Bestie die Krallen abschneiden»: die Annexion Elsass-Lothringens als Notwehr. König und Kronprinz sind Statisten, es entscheidet Kanzler Bismarck.

Elsass-Lothringen nonchalant weglächelnd, am 10. Mai 1871, dem Tag des Frankfurter Friedens, auf seiner Schlachtfeld-Tour passenderweise durch Lothringen «in Gesellschaft lauter Will-Franzosen, die Ergänzung zu den Muß-Preußen».[133]

Nur wenige schwammen gegen diesen Strom. Im Herbst 1870 karikierte Georg Herwegh in «Die Ureigentümerin» den Eifer der Zeitgenossen, aktuelle Besitzansprüche mit dem Blick in eine möglichst ferne Vergangenheit zu begründen: «Alldeutschland schrie: Nun kann ich holen, / Was mir die Welschen einst gestohlen! / Gemach, ihr Deutschen, schrien die Kelten, / Ihr stahlt es uns, spart euer Schelten! / Gemach, ihr Kelten, schrien die Finnen, / Ihr stahlt es uns, trollt euch von hinnen / Was habt ihr Finnen hier zu schaffen? / Das Land war unser, schrien die Affen. / [...] / So ging's entlang die Stufenleiter / Der Wesen ad absurdum weiter. / Die Sonne nahm zuletzt das Wort: / ‹Oh, ihr Gorillentsproßnen dort!› / [...] eins vergaßt ihr nur, / Daß dieser ganze Erdenbettel / Einst mein war, Einschlag so wie Zettel, / Und wieder mein wird, wenn's gelegen / Dem unbekannten Weltstrategen. / In meiner Sonnenseele leid / Tut mir's, daß ihr so töricht seid, / Die plumpsten Götzen anzubeten, / Die Eisen- und die Blutpropheten».[134]

Nüchterner im Ton, aber nicht weniger überzeugungstreu trat der Demokrat Johann Jacoby vors Publikum. Er warf den Nationalliberalen Mitte September 1870 vor, dass sie «zu immer neuen Annexionen drängen, so heißhungrig sind sie nach nationaler Macht». Der nationale Verteidigungskrieg sei für sie nun «ein Eroberungskrieg, ein Kampf für die Oberherrschaft der germanischen Race in Europa». Zu glauben, so Jacoby weiter, «aus Unrecht und Gewaltthat könne den Völkern irgend ein Heil erwachsen», wäre «der baarste politische Unverstand», zumal jeder wisse, dass die Elsässer und Lothringer «Franzosen bleiben wollen». Jede Annexion wider den Willen seiner Bewohner wäre eine Verletzung des Selbstbestimmungsrechtes der Völker – und daher ebenso verwerflich wie verderblich».[135]

Für diese Worte wurde Jacoby fünf Wochen lang inhaftiert. Gegen die Annexion stimmten im Reichstag nur August Bebel und Wilhelm Liebknecht, die ihre Prinzipientreue ebenfalls mit Haft und einer Anklage wegen Hochverrats bezahlten. Karl Marx hatte, bei aller Unterstützung der Abwehr des französischen Angriffs schon erkannt, wer «Deutschland in den Zwang» brachte, «sich verteidigen zu müssen?» Bismarck, war seine Antwort, und er prophezeite: Sollte der Kampf «in einen Krieg gegen das französische Volk» ausarten, dann würden «Sieg oder Niederlage gleich unheilvoll». Konsequent verlangte er nach der Ausrufung der Republik das sofortige Ende des Kriegs. Auch sprach er sich mit Engels gegen die Annexion aus, wäre diese doch das «unfehlbarste Mittel, Deutschland und Frankreich durch wechselseitige Selbstzerfleischung zu ruinieren». Doch damit gaben sie keineswegs die geschlossene Haltung der Arbeiterbewegung wieder.[136]

Genutzt hat das alles am Ende nichts. Die Sprachgrenze gab grob die Demarkationslinie vor, doch mit Metz und Umgebung wurden auch französischsprachige Gebiete abgetrennt, was selbst Bismarck missfiel. Belfort am Südeingang der Oberrheinebene blieb dagegen bei Frankreich. Eine Volksabstimmung wurde, obwohl beispielsweise vom britischen Premier William Gladstone vorgeschlagen, nie ernsthaft erwogen. Wenigstens konnten sich die Einwohner bis Oktober 1872 für die französische Staatsbürgerschaft aussprechen, was etwa 10 % taten. 50 000 von ihnen wanderten tatsächlich aus.

Léon Gambettas im November 1871 ausgegebenes Motto: «Y penser toujours, n'en parler jamais», immer daran denken, niemals davon sprechen, ist griffig. Dennoch lassen sich nicht die ganzen deutsch-französischen Beziehungen bis 1914 darunter zusammenfassen; Frankreich hatte auch andere Probleme und Ziele als die Rückgewinnung seiner Ostprovinzen. Unzweifelhaft ist aber, dass die Annexion dazu beitrug, den diplomatischen Spielraum Deutschlands empfindlich einzuschränken. Insofern war sie, in den Worten Charles-Maurice de Talleyrands, «schlimmer als ein Verbrechen, sie war eine Dummheit».

Die Elsass-Lothringenfrage im Westen war in gewissem Sinn ein Wiedergänger der «Polenfrage» im Osten. Für die polnische Bevölkerung war das Kaiserreich nicht die Erfüllung ihrer nationalstaatlichen Wünsche, sondern nur eine neue Form der Enttäuschung. Vor allem sie hatten Preußen zu einem multinationalen Staat gemacht, und die Wiener Schlussakte von 1815 hatte ihre nationale Sonderstellung ausdrücklich anerkannt, zumal die meisten polnischen Siedlungsgebiete Preußens außerhalb des Deutschen Bundes lagen. Durch den Norddeutschen Bund fanden sie sich plötzlich in einem Nationalstaat wieder, der nicht der ihre war. Am 1. April 1871 forderte der polnische Abgeordnete Alfred von Zoltowski, dass die preußischen Ostprovinzen nicht in das Reichsgebiet einbezogen werden sollten; wer sich im Hinblick auf Elsass-Lothringen auf das Nationalitätenprinzip berufe, müsse das auch den Polen zugestehen. Während gegenüber Elsass-Lothringen kulturnationalistisch argumentiert wurde, entdeckte Bismarck plötzlich die Willensnation, zu der die Bewohner Posens und Westpreußens zählten. Sie seien «für die Segnungen der preußischen Cultur gerade so dankbar wie die Bewohner Schlesiens». Das waren reine Lippenbekenntnisse, denn durch den bald einsetzenden, antikatholischen «Kulturkampf» und der damit verknüpften sprachlich-kulturellen Germanisierungspolitik wurden die polnischen Bewohner in Preußens Osten einmal mehr Staatsbürger zweiter Klasse.[137]

Während der Friedensschluss in Berlin kaum ein Anlass zum Feiern war, sah der sechs Kilometer lange Siegesfeierzug in Berlin im Juni 1871 wieder ganz viel Lametta. Baronin Spitzemberg berichtete, dass Unter den Linden «zwischen Universität und Zeughaus» die Tribünen «zum Brechen voll, ja alle Dächer [...] mit Menschen bedeckt» waren. «Auf den Bürgersteigen [...] ein zahlreiches, kaum zu bändigendes Publikum». Um 1 Uhr mittags begann die Parade, am Anfang des Zuges ritten hohe Offiziere, «ihnen folgte das interessante Dreigestirn Roon, Bismarck und Moltke», dahinter «der Kaiser, Kronprinz, Prinz Friedrich Carl» und zahlreiche weitere Prinzen. Besonders erfreute es die württembergische Baronin, dass ein aus «preußischen Korps und den Süddeutschen kombiniertes Bataillon» vorbeizog, gesteigert wurde es noch durch die Gardetruppen, denn diese «sahen süperb aus, so männlich, sonnenverbrannt, bärtig, das allzu stramme preußische Wesen etwas gelockert durch den Feldzug». Nur wenige gossen Wasser in den Siegeswein – und auch das nicht aus pazifistischen Gründen. Die «Welfen» in Hannover etwa polemisierten gegen die am 16. März 1871 anlässlich der Siegesfeier geplante Illumination der Stadt Hannover: «Die Zumuthung zur Illumination im Augenblicke, wo tausende von den Kugeln zerrissen sind, ist die frecher Buben».[138]

Tatsächlich hatte der Sieg einen hohen Preis gefordert: Laut offizieller Zählung fielen gut 43 000 Soldaten des Feldheers dem Krieg zum Opfer. So, wie 1866 die Cholera zu den «Kriegsgewinnern» zählte, so nun Pocken. Allein in Preußen rafften sie rund 125 000 Menschen hinweg. Wo bereits die Impfpflicht bestand, in den deutschen Armeen und in den süddeutschen Staaten, verlief die Epidemie deutlich glimpflicher als dort, wo das nicht der Fall war: in Preußen und in der französischen Armee. Die Fürsorge für jene unter den 90 000 Verwundeten, die zu dauerhaft leidenden Kriegsinvaliden geworden waren, war nur rudimentär. Der «stelzbeinige Leierkastenmann» sei «unserem Volksleben nachgerade so gefährlich geworden», dass sie der polizeilichen Aufsicht zuzuführen seien, giftete die Adolf Stoecker nahestehende, protestantisch-sozialkonservative Zeitschrift «Staats-Socialist» 1879. Der Undank des Vaterlands war ihnen gewiss. Wunden zu heilen gab es auch im innerdeutschen Verhältnis. Im Mainfeldzug konnten die Süddeutschen, so das kriegsgeschichtliche Werk des Generalstabs, nach Königgrätz «nur noch die Waffenehre retten. Und dass dies geschehen ist, wird Niemand den tapferen Hessen, Bayern, Württembergern, Badenern und Nassauern bestreiten wollen, die vier Jahre später unter Preußens Führung von Sieg zu Sieg schritten».[139]

Trotz aller Sieges- und Friedensfreude war die Naherwartung vielfach, dass die Reichsgründung in kürzester Zeit durch einen erneuten, womöglich noch größeren Waffengang bestätigt werden müsste. Hans von Kretschmann wagte schon kurz nach Sedan diese Prognose: «Das Ende dieses Krieges kann ich noch nicht absehen; wir werden zu viel wollen, und wenn die Franzosen es schließlich gewähren müssen, so werden sie sich bemühen, es uns wieder zu nehmen. Wir werden dann Coalitionen gegen Deutschland haben und Coalitions-Kriege». Die «Krieg in Sicht»-Krise, als im Frühjahr 1875 ein Bericht über französische Rüstungen die Gemüter beunruhigte, schien solche Ängste zu bestätigen. Ihr Ergebnis war die Erkenntnis, dass Russland und Großbritannien eine weitere Schwächung Frankreichs nicht dulden würden. Der neue Koloss in der

Mitte Europas zählte 41 Millionen Einwohner – Preußen hatte es zwanzig Jahre zuvor nur auf etwas über 16 Millionen gebracht. Damit war Deutschland an Frankreich und Österreich-Ungarn mit je 36 Millionen und erst recht an Großbritannien mit 31 Millionen vorbeigezogen. Nur das Zarenreich war mit 77 Millionen Einwohnern fast doppelt so bevölkerungsreich.[140]

Die französische Politik und Gesellschaft mussten eine epochale militärisch-politische Niederlage und den Tod von etwa 140 000 Soldaten verarbeiten. Es galt, für den Sieg von morgen zu lernen. Aus ultramontaner Sicht stand fest: «La Prusse est le péché de l'Europe»[141], die Sünde Europas. Die unerwartete Niederlage, gepaart mit dem Sturz der Monarchie und dem Aufstand der Pariser Commune, erschien ihnen als Strafe Gottes für die Irrungen des Rationalismus und Liberalismus. Die Trias aus Aufklärung, Revolution und napoleonischer Verirrung im eigenen Land wurde als eigentlicher Feind identifiziert, wogegen nur die forcierte Rechristianisierung helfen würde.

Doch auch liberale Katholiken mahnten die Abkehr von Glanz, Luxus und frivolem Vergnügen an. Der verlorene Krieg habe wenigstens den «Geist der Einigkeit» gefördert und die «erzwungene Abrüstung des sozialen, politischen und antireligiösen Hasses» mit sich gebracht. Auch kirchenferne Nationalisten wie Ernest Renan erblickten in der «Züchtigung» Frankreichs durch Preußen-Deutschland geradezu den Beweis seiner Auserwähltheit. Victor Hugo hielt in seiner Gedichtsammlung «L'Année terrible» an seinen Glauben an den Werten Wahrheit, Freiheit, Gerechtigkeit, Vernunft fest. Indem er die antike Vorstellung vom Rad des Schicksals aufgriff, das mit jeder Umdrehung Oben und Unten vertauscht, konnte er Frankreichs Niederlage als reine Momentaufnahme werten, auf die mit Sicherheit der Wiederaufstieg folgen würde.[142]

Der Historiker Jules Michelet bekannte noch 1871, dass er «beständig die Einheit Deutschlands gewünscht» habe, jedoch «eine wahre, abgestimmte, nicht wilde, gewalttätige, schändlich erzwungene». Wäre Jean

Jaurès im Juli 1870 nicht erst zehn Jahre alt gewesen, hätte er wohl ebenso wie Michelet gegen den Krieg gesprochen, so wie er es vor 1914 tat, als er seine Kriegsgegnerschaft mit dem Leben bezahlte. «An dem Konflikt», schrieb Jaurès dreißig Jahre nach Kriegsende, «trägt Frankreich eine tiefe Mitschuld», habe es ihn doch «seit langem vorbereitet und fast unvermeidbar gemacht», indem es «der notwendigen und legitimen deutschen Einheit mit stiller Feindschaft entgegengetreten ist». Die tiefere Ursache dafür erblickte er in der Tatsache, dass Frankreich sich schwer tat, «eine gleiche unter gleichen Nationen zu werden! Wie schmerzhaft war es, nicht länger *die* große Nation, sondern nur *eine* große Nation zu sein!» In ihrem Sendungsbewusstsein, über den anderen Nationen zu stehen, nicht neben ihnen, waren sich die nationalistischen Eiferer beiderseits des Rheins verblüffend ähnlich.[143]

Es ist eine wie maliziös ausgedacht wirkende Ironie der Geschichte, dass 1871 für beide Länder die Gründung des Nationalstaats des 20. Jahrhunderts markierte. Beide erfuhren 1878/79 nochmals eine Wendung – von der man nur im französischen Fall sagen kann, dass es eine zum Besseren war. Der zweite Präsident der Republik, Mac-Mahon, dem sein nur bedingt überzeugendes Auftreten als Marschall im Krieg nicht geschadet hatte und der 1873 als eine Art Platzhalter der Monarchie installiert worden war, musste Anfang 1879 zurücktreten. Sein in den eineinhalb Jahren davor unternommener Versuch, dem Parlament das entscheidende Wort bei der Regierungsbildung zu versagen, war gescheitert und Frankreich auf dem Weg zur parlamentarischen Demokratie (wenn auch, wie bis heute, in präsidialer Ausprägung) einen entscheidenden Schritt weiter gekommen.[144] Die Kämpfe zwischen dem katholisch-konservativ-monarchistischen und dem liberal-republikanischen Frankreich dauerten freilich noch lange an und kulminierten pikanterweise in der Affäre um den zu Unrecht des Landesverrats beschuldigten jüdischen Offizier Alfred Dreyfus, der als Elsässer seinerzeit für Frankreich optiert hatte. Genutzt hat ihm dieser Loyalitätsbeweis nichts.

IV

«Geist der Gewalt»

Ausblicke 1871 bis 2020

Trauer und Gedenken

Die großen Verluste an Menschenleben zwischen 1864 und 1871 verlangten nach Orten des Trauerns und Gedenkens. Alle Friedensverträge enthielten Bestimmungen, die Grabstätten der getöteten Soldaten zu achten und zugänglich zu halten; auch die Errichtung von Gedenksteinen auf fremdem Territorium war oft möglich. Grabmonumente für einzelne Gefallene oder bestimmte Truppenteile, die noch ganz den traditionellen Formen des christlichen Totenkults folgten, überlebten in der Regel alle späteren Grenzverschiebungen, nicht dagegen manche Denkmäler für bedeutende Militärs, Politiker oder Monarchen, wie beispielsweise dasjenige für Preußens Kronprinz Friedrich im elsässischen Wörth, das nach 1918 entfernt wurde. Ihre offensichtliche geschichtspolitische Botschaft, die den Triumph der einen Nation über eine andere feierte, war zu provozierend, um im Zeitalter des heißlaufenden Nationalismus nach einem Herrschaftswechsel als historisches Relikt geduldet werden zu können.[1]

In allen betroffenen Ländern diente das Kriegsgedenken im Laufe der Jahrzehnte vor allem der innergesellschaftlichen Selbstverständigung und Sinnstiftung. Die mögliche Außenwirkung spielte dagegen keine große Rolle. Im Norden gewannen das Danewerk und Düppel zentrale Bedeutung für die nationalen Geschichtserzählungen beider Länder. Die in Deutschland liegende Düppeler Höhe wurde rasch zum touristischen Ort mit vaterländischer Botschaft ausgebaut, mit einem neogotischen Denkmal in seinem Zentrum. Auf allzu aggressive Triumphgesten wurde verzichtet, ähnlich wie bei dem Denkmal bei Arnekiel, das des Übergangs der Preußen über den Alsensund im Juni 1864 gedachte. Durch die vielen Grabstätten entstand bei Düppel eine Gedenklandschaft, die, wie die 1914 in Sonderburg gezeigte Gedächtnis-Ausstellung, mehr das Trauern um die Toten als den Sieg über die Feinde zelebrierte. Das 1905 auf dem Knivsberg bei Apenrade eingeweihte Bismarck-Nationaldenkmal stand dagegen für eine triumphalistische Geschichtsdeutung mit gesamtdeutschem Geltungsanspruch.

Am 29. Juni 1914 donnerte der schleswig-holsteinische Oberpräsident Detlev von Bülow, was man von den «Düppelstürmern» lernen könne: dass nicht Mutlosigkeit «zum Sieg führt, sondern allein der alte preußische Glaube, dass Preußens Könige immer siegen». Mitten in die mehrtägigen Düppelfeiern anlässlich des 50. Jahrestags der Erstürmung Alsens (29. 6.) fielen die Schüsse in Sarajewo. Im fünf Wochen später beginnenden Weltkrieg siegte der neunte und letzte König Preußens bekanntlich nicht. Nachdem die 1866 bereits versprochene Volksabstimmung endlich stattgefunden hatte, verkündete daher Mitte Juli 1920 ein dänischer Redner an gleicher Stelle, dass «dieses Land und dieses Volk hier» dänisch und ein «Symbol für die dänische Volksseele» seien. 1924 wurde das Gelände zum Nationalpark erklärt, später Grabsteine für getötete dänische Soldaten errichtet. Während der Besatzung im Zweiten Weltkrieg blieben die Denkmäler unangetastet, während nach 1945 diejenigen in Düppel, Arnekiel und auf dem Knivsberg gesprengt wurden. Das ebenfalls demolierte Klinke-Mahnmal wurde allerdings schon 1949 wieder restauriert.

Das 1992 eröffnete «Historiecenter Dybbøl Banke» erzählt die Geschichte vom friedfertigen David, der durch den aggressiven Goliath «die ehrenvollste Niederlage der dänischen Geschichte erlitten» habe. Die Schlacht von Düppel spielt bis heute eine große Rolle als Quasi-Geburtstag des modernen Dänemark, wie an den Feierlichkeiten und Ausstellungen 2014 deutlich wurde. Auf deutscher Seite hat sie dagegen wohl nur noch lokale Bedeutung. Heute ist die «Wikingerstadt» Haithabu ganz ins Zentrum des Interesses gerückt, zumal sie gemeinsam mit dem Danewerk 2018 in die Liste des UNESCO-Weltkulturerbes aufgenommen wurde und nunmehr lokales mit transnationalem Gedenken verbindet.[2]

Durchgehend schwierig war das Gedenken an 1866, konterkarierte dieser Krieg, in dem «Deutsche auf Deutsche» geschossen haben, doch dramatisch die Einigungsgeschichte. Er musste umgedeutet werden zu einem notwendigen, aber sich gewiss nie mehr wiederholenden Waffengang, insbesondere zum 50. Jahrestag 1916, als Deutschland und Österreich-Ungarn als Alliierte im Ersten Weltkrieg kämpften. In Österreich konnte sich keine stabile, die verschiedenen gesellschaftlichen Lager überwölbende Kriegserinnerung herausbilden. Das «neue Deutschland» galt im katholisch-konservativen Milieu vielfach weiterhin als Schreckbild, den Liberalen dagegen oft als Vorbild. Insbesondere die sich zunehmend völkisch radikalisierenden «Deutsch-Nationalen», wie Georg von Schönerer, ein frühes Vorbild Hitlers, orientierten sich an einem vergöttlichten Bismarck und verschärften die Nationalitätenkonflikte im Vielvölkerreich, indem die Niederlage von 1866 zum «Sieg für das Deutschtum» umgedeutet wurde. Insofern passt es, dass zwei prominente Denkmäler ausgerechnet Admiral Tegetthoff gelten, der 1864 vor Helgoland und 1866 vor Lissa politisch-historisch bedeutungslose Siege errungen hatte. Ihm war 1877 ein Denkmal im kroatischen Pola gewidmet worden, das, als Istrien zu Italien kam, abmontiert wurde. 1935 brachte man es als «Freundschaftsgeste» nach Graz, wo Tegetthoff begraben liegt und wo es bis heute steht. Ein zweites Denkmal für ihn befindet sich seit 1886 am Praterstern in Wien.[3]

In Österreich hielt man sich 2016 aus naheliegenden Gründen bedeckt; kleine Gedenkfeiern gab es etwa im steirischen Feldbach oder in Graz. In der Tschechischen Republik, in der die entscheidenden Schlachtorte heute liegen, wurde des 150. Jahrestags dagegen relativ prominent gedacht. Die dortige Bevölkerung war 1866 *politisch* von dem Krieg kaum berührt, was die heutige Spektakelisierung offensichtlich erleichtert. In Königgrätz, Hradec Králové, und an anderen Schauplätzen gab es 2016 Ausstellungen, eine Tagung mit Historikern und Militärexperten sowie Gedenkmessen für die Gefallenen, aber auch ein «Reenactment» der Schlacht, das die grausame Realität dieses Krieges zwangsläufig verharmloste. In Jaroslav Rudiš' Roman «Winterbergs letzte Reise» von 2019 steht 1866 für den Triumph des zerstörerischen Nationalismus. Für den Protagonisten, einen 99-jährigen Sudetendeutschen, ist «Königgrätz nie vorbei». In Mainfranken und im thüringischen Langensalza gab es 2016 lokale Gedenkaktivitäten, doch abgesehen von einer Kabinettausstellung des Deutschen Historischen Museums blieb das nationale Gedenken schwach – sicher auch, weil die Gedenkfeierlichkeiten einhundert Jahre nach dem Ersten Weltkrieg die Aufmerksamkeit weitgehend auf sich zogen. Als wollte es einmal mehr alle Klischees über den bayerischen Eigensinn bestätigen, widmete dagegen das Bayerische Armeemuseum in Ingolstadt dem Krieg von 1866 eine große Sonderausstellung.[4]

In Frankreich spiegelte das Kriegsgedenken bis Ende der 1880er Jahre die scharfe gesellschaftliche Polarisierung zwischen der katholisch-monarchischen und der republikanischen Erinnerungskultur wider. Erst als sich die Republik stabilisiert hatte, herrschte ein die politischen Lager überwölbender patriotischer Erinnerungsdiskurs vor. Er war nicht mehr an eine konkrete Gesellschaftskonzeption gebunden, sondern zelebrierte das Kriegsgedenken als überparteilich-vaterländische Sakralhandlung. Das Gedenken war in der Regel aber nicht offensiven Revanche-Ideen gewidmet, sondern sollte die Abwehrbereitschaft gegen den Feind stärken. Daher waren auch ausdrückliche Aufrufe zur Wiedergewinnung Elsass-Lothringens selten; wenn sie ertönten, dienten sie häufig dazu, die defensive Deutschlandpolitik, die alle Regierungen zwischen 1871 und 1914 betrieben, zu kritisieren. Während der Kampf von 1870/71 in Deutschland ein «zunehmend vergessener Krieg» ist, der dem DHM keine Ausstellung wert ist, spielt er in Frankreich weiterhin eine große Rolle. Neben dem Museum im kriegszerstörten Bazeilles wird die Erinnerung an diesen Krieg beispielsweise durch das «Museum des Deutsch-Französischen Krieges von 1870/71 und der Annexionszeit» in Gravelotte aufrechterhalten, vor allem aber durch den 1880 eingeführten Nationalfeiertag am 14. Juli. Auch Lieder und Chansons verarbeiteten die Kriegserlebnisse, formten die Erinnerung und hielten sie fest. Lieder wie «Es brüllt die Schlacht von Mars-la-Tour» und «Im Elsaß über dem Rheine, da wohnt ein Bruder mein» sind in Deutschland heute weitgehend vergessen, während französische Pendants wie «Le clarion», «Alsace-Lorraine» oder «Le violon brisé» sich bis heute einer gewissen Popularität erfreuen.[5]

Von deutscher Seite wurden nicht nur die Schlachtorte mit Denkmälern versehen, sondern auch viele Orte in der Heimat. Das wohl bekannteste, die mitten im Tiergarten stehende Siegessäule in Berlin, war ursprünglich als Düppel-Denkmal geplant, doch dann mit jedem der folgenden Kriege erweitert und schließlich mit drei Segmenten verwirklicht worden, die an je einen der nun als «Einigungskriege» gedeuteten Kämpfe erinnern sollten. Am 2. September 1873, drei Jahre nach Sedan, wurde es mit extra viel Lametta am Königsplatz vor dem heutigen Reichstagsgebäude eingeweiht und 1938/39, um ein Segment erhöht, an seinen heutigen Standort umgesetzt, die Speer'sche «Ost-West-Achse», die den NS-Größenwahn ins Berliner Stadtbild eingebrannt hat. Die an die Kriege von 1864 und 1870 erinnernden Reliefs wurden 1945 entfernt und kamen erst anlässlich der 750-Jahrfeier Berlins 1987 aus Paris zurück an die Spree, wo sie zusammen mit dem in Berlin verbliebenen Relief für 1866 heute wieder das Denkmal zieren. Die meisten Menschen denken beim Anblick der Siegessäule heute vermutlich an Wim Wenders' Film

«Der Himmel über Berlin», an die Technobeats der Loveparade oder an LGBTQ-Paraden am Christopher Street Day – und das unter den strengen Blicken Bismarcks, Moltkes und Roons, deren Statuen 1939 ebenfalls an den «Großen Stern» versetzt wurden.[6]

Unverkennbar *auch* als «Einheitsdenkmale» sind die über 40 für Kaiser Wilhelm errichteten Monumente zu verstehen, wie das Kyffhäuserdenkmal in Thüringen oder am Weserdurchbruch an der Porta Westfalica. Am 18. August 1895, dem 25. Jahrestag der Schlacht von Gravelotte, wurde der Grundstein für das Kaiser-Wilhelm-Denkmal am Berliner Stadtschloss gelegt; die feierliche Einweihung erfolgte am 22. März 1897, zum 100. Geburtstag Wilhelms. Dieses dynastisch reduzierte Einheitsdenkmal wurde 1950 von der DDR-Führung zerstört. Am 19. Mai 2020 begann nach langer Kontroverse der Bau des neuen Einheitsdenkmals, das des Umbruchs von 1989/90 gedenken soll. Was immer man von diesem begehbaren Denkmal halten mag: Dass es der aktiven Aneignung durch die Menschen bedarf und die labil-schwankende Natur geschichtlicher Ereignisse symbolisiert, ist die grundsätzlich gelungene Idee hinter der «Einheitswippe». Für die kritiklose Rekonstruktion des Kaiser-Wilhelm-Denkmals entschied man sich dagegen in Koblenz. Ausgerechnet am 2. September 1993, dem 123. Jahrestag von Sedan, wurde eine Nachbildung der 1945 zerstörten Reiterstatue wieder auf den 1897 errichteten Denkmalssockel gesetzt. Davor hatte das «Deutsche Eck» über vier Jahrzehnte als Mahnmal der nach 1945 verlorenen Einheit gedient.

Ein im eigentlichen Sinn nationales, für ganz Deutschland Verbindlichkeit beanspruchendes Siegesdenkmal wurde rheinaufwärts gebaut: das Niederwalddenkmal bei Rüdesheim im 1866 von Preußen annektierten Hessen-Nassau. Die monumentale Germania sollte Stärke und Selbstgewissheit demonstrieren. Sie beugt sich jedoch der Topographie und blickt südwärts auf den Rhein, nicht etwa westwärts zum «Erbfeind». Einige Nummern kleiner, lokal aber ebenfalls bedeutend war beispielsweise das Denkmal auf dem Galgenberg in Bad Freienwalde nordöstlich von Berlin. Bereits seit 1858 hatte die dortige Bürgerschaft einen Aussichtsturm geplant, aber kein Geld dafür auftreiben können. Doch dann kam der Turmbauverein auf die schlaue Idee, den Aussichtsturm zu einem Kriegerdenkmal für 1864, 1866 und 1870/71 umzuwidmen. Tatsächlich flossen die Spendengelder nun so reichlich, dass der Bau im Mai 1879 eingeweiht werden konnte. In DDR-Zeiten verfallen, erstrahlt er seit 1995 in neuem alten Glanz. Einen Bismarckturm gibt es in Bad Freienwalde seit 1895 sicherheitshalber auch noch. Doppelt hält besser. Auch die «kleinen Helden» wurden bedacht, so etwa Klinke 1914 in seinem Heimatort Bohnsdorf, der Feldwebel Probst in Angermünde.[7]

Bereits wenige Tage nachdem das überwiegend aus badischen Truppenteilen gebildete XIV. Armeekorps unter August Graf von Werder in den Kämpfen an der Lisaine vom 15. bis 17. Januar 1871 eine dreifache französische Übermacht abgewehrt hatte, bildeten sich im Oberrheingebiet lokale Denkmal-Initiativen. Standort dieses zentralen badischen Landesmonuments wurde nicht die Residenzstadt Karlsruhe, sondern Freiburg als Hauptort des badischen Oberlandes. Zu forsch sollte es nicht sein: «Die fortschreitende Humanität scheint es uns zu verbieten, die Demüthigung eines Nachbarstaates auf Jahrhunderte hinaus zur Schau zu stellen», meinte die «Freiburger Zeitung» im Mai 1872. Doch zu bescheiden auch nicht, denn die selbstbewusste Badenia auf dem zentralen Relief verkündet: Preußen hat die Einheit nicht allein geschaffen.

Drei der vier Soldatenfiguren zeigen entschlossene badische Soldaten, der einzige Preuße stellt dagegen einen behäbigen Landwehrmann dar. Das Denkmal verzichtete auf die Dämonisierung oder ausdrückliche Demütigung der Besiegten. Es wurde Anfang Oktober 1876 mit Glanz und Gloria in Gegenwart sowohl des Kaisers wie des Großherzogs eingeweiht und überstand die Zeitläufte. Weder die Metallknappheit noch der Luftangriff im Zweiten Weltkrieg oder die französische Besatzungsmacht nach 1945 fügten ihm Schaden zu, doch 1962 wurde es im Zuge der «autogerechten» Stadtzerstörung um etwa 100 Meter versetzt und ge-

Abb. 16: Das badische «Nationaldenkmal» in Freiburg im Breisgau zu Ehren der badischen Truppen im Krieg 1870/71.

dreht. Statt nach Süden blickte es nun in Richtung des Feindes im Kalten Krieg: nach Osten über Württemberg und Bayern bis zur Sowjetunion. Seit 2017 steht es wieder am alten Platz und blickt abermals nach Süden, nicht ohne Debatten über den Sinn eines solchen Denkmals im 21. Jahrhundert ausgelöst zu haben. Die Straßenbahnhaltestelle «Siegesdenkmal» gibt es nicht mehr. Das Monument steht nunmehr auf dem «Europaplatz», und eine Gedenktafel auf Deutsch, Französisch und Englisch soll sicherstellen, dass es nicht mehr als Sieges-, sondern als Versöhnungsdenkmal verstanden wird.[8]

In Deutschlands Gründerzeitquartieren erteilen die Straßennamen kostenlosen Geschichtsunterricht. In Berlin-Wilmersdorf beispielsweise wurde rund um den Hohenzollernplatz im letzten Drittel des 19. Jahrhunderts ein Erinnerungsparcours an die damals jüngste Vergangenheit angelegt. So gibt es bis heute den Prager und den Nikolsburger Platz, eine Nachod- und sogar eine Trautenaustraße, die ausnahmsweise an eine preußische Niederlage erinnert. Eine «Königgrätzer Straße» sucht man freilich vergebens (so hieß schon die Potsdamer Platz und Brandenburger Tor verbindende, heute nach dem ersten Präsidenten der Weimarer Republik, Friedrich Ebert, benannte Straße). Stattdessen gab es eine Sadowastraße, die allerdings schon 1906 in Aschaffenburger Straße umbenannt wurde; am namensgebenden Ort hatte am 14. Juli 1866 jenes Gefecht stattgefunden, das den Preußen den Weg nach Frankfurt öffnete. Einige hundert Meter entfernt gibt es auch eine Gasteiner Straße, von der wohl kaum noch einer ihrer Anwohner ahnt, dass sie mitnichten unschuldig an den idyllischen Kurort am Fuß der Hohen Tauern im Salzburgischen erinnert, sondern an die Gasteiner Konvention von 1865. An 1870 gemahnen die Spichernstraße, die von ihr abzweigende Geisbergstraße sowie die Pariser Straße. Am äußersten Rand der 1920 zu Groß-Berlin erweiterten Hauptstadtregion wird die Erinnerung an 1864 bis heute prominent aufbewahrt. Prinz Friedrich Karl von Preußen erhielt als Dank für seine Leistungen im Krieg gegen Dänemark den Gutshof Neu-Zehlendorf, der in Erinnerung an die wichtigste Schlacht den Namen «Düppel» erhielt – und ihn als Teil des Bezirks Steglitz-Zehlendorf bis heute trägt.

Deuten

Die ungeheuerlichen Veränderungen zwischen 1864 und 1871 verlangten nach Erinnerung, aber auch nach Deutung. Baronin Spitzemberg blickte zwei Tage, nachdem die deutschen Truppen am 1. März 1871 durch Paris paradiert waren, hoffnungsfroh auf das neue Reich, «dem größten, mächtigsten, gefürchtetsten in Europa, groß durch seine physische Macht nicht allein, größer noch durch seine Bildung und den Geist, der das Volk durchdringt!» Als besonderes Glück erschien es ihr, «nicht nur den Stern deutscher Größe und Herrlichkeit aufgehen» zu sehen, sondern auch jung genug zu sein, um sich «unter seinen Strahlen zu wärmen». Mit Gottes Hilfe werde des deutschen Volks «Entwicklung eine friedliche und zivilisatorische» bleiben, das neue Deutschland «ein Reich des Lichts, der Freiheit, der wahren, christlichen Gesinnung» sein.[9]

Dieses Pathos wirkt heute vielleicht befremdlich, doch noch im Abstand von 150 Jahren haben die Ereignisse zwischen 1863/64 und 1870/71 etwas Rauschhaftes, dem sich kaum ein Zeitgenosse entziehen konnte. Relativ häufig wurde, wie von Baronin Spitzemberg, die Hoffnung geäußert, dass ausgerechnet dieses aus Krieg und Gewalt hervorgegangene neue Reich zum Garanten einer dauerhaften Friedensordnung werden möge. Der einfache bayerische Soldat Florian Kühnhauser sah den Tag von Sedan «stets in der Weltgeschichte epochenmachend glänzen», denn hier «wurde frecher, welscher Übermut gebrochen», das geflossene Blut bilde «den festen Kitt zum Grundstein des jetzt so mächtigen deutschen Reiches [...], des Hortes des Weltfriedens». Anderen fehlte die Friedensperspektive. Der Journalist und Dichter Karl Stieler etwa erblickte in dem Krieg von 1870 «die Ilias unseres Volkes, dem im neuen Weltalter die Stelle gebührt, die in der alten Welt die Hellenen hatten». Auch Gustav Freytag schaute zurück in die Antike. Zwar führten die Franzosen «den Namen eines deutschen Volksstammes», seien aber jene Kelten geblieben, als die «sie vor 1900 Jahren Cäsar schilderte». Da die französischen Kolonialtruppen «widerwärtigstes Banditengesindel aus Afrika» darstellten, wurde der «nationale» Einigungskrieg zum Rassenkampf, den die Deutschen als Nachfahren der Germanen führten. Jacob Burckhardt hatte nur leicht übertrieben, als er Ende 1872, von Basel aus nordwärts schauend, voraussagte, dass «die ganze Weltgeschichte von Adam an siegesdeutsch angestrichen» werden würde.[10]

Die Kriege von 1864 und 1866 rückten schnell in die zweite Reihe als notwendige Voraussetzungen für die Erringung der Einheit *gegen* Frankreich. Conrad Ferdinand Meyer war sich gewiss: «Hell klingt der Ambos, kurz der Spruch: / Drei Schläge thu' ich mit Segen und Fluch. / Der erste schmiedet den Teufel fest, / Daß er den Welschen nicht siegen läßt. / Den Erbfeind trifft der zweite Schlag, / Daß er sich nimmer rühren mag. / Der dritte Schlag ertöne rein, / Er soll für die deutsche Krone sein!» Die «Demüthigung des alten Hochmuthsvolkes» war für Fontane ebenfalls beschlossene Sache. Doch trotz aller preußisch-patriotischen Gewissheit, dass die «deutsche Sache» gerecht sei, hob er sich mit seinem nüchtern-ironischen, um Verständnis auch für die Gegenseite bemühten Blickwinkel positiv von vielen anderen Kriegsdeutern ab. Gedankt hat ihm das Lesepublikum das nicht; ideelle und finanzielle Anerkennung gewann er erst mit seinen Romanen, in denen er gelegentlich auch auf die «Einigungskriege» Bezug nahm.[11]

Ironischerweise war Bismarck die prominenteste Kassandra, die keine lange Zukunft für das neue Reich sah. 1867 hatte er sich überzeugt gezeigt: «Setzen wir Deutschland, so zu sagen, in den Sattel! Reiten wird es schon können». Im Dezember 1883 war dieser Optimismus vollständig aufgebraucht: «Dieses Volk kann nicht reiten! Die was haben, arbeiten nicht, nur die Hungrigen sind fleißig, und die werden uns fressen». Doch schon im Mai 1872 hatte er den Reichstagsabgeordneten und engen Vertrauten Robert Freiherr Lucius von Ballhausen an der rastlosen Unruhe seiner Tage teilhaben lassen. Vor seinem geistigen Auge erschien auf einer Karte von Deutschland «ein fauler Fleck nach dem anderen, und blätterte sich ab». Bismarck selbst war sich, wenn auch hypernervös übersteigert, der Fragilität jener Schöpfung bewusst, die so eng mit seinem Wirken verbunden war.[12]

Auch Hellmuth von Moltke wusste um die Kosten der Reichsgründung: Wir «haben seit unseren glücklichen Kriegen an Achtung überall, an Liebe nirgends gewonnen», gestand er im Reichstag – eine zutreffende Einschätzung. Britanniens Queen Victoria etwa fand, dass Bismarck «ein schrecklicher Mensch» sei, der «Deutschland außerordentlich unbeliebt» machen werde. Robert Morier hatte bereits am Tag vor der Kapitulation von Paris vermutet, dass die «unglaublichen Erfolge der deutschen Waffen und die daraus folgende absolute Macht der deutschen Nation in Europa» den deutschen Nationalcharakter «verändern, und nicht notwendigerweise zum Guten. Arroganz und Überheblichkeit» würden die Folge sein. In diesem Sinn beklagte Florence Nightingale, dass die Deutschen «sich kopflos in den Abgrund eines militärischen Despotismus» gestürzt hätten. Ihre Prognose, dass «nicht das besiegte Frankreich, sondern das triumphierende Deutschland zu Grunde gehen» werde, sollte sich bewahrheiten. Benjamin Disraeli, damals Oppositionsführer im House of Commons, beschrieb Anfang Februar 1871 «die deutsche Revolution», die «ein größeres politisches Ereignis als die Französische Revolution» sei: «Es gibt keine einzige diplomatische Tradition, die nicht hinweggefegt worden ist. Wir haben eine neue Welt». Kaum jemand erwartete, dass dieser äußerliche Machtzuwachs durch innere Liberalisierung und Mäßigung aufgefangen würde. Der Appell der «Neuen Zürcher Zeitung», «für den inneren freiheitlichen Ausbau» könne das neue Reich von «der schweizerischen Selbstregierung Nutzen» ziehen, verhallte jedenfalls ungehört.[13]

In den zahlreichen Erinnerungen der an den Kriegen seit 1864 beteiligten Soldaten wurden die Grausamkeiten selten völlig verschwiegen, häufig sogar bis an die Grenze des Erträglichen ausgemalt. Auch die Warnung, dass, wer die Entfesselung eines neuen Kriegs auf dem Gewissen hätte, schwer daran zu tragen haben würde, war keineswegs ungewöhnlich. Dennoch lautete die Botschaft selten «nie wieder Krieg», denn die patriotische Sinngebung überwog. Die Werthaftigkeit des so teuer erkauften Nationalstaats sahen viele gerade durch die ihm dargebrachten Opfer bestätigt. Bertha von Suttners die Zeit der italienischen und deutschen Einigungskriege verarbeitender Roman «Die Waffen nieder!» gab dagegen gewissermaßen das Startsignal für die Friedensbewegung und den Pazifismus, der auf die Steigerung der Kriegsschrecken im modernen Industriezeitalter eine radikal neue Antwort suchte und dafür zwar beachtet, meist jedoch mehr verlacht als bedacht wurde.[14]

Die seltsame Unschärfe, wie die Nationalstaatsgründung zu beurteilen sei, zeigt sich auch an der Schwierigkeit, den «Reichsgründungstag» festzulegen; einen dafür bestimmten Nationalfeiertag gab es jedenfalls nie. Gefeiert wurde vor allem am 2. September, dem Tag der Gefangennahme Napoleons III. Wilhelm I. stand dem Sedantag als nationalem Feiertag zunächst skeptisch gegenüber und auch die «Ruhmeshalle» im Zeughaus Unter den Linden wurde 1877 ausdrücklich der preußischen Armee gewidmet, nicht etwa dem deutschen Heer. Sedan wurde daher nicht zum offiziellen, aber zum quasioffiziellen Gedenktag, der sich langsam zum Feiertag der deutschen Einheit wandelte. Schon 1873 riefen die rheinischen Städte dazu auf, den Sedantag als ein Friedensfest, nicht als «ein Sieges-Triumphfest über die Franzosen mit herausforderndem Charakter» zu begehen. Als während der großen Feiern 1895 das Brandenburger Tor mit den abgewandelten Zeilen des Siegestelegramms Wilhelms I. «Welch eine Wendung durch Gottes Führung» geschmückt wurde, entstand eine weitere Bildikone der Reichsgründung. Auch die Kriegervereine betonten in den 1880er/90er Jahren die Erinnerung an die Ruhmestaten, ohne den Feind von damals allzu sehr zu demütigen. Dadurch, dass sich daraus im Lauf der Jahre ein «Folkloremilitarismus» mit geselligem Genuss von Bier und Bratwurst entwickelte, wurde der

Abb. 17: Der Wortlaut des Siegestelegramms Wilhelms I. vom 2. 9. 1870 als Siegesschmuck des Brandenburger Tors am «Sedanstag» 1895.

Gedanke der «Nation im Gleichschritt» aber dennoch zur kaum noch hinterfragten sozialen Realität, auch wenn die völlige Gleichschaltung der Erinnerung nicht gelang und die Erinnerung an Sedan nach 1900 an Bedeutung verlor.[15] Beliebt war und bis heute am bekanntesten ist der 18. Januar, der als akademischer Feiertag an den Universitäten begangen wurde und dadurch mentalitätsprägend für die akademischen Eliten wurde.

Skeptische Stimmen fehlten freilich auch in Deutschland nicht völlig. Friedrich Nietzsche sprach «von den schlimmen und gefährlichen Folgen des Krieges, zumal eines siegreich beendeten». Während die Mehrzahl der Intellektuellen «wetteifernd beflissen sind, den Krieg zu preisen», verneinte er, «dass auch die deutsche Kultur in jenem Kampfe gesiegt habe [...]. Dieser Wahn» kann «unseren Sieg in eine völlige Niederlage» verwandeln, gar zur «Exstirpation des deutschen Geistes zu Gunsten des deutschen Reiches» führen. Das lag nicht nur, aber *auch* an dem Vorbild des zunehmend vergöttlichten Bismarck. Die «Brutalität gehört zu seinen Instinkten», erkannte etwa Ludwig Bamberger schon früh. In der von Theodor Barth und Paul Nathan herausgegebenen Wochenzeitschrift «Die Nation» formulierte er die Quintessenz seiner Zusammenarbeit mit Bismarck, die 1880 endete und ihn zu einem seiner profiliertesten liberalen Gegner machte. Bamberger verabscheute es, dass von Bismarck «die Worte ‹Humanität› und ‹Civilisation› nie anders erwähnt werden als im Sinne der unbedingten Verspottung»; daher sei zu befürchten, «daß das fragwürdige Ideal der soldatischen ‹Schneidigkeit› mit allen seinen Auswüchsen zum höchsten des National-Charakters ausgebildet werde».[16]

Die verschiedensten Deutungen verbindet die für die Zeitgenossen offenbar zwingende Überlegung, dass das Erreichen der staatlichen Einigung kein Zufall gewesen sein könne. Fontane ordnete die drei Kriege in die Abfolge von Schmach und Genugtuung ein: Auf die Niederlage gegen Dänemark in Idstedt 1850 folgte 1864 der Sieg vor Düppel; die durch Österreich in Olmütz 1850 erlittene Schmach wurde durch den Sieg von Königgrätz 1866 wiedergutgemacht; aus der Demütigung durch Frankreich in Jena 1806 erwuchs der Triumph vor Sedan 1870. Die gegnerischen Niederlagen jeweils als Konsequenz von Dekadenz zu deuten, war für viele Zeitgenossen überzeugend, oft auch in religiöser Form. Theodor Storm hatte im traurigen Monat November 1863 die Totenglocke des dänischen Königs Friedrichs VII. «wie Osterglockenläuten» geklungen. Gute sieben Jahre später pries der evangelische Theologe Friedrich Karl von Gerok in «Deutsche Ostern» die «Frühlingswonne» patriotisch: «Aber solch ein Frühlingswehen / Hat noch nie die Flur durchbebt, / Aber solch ein Auferstehen / Hat noch nie ein Volk erlebt; / Nimmer noch in allen Landen / Kam ein Ostern diesem gleich: / Auferstanden, auferstanden / Ist das heilige deutsche Reich!» Carl Bleibtreu, der aus der serienweisen Veröffentlichung heroischer Schlachtenschilderungen ein erfolgreiches Geschäftsmodell gemacht hatte, verfolgte die Spur deutschfreundlichen, göttlichen Wirkens noch weiter zurück. Am Morgen nach der Schlacht von Königgrätz hatte er im Osten «Purpur und Gold» funkeln sehen «wie das Gewebe eines neuen Kaiserpurpurs». Doch damit nicht genug; die siegverwöhnten Fahnen würden sich auch «gen Westen zum deutschen Wasgau» richten und dort «wie stoßbereite Adler» in ihren Fängen «eine neue Krone, das Diadem des Deutschen Reiches für immer» halten. Vollendet wurde diese heilsgeschichtlich aufgeladene Geschichtsdeutung in einem «Vaterländischen Gedenkbuch» anlässlich des 50. Jahrestags der Erstürmung der Düppeler Schanzen, freilich mit der säkularen Gewissheit, dass es ohne «Düppel kein Königgrätz, ohne Königgrätz kein Sedan, ohne Sedan kein deutsches Kaiserreich» gegeben haben würde.[17]

Nur wenige Monate später wälzte sich das deutsche Heer wieder durch Nordfrankreich und, damit der Vernichtungssieg dieses Mal gelinge, auch durch Belgien. «Mit unauslöschlichem Glanze leuchtet», so die konservative «Kreuzzeitung» am 1. September 1914, der 1870 bei Sedan errungene Sieg «durch die Weltgeschichte», heller gar als die «von Marathon und Salamis». Schon «zittert Paris vor dem Ansturm der nahenden deutschen Heere. Noch leuchtet uns herrlich wie je zuvor die Sonne von Sedan!»[18] Auf Napoleons sonnenbeschienenen Sieg bei Austerlitz 1811 folgte der Rückzug aus Moskau; 1914 auf die Anfangssiege der deutsche Rückzug von der Marne. Dieses Mal musste Paris nur zittern, aber nicht kapitulieren. Nach vier Jahren «Großem Krieg» erlebte das 1871 proklamierte Kaiserreich sein Königgrätz.

Es ist ein ironischer Zufall, dass der symbolische Anfang und das reale Ende des von Preußen erzwungenen monarchischen Reichs von einem Fürsten des damals marginalisierten Südens markiert wurden. Am 18. Januar 1871 brachte Friedrich I. von Baden mit einem gewissen Maß von Eigensinn das protokollarisch unverfängliche Kaiserhoch aus, was insofern durchaus passend war, als er, wie im Grunde kein anderer Machthaber seiner Zeit, das Zusammenwirken der preußisch-kleindeutsch orientierten, liberalen Nationalbewegung mit den reformbereiten, konstitutionell denkenden Fürsten verkörperte. Darin hätte die vielleicht einzig mögliche Alternative zu Bismarcks «Blut und Eisen»-Strategie gelegen. Großherzog Friedrichs Großneffe, Prinz Max von Baden, verkündete als Reichskanzler am 9. November 1918 eigenmächtig die Abdankung der Hohenzollerndynastie und ebnete den Weg für die erste demokratische Republik, indem er sein Reichskanzleramt an Friedrich Ebert übergab.

Auf dem Weg in die Niederlage von 1918 waren die Jahre 1878/79 eine wichtige Wegmarke. Bismarck wandte sich von den Nationalliberalen, die ihm *seinen* Weg der Reichseinigung erst ermöglicht hatten, ab und den Konservativen zu. Schlimmer noch: Nach seiner Kriegserklärung an den Katholizismus in Gestalt des noch 1871 vom Zaun gebrochenen Kulturkampfes folgte durch die Sozialistengesetze diejenige an die noch junge Arbeiterbewegung. Doch die folgenreichste Feinderklärung war wohl die an den Liberalismus, weil sie zugleich eine gegen die mit ihm gleichgesetzten Juden war. Die Judenfeindschaft wurde zwar erst 1933 zur Staatsdoktrin, doch wirklich akzeptiert konnten sich die deutschen Juden schon in den sechzig Jahren davor nicht fühlen, so sehr sich die Mehrheit von ihnen 1871 auch mit dem neuen Staat identifizierte, der ihren Weg aus dem Ghetto in die bürgerliche Gesellschaft zum vermeintlich glücklichen Abschluss gebracht hatte.

Der Journalist und Ökonom Franz Perrot kam im Sommer 1875 nach dem «Gründerkrach» von 1873 zu dem Schluss, dass in der «Zeit der französischen Milliardenzahlungen an Deutschland» eine womöglich einmalige Gelegenheit, «für die bleibende Wohlfahrt der Nation großartig schöpferisches zu leisten», nie «kläglicher frustriert, bedauerlicher verkümmert, vollständiger verpfuscht worden» sei als in den Jahren seit

1871. Die Geld- und Wirtschaftspolitik in der «liberalen Ära» geißelte Perrot als «Judenpolitik, d. h. von und für Juden betriebene Politik».[19] Die fatale Überzeugungskraft dieses Schlagworts wurde wohl nur von Heinrich von Treitschkes vier Jahre später geprägter Formel «Die Juden sind unser Unglück» übertroffen. Auf die Euphorie von 1871 folgte binnen weniger Jahre ein großer Katzenjammer, dessen hässlichste Fratze die Judenfeindschaft war. Ohne Feinderklärungen nach innen und außen schien das Deutsche Reich nicht auszukommen. Das war das vielleicht traurigste und dramatischste Erbe der Reichsgründung aus «Eisen und Blut».

Heinrich von Treitschkes Rede an der Berliner Friedrich-Wilhelms-Universität exakt 25 Jahre nach der französischen Kriegserklärung, die zum «glücklichsten aller Kriege» geführt hatte, zeigt, wie große Teile des Bürgertums die Reichseinigung deuteten. Österreich, jahrhundertelang bestimmend in Deutschland, galt nun als «halbdeutsche Macht», der Deutsche Bund als «verhüllte Fremdherrschaft», weil «die weltbürgerliche Macht unseres römischen Kaiserthums» die Deutschen «an nationaler Politik gehemmt» habe. Erfolg haben konnte, so Treitschke, nur ein «Sieg, der die Nachbarn zwang, die freie Mündigkeit dieser Nation endlich zu achten». Treitschke erklärte nun Preußens König Wilhelm I., dessen Bajonette 1849 mitgeholfen hatten, die Freiheitsbewegung in Deutschland entscheidend zurückzuwerfen, zum «Führer einer ungeheuren demokratischen Massenbewegung». Wenigstens beharrte Treitschke darauf, dass die Einigung nicht ohne «die Mitwirkung der Parlamente» zustande gekommen war und dass «die ersten Pfadfinder des nationalen Gedankens» aus dem Bürgertum stammten. «Jetzt erst entstand», so Treitschke weiter, «ein deutscher Staat, der seine Grenzen kannte» – doch nur, um sie gleich wieder ausdehnen zu wollen, denn nun galt ein neuer Kampf den nicht genauer benannten Kräften, die «die überseeische Machtentfaltung» verhindern wollten.[20]

Nachdem der von Treitschke herbeigesehnte deutsche Imperialismus zur Niederlage im Ersten Weltkrieg geführt hatte, warb Friedrich Ebert in seiner Eröffnungsrede der Verfassunggebenden Nationalversammlung Anfang Februar 1919 – eine solche war den Deutschen 1867 und 1871 vorenthalten worden – dafür, «das Band, das die Gewalt 1866 zerrissen hat, wieder neu zu knüpfen». Damit meinte er den Beitritt Deutsch-Österreichs zur neuen Deutschen Republik, zu dem es dann wegen der Intervention der Siegermächte nicht kam. Der im «Berliner Tageblatt» für die Innenpolitik zuständige Redakteur Ernst Feder versuchte 1921, zum 50. Jahrestag der Kaiserproklamation, die bei Treitschke nur noch schwach erkennbare Rückbindung der Reichsgründung an den Liberalismus und die Demokratie wieder zu stärken: «Die demokratische Republik», die nach dem Bankrott der Monarchie alleine fähig gewesen sei, die deutsche Einheit zu behaupten, «hat besondere Berechtigung, heute des Tages von Versailles» zu gedenken. Feder anerkannte «das politische Genie Bismarcks» und den «Degen Moltkes», erinnerte aber *vor allem* daran, dass der nationale Gedanke «seinen Ursprung und seine stärkste Stütze bei der deutschen Demokratie» hatte. Die Darstellung, dass den «Fürsten und Konservativen das Verdienst am Zustandekommen des Reiches» zukomme, sei daher «eine historische Fälschung, die aus unseren Geschichtsbüchern hoffentlich bald verschwinden wird». Bismarcks Reichsgründung sei demgegenüber doppelt unfertig: nach außen, weil die Deutsch-Österreicher fehlten, nach innen «hinderten dynastische Sonderrechte die Vollendung des Werks». Daher werde die Republik «den deutschen Einheitsstaat vollenden und damit für alle Zeiten die Bildung der deutschen Nation vollziehen», schloss Feders Versuch, die Erinnerung an die Reichseinigung als Legitimationsquelle für die demokratische Republik zu nutzen.[21]

Die Konservativen erblickten in der angestrebten «Wiedervereinigung» mit Deutsch-Österreich vor allem eine Kompensation des 1918 erlittenen Machtverlusts; von der Vollendung der inneren Liberalisierung und Demokratisierung wollten sie dagegen nichts wissen. Dass der

Beitritt Deutsch-Österreichs durch die Siegermächte untersagt wurde, trug, wie die als überhart empfundenen Friedensbedingungen, dazu bei, die Republik bei der politischen Rechten zu diskreditieren. Noch wichtiger waren dafür freilich die Anbetung militärischer Machtpolitik und der rigide Antiparlamentarismus, die als einseitige Lehren aus der «Reichsgründungszeit» propagiert wurden, um das Gedenken daran gegen die demokratische Republik auszuspielen.

Die Nationalsozialisten gingen noch einen Schritt weiter. Die «Hissung von Hakenkreuzfahnen» symbolisiere «die innere Überwindung des ‹Hl. Römischen Reiches Deutscher Nation›, die Überwindung von 1866», meinte etwa der «Chefideologe» Alfred Rosenberg schon im März 1933, fünf Jahre bevor diese «deutsche Einheit» noch viel brutaler erzwungen wurde als die zwischen 1864 und 1871. Der Historiker Karl Alexander von Müller pries die Gründung von 1871 einerseits als «eine starke nationale deutsche Staatsordnung» und ein «in sich selber ruhendes, fest geschlossenes Deutsches Reich», beklagte andererseits aber, dass wichtige Teile des «Volkstums im Südosten [...] abgetrennt von der neuen staatlichen Gemeinschaft» seien. Entgegen der vorherrschenden Bewertung von Bismarcks Handeln als dem Musterbeispiel dafür, dass Politik die Kunst des Möglichen sei, wurde der Kanzler von Müller mit dem Satz zitiert, dass in der Politik «der Glaube handgreiflich Berge versetzt, daß Mut und Sieg nicht in Kausalzusammenhang, sondern identisch sind». Es war wenige Jahre später ein zentrales Element der nationalsozialistischen Durchhaltepropaganda im Zweiten Weltkrieg, dass der «fanatische Wille» der deutschen «Kampf- und Volksgemeinschaft» auch gegen die vielfache gegnerische Übermacht obsiegen werde. Staat und Nation beruhten, so das NS-Dogma, auf «Rasse und Volkstum», was 1871 noch verkannt worden sei. Nun seien die Deutschen sich dessen bewusst: «vor unserem Erdteil steht der Einbruch der Barbarei oder der Aufschwung zu neuem, kräftigerem Leben».[22]

Nachdem die deutsche Barbarei über Europa hereingebrochen war, erinnerte Ludwig Dehio 1948 daran, «wie viel unheimliche Schatten» durch die Reichsgründung «zurückblieben oder hinzukamen», denn Preußens «militaristisch-politische Zivilisation» konnte «das große Bündnis schließen mit der wirtschaftlich-technischen». Das Bürgertum dagegen sei «eingeklemmt zwischen dem Obrigkeitsstaate und dem vierten Stande» gewesen und der Kulturkampf und das Sozialistengesetz hätten das «nationale Wesen [...] im Geistigen wie im Sittlichen [...] derb ‹realpolitisch› auf Macht und Reichtum ausgerichtet»; deswegen war es «zugleich unfähig, das realpolitisch Mögliche zu erkennen, geblendet [...] durch das plötzlich hereinbrechende, unverstandene Glück». In der pathetischen Sprache des Historismus formulierte Dehio hier jene Gedanken, die der Historiker Fritz Fischer Anfang der 1960er Jahre ausformulierte. Ausgehend von seinen Forschungen zu den deutschen Kriegszielen im Ersten Weltkrieg postulierte er die Kontinuität preußisch-deutschen Machtstrebens «von Bismarck zu Hitler». Seine Behauptung, dass der «Sündenfall» nicht erst 1933, sondern schon 1871 geschehen sei, erschütterte das westdeutsche Geschichtsverständnis nachhaltig, das in der NS-Herrschaft einen «Betriebsunfall» erblicken wollte, der nicht aus den längerfristigen Entwicklungen der deutschen Nationalgeschichte heraus zu erklären sei. Fischers Thesen, so problematisch sie im Einzelnen auch sein mochten, waren *ein* wichtiger Meilenstein für die «Entnationalisierung» des westdeutschen Geschichtsbewusstseins, was eine Voraussetzung dafür war, die NS-Herrschaft mit ihrem Schreckensdreiklang aus Terror, Krieg und Völkermord als *das* negative Zentralereignis der deutschen Geschichte anzunehmen, so schwierig und verstörend das auch für jede Generation aufs Neue sein mag. Friedrich Wilhelm Foerster hatte freilich schon 1953 die erzwungene Reichseinigung für die Katastrophe des «Tausendjährigen Reichs» verantwortlich gemacht, weil «das deutsche Volk sich seit 1866 vom Geiste seiner tausendjährigen Geschichte abgekehrt hat, wie es seinem wahren Charakter untreu geworden ist», als es sich dem Bismarck'schen Machtzynismus ergab.[23]

Der Journalist Paul Sethe dagegen lobte zum 100. Jahrestag von Königgrätz diesen «Sieg ohne Mißbrauch», erkannte aber, in der für jene Zeit typischen, fast autistisch anmutenden Selbstbezogenheit vieler Deutscher, dass man nun am «Ende einer hundertjährigen Epoche, die unglücklich *für uns* ausging, [...] für alle Deutschen nur die Lehre» ziehen könne, «den Frieden zu wahren». Günter Grass hatte fünf Jahre später, anläßlich der 100. Wiederkehr der Kaiserproklamation, die europäischen Nachbarn deutlich empathischer im Blick. Er kam zu dem Schluss, dass Einheit «in Deutschland immer durch Zwang zustande gekommen» sei; der «Zwang zur Einheit habe immer versucht, die fehlende innere Einheit zu überbrücken». Heute gehe es daher nicht länger um die «Zwangseinheit zweier geteilter Staaten, sondern eine Einigung» in praktischen Fragen der Friedenssicherung in Europa. Als diese staatliche Einheit unerwarteterweise doch kam, gelang es angesichts der schweren historischen Vorbelastungen letztlich erstaunlich leicht, ein Zimmer für «Deutschland im europäischen Haus» einzurichten, auch wenn Warnungen vor der Neuauflage eines Machtstaats à la Bismarck (wenn nicht Schlimmeres) nicht ausblieben; doch «Reichsgründungen sind [...] ein für alle Mal vorbei».[24]

Vergessen

Die Frage, ob das Deutsche Reich von 1871 mit oder gegen den «Zeitgeist» oder «die Geschichte» gegründet wurde, ob sein Untergang in den beiden Weltkriegen notwendig oder vermeidbar war, ob das Kaiserreich einen legitimen, entwicklungsfähigen Weg in die moderne Welt beschritt oder ein unendlich kostspieliger Umweg auf dem «langen Weg nach Westen» war, ob «die Deutschen» gar ihr Recht auf Einheit in einem Nationalstaat verspielt haben, ist viel gestritten worden. Doch einem Urteil ist schwer zu widersprechen, nämlich dass Bismarcks Politik «keinerlei Orientierung an einem der entgegengesetzten Prinzipien der nationalen und liberalen oder der legitimistisch-konservativen Kräfte erkennen ließ, sondern allein auf den praktischen Nutzen gerichtet war». Die Forderung nach einer rein «ethischen» Politik ist gewiss problematisch, aber «das lastende Problem der Bismarckschen Reichsgründungspolitik» ist doch darin zu erkennen, dass durch die Herauslösung «staatlicher Machtausübung aus ethischen Normierungen und Werthaltungen» diese «offen werden für diffuse Auffassungen von Macht als eines Werts an sich».[25]

Das Unwohlsein, das diese Reichsgründung hinterlassen hat, rührt freilich nicht nur von der preußischen Regierungspolitik her, sondern auch von vielen, die lange in Gegnerschaft zu ihr standen. «Wer aber mag sagen, welche Explosionen formloser Kräfte Bismarck nicht auch hintangehalten hat», gab Ludwig Dehio recht nebulös zu bedenken. Nüchterner gesagt: «hätte sich die vom bürgerlichen Liberalismus dominierte nationale Verfassungsbewegung mit ihrer Strategie durchgesetzt, wäre die deutsche Nationalstaatsgründung nicht weniger blutig verlaufen», denn ihren Vorstellungen vom Volkskrieg wohnte die Tendenz zur Entgrenzung inne. Die Epoche war geprägt vom «Geist der Gewalt», wie die Wiener «Neue Freie Presse» kurz nach der Schlacht von Sedan erkannt hatte. Die Macht, oft verkürzt auf militärische Macht, wurde für viele Zeitgenossen und Nachgeborene zum bedingungslos angebeteten Fetisch. In den anderen europäischen Ländern sah es allerdings kaum besser aus. Der liberale Nationalstaat versprach nicht nur Freiheitsrechte und Teilhabe, sondern verlangte als Preis dafür das Blut der Staatsbürger: das der eigenen und erst recht das der fremden. Golo Manns Urteil, dass die Reichsgründung ein eigenartiger Vorgang gewesen sei, bei dem «nichts eindeutig zu benennen» ist, hat manches für sich. «Das Volk» hatte die Einigung «in irgendeiner Form» gewollt, sie aber nicht vollzogen. Das tat stattdessen der «große Staat, Preußen», der «die kleinen zwang; welcher Zwang dadurch verborgen blieb, daß große Teile des Volkes bei der Sache mitmachten. Mit dem Resultat waren die wenigsten voll zufrieden, nicht einmal die Vertreter und Träger der Macht, die zuletzt alles entschied».[26]

Es wäre leicht, mit dem als Nachgeborener verdienstlos erworbenen Wissen um die weitere Geschichte mit richterlicher Strenge auf die Deutungen, Vorhersagen und lyrischen Ergüsse der Zeitgenossen zu blicken. Doch auch in die Zäsur der Jahre 1989/90 ist viel hineingedeutet worden; wieder wurde der Weltgeist gesichtet, auch wenn er diesmal nicht zu Pferde, sondern in einer Strickjacke daherkam. Und war nicht gar vom «Ende der Geschichte» die Rede? In diesem Licht erscheinen Heinrich von Sybels bekannte Worte, geschrieben neun Tage nach der Kaiserproklamation 1871, vielleicht doch sehr vertraut: «Wodurch hat man die Gnade Gottes verdient, so große und mächtige Dinge erleben zu dürfen? Und wie wird man nachher leben? [...] Woher soll man in meinen Lebensjahren noch einen neuen Inhalt für das weitere Leben nehmen?»[27]

Abgesehen von Einzelfällen wie dem Streit um das Siegesdenkmal in Freiburg erregt die Reichseinigungszeit heute kaum noch öffentliche Debatten in Deutschland. Die Erinnerung an sie ist längst überlagert von den nachfolgenden Weltkriegen und ruht tief sedimentiert am Grund des kollektiven Gedächtnisses. Heute sind selbst grundlegende Fakten dieser Jahre und ihre Bedeutung für den weiteren Verlauf der Geschichte vielfach unbekannt. Eine Umfrage unter Schülern mit Geschichte als Leistungskurs in der gymnasialen Oberstufe und unter Geschichtsstudenten ergab im Jahr 2004, dass die Hälfte der Befragten nicht einmal wusste, wer 1870 wem den Krieg erklärt hatte. Die monumentale Sammlung der «Deutschen Erinnerungsorte» enthält Einträge wie «Pickelhaube», «Straßburger Münster», «Weißwurschtäquator» oder «Weihnachten», die Bezüge zur Reichsgründung aufweisen, und mit «Versailles» und «Bismarck» zwei, bei denen das sehr deutlich der Fall ist. Aber ein Erinnerungsort, der ausschließlich dieser Zeit gewidmet ist, findet sich nicht. Und als Oliver Welke in der «heute show» 2016 den Niedergang der österreichischen Volksparteien als deren «Königgrätz» bezeichnete, blieben die Lacher des Publikums verhalten; kaum jemand verstand offensichtlich noch diese historische Anspielung.[28]

Jenseits solcher satirischer Aneignungen kann der Blick auf die deutsche Geschichte kein «unbeschwerter» sein. Die Reichsgründung war gewaltsam, doch kein nationaler Mythenhaushalt kommt ohne den Bezug auf die eine oder andere Form von Krieg aus.[29] Insofern war die Entstehung des deutschen Nationalstaats keine Ausnahme. Der eigene Nationalstaat war, an den Maßstäben des 19. Jahrhunderts gemessen, ein Recht, das den Deutschen schwer abgesprochen werden konnte. Da die «Deutsche Frage» aber zutiefst eine gesamteuropäische war, schien sie nur lösbar, indem man die Einigung quasi gegen Europa gewaltsam durchsetzte. Hierin waren die gesellschaftspolitisch Fortschrittlichen, die Liberalen, besonders radikal, während die Konservativen im Grunde die Unmöglichkeit einer nationalstaatlichen deutschen Einigung anerkannten, solange Habsburg und Hohenzollern bestanden. Bismarck verband beides: die (national-)liberale gedankliche Radikalität, die bestehende Ordnung hinwegfegen zu wollen, und die konservative Einsicht in die multilateralen Abhängigkeiten der europäischen Ordnung. Hätte die dänische Regierung nicht auf ihren Maximalforderungen bestanden, wäre der Krieg im Frühsommer 1864 auf der «Londoner Konferenz» wohl durch einen multilateralen europäischen Friedensvertrag beendet worden. Da dieser nicht zustande kam, endete er wenige Monate später durch einen «Diktatfrieden». 1866 und vor allem 1870/71 setzte Bismarck alles daran, eine europäische Friedenskonferenz zu verhindern. Die Friedensschlüsse von Prag 1866 und Frankfurt 1871, durch die die 1815 etablierte europäische Ordnung auf den Kopf gestellt wurde, ermangelten daher der aktiven Billigung durch die anderen europäischen Mächte. Die Einigung Deutschlands wurde hingenommen, mehr nicht. In diesem Sinn war das Deutsche Reich eine Schöpfung gegen die Grundgedanken der europäischen Ordnung, die nicht scheitern *musste,* deren langfristiges Überleben aber stets fragil war.

Das heutige Deutschland verdankt, darin dem Deutschen Bund ähnelnd, seine völkerrechtliche Existenz einem internationalen Abkommen, dem am 12. September 1990 geschlossenen «2+4-Vertrag» zwischen den beiden deutschen Staaten sowie den Siegermächten des Zweiten Weltkriegs. Es ist in supranationale Strukturen und Organisationen eingebunden und hat als «postklassischer Nationalstaat» (H. A. Winkler) viele Souveränitätsrechte abgegeben. Dem Problem, aufgrund seiner Lage, Größe und Wirtschaftskraft gewollt oder ungewollt eine führende Rolle in Europa spielen zu müssen und dafür zugleich beständig kritisiert zu werden, entkommt aber auch das neue Deutschland nicht. Insbesondere die Finanzkrise 2008 und die «Flüchtlingskrise» 2015, aber auch die «Coronakrise» von 2020 haben gezeigt, wie prekär die Position Deutschlands weiterhin ist. Selbst eine ethisch gut gemeinte Politik kann negative Folgen haben, wenn sie ihre Rückwirkungen auf andere Staaten und Gesellschaften zu wenig bedenkt. Zwar dient ein oft grotesk verzerrtes Schreckbild Deutschlands vielfach als billiges Agitationsmittel in innenpolitischen Auseinandersetzungen anderer Staaten. Doch es lässt sich nicht leugnen, dass Deutschland insbesondere die Europäische Union und den Euro-Raum bisweilen rücksichtslos zu seinem Nutzen gestaltet, zumal die «nationalistische Versuchung» auch in dem Land grassiert, das wie kaum ein anderes gelernt haben sollte, dass es ihm nur dann gut gehen kann, wenn es auch seinen Nachbarn gut geht.

Das Schluchzen Wilhelms I. am 17. Januar 1871, dem letzten Tag, an dem er «nur» König von Preußen war, hatte durchaus seine Berechtigung. Denn einerseits endete das «alte Preußen» formal tatsächlich, als es im Deutschen Reich aufging (was formal bereits am 1. Januar 1871 geschehen war). Andererseits lebte es natürlich weiter, scheinbar stärker und selbstbewusster als je zuvor. Für den weiteren Verlauf der deutschen Geschichte erwies es sich als fatal, dass ausgerechnet dieses Preußen von seiner Spitze aus autoritär war und sich nicht dauerhaft auf einen liberalen Kurs verpflichten ließ. Das größte Problem des Kaiserreichs war daher nicht der märchenkönigliche und krachlederne bayerische Partikularismus, sondern der mit einer Pickelhaube bewehrte preußische. Das heutige Deutschland ist dagegen ein echter Bundesstaat, weil keines der großen Bundesländer auch nur ansatzweise die überwältigende Dominanz Preußens besitzt. Insofern hat das gegenwärtige Deutschland im Inneren nicht mehr viel mit dem von 1871 gemein.

Dennoch besteht eine ebenso verblüffende wie tendenziell beunruhigende Parallelität zwischen den «Vereinigungsprozessen» von 1870/71 und 1989/90. Zwar hat das wiedervereinigte Deutschland den Ausgleich zwischen Nation und Demokratie, der das Kaiserreich und die Weimarer Republik prägte, bewerkstelligt. Doch als schwerwiegende Belastung könnte sich längerfristig die Tatsache erweisen, dass die Wiedervereinigung in vieler Hinsicht ein technokratischer Beitrittsakt war, der *als solcher* dem von 1867 und 1870/71 ähnelte. Damals waren es die in politischer und gesellschaftlicher Hinsicht vielfach «fortschrittlicheren», liberaleren Südstaaten, die sich in die Knechtschaft des preußischen Militärstaats stürzten. 120 Jahre später warf sich die Mehrheit der Bürger der DDR, die auf keine eigene *staatlich*-demokratische Tradition zurückgreifen konnten und deren bewundernswerte Bürgerrechtsbewegung politisch völlig marginalisiert wurde, fast besinnungslos in die Arme der demokratischen Bundesrepublik. Weil dieser Prozess durchgehend und von allen Seiten demokratisch legitimiert war, ist er keinesfalls gleichzusetzen mit der autoritären Zwangsvereinigung der Jahre 1867 bis 1871; problematisch war er trotzdem. Begründet wurde und wird die rauschhafte Eile des Vereinigungsprozesses von 1989/90 oft mit dem «realpolitischen» Argument des damals herrschenden Zeitdrucks. Angesichts des raschen Zerfalls der Sowjetunion einerseits und des ungestümen Drängens vieler DDR-Bürger nach schneller Vereinigung durch Beitritt andererseits sei die Zeit für einen langsameren, evolutionären Prozess schlicht nicht vorhanden gewesen. Dem ist schwer zu widersprechen – und dennoch bleibt das Unbehagen darüber, dass auch dieses «unverstandene Glück», wie das vor 150 Jahren, in mehr Katzenjammer endete, als nach einer rauschhaften Nacht wohl unvermeidlich ist. Vielleicht wären die «Vereinigungsschmerzen» heute weniger heftig, wenn es eine Nationalversammlung gegeben hätte – als realer wie symbolischer Ort der Verständigung über das zukünftige Deutschland. Stattdessen wurde es wieder einfach in den Sattel gesetzt, in der vagen Hoffnung, es werde schon reiten können. Es bleibt eine kontinuierliche Aufgabe, dafür zu sorgen, dass die 1990 begonnene Reitpartie glücklicher ausgeht als die vor 150 Jahren.[30]

Das Reich von 1871 ist zerfallen, das Wissen um seine Entstehung ist im allgemeinen Bewusstsein verblasst. Was ist geblieben von der Reichsgründung? Ein Bild; *das* Bild, das lange Zeit unsere Vorstellung von dieser Epoche geprägt hat, sei es als glorifiziertes Ruhmes- oder als verteufeltes Schreckbild. Es verhüllt die Motive, die Triebkräfte, die Akteure und den Verlauf der Reichsgründung mehr, als dass es sie offenlegte. Anton von Werner war nicht nur künstlerisch qualifiziert, die Kaiserproklamation in einem Historiengemälde zu verewigen, sondern auch durch seine Familiengeschichte, denn er war der Spross einer anlässlich der Erhebung Preußens zum Königreich 1701 nobilitierten Offiziers- und Beamtenfamilie. Sein 1887 entstandenes Gemälde «Die Krönung Friedrich I. zum König in Preußen in der Schlosskapelle in Königsberg (18. Januar 1701)» gab daher gewissermaßen ein Stück seiner Familiengeschichte wieder. Sein ungleich bekannteres Gemälde von 1877 zeigte die Kaiserproklamation als erhabenes, feierliches Ereignis. Während die erste Fassung noch die Waffenbrüderschaft von Nord und Süd sowie den Charakter des neuen Reichs als Fürstenbund betonte, zeigten die beiden

Abb. 18: Der Spiegelsaal im Schloss Versailles, Ort monarchisch-militärischer Selbstinszenierung. Vor und nach der Kaiserproklamation diente er als Lazarett.

späteren Fassungen – nur die Bismarck persönlich gewidmete «Friedrichsruher Fassung» von 1885 hat den Zweiten Weltkrieg überlebt – die Kaiserproklamation vor allem als konsequente Krönung des Wegs Preußens vom randständigen Fürstentum zum Träger der erneuerten Kaiserwürde.[31] Im Berliner Zeughaus hingen die 1701 und 1871 verherrlichenden Gemälde nebeneinander, um zu zeigen: Preußen hat Deutschland gemacht. Doch so war es nicht. Preußen hat Deutschland erzwungen. Das ist den Deutschen nicht gut bekommen, und erst recht nicht ihren Nachbarn.

Danksagung

Vor einhundertfünfzig Jahren erfasste der Virus des Nationalismus Europa und veränderte in Windeseile die Landkarte des Kontinents, seine Staaten und Gesellschaften. In der finalen Schreibphase dieses Buchs zog Corona um die Welt. Binnen weniger Monate haben sich viele vermeintliche Gewissheiten unseres Alltagslebens, unsere Pläne und Zukunftserwartungen in Luft aufgelöst. Auf eine andere Weise, aber nicht weniger eindrücklich tat das der globale Umbruch von 1989/90, der die deutsche Einheit unverhofft auf die politische Agenda spülte und binnen Monaten eine jahrzehntelang bestehende Ordnung implodieren ließ. Diese Ereignisse geben uns vielleicht eine Ahnung davon, wie die Menschen vor einhundertfünfzig Jahren den Umsturz ihrer Gegenwart erlebt haben könnten.

Über die Reichseinigung wurde von Anfang an intensiv und oft kontrovers geforscht und publiziert. Ich beanspruche daher nicht, neue Antworten auf alte Forschungsfragen zu geben. Das Ziel dieses Buchs ist es vielmehr, uns diese ferne Zeit nahe zu rücken, ihre Fremdheit ebenso erlebbar zu machen wie ihre Vertrautheit. Nur dann hat uns die Vergangenheit noch etwas zu sagen.

Die Anregung, tief in eine Epoche einzutauchen, die bisher am Rand meiner Forschungsgebiete lag, stammt von Sebastian Ullrich. Ohne sein stets freundliches, wenn nötig aber auch nachdrückliches Drängen auf Präzision, vor allem aber auf erzählerische Leichtigkeit, ohne sein engagiertes Lektorat und ohne den Vertrauensvorschuss des C.H.Beck-Verlags wäre dieses Buch, dessen Gestaltwerdung ohne die Gründlichkeit von

Rosemarie Mayr und Carola Samlowsky undenkbar wäre, nicht, was es geworden ist. Das gilt auch für Susanne Kiewitz und Nadine Rossol, die große Teile vorab gelesen und mich vor mancher Schrulle bewahrt haben. Tobias Hirschmüller und Christian Jansen schließlich stellten mir noch unveröffentlichte Texte zur Verfügung, die mir an wichtigen Stellen weiterhalfen. Vielen Dank an Alle!

Vor allem aber an Ute Krickeberg, deren kritischer Lektüre dieser Text ebenso viel verdankt wie manchen abendlichen Gesprächen. Auch der für intensives Schreiben notwendige Rückzug an den Schreibtisch, an dem ich die «Coronakrise» im Wortsinn ausgesessen habe, war nur dank ihrer vielfältigen Unterstützung möglich. Ihr und unseren Kindern, Justin, Cederic und Pauline, ist dieses Buch daher gewidmet.

Christoph Jahr — Berlin-Wilmersdorf, im Juni 2020

Anhang

Zeittafel

Juni 1815: Gründung des Deutschen Bundes (8. 6. 1815), der durch die Wiener Schlussakte (8. 6. 1820) seine endgültige Gestalt erhält. Statt eines Nationalstaats entsteht ein innenpolitisch restaurativer Staatenbund mit schwacher Zentralgewalt, der die Hoffnungen auf einen freiheitlichen Nationalstaat enttäuscht.
März 1848: Eine revolutionäre Welle erfasst Europa. Die am 28. 3. 1849 von der Nationalversammlung in Frankfurt verabschiedete liberal-demokratische Reichsverfassung tritt nie in Kraft, da Preußenkönig Friedrich Wilhelm IV. am 28. 4. 1849 die Kaiserkrone endgültig ablehnt; demokratische Aufstände im Deutschen Bund werden brutal niedergeschlagen, der Versuch, Schleswig in den Deutschen Bund zu integrieren, scheitert an der Intervention der europäischen Mächte. In der «Olmützer Punktation» (29. 11. 1850) verzichtet Preußen auf eine kleindeutsche staatliche Einigung unter seiner Führung («Erfurter Union»).
8. 5. 1852: Zweites Londoner Protokoll; die Stellung des Dänischen Königs als Landesherr der Herzogtümer Schleswig, Holstein und Lauenburg, aber auch deren Autonomierechte werden bestätigt, ebenso die Erbfolgeregelung für die Herzogswürde.
Oktober 1853 bis März 1856: Krimkrieg; Österreich steht auf der Seite der westlichen Alliierten, Preußen bleibt neutral. Die auf dem Gleichgewicht der europäischen Mächte beruhende Staatenordnung wird nachhaltig erschüttert.
Oktober 1858: Wilhelm I. übernimmt in Preußen die Regentschaft für seinen psychisch erkrankten älteren Bruder Friedrich Wilhelm IV. Ab

November 1858 «Neue Ära» in Preußen, Bayern und Baden, vorsichtige Liberalisierungsschritte. Juli 1859: Gründung des «Deutschen Nationalvereins», der für einen preußisch geführten, kleindeutschen Nationalstaat eintritt.

April 1859: Krieg zwischen Österreich und Sardinien-Piemont (mit Frankreich verbündet); Preußen und der Deutsche Bund greifen nicht ein. Österreich verliert die Lombardei (Zürcher Frieden 10. 11. 1859). In der «Teplitzer Punktation» (Juli 1860) verspricht Preußen aber militärischen Schutz für Österreichs restlichen Besitz in Italien, Österreich im Gegenzug Vorabkonsultation über alle wichtigen Fragen im Deutschen Bund. Durch das Oktoberdiplom 1860 und das Februarpatent 1861 bewegt sich Österreich in Richtung Verfassungsstaat; die Reformen bleiben jedoch halbherzig und werden 1865 weitgehend zurückgenommen.

Januar 1861: Wilhelm I. wird König von Preußen. Ende der liberalen «Neuen Ära» in Preußen, im März 1862 Beginn des Verfassungskonflikts um die Heeresreformen. Im September 1862 verweigert der preußische Landtag den Militäretat. Wilhelm I. beruft Bismarck zum Ministerpräsidenten mit dem Ziel, den Kampf gegen die liberale Abgeordnetenhausmehrheit unerbittlich zu führen. «Eisen und Blut»-Rede Bismarcks vor der Budgetkommission des preußischen Abgeordnetenhauses (30. 9. 1862).

Januar 1863: Beginn eines Aufstands im russischen Teil Polens; dieser wird mit preußischer Rückendeckung («Alvenslebensche Konvention») niedergeschlagen, was Preußens Rückhalt in der Nationalbewegung schwächt.

März 1863: Der Dänische König Friedrich VII. setzt die Gesamtstaatsverfassung außer Kraft, die die Sonderrechte der drei Elbherzogtümer (Schleswig, Holstein und Lauenburg) sichert. Dadurch lebt die Kampagne der Nationalbewegung wieder auf mit dem Ziel, die Verbindungen der Herzogtümer mit Dänemark zu kappen und Schleswig in den Deutschen Bund zu integrieren; Preußen und bald auch Österreich beharren demgegenüber auf dem Londoner Protokoll von 1852.

August 1863: Auf dem von Preußen boykottierten Frankfurter Fürstentag scheitert der letzte Versuch einer Reform des Deutschen Bundes. Nur unterbrochen durch den gemeinsamen Krieg gegen Dänemark steigert sich die Rivalität Österreichs und Preußens bis zum gewaltsamen Austrag 1866.
September 1863: Mit der Verabschiedung der neuen Verfassung (28. 9.), die die Elbherzogtümer fester in den dänischen Gesamtstaat integriert, spitzt sich die Schleswig-Holsteinkrise zu. Am 1. 10. fordert der Bundestag Dänemark zur Rücknahme der neuen Verfassung auf; als diese dennoch durch den neuen König Christian IX. am 18. 11. 1863 in Kraft gesetzt wird, verhängt der Deutsche Bund am 7. 12. 1863 die Bundesexekution über Dänemark.
Dezember 1863: Kampflose Besetzung Holsteins durch den Deutschen Bund (ab 23. 12.); Friedrich August von Augustenburg wird durch die Nationalbewegung und große Teile der lokalen Bevölkerung als neuer Herzog Schleswig-Holsteins gefeiert, seine tatsächliche Herrschaftsausübung jedoch durch Preußen und Österreich verhindert.
Februar 1864: Österreich und Preußen marschieren gegen das Votum des Deutschen Bundes ab 1. 2. in Schleswig ein. Während Österreichs Armee zügig vorankommt, erringt Preußen erst am 18. 4. mit der Eroberung der Düppeler Schanzen einen bedeutenden militärischen Erfolg. In London scheitert im Juni eine Konferenz zur Beendigung des Kriegs, daher Wiederaufnahme der Kampfhandlungen, die im überwältigenden Sieg Österreichs und Preußens enden. Im Wiener Frieden (30. 10.) tritt Dänemark die Elbherzogtümer an die Siegermächte ab.
August 1865: Durch die Gasteiner Konvention (14. 8.) wird der Streit zwischen Österreich und Preußen um die Verwaltung der Elbherzogtümer nur notdürftig beigelegt. Österreich verwaltet Holstein, Preußen Schleswig. Österreich (21. 2. 1866) und Preußen (28. 2. 1866) beginnen mit Kriegsvorbereitungen und sammeln Verbündete im Deutschen Bund, Preußen schließt ein befristetes Bündnis mit Italien.

Juni 1866: Nach wochenlanger Eskalation des österreichisch-preußischen Konflikts beschließt der Bundesrat die Bundesexekution gegen Preußen (14. 6.). In den folgenden Tagen rasche Mobilmachungen, Preußen beginnt mit der Besetzung v. a. Hannovers und Sachsens. Der Kampf gegen Österreich wird durch die Schlacht bei Königgrätz (3. 7.) faktisch entschieden. In Mittel- und Süddeutschland bleibt Preußen ebenfalls siegreich gegen Österreichs Verbündete. Der Krieg endet durch den Vorfrieden (Nikolsburg, 26. 7.) und Friedensvertrag (Prag, 23. 8. 1866). Auflösung des Deutschen Bundes.
August 1866: Preußen schließt Militärbündnisse mit den Südstaaten. Gleichzeitiger Beginn der Formierung des Norddeutschen Bunds, der nach Wahlen zum konstituierenden Reichstag (12. 2. 1867) eine Verfassung (16. 4. 1867) und einen Bundeskanzler (14. 7. 1867, Bismarck) erhält. 31. 8. Reichstagswahl mit liberaler Mehrheit, Beginn des faktischen Regierungsbündnisses zwischen Bismarck und den (National-)Liberalen.
Februar 1867: Neuordnung des Habsburgerreichs durch den «Ausgleich»: Die Monarchie wird in eine gleichberechtigte österreichische und ungarische Reichshälfte mit souveräner Innenpolitik, eigener Verfassung und Parlamenten geteilt, nur noch die Militär- und Außenpolitik werden zentral von Wien aus geleitet.
März 1867: Beginn der Luxemburg-Krise, ausgelöst durch den erfolglosen Versuch Frankreichs, Kompensationen für das Stillhalten bei Preußens Machtausweitung zu erhalten. Die Krise wird friedlich beigelegt, verschärft aber die antipreußische Stimmung in Frankreich.
Februar 1868: Die Wahlen zum Zollparlament offenbaren die ungebrochene Stärke der antipreußischen Ressentiments in den Südstaaten, aber auch unter der Bevölkerung der frisch annektierten preußischen Gebiete und unter den nationalen Minderheiten. Ein kurzfristiger Weg zur nationalstaatlichen Einheit ist in der Folgezeit nicht erkennbar.
Februar 1870: Mit dem Angebot der spanischen Königskrone an Prinz Leopold von Hohenzollern-Sigmaringen beginnt die «spanische Thron-

folgekrise», die im Juni in ihre entscheidende Phase tritt, als Wilhelm I. dem spanischen Angebot zustimmt (21. 6.). Anfang Juli wird diese Thronkandidatur bekannt, wodurch die antipreußische Stimmung in Frankreich angeheizt wird. Trotz des Verzichts auf Thronkandidatur (12. 7.) dient die «Emser Depesche» (13. 7.) als Kriegsauslöser. 15.7.: französisches Parlament stimmt für Kriegskredite; Kriegserklärung an Preußen am 19. 7.

August 1870: Erste Phase des Kriegs zwischen Frankreich und dem Norddeutschen Bund sowie den verbündeten süddeutschen Staaten. Durch die Schlachten von Weißenburg (4. 8.), Wörth, Spichern (6. 8.), Colombey – Novilly (14. 8.), Vionville – Mars-la-Tour (16. 8.), Gravelotte – St. Privat (18. 8.) dringen die deutschen Armeen schnell vor. Bei Sedan wird die kaiserlich-französische Armee entscheidend geschlagen, Napoleon III. gerät in Gefangenschaft (1./2. 9.).

September 1870: Zweite Kriegsphase; Frankreich wird Republik (4. 9.) und führt den Krieg durch die Aufstellung neuer Armeen weiter. Zäher Krieg gegen die Besatzungsarmeen, Belagerung von Paris und zahlreichen anderen Orten, Franctireurkrieg. Der Krieg endet nach Beschießung von Paris (ab 5. 1. 1871), Kapitulation (28. 1.) bzw. Internierung großer Truppenteile in der Schweiz (1. 2.).

November 1870: Die süddeutschen Staaten schließen die «Novemberverträge» und treten dem Norddeutschen Bund per 1. 1. 1871 bei, so dass das Deutsche Kaiserreich ins Leben tritt. Die Proklamation von Preußens König Wilhelm I. zum Deutschen Kaiser im Spiegelsaal von Versailles ist staatsrechtlich bedeutungslos. Innere Ausgestaltung des Kaiserreichs durch erste gesamtdeutsche Reichstagswahl (3. 3.), Reichsverfassung (4. 5.) und die Zustimmungsverträge der süddeutschen Staaten (8. 11.).

Februar 1871: Präliminarfrieden (26. 2.), bestätigt durch den Friedensvertrag von Frankfurt (10. 5.); Frankreich muss das Elsass und Teile Lothringens abtreten sowie eine Kriegsentschädigung von 5 Milliarden Franc zahlen. Aufstand der «Pariser Kommune» (29. 3.), der durch die Regierung brutal niedergeschlagen wird.

Bibliographie

Alberti, Der letzte Bürgermeister der freien Stadt Frankfurt a. M. Charaktergemälde in 3 Akten, Passau 1867

Alberts, Klaus, Düppel 1864. Schleswig-Holstein zwischen Dänemark und Preußen, Heide 2013

Albrecht, Dieter, König Ludwig II. von Bayern und Bismarck, in: Historische Zeitschrift 270/1, 2000, S. 39–64

Amann, Freya, «Hie Bayern, hie Preußen»? Die Bayerische Patriotenpartei / Bayerische Zentrumspartei und die Konsolidierung des Deutschen Kaiserreiches bis 1889, Diss. LMU München 2013 (https://edoc.ub.uni-muenchen.de/15578/1/Amann_Freya.pdf)

Angelow, Jürgen, Zwischen Partnerschaft und Rivalität. Preußen und seine Militärmacht. Argumente österreichischer Reform- und Revanchepolitik 1866–1871, in: Peter Baumgart/Bernhard R. Kroener/Heinz Stübig (Hg.), Die Preußische Armee zwischen Ancien Régime und Reichsgründung, Paderborn 2008, S. 261–283

Arand, Tobias, 1870/71. Die Geschichte des Deutsch-Französischen Krieges erzählt in Einzelschicksalen, Hamburg 2018

– Ein zunehmend vergessener Krieg. Die Entwicklung der Erinnerung an den Deutsch-Französischen Krieg 1870/71, in: Tobias Arand (Hg.), «Der großartigste Krieg, der je geführt worden». Beiträge zur Geschichtskultur des Deutsch-Französischen Kriegs 1870/71, Münster 2008, S. 9–35

Arand, Tobias/Christian Bunnenberg, «Ohne Düppel kein Königgrätz, ohne Königgrätz kein Sedan, ohne Sedan kein deutsches Kaiserreich!» Der Gedächtnisort Düppel/Dybbol und seine Entwicklung in der deutschen und dänischen Erinnerungskultur von 1864 bis zur Gegenwart, in: Janina Fuge/Rainer Hering/Harald Schmid (Hg.), Gedächtnisräume. Geschichtsbilder und Erinnerungskulturen in Norddeutschland, Göttingen 2014, S. 159–182

– Wem gehört die militärische Erinnerung im umstrittenen Grenzraum? Der Erinnerungsort des Schlachtfelds bei Woerth-en-Alsace und seine Entwicklung von 1870 bis zur Gegenwart, in: Patrick Ostermann/Claudia Müller/Karl-Siegbert Rehberg (Hg.), Der Grenzraum als Erinnerungsort. Über den Wandel zu einer postnationalen Erinnerungskultur in Europa, Bielefeld 2012, S. 213–234

Aschmann, Birgit, Preußens Ruhm und Deutschlands Ehre. Zum nationalen Ehrdiskurs im Vorfeld der preußisch-französischen Kriege des 19. Jahrhunderts, München 2013

Ashton, Bodie A., The Kingdom of Württemberg and the making of Germany, 1815–1871, London 2017

Ashworth, Tony, Trench Warfare 1914–1918. The Live and Let Live System, London 1980

Auer, Frank von (Hg.), Der Nachbar Deutschland im europäischen Haus. Erwartungen und Irritationen: über eine «Reichsgründung», Mössingen-Talheim 1992

Bamberger, Ludwig, Bismarcks großes Spiel. Die geheimen Tagebücher Ludwig Bambergers. Eingel. u. hg. v. Dr. Ernst Feder, 2. verb. u. erg. Aufl. Frankfurt a. M. 1933

Bammel, Ernst, Die Reichsgründung und der deutsche Protestantismus, Erlangen 1973

Bandmann, Otto, Die deutsche Presse und die Entwicklung der deutschen Frage 1864–66, Leipzig 1910

Baumgarten, Hermann, Der deutsche Liberalismus. Eine Selbstkritik, mit e. Einl. v. Adolf M. Birke, Frankfurt a. M. 1974

Becker, Frank, Bilder deuten den Krieg. Anton von Werners Gemälde ‹Am 19. Juli 1870›, in: Tobias Arand (Hg.), «Der großartigste Krieg, der je geführt worden». Beiträge zur Geschichtskultur des Deutsch-Französischen Kriegs 1870/71, Münster 2008, S. 37–48

– Deutschland im Krieg von 1870/71 oder die mediale Inszenierung der nationalen Einheit, in: Ute Daniel (Hg.), Augenzeugen. Kriegsberichterstattung vom 18. zum 21. Jahrhundert, Göttingen 2006, S. 68–86

– Bilder von Krieg und Nation. Der Frankreichfeldzug von 1870/71 in der deutschen Graphik und Malerei, in: Jahrbuch für Historische Bildungsforschung 5, 1999, S. 133–166

Becker, Josef (Hg.), Bismarcks spanische «Diversion» 1870 und der preußisch-deutsche Reichsgründungskrieg, Bd. 1: Der Weg zum spanischen Thronangebot. Spätjahr 1866–4. April 1870, Paderborn 2003; Bd. 3: «Emser Depesche» und Reichsgründungslegende bis zum Ende der Weimarer Republik. 12. Juli 1870–1. September 1932, Paderborn 2007

Benedetti, Vincent, Ma mission en Prusse, 3. Aufl. Paris 1871

Berbig, Roland/Josefine Kitzbichler, Theodor-Fontane-Chronik, Bd. 2: 1858–1870, Berlin 2010

Bernhardi, Friedrich von, Vorwort, in: ders. (Hg.), Aus dem Leben Theodor von Bernhardis. Bd. 4: Die ersten Regierungsjahre König Wilhelms I.: Tagebuchblätter aus den Jahren 1860–1863. Mit einem Bildnis Bernhardis, Leipzig 1895

Bernhardt, Hans-Michael, Bewegung und Beharrung. Studien zur Emanzipationsgeschichte der Juden im Großherzogtum Mecklenburg-Schwerin 1813–1869, Berlin 1998

Bezdekovsky, Christian/Tobias Sechelmann, «Napoleon wurde bei Waterloo geschlagen», oder: «Ohne den Krieg wäre Frankreich heute noch deutsch» – Eine empirische Studie zum Geschichtsbewußtsein von Schülern und Studenten, in: Tobias Arand (Hg.), «Der großartigste Krieg, der je geführt worden». Beiträge zur Geschichtskultur des Deutsch-Französischen Kriegs 1870/71, Münster 2008, S. 49–86

Bichler, Karl-Horst/Ruijun Shen, Der Preußisch-Österreichische Krieg in Böhmen 1866, Berlin 2009

Biefang, Andreas, Der ganz große Kompromiss. Die Liberalen und das ‹Indemnitätsgesetz› vom September 1866, in: Jahrbuch zur Liberalismusforschung 28, 2016, S. 13–26

– National-preußisch oder deutsch-national? Die Deutsche Fortschrittspartei in Preußen 1861–1867, in: Geschichte und Gesellschaft 27, 1997, S. 360–385

– Politisches Bürgertum in Deutschland 1857–1868. Nationale Organisationen und Eliten, Düsseldorf 1994

Bierling, August, Die Entscheidung von Königgrätz in der Beurteilung der deutschen Presse, München 1932

Biermann, Harald, Ideologie statt Realpolitik. Kleindeutsche Liberale und auswärtige Politik vor der Reichsgründung, Düsseldorf 2006

Bismarck, Otto von, Gedanken und Erinnerungen. Die drei Bände in einem Bande. Vollständige Ausgabe, Stuttgart 1928

– Fürst Bismarcks gesammelte Reden, Bd. 1, Berlin 1894

Bleibtreu, Carl, Königgrätz, Stuttgart 1902

Böhme, Helmut, Die Reichsgründung, München 1967

Bonn, Moritz Julius, So macht man Geschichte. Bilanz eines Lebens, München 1953

Botzenhart, Manfred, Französische Kriegsgefangene in Deutschland 1870–1871, in: Francia. Forschungen zur Westeuropäischen Geschichte 21, 3/1994, S. 13–28

Boysen, Jens, Kriegserfahrung als nationale Identitätsstifterin? Ethnische Polen und Dänen als preußische Soldaten, in: Oswald Überegger (Hg.), Minderheiten-Soldaten. Ethnizität und Identität in den Armeen des Ersten Weltkriegs, Paderborn 2018, S. 69–83

Brandherm, Christiana, «Der großartigste Krieg, der je geführt worden» – Der Deutsch-Französische Krieg im deutschen Schulbuch, in: Tobias Arand (Hg.), «Der großartigste Krieg, der je geführt worden». Beiträge zur Geschichtskultur des Deutsch-Französischen Kriegs 1870/71, Münster 2008, S. 87–130

Brandt, Harm-Hinrich, Der österreichische Reformplan für den Deutschen Bund von 1863, in: Dietmar Willoweit (Hg.), Föderalismus in Deutschland. Zu seiner wechselvollen Geschichte vom ostfränkischen Königtum bis zur Bundesrepublik, Wien/Köln/Weimar 2019, S. 237–269

Bremm, Klaus-Jürgen, 1866. Bismarcks Krieg gegen die Habsburger, Darmstadt 2016

– Von der Chaussee zur Schiene. Militär und Eisenbahnen in Preußen 1833 bis 1866, München 2005

Brosius, Dieter, Hannovers politische und militärische Rolle im Krieg von 1866, in: Winfried Heinemann/Lothar Höbelt/Ulrich Lappenküper (Hg.), Der Preußisch-Österreichische Krieg 1866, Paderborn 2018, S. 303–314

Bührer, Werner, Volksreligiosität und Kriegserleben: Bayerische Soldaten im Deutsch-Französischen Krieg 1870/71, in: Friedhelm Boll (Hg.), Volksreligiosität und Kriegserleben, Münster 1997 (Jahrbuch für historische Friedensforschung Bd. 6), S. 48–65

Buk-Swienty, Tom, Schlachtbank Düppel: 18. April 1864. Die Geschichte einer Schlacht, Berlin 2011

Bunnenberg, Christian, «Es lässt sich nicht leugnen, daß auch Roheiten und unnötige Härten vorkamen.» Gewalterfahrungen und Gewaltwahrnehmungen im Deutsch-Französischen Krieg von 1870/71, in: Frank Becker (Hg.), Zivilisten und Soldaten. Entgrenzte Gewalt in der Geschichte, Essen 2015, S. 79–102

Burwitz, Ludwig/Armin Nassauer/Olaf Wagener (Hg.), Der Deutsche Krieg von 1866. Die Feldpostbriefe des Soldaten Louis Ernst, Frankfurt a. M. 2016

Busch, Moritz, Tagebuchblätter. Erster Band: Graf Bismarck und seine Leute während des Krieges mit Frankreich 1870–1871 bis zur Beschießung von Paris, Leipzig 1899; Zweiter Band: Graf Bismarck und seine Leute während des Krieges mit Frankreich 1870–1871 bis zur Rückkehr nach Berlin Wilhelmstraße 76; Denkwürdigkeiten aus den Jahren 1871 bis 1880; Varzin, Schönhausen, Friedrichsruh, Leipzig 1899

Buschmann, Nikolaus, Niederlage als retrospektiver Sieg? Die Entscheidung von 1866 aus Sicht der historischen Verlierer, in: Horst Carl/Hans-Henning Kortüm/Dieter Langewiesche/Friedrich Lenger (Hg.), Kriegsniederlagen. Erfahrungen und Erinnerungen, Berlin 2004, S. 123–143

– Einkreisung und Waffenbrüderschaft. Die öffentliche Deutung von Krieg und Nation in Deutschland 1850–1871, Göttingen 2003
– «Im Kanonenfutter müssen die Stämme Deutschlands zusammen geschmolzen werden». Zur Konstruktion nationaler Einheit in den Kriegen der Reichsgründungsphase, in: Nikolaus Buschmann/Dieter Langewiesche (Hg.), Der Krieg in den Gründungsmythen europäischer Nationen und der USA, Frankfurt a. M. 2003, S. 99–119
Caglioti, Daniela L., Waging War on Civilians. The Expulsion of Aliens in the Franco-Prussian War, in: Past & Present 221, 2013, S. 161–195
Camphausen, Wilhelm, Ein Maler auf dem Kriegsfelde, Fortsetzung (Nr. 4), in: Daheim, 4. Jg. 1865, S. 51–53
Carsten, Francis L., Preußen und England, in: Otto Büsch (Hg.), Preußen und das Ausland. Beiträge zum europäischen und amerikanischen Preußenbild am Beispiel von England, den Vereinigten Staaten von Amerika, Frankreich, Österreich, Polen und Rußland, Berlin 1982, S. 26–46
Cochet, François, Les Français en guerres. Des hommes, des discours, des combats. 1870 à nos jours, Paris 2017
Conrad, Horst (Hg.), Ein Gegner Bismarcks. Dokumente zur Neuen Ära und zum preußischen Verfassungskonflikt aus dem Nachlaß des Abgeordneten Heinrich Beitzke (1798–10. 5. 1867), Münster 1994
Cornejo, Paloma, Zwischen Geschichte und Mythos. La guerre de 1870–71 en chansons. Eine komparatistische Untersuchung zu den identitätsstiftenden Inhalten in deutschen und französischen Liedern zum Krieg, Würzburg 2004
Cornelius, Friedrich, Der Friede von Nikolsburg und die öffentliche Meinung in Oesterreich, München 1927
Craig, Gordon A., Königgrätz, München 1987
Dahlerup, Hans Birch Freiherr von, In österreichischen Diensten, Bd. 2. Aus dem Nachlass herausgegeben von Joost Freiherrn von Dahlerup. Aus dem dänischen Manuskript übertragen von Marie Herzfeld, Berlin 1912
Dehio, Ludwig, Gleichgewicht oder Hegemonie. Betrachtungen über ein Grundproblem der neueren Staatengeschichte, Krefeld 1948
Deimling, Berthold v., Aus der alten in die neue Zeit. Lebenserinnerungen, Berlin 1930
Deluermoz, Quentin, Krieg zur ‹Zeit der Sphingen› – die Pariser Kommune von 1871, in: Thomas Kolnberger/Benoît Majerus/M. Christian Ortner (Hg.), Krieg in der industrialisierten Welt, Wien 2017, S. 25–43
Deuerlein, Ernst (Hg.), Die Gründung des Deutschen Reiches 1870/71 in Augenzeugenberichten, München 1977
Digeon, Claude, La crise allemande de la pensée française (1870–1914), Paris 1959
Dippel, Horst, 1871 versus 1789. German historians and the ideological foundations of the Deutsche Reich, in: History of European Ideas 15/4, 1992, S. 829–837
Doering-Manteuffel, Anselm, Die deutsche Frage und das europäische Staatensystem. 1815–1871, 3. Aufl. München 2010
– Vom Wiener Kongress zur Pariser Konferenz. England, die deutsche Frage und das Mächtesystem 1815–1856, Göttingen 1991
Dräger, Marco, (K)Ein Hoch auf Kaiser Wilhelm? Die Kaiserproklamation in Versailles aus der Sicht unterschiedlicher Selbstzeugnisse, in: Geschichte lernen Nr. 156, 2013, S. 28–37
Dülffer, Jost/Martin Kröger/Rolf-Harald Wippich, Vermiedene Kriege. Deeskalation von

Konflikten der Großmächte zwischen Krimkrieg und Erstem Weltkrieg 1865–1914, München 1997

Dumas, Alexandre, La terreur prussienne à Francfort. Épisode de la guerre en 1866, Paris/Naumbourg s/S. 1868

Du Prel, Maximilian, Die deutsche Verwaltung in Elsass-Lothringen 1870–1879. Denkschrift mit Benutzung amtlicher Quellen; Lfg. 1, Straßburg 1879

Einhaus, Hermann, Franz von Roggenbach. Ein badischer Staatsmann zwischen deutschen Whigs und liberaler Kamarilla, Frankfurt a. M. 1991

Embree, Michael, Bismarck's first war. The campaign of Schleswig and Jutland 1864, Solihull 2007

Engelberg, Ernst, Deutschland von 1849 bis 1871. Von der Niederlage der bürgerlich-demokratischen Revolution bis zur Reichsgründung, 3., durchges. Aufl., Berlin (Ost) 1972 (1. Aufl. 1959)

Engels, Jens Ivo, Kleine Geschichte der Dritten französischen Republik (1870–1940), Köln 2007

Epkenhans, Michael, Die preußischdeutsche Armee. Die Gloriole der Siege von Düppel, Königgrätz und Sedan in der kollektiven Erinnerung, in: Michael Epkenhans (Hg.), Die Suche nach Orientierung in deutschen Streitkräften. 1871 bis 1990, Potsdam 2006, S. 13–26

Etschmann, Wolfgang, Guerillas und Franctireurs, 1866 und 1870/71, in: Erwin Schmidl (Hg.), Freund oder Feind? Kombattanten, Nichtkombattanten und Zivilisten in Krieg und Bürgerkrieg seit dem 18. Jahrhundert, Frankfurt a. M. 1995, S. 31–43

Fehrenbach, Elisabeth, Die Reichsgründung in der deutschen Geschichtsschreibung, in: dies., Politischer Umbruch und gesellschaftliche Bewegung. Ausgewählte Aufsätze zur Geschichte Frankreichs und Deutschlands im 19. Jahrhundert, München 1997, S. 381–412

– Preußen-Deutschland als Faktor der französischen Außenpolitik in der Reichsgründungszeit, in: Eberhard Kolb (Hg.), Europa und die Reichsgründung. Preußen-Deutschland in der Sicht der großen europäischen Mächte 1860–1880, München 1980, S. 109–137

Der Feldzug von 1866 in Deutschland. Redigirt von der kriegsgeschichtlichen Abtheilung des Großen Generalstabes, Reprint Bad Langensalza/Thüringen 2016 (Original: 1867)

Fendrich, Raphaël, Grenzland und Erinnerungsland. Die Identität des Elsass im Werk Marie Harts (1856–1924), Baden-Baden 2018

Fesser, Gerd, Sedan 1870. Ein unheilvoller Sieg, Paderborn 2019

– Maximilian I. Mexikos glückloser Kaiser. Romantisches Abenteuer und globaler Machtpoker: Warum vor 150 Jahren ein Bruder des österreichischen Kaisers Franz Joseph I. in den Wirren des mexikanischen Bürgerkriegs sein Leben ließ, in: DIE ZEIT Nr. 24, 8. 6. 2017, S. 17

– 1866, Königgrätz-Sadowa. Bismarcks Sieg über Österreich, Berlin 1994

Fischer, Michael, Religion, Nation, Krieg. Der Lutherchoral *Ein feste Burg ist unser Gott* zwischen Befreiungskriegen und Erstem Weltkrieg, Münster 2014

Flaubert, Gustave, Briefe an George Sand. Mit einem Essay von Heinrich Mann, Weimar 1956

Foerster, Friedrich Wilhelm, Erlebte Weltgeschichte 1869–1953. Memoiren, Nürnberg 1953

Foitzik, Doris, Weihnachten, in: Etienne François/Hagen Schulze (Hg.), Deutsche Erinnerungsorte, Bd. 3, München 2001, S. 154–168

Fontane, Theodor, Der Krieg gegen Frankreich 1870–1871, Bd. 1: Der Krieg gegen das Kaiserreich, Berlin 1873

– Kriegsgefangen. Erlebtes 1870, Berlin 1871
– Der deutsche Krieg von 1866, Bd. 1: Der Feldzug in Böhmen und Mähren; Bd. 2: Der Feldzug in West- und Mitteldeutschland, Berlin 1871
– Der Schleswig-Holsteinische Krieg im Jahre 1864, Berlin 1866
Forbes, Archibald, My Experiences of the War between France and Germany, Bd. 1, Leipzig 1871
François, Etienne, La guerre de 1870/71 dans la mémoire de le Première Guerre mondiale. Paris/Berlin, régards croisés, in: Jean-François Chanet/François Cochet/Olivier Dard/Eric Necker/Jakob Vogel (Hg.), D'une guerre à l'autre. Que reste-t-il de 1870–1871 en 1914? Paris 2016, S. 325–341.
– /Hagen Schulze (Hg.), Deutsche Erinnerungsorte, 3 Bde., München 2001
Frandsen, Steen Bo, Klein und national. Dänemark und der Wiener Frieden 1864, in: Ulrich Lappenküper/Oliver Auge/Ulf Morgenstern (Hg.), Der Wiener Frieden 1864. Ein deutsches, europäisches und globales Ereignis, Paderborn 2016, S. 225–238
Franzel, Emil, 1866: Il mondo casca. Das Ende des alten Europa, Bd. 2: Die Katastrophe, Wien/München 1968
Friedrich III., Deutscher Kaiser, Tagebücher 1866–1888, hg. u. bearb. v. Winfried Baumgart, Red. Mathias Friedel, Paderborn 2012
– Das Kriegstagebuch von 1870/71, hg. Heinrich Otto Meisner, Berlin 1926
Fuchs, Walther Peter, Großherzog Friedrich I. von Baden und die Reichspolitik 1871–1907, Bd. 1: 1871–1879, Stuttgart 1968
Gaehtgens, Thomas W., Anton von Werner, Die Proklamierung des Deutschen Kaiserreiches. Ein Historienbild im Wandel preußischer Politik, Frankfurt 1990
Gall, Lothar, Bismarck. Der weiße Revolutionär, Frankfurt a. M. 1980
– Der Liberalismus als regierende Partei. Das Großherzogtum Baden zwischen Restauration und Reichsgründung, Wiesbaden 1968
Ganschow, Jan/Olaf Haselhorst/Maik Ohnezeit, Der Deutsch-Dänische Krieg 1864. Vorgeschichte – Verlauf – Folgen, Graz 2013
Gehm, Matthias H., Der Verfassungskonflikt des Jahres 1850 in Kurhessen – der Kampf der Landstände für das Steuerbewilligungsrecht und die verfassungsmäßige Ordnung, in: Zeitschrift des Vereins für hessische Geschichte 115, 2010, S. 219–256
Geibel, Imanuel, Werke, Bd. 2, Leipzig und Wien 1918
Geis, Matthias, Wir waren so frei. Warum hadert der Osten Deutschlands mit dem Westen?, in: DIE ZEIT Nr. 13, 19. 3. 2020, S. 8
Glenthøj, Rasmus, Krieg, Nationalismus und Demokratisierung im Dänemark des 19. Jahrhunderts. Niedergang des Imperiums und Bildung des Nationalstaates, in: Ewald Frie/Ute Planert (Hg.), Revolution, Krieg und die Geburt von Staat und Nation. Staatsbildung in Europa und den Amerikas 1770–1930, Tübingen 2016, S. 105–129
Görtemaker, Manfred, Geschichte Europas 1850–1918, Stuttgart/Berlin/Köln 2002
Goltermann, Svenja, Körper der Nation. Habitusformierung und die Politik des Turnens 1860–1890, Göttingen 1998
Grünthal, Günther, Verfassung und Verfassungskonflikt. Die Lücke als Freiheit des Monarchen, in: Patrick Bahners/Gerd Roellecke (Hg.), Preußische Stile. Ein Staat als Kunststück, Stuttgart 2001, S. 310–328
Gruner, Wolf D., Der Deutsche Bund, das «Dritte Deutschland» und die deutschen Großmächte in der Frage Schleswig und Holstein zwischen Konsens und Großmachtarro-

ganz, in: Ulrich Lappenküper/Oliver Auge/Ulf Morgenstern (Hg.), Der Wiener Frieden 1864. Ein deutsches, europäisches und globales Ereignis, Paderborn 2016, S. 101–140

– Bismarck, die Süddeutschen Staaten, das Ende des Deutschen Bundes und die Gründung des preußisch-kleindeutschen Reiches, in: Jost Dülffer in Verb. m. Konrad Breitenhorn u. Jürgen Lauben (Hg.), Otto von Bismarck. Person – Politik – Mythos, Berlin 1993, S. 45–81

Hacker, Rupert, König Ludwig II., der Kaiserbrief und die «Bismarck'schen Gelder», in: Zeitschrift für Bayerische Landesgeschichte 65, 2002, S. 911–990

Häfner, Heinz, Ein König wird beseitigt. Ludwig II. von Bayern, München 2008

Hahn, Hans-Werner, Geschichte des Deutschen Zollvereins, Göttingen 1984

Hannig, Alma, Österreich. Entscheidung zum Krieg, in: Winfried Heinemann/Lothar Höbelt/Ulrich Lappenküper (Hg.), Der Preußisch-Österreichische Krieg 1866, Paderborn 2018, S. 39–61

Hartweg, Frédéric, Das Straßburger Münster, in: Etienne François/Hagen Schulze (Hg.), Deutsche Erinnerungsorte, Bd. 3, München 2001, S. 408–421

Hardtwig, Wolfgang/Rainer A. Müller/Wilfried Hartmann (Hg.), Deutsche Geschichte in Quellen und Darstellung, Bd. 7: Vom Deutschen Bund zum Kaiserreich. 1815–1871, Stuttgart 2013

Hastings, Max, Einführung, in: William Howard Russell, Meine sieben Kriege. Die ersten Reportagen von den Schlachtfeldern des 19. Jahrhunderts, Frankfurt a. M. 2000, S. 9–27

Hauschild-Thiessen, Renate, Hamburg im Kriege 1870/71, in: Zeitschrift des Vereins für Hamburgische Geschichte 57, 1971, S. 1–45

Herre, Franz, Kaiser Franz Joseph von Österreich. Sein Leben – seine Zeit, Köln 1992

Hewitson, Mark, The People's Wars. Histories of Violence in the German Lands, 1820–1888, Oxford 2017

Hilmes, Oliver, Ludwig II. Der unzeitgemäße König, München 2013

Hinners, Wolfgang, Exil und Rückkehr. Friedrich Kapp in Amerika u. Deutschland, 1824–1884, Stuttgart 1987

Hirschmüller, Tobias, Vom «Bruderkrieg» zur «Waffenbrüderschaft». Der Deutsche Krieg von 1866 in der Erinnerungskultur von Österreich-Ungarn, in: Friedrich Kießling/Caroline Rothauge u. a. (Hg.), Außenbeziehungen und Erinnerung von der Antike bis in die Gegenwart (erscheint Ende 2020)

– Württemberg und die Deutsche Frage im Werk Heinrich von Sybels, in: Wolfgang Mährle (Hg.), Württemberg und die Deutsche Frage 1866–1870. Politik – Diskurs – Erinnerung, Stuttgart 2019, S. 241–270

– Vom «Bruderkrieg» zum Klischee. Der Wandel der Erinnerungen an den Krieg von 1866 in Deutschland, in: Dieter Storz/Daniel Hohrath (Hg.), Nord gegen Süd. Der Deutsche Krieg 1866, Ingolstadt 2016, S. 93–103

Höbelt, Lothar, Königgrätz und der Ausgleich mit Ungarn. Kehrtwende oder Katalysator?, in: Winfried Heinemann/Lothar Höbelt/Ulrich Lappenküper (Hg.), Der Preußisch-Österreichische Krieg 1866, Paderborn 2018, S. 333–350

– Österreich und der Deutsch-Dänische Krieg. Ein Präventivkrieg besonderer Art, in: Ulrich Lappenküper/Oliver Auge/Ulf Morgenstern (Hg.), Der Wiener Frieden 1864. Ein deutsches, europäisches und globales Ereignis, Paderborn 2016, S. 163–184

Höfele, Karl Heinrich, Sendungsglaube und Epochenbewußtsein in Deutschland 1870/71, in: Zeitschrift für Religions- und Geistesgeschichte 15/3, 1963, S. 265–276

Hoffmann, Jan, Die sächsische Armee im Deutschen Reich 1871 bis 1918, Diss. TU Dresden 2007, http://webdoc.sub.gwdg.de/ebook/dissts/Dresden/Hoffmann2007.pdf (25. 4. 2020)

Hoffmann, Joachim, Der Volkskrieg in der Sicht von Marx und Engels, in: Wolfgang v. Groote/Ursula v. Gersdorff (Hg.), Entscheidung 1870. Der deutsch-französische Krieg, Stuttgart 1970, S. 204–255

Hoffmann, Stefan-Ludwig, Mythos und Geschichte. Leipziger Gedenkfeiern der Völkerschlacht im 19. und frühen 20. Jahrhundert, in: Etienne François/Hannes Siegrist/Jakob Vogel (Hg.), Nation und Emotion. Deutschland und Frankreich im Vergleich. 19. und 20. Jahrhundert, Göttingen 1995, S. 111–132

Hohenlohe-Ingelfingen, Kraft Karl August Eduard Friedrich zu, Aus meinem Leben. Bd. 3: Die Kriege 1864 und 1866; Friedenszeit bis 1870, Berlin 1906; Bd. 4: Der Krieg 1870/71. Reise nach Rußland, Berlin 1907

Hohenlohe-Schillingsfürst, Chlodwig zu, Denkwürdigkeiten des Fürsten Chlodwig zu Hohenlohe-Schillingsfürst, hg. v. Friedrich Curtius, Bd. 2, Stuttgart u. Leipzig 1907

Honeck, Mischa, We are the revolutionists. German speaking immigrants and American abolitionists after 1848, Athens, Ga 2011

Horne, Alistair, Paris ist tot – es lebe Paris! Der Deutsch-Französische Krieg 1870/71 und der Aufstand der Kommune in Paris, Bern 1967

Horne, John/Alan Kramer, Deutsche Kriegsgreuel 1914. Die umstrittene Wahrheit, Neuausgabe Hamburg 2018

Huber, Ernst Rudolf, Deutsche Verfassungsgeschichte seit 1789, Bd. 1: Reform und Restauration 1789–1830, Stuttgart 1975

Hüffer, Hermann, Vivenot, Alfred Ritter von, in: Allgemeine Deutsche Biographie Bd. 40, 1896, S. 783–787

Hüttinger, Thomas, Deutschlands Bruderkrieg 1866, e-book 2019

Hugo, Victor, Actes et paroles (Les 4 volumes). Nouvelle édition augmentée, e-book 2014

Iida, Yosuke, «1864» in den Augen Japans. Enomoto Takeaki, Akamatsu Noriyoshi und der Deutsch-Dänische Krieg, in: Ulrich Lappenküper/Oliver Auge/Ulf Morgenstern (Hg.), Der Wiener Frieden 1864. Ein deutsches, europäisches und globales Ereignis, Paderborn 2016, S. 361–370

Jahr, Christoph, «Die reaktionäre Presse heult auf wider den Mann» – General Berthold v. Deimling (1853–1944) und der Pazifismus, in: Wolfram Wette u. Mitw. v. Helmut Donat (Hg.), «Weiße Raben». Pazifistische Offiziere in Deutschland vor 1933, Bremen 2020, S. 134–153

– Paul Nathan. Publizist, Politiker und Philanthrop, 1857–1927, Göttingen 2018

– Episode oder Wasserscheide? Der deutsche Antisemitismus im Ersten Weltkrieg, in: Haus der Geschichte Baden-Württemberg (Hg.), «Hoffet mit daheim auf fröhlichere Zeit» – Juden und Christen im Ersten Weltkrieg. Laupheimer Gespräche 2013, Heidelberg 2014, S. 49–62

–/Jens Thiel, Prolegomena zu einer Geschichte der Lager. Eine Einführung, in: Christoph Jahr/Jens Thiel (Hg.), Lager vor Auschwitz. Gewalt und Integration im 20. Jahrhundert, Berlin 2013, S. 7–19

Jansen, Christian, Der Norddeutsche Bund, in: Werner Daum (Hg.), Quellen zur europäischen Verfassungsgeschichte im 19. Jahrhundert, Teil 3: 1848–1870, erscheint Bonn 2020
– Gründerzeit und Nationsbildung 1849–1871, Paderborn 2011
– Volk – Nation – Recht. Theodor Mommsen als engagierter Bürger, Liberaler und Nationalist, in: Josef Wiesehöfer u. d. Mitarb. v. Henning Börm (Hg.), Theodor Mommsen 1817–1903, Stuttgart 2005, S. 97–120
Jaurès, Jean, La guerre franco-allemande (1870–1871), Histoire socialiste Nr. 11, Paris 1901
Jeismann, Michael, Geschichte. Eine Kolumne. Die Besiegten, in: Merkur: deutsche Zeitschrift für europäisches Denken 56, Bd. 635, 2002, S. 239–244
Jessen-Klingenberg, Manfred, Der Krieg von 1864, in ders.: Standpunkte zur neueren Geschichte Schleswig-Holsteins, Malente 1998, S. 99–108
Jung, Frank, 1864. Der Krieg um Schleswig-Holstein, Hamburg 2014
Kaernbach, Andreas, Bismarcks Konzepte zur Reform des Deutschen Bundes, Göttingen 1991
Katzenstein, Peter J., Disjoined Partners. Austria and Germany since 1815, Berkeley 1976
Keudell, Robert von, Fürst und Fürstin Bismarck. Erinnerungen aus den Jahren 1846 bis 1872, Berlin 1902
Keynes, John Maynard, Die wirtschaftlichen Folgen des Friedensvertrages, Berlin 1920
Kienitz, Sabine, Der verwundete Körper als Emblem der Niederlage? Zur Symbolik der Figur des Kriegsinvaliden in der Weimarer Republik, in: Horst Carl/Hans-Henning Kortüm/Dieter Langewiesche/Friedrich Lenger (Hg.), Kriegsniederlagen. Erfahrungen und Erinnerungen, Berlin 2004, S. 329–342
Kiewitz, Susanne, Poetische Rheinlandschaft. Die Geschichte des Rheins in der Lyrik des 19. Jahrhunderts, Köln 2003
Kipper, Rainer, Der Germanenmythos im Deutschen Kaiserreich. Formen und Funktionen historischer Selbstthematisierung, Göttingen 2002
– Formen literarischer Erinnerung an den Deutsch-Französischen Krieg von 1870/71, in: Helmut Berding/Klaus Heller/Winfried Speitkamp (Hg.), Krieg und Erinnerung. Fallstudien zum 19. und 20. Jahrhundert, Göttingen 2000, S. 17–37
Klötzer, Wolfgang, Frankfurt 1866. Eine Dokumentation aus deutschen Zeitungen, Frankfurt a. M. 1966
Klünemann, Clemens, «Eiserner Kanzler» und «Grande Nation». Selbst- und Fremdwahrnehmungen in den deutsch-französischen Beziehungen, in: Aus Politik und Zeitgeschichte 63, 2013, Nr. 1–3, S. 3–11
Kluke, Paul, Frankfurt in Bismarcks Entscheidung 1866, in: Archiv für Frankfurts Geschichte und Kunst 51, 1968, S. 85–100
Kolb, Eberhard, Bismarck, München 2009
– Der Weg aus dem Krieg. Bismarcks Politik im Krieg und die Friedensanbahnung 1870/71, München 1990
Konrad, Liselotte, Baden und die schleswig-holsteinische Frage. 1863–1866, Berlin 1935
Koppen, Manuel, Im Krieg gegen Frankreich. Korrespondenten an der Front. 1870 vor Paris – 1916 an der Westfront – 1940 im Blitzkrieg, in: Barbara Korte/Horst Tonn (Hg.), Kriegskorrespondenten. Deutungsinstanzen in der Mediengesellschaft, Wiesbaden 2007, S. 59–75
Kretschmann, Hans von, Kriegsbriefe aus den Jahren 1870/71, hg. v. Lily Braun, Stuttgart 1904
Kröplin, Eckart, Richard Wagner-Chronik, Stuttgart 2016

Krüger, Christine G., «Sind wir denn nicht Brüder?» Deutsche Juden im nationalen Krieg 1870/71, Paderborn 2006

– German Suffering in the Franco-German War, 1870/71, in: German History 29, 3/2011, S. 404–422

Kühlich, Frank, Die deutschen Soldaten im Krieg von 1870/71. Eine Darstellung der Situation und der Erfahrungen der deutschen Soldaten im deutsch-französischen Krieg, Frankfurt a. M. 1995

Kühnhauser, Florian, 1870–71. Kriegserinnerungen eines Soldaten des königlich bayerischen Infanterie-Leibregimentes, Waging am See 2002 (zuerst 1898)

Kutz, Jens Peter, Vom Bruderkrieg zum *casus foederis*, Die Schutz- und Trutzbündnisse zwischen den süddeutschen Staaten und Preußen (1866–1870), Frankfurt a. M. 2007

Lademacher, Horst, Zwischen Bismarck und Napoleon. Das Problem der belgischen Neutralität von 1866–1870, in: Eberhard Kolb (Hg.), Europa vor dem Krieg von 1870. Mächtekonstellation, Konfliktfelder, Kriegsausbruch, München 1987, S. 103–112

Langer, William L., Bismarck as a Dramatist, in: Arcing Ohan Sarkissian (Hg.), Studies in diplomatic history and historiography. In honour of G. P. Gooch, London 1961, S. 199–216

Langewiesche, Dieter, Krieg im Mythenarsenal europäischer Nationen und der USA. Überlegungen zur Wirkungsmacht politischer Mythen, in: Nikolaus Buschmann/Dieter Langewiesche (Hg.), Der Krieg in den Gründungsmythen europäischer Nationen und der USA, Frankfurt a. M. 2003, S. 13–22

Lappenküper, Ulrich, Bismarck und Frankreich 1815 bis 1898. Chancen zur Bildung einer «ganz unwiderstehlichen Macht»?, Paderborn 2019

– «Date clé du regne de Napoleon III.» Frankreich und der preußisch-österreichische Krieg 1866, in: Winfried Heinemann/Lothar Höbelt/Ulrich Lappenküper (Hg.), Der Preußisch-Österreichische Krieg 1866, Paderborn 2018, S. 89–106

– «Il vous sacrifierait demain le Danemarc, s'il y trouverait son compte». Frankreich, der Deutsch-Dänische Krieg und der Wiener Frieden von 1864, in: Ulrich Lappenküper/Oliver Auge/Ulf Morgenstern (Hg.), Der Wiener Frieden 1864. Ein deutsches, europäisches und globales Ereignis, Paderborn 2016, S. 239–263

Lassalle, Ferdinand, Reden und Schriften, hg. v. Hans Jürgen Friederici, Leipzig 1987

Lehmann, Jörg, Der deutsch-französische Krieg von 1870/71 in der Literatur, in: Zeitschrift der Friedensbewegung Friedensforum 5 /2011, https://www.friedenskooperative.de/friedensforum/artikel/der-deutsch-franzoesische-krieg-von-187071-in (22. 4. 2020)

Leipold, Winfried, Der deutsch-französische Krieg von 1870/71. Die Konfrontation zweier Kulturen im Spiegelbild von Zeitzeugen und Zeitzeugnissen. Diss. Universität Würzburg 2015

Lenich, Oliver, Kaiser Franz Joseph I. und Deutschland. Von der Deutschen Frage bis zum Ersten Weltkrieg, München 2009

Lenz, Rudolf, Kosten und Finanzierung des Deutsch-Französischen Krieges 1870–1871. Dargestellt am Beispiel Württembergs, Badens und Bayerns, Boppard am Rhein 1970

Lieber, Francis, The Life and Letters, hg. v. Thomas Sergeant Perry, Boston 1882

Lindemann, Gerhard, Die preußisch-deutsche Reichsgründung 1870/71 und die polnische Minderheit, in: Kirchliche Zeitgeschichte 15, 1/2002, S. 24–51

Loch, Thorsten/Lars Zacharias, Mythos Königgrätz. Zum politischen Konstrukt der Schlacht von 1866. Eine operationsgeschichtliche Analyse, in: Winfried Heinemann/

Lothar Höbelt/Ulrich Lappenküper (Hg.), Der Preußisch-Österreichische Krieg 1866, Paderborn 2018, S. 161–188

Lucius von Ballhausen, Robert, Bismarck-Erinnerungen des Staatsministers Freiherrn Lucius von Ballhausen, Stuttgart 1920

Mäder, Claudia, Fotografie macht Geschichte, in: Neue Zürcher Zeitung 11. 7. 2020

Maehl, William H., The Working Class Movement and the Austro-Prussian War of 1866, Australian Journal of Politics and History 20, 1974, S. 62–69

Mai, Gunther (Hg.), Die Erfurter Union und das Erfurter Unionsparlament 1850, Köln 2000

Malettke, Klaus, Deutsche Besatzung in Frankreich und französische Kriegsentschädigung aus der Sicht der deutschen Forschung, in: Philippe Levillain/Rainer Riemenschneider (Hg.), La guerre de 1870/71 et ses conséquences, Paris 1990, S. 249–283

Mann, Golo, Deutsche Geschichte des 19. und 20. Jahrhunderts, 9. Aufl. Frankfurt a. M. 2003

Markschies, Alexander, Die Siegessäule, Großer Stern, Berlin-Tiergarten, Berlin 2001

Martius, Sebastian, Dumas, Alexandre, in: Frankfurter Personenlexikon (Onlineausgabe), http://frankfurter-personenlexikon.de/node/6351 (22. 4. 2020)

Marx, Karl/Friedrich Engels, Werke, Bd. 17, Berlin 1962; Bd. 30, Berlin 1964; Bd. 31, Berlin 1965

Matzel, Oskar, Die Pocken im Deutsch-Französischen Krieg 1870/71, Düsseldorf 1977

Mehrkens, Heidi, Ein Opfer des Krieges und der Kriegsgesetze? Die Beschießung von Bazeilles im Deutsch-Französischen Krieg 1870, in: Thomas Kolnberger/Benoît Majerus/M. Christian Ortner (Hg.), Krieg in der industrialisierten Welt, Wien 2017, S. 3–24

– Statuswechsel. Kriegserfahrung und nationale Wahrnehmung im Deutsch-Französischen Krieg 1870/71, Essen 2008

Meinhardt, Günther, Eduard von Simson. Der Parlamentspräsident Preußens und der Reichseinigung, Bonn 1981

Metzing, Andreas, Kriegsgedenken in Frankreich (1871–1914). Studien zur kollektiven Erinnerung an den Deutsch-Französischen Krieg von 1870/71, Diss. Universität Freiburg 1995

Missfeldt, Jochen, Du graue Stadt am Meer. Der Dichter Theodor Storm in seinem Jahrhundert. Biographie, München 2013

Mitze, Katja, «Seit der babylonischen Gefangenschaft hat die Welt nichts derart erlebt.» Französische Kriegsgefangene und Franctireurs im Deutsch-Französischen Krieg 1870/71, in: Rüdiger Overmans (Hg.), In der Hand des Feindes. Kriegsgefangenschaft von der Antike bis zum Zweiten Weltkrieg, Köln 1999, S. 235–254

Möllenhauer, Daniel, Sinngebung in der Niederlage: Die französischen Katholiken und die ‹année terrible› (1870/71), in: Gerd Krumeich/Hartmut Lehmann (Hg.), «Gott mit uns». Nation, Religion und Gewalt im 19. und frühen 20. Jahrhundert, Göttingen 2000, S. 157–171

Möller, Frank, Preußens Entscheidung zum Krieg 1866, in: Winfried Heinemann/Lothar Höbelt/Ulrich Lappenküper (Hg.), Der Preußisch-Österreichische Krieg 1866, Paderborn 2018, S. 19–37

– «Zuerst Großmacht, dann Bundesstaat». Die preußischen Ziele im Deutsch-Dänischen Krieg 1864, in: Ulrich Lappenküper/Oliver Auge/Ulf Morgenstern (Hg.), Der Wiener Frieden 1864. Ein deutsches, europäisches und globales Ereignis, Paderborn 2016, S. 141–161

Molitor, Wilhelm, Tagebuch von Peter Wihelm Molitor aus dem Bruderkrieg 1866, http://geschriebene-geschichte.de/index.php?article/31-tagebuch-von-peter-wihelm-molitor-aus-dem-bruderkrieg-1866/&highlight=Molitor (26. 2. 2020)

Moltke, Helmuth von, Geschichte des deutsch-französischen Krieges von 1870–71. Volksausgabe, Berlin 1895

Mommsen, Wolfgang J., Das Ringen um den Nationalen Staat. Die Gründung und der innere Ausbau des Deutschen Reiches unter Otto von Bismarck 1850 bis 1890, Berlin 1993

Moos, Stefan, Wie ein schwarzer Bürgerrechtler zum Bismarck-Fan wurde, in: DER SPIEGEL 6. 4. 2017, https://www.spiegel.de/geschichte/w-e-b-du-bois-schwarzer-buergerrechtler-fuer-afroamerikaner-a-1095240.html (22. 4. 2020)

Morgenstern, Ulf, «Whether 'tis nobler in the mind to suffer [...]. Or to take arms against a sea of troubles.» Das Jahr 1866 in der sächsischen Geschichte, in: Winfried Heinemann/Lothar Höbelt/Ulrich Lappenküper (Hg.), Der Preußisch-Österreichische Krieg 1866, Paderborn 2018, S. 209–239

– Versuche mittelstaatlichen Agenda-Settings gegen die Realpolitik der Großmächte: Sachsen zwischen Bundesreform, Bundesexekution und dem Bankrott seiner souveränen Außenpolitik (1859–1866), in: Ulrich Lappenküper/Oliver Auge/Ulf Morgenstern (Hg.), Der Wiener Frieden 1864. Ein deutsches, europäisches und globales Ereignis, Paderborn 2016, S. 185–209

Müller, Hans Peter, Carl Mayer (1819–1889). Ein württembergischer Gegner Bismarcks. 1848er, Exilant, demokratischer Parteiführer und Parlamentarier, Stuttgart 2014

Müller, Jürgen, Der Deutsche Bund 1815–1866, München 2006

Müller, Karl Alexander von, Vom alten zum neuen Deutschland [Januar 1936], in: ders., Vom alten zum neuen Deutschland. Aufsätze und Reden 1914–1938, Stuttgart 1938, S. 300–315

Murr, Karl Borromäus, «Treue bis in den Tod». Kriegsmythen in der bayerischen Geschichtspolitik im Vormärz, in: Nikolaus Buschmann/Dieter Langewiesche (Hg.), Der Krieg in den Gründungsmythen europäischer Nationen und der USA, Frankfurt a. M. 2003, S. 138–174

NN, Die königlich sächsische Armee im deutschen Feldzuge von 1866. Erlebnisse dem deutschen Volke wahrheitsgetreu erzählt von mehreren Offizieren, Leipzig 1867

Necker, Eric/Sabine Caumont (Red.), Museum des Deutsch-Französischen Krieges von 1870/71 und der Annexionszeit, Gravelotte, Ars-sur-Moselle 2015

Neuhold, Helmut, 1866 Königgrätz, Wiesbaden 2016

Noa, Miriam, Volkstümlichkeit und Nationbuilding. Zum Einfluss der Musik auf den Einigungsprozess der deutschen Nation im 19. Jahrhundert, Münster 2013

Nonn, Christoph, Das 19. und 20. Jahrhundert, 3., durchges. Aufl. Paderborn 2014

Obermeier, Siegfried (Hg.), Das geheime Tagebuch König Ludwigs II. von Bayern. 1869–1886, München 1986

Österreichs Kämpfe im Jahre 1866. Nach Feldacten hg. v. k.k. Generalstabs-Bureau für Kriegsgeschichte, Bd. 3, Wien 1868 (Nachdruck Nicosia 2016)

Oncken, Hermann (Bearb.), Großherzog Friedrich I. von Baden und die deutsche Politik von 1854–1871. Briefwechsel, Denkschriften, Tagebücher, Bd. 2, Stuttgart 1927

Osborne, John, Fontane vor den Romanen. Krieg und Kunst, Göttingen 1999

– Meyer or Fontane? German literature after the Franco-Prussian war 1870/71, Bonn 1983

Ostertag, Heiger, Der Deutsche Krieg von 1866, in: Rainer Sabelleck (Hg.), Hannovers

Übergang vom Königreich zur preußischen Provinz. Beiträge zu einer Tagung am 2. November 1991 in Göttingen, Hannover 1995, S. 31–58

Otte, Thomas G., «Better to increase the power of Prussia». Great Britain and the Events of 1864, in: Ulrich Lappenküper/Oliver Auge/Ulf Morgenstern (Hg.), Der Wiener Frieden 1864. Ein deutsches, europäisches und globales Ereignis, Paderborn 2016, S. 265–292

Otto, Reinhard/Rolf Keller/Jens Nagel, Sowjetische Kriegsgefangene in deutschem Gewahrsam 1941–1945. Zahlen und Dimensionen, in: Vierteljahrshefte für Zeitgeschichte 56/4, 2008, S. 557–602

Parent, Thomas, Passiver Widerstand im preußischen Verfassungskonflikt. Die Kölner Abgeordnetenfeste, Köln 1982

Paul, Ina Ulrike, Die bayerische Trias-Politik in der Regierungszeit König Maximilians II. Zu Vorgeschichte, Idee und Wirklichkeit, in: Rainer A. Müller (Hg.), König Maximilian II. von Bayern 1848–1864, Rosenheim 1988, S. 115–129

Paul, Roland, «Freie Erde und freies Vaterland». Friedrich Hecker in den USA, in: Alfred G. Frei (Hg.), Friedrich Hecker in den USA. Eine deutsch-amerikanische Spurensicherung, Konstanz 1993, S. 15–41

Pestel, Friedemann, Versailles als memory building – Memory-building mit Versailles, in: Gregor Feindt/Felix Krawatzek/Gregor Friedmann Pestel/Daniela Mehler/Rieke Trimçev (Hg.), Europäische Erinnerung als verflochtene Erinnerung. Vielstimmige und vielschichtige Vergangenheitsdeutungen jenseits der Nation, Göttingen 2014, S. 121–149

Pfeiffer, Baldur Edmund, Deutschland und der amerikanische Bürgerkrieg, 1861–1865, Mainz 1971

Pfleiderer, Edmund, Erlebnisse eines Feldgeistlichen im Kriege 1870/71, München 1890

Ping, Larry L. Gustav Freytag, the Reichsgründung, and the National Liberal Origins of the Sonderweg in: Central European History 45, 4/2012, S. 605–630

Pleitner, Berit, Von treuester Freundschaft und glühendem Haß. Polen im deutschen nationalen Diskurs 1849–1871, in: Gerd Krumeich/Hartmut Lehmann (Hg.), «Gott mit uns». Nation, Religion und Gewalt im 19. und frühen 20. Jahrhundert, Göttingen 2000, S. 53–72

Pollmann, Klaus Erich, Parlamentarismus im Norddeutschen Bund 1867–1870, Düsseldorf 1985

Protte, Katja, Krieg in Farbe. Die Reichseinigungskriege in der deutschen Malerei, in: Thorsten Loch/Lars Zacharias (Hg.), Wie die Siegessäule nach Berlin kam. Eine kleine Geschichte der Reichseinigungskriege, 1864 bis 1871, Freiburg i. Br. 2011, S. 211–222

Przyblyski, Jeannene M., Revolution at a Standstill. Photography and the Paris Commune of 1871, in: Yale French Studies 101, 2001, S. 54–78

Radu, Robert, Auguren des Geldes. Eine Kulturgeschichte des Finanzjournalismus in Deutschland 1850–1914, Göttingen 2017

Raithel, Thomas, Der preußische Verfassungskonflikt 1862–1866 und die französische Krise von 1877 als Schlüsselperioden der Parlamentarismusgeschichte, in: Themenportal Europäische Geschichte (2007), URL: http://www.europa.clio- online.de/2007/Article=234 (25. 4. 2020)

Rak, Christian, Krieg, Nation und Konfession. Die Erfahrung des deutsch-französischen Krieges von 1870/71, Paderborn 2004

Real, Willy, Karl Friedrich von Savigny 1814–1875. Ein politisches Diplomatenleben im Jahrhundert der Reichsgründung, Berlin 1990

Regele, Oskar, Feldzeugmeister Benedek. Der Weg nach Königgrätz, Wien 1960

Reid, Brian Holden, Der Amerikanische Bürgerkrieg und die europäischen Einigungskriege, Berlin 2000

Reiß, Ansgar, Zwischen Revolution und Bürgerkrieg. Amalie und Gustav Struve im nordamerikanischen Exil, in: Wolfgang Hochbruck/Ulrich Bachteler/Henning Zimmermann (Hg.), Achtundvierziger/Forty-Eighters. Die deutschen Revolutionen von 1848/49, Münster 2000, S. 71–84

Riis, Thomas, «Up ewig ungedeelt» – Ein Schlagwort und sein Hintergrund, in: Thomas Stamm-Kuhlmann/Jürgen Elvert/Birgit Aschmann/Jens Hohensee (Hg.), Geschichtsbilder. Festschrift für Michael Salewski zum 65. Geburtstag, Stuttgart 2003, S. 158–167

Robins, Edward, William T. Sherman, Philadelphia 1905

Rogosch, Detlef, Der Krieg vor der Haustür. Die Hansestädte und der Konflikt um Schleswig und Holstein 1864, in: Ulrich Lappenküper/Oliver Auge/Ulf Morgenstern (Hg.), Der Wiener Frieden 1864. Ein deutsches, europäisches und globales Ereignis, Paderborn 2016, S. 85–98

Roon, Albrecht Graf von, Denkwürdigkeiten aus dem Leben des Generalfeldmarschalls Kriegsministers Grafen von Roon. Sammlung von Briefen, Schriftstücken und Erinnerungen, Bd. 2, Breslau 1898

Rose, Andreas, Deutsche Außenpolitik in der Ära Bismarck (1862–1890), Darmstadt 2013

Roth, François, D'une guerre à l'autre. La guerre de 1870–1871 chez les dirigeants français de 1914 à la fin des années 1920, in: Laurent Jalabert/Reiner Marcowitz/Arndt Weinrich (Hg.), La longue mémoire de la Grande Guerre. Regards croisés franco-allemands de 1918 à nos jours, Villeneuve d'Ascq 2017, S. 23–31

Roth, Hieronymus, Achtzig Tage in preußischer Gefangenschaft und die Schlacht bei Trautenau am 27. Juni 1866, Prag 1867

Rubio, Javier, Die Hohenzollern-Kandidatur von 1870 erneut in der Diskussion, in: Forschungen zur Brandenburgischen und Preußischen Geschichte, Bd. 23 (2013), Heft 1: S. 61–89

Rudiš, Jaroslav, Winterbergs letzte Reise, München 2019

Russell, William Howard, Meine sieben Kriege. Die ersten Reportagen von den Schlachtfeldern des 19. Jahrhunderts, Frankfurt a. M. 2000

Sabelleck, Rainer, «O, Camerad, warum müssen wir deutschen Brüder uns gegenseitig todtschießen?» Langensalza in den Erinnerungen des hannoverschen Jägers Georg Steinberg, in: Rainer Sabelleck (Hg.), Hannovers Übergang vom Königreich zur preußischen Provinz. Beiträge zu einer Tagung am 2. November 1991 in Göttingen, Hannover 1995, S. 265–303

Sachse, Wieland, Wirtschaft und Gesellschaft des Landes Hannover im Übergang vom Königreich zur preußischen Provinz (1815–1866), in: Rainer Sabelleck (Hg.), Hannovers Übergang vom Königreich zur preußischen Provinz. Beiträge zu einer Tagung am 2. November 1991 in Göttingen, Hannover 1995, S. 13–21

Sack, Hilmar, Der Krieg in den Köpfen. Die Erinnerung an den Dreißigjährigen Krieg in der deutschen Krisenerfahrung zwischen Julirevolution und deutschem Krieg, Berlin 2008

Sack, Jörn, Fontane als Kriegschronist, Berlin 2019

Savigny, Karl Friedrich von, Briefe, Akten, Aufzeichnungen aus dem Nachlaß eines preußischen Diplomaten der Reichsgründungszeit, ausgew. und hg. von Willy Real, 2 Bde., Boppard a. Rh. 1981

Scherb, Ute, Wir bekommen die Denkmäler, die wir verdienen. Freiburger Monumente im 19. und 20. Jahrhundert, Freiburg 2005

Schivelbusch, Wolfgang, Die Kultur der Niederlage. Der amerikanische Süden 1865, Frankreich 1871, Deutschland 1918, Berlin 2001

Schlegelmilch, Arthur, Die Alternative des monarchischen Konstitutionalismus. Eine Neuinterpretation der deutschen und österreichischen Verfassungsgeschichte des 19. Jahrhunderts, Berlin/Bonn 2009

Schleiden, Rudolf, Zum Verständnis der deutschen Frage. Mit zahlreichen, theilweise bisher nicht gedruckten Actenstücken, Stuttgart 1867

Schlürmann, Jan, «Ein Schlachtfeld wird besichtigt»: Das Jahr 1864 und die nationale, regionale und europäische Dimension des Erinnerns/«En slagmark inspiceres»: Året 1864 og erindringens nationale, regionale og europæiske dimension, in: 1864 Mennesker i krigen/Menschen im Krieg, hg. v. d. Schleswig-Holsteinischen Landesbibliothek und dem Museum Sønderjylland/Museum Sønderborg Slot, Kiel/Sønderborg 2014, S. 7–11

Schneider, Fernand Thiébaut, Der Krieg in französischer Sicht, in: Wolfgang v. Groote/Ursula v. Gersdorff (Hg.), Entscheidung 1870. Der deutsch-französische Krieg, Stuttgart 1970, S. 165–203

Schneider, Gerhard, Kaiserbesuche. Wilhelm I. und Wilhelm II. in Hannover 1868–1914. Eine Dokumentation, Hannover 2016

– «… nicht umsonst gefallen?». Kriegerdenkmäler und Kriegstotenkult in Hannover, Hannover 1991

Schubert, Ernst, Die Schlacht bei Langensalza, in: Rainer Sabelleck (Hg.), Hannovers Übergang vom Königreich zur preußischen Provinz. Beiträge zu einer Tagung am 2. November 1991 in Göttingen, Hannover 1995, S. 101–123

Schulze, Hagen, Der Weg zum Nationalstaat. Die deutsche Nationalbewegung vom 18. Jahrhundert bis zur Reichsgründung, München 1985

Schurz, Carl, Lebenserinnerungen, hg. v. Daniel Göske, Uwe Timm, Bd. 2: Von 1852 bis 1870, Göttingen 2016

Scianna, Bastian Matteo, A predisposition to brutality? German practices against civilians and francs-tireurs during the Franco-Prussian war 1870–1871 and their relevance for the German ‹military Sonderweg› debate, in: Small Wars & Insurgencies 30, 4–5/2019, S. 968–993

Seyferth, Alexander, Die Heimatfront 1870/71. Wirtschaft und Gesellschaft im deutsch-französischen Krieg, Paderborn 2006

Sheridan, Philip H., Von Gravelotte nach Paris. Erinnerungen aus dem deutsch-französischen Kriege, dt. v. Udo Brachvogel, Leipzig 1889

Sicken, Bernhard, Koblenz, Köln, Wesel. Militärisch-zivile Beziehungen in preußischen Festungsstädten 1815–1914, in: Georg Mölich/Meinhard Pohl/Veit Veltzke (Hg.), Preußens schwieriger Westen. Rheinisch-preußische Beziehungen, Konflikte und Wechselwirkungen, Duisburg 2003, S. 282–335

Sieg, Ulrich, Antisemitismus und Antiliberalismus im deutschen Kaiserreich, in: Ewald Grothe/Ulrich Sieg (Hg.), Liberalismus als Feindbild, Göttingen 2014, S. 93–112

Siemann, Wolfram, Vom Staatenbund zum Nationalstaat. Deutschland 1806–1871, München 1995

Simms, Brendan, Kampf um Vorherrschaft. Eine deutsche Geschichte Europas 1453 bis heute, München 2016

Sittner, Gernot, Politik und Literatur 1870/71. Die Spiegelung des politischen Geschehens zur Zeit des deutsch-französischen Krieges in der zeitgenössischen deutschen Literatur, München 1966

Snell, Gesa, Deutsche Immigranten in Kopenhagen 1800–1870. Eine Minderheit zwischen Akzeptanz und Ablehnung, Münster 1999

Sösemann, Bernd, Preußens Krönungsjubiläen als Rituale der Kommunikation. Dignitätspolitik in höfischer und öffentlicher Inszenierung von 1701 bis 1901, in: Patrick Bahners/Gerd Roellecke (Hg.), Preußische Stile. Ein Staat als Kunststück, Stuttgart 2001, S. 114–139

Spiekermann, Uwe, Die wahre Geschichte der Erbswurst. 19. 5. 2018, https://uwe-spiekermann.com/2018/05/19/die-wahre-geschichte-der-erbswurst/ (3. 4. 2020)

Das Tagebuch der Baronin Spitzemberg. Ausgew. u. hg. v. Rudolf Vierhaus, 3. Aufl. Göttingen 1963

Stadler, Peter, Die Schweiz und die Wende von 1870/71, in: Eberhard Kolb (Hg.), Europa vor dem Krieg von 1870. Mächtekonstellation, Konfliktfelder, Kriegsausbruch, München 1987, S. 113–118

Steensen, Thomas, «… das Volk weiß längst, was es will». Die Aufnahme des Wiener Friedens in Nordfriesland und bei den Friesen, in: Ulrich Lappenküper/Oliver Auge/Ulf Morgenstern (Hg.), Der Wiener Frieden 1864. Ein deutsches, europäisches und globales Ereignis, Paderborn 2016, S. 63–84

Steigerwald, Jelena, Das Danewerk – ein historischer Erinnerungsort zwischen nationaler, regionaler und lokaler Aneignung, in: Janina Fuge/Rainer Hering/Harald Schmid (Hg.), Gedächtnisräume. Geschichtsbilder und Erinnerungskulturen in Norddeutschland, Göttingen 2014, S. 183–200

Steinbach, Matthias, Abgrund Metz. Kriegserfahrung, Belagerungsalltag und nationale Erziehung im Schatten einer Festung 1870/71, München 2002

Stolz, Gerd, Louis Appia und Charles van de Velde – Die beiden ersten Rotkreuz-Delegierten der Weltgeschichte 1864 in Schleswig-Holstein und Dänemark, in: Natur und Landeskunde: Zeitschrift für Schleswig-Holstein, Hamburg und Mecklenburg. Herausgegeben vom Verein zur Pflege der Natur- und Landeskunde in Schleswig-Holstein, Hamburg und Mecklenburg – Die Heimat 120, 2013, S. 26–41

– Unter dem Doppeladler für Schleswig-Holstein, Husum 2004

Stoneman, Mark R., Die deutschen Greueltaten im Kriege 1870/71 am Beispiel der Bayern, in: Sönke Neitzel/Daniel Hohrath (Hg.), Kriegsgreuel. Die Entgrenzung der Gewalt in kriegerischen Konflikten vom Mittelalter bis ins 20. Jahrhundert, Paderborn 2008, S. 223–239

Storz, Dieter/Daniel Hohrath (Hg.), Nord gegen Süd. Der Deutsche Krieg 1866, Ingolstadt 2016

Strässle, Paul Meinrad, Grenzbesetzung 1870/71 und Internierung der Bourbaki-Armee, Au 2002

Stürmer, Michael, Die Reichsgründung. Deutscher Nationalstaat und europäisches Gleichgewicht im Zeitalter Bismarcks, München 1984

Sybel, Heinrich von, Die Begründung des Deutschen Reiches durch Wilhelm I., Bd. 5, München 1889

Tagebuch eines Fuhrsoldaten, 26. und 27. 7. 1866, http://geschriebene-geschichte.de/index.php?article/34-tagebucheinträge-vom-26-und-27-juli-1866-in-würzburg/ (26. 2. 2020)

Thiemeyer, Guido, Otto von Bismarck und die internationale Währungspolitik 1868–1880, in: Michael Epkenhans/Ulrich von Hehl (Hg.), Otto von Bismarck und die Wirtschaft, Paderborn 2013, S. 97–119

Trefousse, Hans L., The German-American Immigrants and the Newly Founded Reich, in: Frank Trommler/Joseph McVeigh (Hg), America and the Germans. An Assessment of a Three-Hundred-Year History, Philadelphia 1985, S. 160–175

Treitschke, Heinrich v., Zum Gedächtniß des Großen Krieges. Rede bei der Kriegs-Erinnerungsfeier der Königlichen Friedrich-Wilhelms-Universität zu Berlin, am 19. Juli 1895, Leipzig 1895

Treue, Wilhelm, Wirtschafts- und Technikgeschichte Preußens, Berlin 1984

– Preußen und Österreich, in: Otto Büsch (Hg.), Preußen und das Ausland. Beiträge zum europäischen und amerikanischen Preußenbild am Beispiel von England, den Vereinigten Staaten von Amerika, Frankreich, Österreich, Polen und Rußland, Berlin 1982, S. 87–105

Tuchmann, Barbara, August 1914, Bern 1964

Ullrich, Volker, Fünf Schüsse auf Bismarck. Historische Reportagen, München 2002

Unruh, Hans Victor von, Erinnerungen aus dem Leben von Hans Viktor von Unruh, hg. v. Heinrich von Poschinger, Stuttgart 1895

Vogel, Detlef, Der Stellenwert des Militärischen in Bayern (1849–1875). Eine Analyse des militär-zivilen Verhältnisses am Beispiel des Militäretats, der Heeresstärke und des Militärjustizwesens, Boppard am Rhein 1981

Vogel, Jakob, 2. September 1870: Der Tag von Sedan, in: Etienne François/Uwe Puschner (Hg.), Erinnerungstage: Wendepunkte der Geschichte von der Antike bis zur Gegenwart, München 2010, S. 201–218

– Der Undank der Nation. Die Veteranen der Einigungskriege und die Debatte um ihren «Ehrensold» im Kaiserreich, in: Militärgeschichtliche Zeitschrift 60, 2001, S. 345–366

– Nationen im Gleichschritt. Der Kult der «Nation in Waffen» in Deutschland und Frankreich, 1871–1914, Göttingen 1997

– Militärfeiern in Deutschland und Frankreich als Rituale der Nation (1871–1914), in: Etienne François/Hannes Siegrist/Jakob Vogel (Hg.), Nation und Emotion. Deutschland und Frankreich im Vergleich. 19. und 20. Jahrhundert, Göttingen 1995, S. 199–214

Vogel, Winfried, Entscheidung 1864. Das Gefecht bei Düppel im Deutsch-Dänischen Krieg und seine Bedeutung für die Lösung der deutschen Frage, Koblenz 1987

Wachenhusen, Hans, Tagebuch vom Oesterreichischen Kriegsschauplatz, Berlin 1866

– Vor den Düppeler Schanzen. Skizzen aus den preußischen Vorposten-Lagern, Berlin 1864

Waldersee, Alfred Graf von, Denkwürdigkeiten des General-Feldmarschalls Alfred Grafen von Waldersee. Auf Veranlassung des Generalleutnants Georg Grafen von Waldersee bearb. und hg. v. Heinrich Otto Meisner, Erster Band 1832–1888, Stuttgart 1922

Walter, Dierk, Preußische Heeresreform 1807–1870. Militärische Innovation und der Mythos der «Roonschen Reform», Paderborn 2003

Weber, Caroline Elisabet, Der Wiener Frieden von 1864. Wahrnehmungen durch die Zeitgenossen in den Herzogtümern Schleswig und Holstein bis 1871, Frankfurt a. M. 2015

Weigand, Katharina, Königlich-bayerische Träume von einem Dritten Deutschland, in: Dietmar Willoweit (Hg.), Föderalismus in Deutschland. Zu seiner wechselvollen Geschichte vom ostfränkischen Königtum bis zur Bundesrepublik, Wien/Köln/Weimar 2019, S. 297–311

Weissbrich, Thomas, Les muséifications de la guerre franco-allemande, 1870–1919, in: Mathilde Benoistel/Sylvie Le Ray-Burimi/Christophe Pommier (Hg.), France Allemagne(s) 1870–1871. La guerre, la commune, les mémoires, Paris 2017, S. 146–151

Wetzel, David A., Duell der Giganten. Bismarck, Napoleon III. und der deutsch-französische Krieg 1870–1871, Paderborn 2005

Wiede, Klaus, Der Deutsch-Französische Krieg 1870/71, 2 Bde., München 1970

Wilke, Carsten L., Das deutsch-französische Netzwerk der Alliance Israélite Universelle, 1860–1914. Eine kosmopolitische Utopie im Zeitalter der Nationalismen, Frankfurter Judaistische Beiträge Heft 34, 2007/8, S. 173–199

Willms, Johannes, Napoleon III. Frankreichs letzter Kaiser, München 2008

Willoweit, Dietmar, Die Bundesstaaten im Deutschen Reich. Kompetenzen und politische Realität, in: Dietmar Willoweit (Hg.), Föderalismus in Deutschland. Zu seiner wechselvollen Geschichte vom ostfränkischen Königtum bis zur Bundesrepublik, Wien/Köln/Weimar 2019, S. 313–335

Winkler, Heinrich August, Der lange Weg nach Westen, Bd. 1: Deutsche Geschichte vom Ende des Alten Reiches bis zum Untergang der Weimarer Republik, München 2000

Wischmeyer, Johannes, Buße, Andacht, patriotische Erhebung. Protestantische Inszenierungen der Reichsgründung 1871, in: Michael Fischer/Christian Senkel/Klaus Tanner (Hg.), Reichsgründung 1871. Ereignis – Beschreibung – Inszenierung, Münster 2010, S. 15–37

Zank, Wolfgang, «In Gottes Namen drauf!» Der Feldzug gegen Dänemark vor 150 Jahren ist der erste der drei Bismarckschen Einigungskriege. An ihrem Ende steht 1871 die Gründung des preußisch-deutschen Kaiserreichs, in: DIE ZEIT Nr. 6, 30. 1. 2014, S. 17

Zerback, Ralf, «Unsere Freiheit fraß das Schwert». Frankfurts dunkelste Stunde: Im Herbst 1866 annektiert Preußen die Freie Stadt am Main. Es geht um Geld und Macht – und wider den republikanischen Geist, in: DIE ZEIT Nr. 45, 27. 10. 2016, S. 17

Zernack, Klaus, Preußen – Polen – Rußland. Betrachtungen am Ende des ‹Preußenjahres›, in: Otto Büsch (Hg.), Preußen und das Ausland. Beiträge zum europäischen und amerikanischen Preußenbild am Beispiel von England, den Vereinigten Staaten von Amerika, Frankreich, Österreich, Polen und Rußland, Berlin 1982, S. 106–125

Zimmermann, Frank, Scharfe Debatte ums Siegesdenkmal, in: Badische Zeitung, 28. 9. 2017, https://www.badische-zeitung.de/freiburg/scharfe-debatte-ums-siegesdenkmal (6. 2. 2019)

Zimmermann, Harm-Peer, «... schmeißt die Preußen aus dem Land!» – Die demokratische und augustenburgische Opposition in Schleswig-Holstein 1863–1881, in: Demokratische Geschichte 8, 1993, S. 9–34

Zola, Émile, Der Zusammenbruch, Bremen 2013

Anmerkungen

«Ich erwachte aus meiner Vertiefung»

1 Zit. n. Deuerlein (Hg.), Die Gründung, S. 305.

2 «Eisen und Blut» ergibt 54 700 Treffer in der Internetsuchmaschine, «Blut und Eisen» dagegen 140 000 (14. 2. 2020).

I
«Der Experimentalfeldzug»

1 Storm an Hartmut Brinkmann, 18. 1. 1864, zit. n. Jung, 1864, S. 100; Andersen zit. n. Buk-Swienty, Schlachtbank, S. 113.

2 Herre, Kaiser Franz Joseph, S. 223, 10. 5. 1849 an Alexander von Hübner.

3 Müller, Der Deutsche Bund, sowie Doering-Manteuffel, Die deutsche Frage, bes. S. 1–24.

4 Depeschen Palmerstons nach Wien und Berlin sowie Abschrift an alle britischen Vertretungen an den deutschen Höfen, 3. 12. 1850, zit. n. Simms, Kampf um Vorherrschaft, S. 253. Vgl. auch Doering-Manteuffel, Vom Wiener Kongress, S. 137–138.

5 Humboldt zit. n. Craig, Königgrätz, S. 186.

6 Zit. n. Weigand, Königlich-bayerische Träume, S. 308.

7 Unruh, Erinnerungen, S. 209.

8 Alberts, Düppel, S. 16; Riis, Up ewig ungedeelt.

9 Alberts, Düppel, S. 17; zur Bedeutung der Rheinlyrik für den deutschen Nationalismus Kiewitz, Poetische Rheinlandschaft.

10 Alberts, Düppel, S. 31.

11 Hewitson, The People's Wars, S. 195–209.

12 Vogel, Entscheidung, S. 15.

13 Bericht Bülows an das Außenministerium in Kopenhagen, 22. 6. 1858, zit. n. Kaernbach, Bismarcks Konzepte, S. 243.

14 Jessen-Klingenberg, Der Krieg von 1864, S. 104.

15 Jung, 1864, S. 49–50 u. S. 64.

16 Buk-Swienty, Schlachtbank, S. 107–109.

17 Zit. n. Gruner, Der Deutsche Bund, S. 111.

18 Fontane, Der Schleswig-Holsteinische Krieg, S. 29.

19 Zit. n. Goltermann, Körper, S. 47.

20 Jung, 1864, S. 43; Steensen, das Volk weiß längst, was es will, S. 65–66; Weber, Der Wiener Frieden, S. 51.

21 Alle Zitate n. Zimmermann, schmeißt die Preußen aus dem Land, S. 14. Zum Aufruf des Nationalvereins auch Biefang, Politisches Bürgertum, S. 316.
22 Friedrich zit. n. Jung, 1864, S. 51; Biefang, Politisches Bürgertum, S. 343.
23 Aufruf des «Göttinger Komitees» des Nationalvereins, 29. 11. 1863, zit. n. Biefang, Politisches Bürgertum, S. 329 (Freischaren), S. 345 (hülflos); Jung, 1864, S. 46.
24 Rogosch, Der Krieg. Marginalie Bismarcks zu einem Bericht des preuß. Gesandten in Karlsruhe, 3. 12. 1863, zit. n. Konrad, Baden, S. 56 (Friedensfragen).
25 Hermann Baumgarten an August Ludwig von Rochau, 30. 11. 1863, zit. n. Biefang, Politisches Bürgertum, S. 314 (Sturz Bismarcks). Plakat Karlsruhe zit. n. Konrad, Baden, S. 47, Anm. 46.
26 Zit. n. Alberts, Düppel, S. 51.
27 Bismarck, Gedanken, S. 338–339.
28 Keudell, Fürst, S. 142 (Ungedeelten; Halsstarrigkeit); Alberts, Düppel, S. 57 (Integrität); Bismarck, Gedanken, S. 343.
29 Roon an Rudolf Perthes, 17. 1. 1864, zit. n. Möller, Zuerst Großmacht, S. 158.
30 Conrad (Hg.), Ein Gegner, Brief Beitzkes an seine Frau Philippine, 5. 12. 1863, S. 291–293, Zitat S. 292.
31 Stolz, Unter dem Doppeladler, S. 23–25.
32 Jung, 1864, S. 73, Zitat S. 101 (Wehrvereine).
33 Ebd., S. 107.
34 Ebd., S. 114.
35 Snell, Deutsche Immigranten, S. 205–213, Zitate S. 208 (Adoptiv-Vaterland; Freiheiten; Interessen), S. 209 (Lumpen; Brote); Jung, 1864, S. 83 (Existenz).
36 Alle Zitate ebd., S. 70–71.
37 Ebd., S. 75.
38 Ebd., S. 77 (Meuterei), S. 82 (Kriegsmaschinen), S. 92 (Deserteure).
39 Steigerwald, Das Danewerk, S. 185–191, Zitat S. 187.
40 Wachenhusen, Vor den Düppeler Schanzen, S. 6 (Uebermuthe); Stolz, Unter dem Doppeladler, S. 35.
41 Alle Zitate n. Zimmermann, schmeißt die Preußen aus dem Land, S. 15.
42 Bremm, Von der Chaussee, S. 182–188.
43 Brief Schulze an Friedrich Wilhelm Henneberg, 1. 1. 1864 (als Herzog auftreten), sowie wenige Tage später (undat.) (Anerkennung der Erbfolge), zit. n. Biefang, Politisches Bürgertum, S. 343 und ebd., Anm. 39.
44 Jung, 1864, S. 106, 22. 1. 1864.
45 Ebd., S. 134.
46 Zit. n. Buk-Swienty, Schlachtbank, S. 118 (Versicherung); Jung, 1864, S. 116. Zum Kriegsverlauf Hewitson, The People's Wars, S. 312–352.
47 Fontane, Der Schleswig-Holsteinische Krieg, S. 55 (Befreiungsstunde), S. 66–67 (Hunderte).
48 Jung, 1864, S. 119.
49 Ebd., S. 88–89; dort erwähnt der «Altonaer Merkur», aber z. B. auch die «Regensburger Nachrichten», Nr. 13, 13. 1. 1864, brachten diese Meldung.
50 Fontane, Der Schleswig-Holsteinische Krieg, S. 57 (Fischerdorf), S. 59 (vielgenannt), S. 64 (frischer Geist). Jung, 1864, S. 138, «Rendsburger Wochenblatt», 16. 2. 1864 (Schutthaufen); ebd., S. 118.

51 Jung, 1864, Zahlen S. 124, Zitat S. 125.
52 Ebd., S. 129 (wichtigste Teil); Zitate Gründorf n. Stolz, Unter dem Doppeladler, S. 52–53.
53 Zit. n. Stolz, Unter dem Doppeladler, S. 53–54.
54 Wachenhusen, Vor den Düppeler Schanzen, S. 6.
55 Folgend Stolz, Unter dem Doppeladler, S. 65; Jung, 1864, S. 127.
56 Jung, 1864, S. 135, 13. 2. 1864.
57 Alle Zitate Kronprinz Friedrich n. ebd., S. 161, Tagebucheintrag 8. 3. 1864. Hohenlohe-Ingelfingen, Aus meinem Leben, Bd. 3, S. 80 (Experimentalfeldzuge). Epkenhans, Die preußischdeutsche Armee, S. 19–20.
58 Stolz, Unter dem Doppeladler, S. 82.
59 Zit. n. Buk-Swienty, Schlachtbank, S. 46 (ein Stück); Wachenhusen, Vor den Düppeler Schanzen, S. 58.
60 Jung, 1864, S. 153, 1. 3. 1864; Ganschow/Haselhorst/Ohnezeit, Der Deutsch-Dänische Krieg, S. 218–219; Embree, Bismarck's first war, S. xv.
61 Hohenlohe-Ingelfingen, Aus meinem Leben, Bd. 3, S. 118, 21. 3. 1864; vgl. auch Ashworth, Trench.
62 Bichler/Shen, Der Preußisch-Österreichische Krieg, S. 363–366.
63 Stolz, Unter dem Doppeladler, S. 51; Buk-Swienty, Schlachtbank, S. 338–339.
64 Jung, 1864, S. 80–81; Zitate n. Buk-Swienty, Schlachtbank, S. 67 (Rückzug), S. 68 (Verluste); ebd., S. 339–340.
65 Becker, Deutschland; Buschmann, Einkreisung, S. 31–41.
66 Zitate n. Buk-Swienty, Schlachtbank, S. 59 (Sodom) u. S. 63 (Särge).
67 Camphausen, Ein Maler, Zitat S. 51; vgl. allgemein Protte, Krieg.
68 Theodor Denoon Reymert, 5. 4. 1864, zit. n. Buk-Swienty, Schlachtbank, S. 75.
69 Van de Velde, 11. 4. 1864, zit. n. ebd., S. 80 (Widerstand) bzw. Stolz, Louis Appia, S. 34 (Mühe).
70 Stolz, Louis Appia, S. 28–29.
71 Zit. n. ebd., S. 33.
72 Appia, «Les Blessés dans le Schleswig pendant la Guerre de 1864» (Die Verwundeten in Schleswig während des Krieges 1864), van de Velde, «Secours aux Blessés» (Hilfe für die Verwundeten). Stolz, Louis Appia, S. 26.
73 Zit. n. Goltermann, Körper, S. 49.
74 Zum Folgenden Arand/Bunnenberg, Ohne Düppel, S. 171–174.
75 Jung, 1864, S. 175 (Vorrat), S. 146.
76 Ebd., S. 173 (zur Skamlingsbanken).
77 Stolz, Unter dem Doppeladler, S. 85–86, der sich auf Anton Edler von Hofmann, Schleswig-Holstein meerumschlungen, bearb. v. Max Strobl von Ravelsberg, Wien 1908, S. 138 bezieht.
78 Iida, 1864; Jung, 1864, S. 124.
79 Stolz, Unter dem Doppeladler, S. 91–99.
80 Dahlerup, In österreichischen Diensten, Bd. 2, bes. S. 278–285.
81 Neuhold, 1866, zu Moltke S. 76–82, Zitat S. 77.
82 Morgenstern, Versuche, S. 201.
83 Otte, Better to increase; Lappenküper, Il vous sacrifierait demain le Danemarc; zit. n. Zank, In Gottes Namen drauf (Zoll).

84 «Sylter Rundschau», 17. 7. 1864, zit. n. Stolz, Unter dem Doppeladler, S. 101; Steensen, das Volk weiß längst, was es will, S. 70.
85 Frandsen, Klein und national; Glenthøj, Krieg.
86 Snell, Deutsche Immigranten, S. 214–232; Zitate S. 216 (Trichinen, Hochmut), S. 219 (Heuschreckenschwarm), S. 220 (Spur von Deutschem), S. 222 (einseitiges Pochen; alle weiteren Zitate), S. 225 (Verbindung).
87 Jung, 1864, S. 164.
88 Ebd., S. 110, 26. 1. 1864.
89 Zit. n. Weber, Der Wiener Frieden, S. 57.
90 Zit. n. ebd., S. 91 (Sympathie); «Der Beobachter», 30. 10. 1864, zit. n. Müller, Carl Mayer, S. 52.
91 Zit. n. Weber, Der Wiener Frieden, S. 45, Anm. 110.
92 Storm an seine Frau, 18. 2. 1864, zit. n. Steensen, das Volk weiß längst, was es will, S. 66 (Fahnen). Missfeldt, Du graue Stadt: Zitate S. 269 aus Briefen an Ludwig Pietsch (Junkerbrut, 16. 5. 1864), (Opposition, 12. 7. 1864), S. 270 (Räuberpolitik, 27. 12. 1864), S. 271 (Hals, Brief an Ludwig Pietsch, 28. 9. 1864). Fontane war am Tag davor in Husum.
93 Zit. n. Steensen, das Volk weiß längst, was es will, S. 72 (uns Amrumern); Weber, Der Wiener Frieden, S. 72 (Schande).
94 Zit. n. Weber, Der Wiener Frieden, S. 72, Anm. 227.
95 Ebd., S. 47, Anm. 117 (Freude), S. 48, Anm. 120 (Gedanken).
96 5. 1. 1865, zit. n. ebd., S. 70.
97 Zit. n. ebd., S. 56.
98 Ebd., S. 74; zit. n. Alberts, Düppel, S. 73 (Vereinigung).
99 Fischer, zit. n. Weber, Der Wiener Frieden, S. 49, Anm. 124.
100 Fontane, Der Schleswig-Holsteinische Krieg, S. 96.
101 Zit. n. Bandmann, Die deutsche Presse, S. 11.
102 Alberts, Düppel, S. 57–70; Möller, Preußens Entscheidung.
103 Zit. n. Möller, Preußens Entscheidung, S. 28 (Stellung); Kluke, Frankfurt, S. 96 (Permanenz).
104 Hannig, Österreich.
105 Rechberg zit. n. Aschmann, Preußens Ruhm, S. 291; Dehio, Gleichgewicht, S. 190.
106 Simms, Kampf, S. 325–331.
107 Conrad (Hg.), Ein Gegner, Beitzke an Julie von Dincklage zu Campe, 30. 12. 1866, S. 365; «Telegraf» Graz, 9. Jg. Nr. 281, 29. 11. 1863, S. 1; Gründorf, zit. n. Stolz, Unter dem Doppeladler, S. 112. Vgl. auch Höbelt, Österreich.
108 Fontane, Der deutsche Krieg, Bd. 1, S. 3.

II
«Der traurigste aller Bürgerkriege»

1 Siemann, Vom Staatenbund, S. 395–401.
2 Mai (Hg.), Die Erfurter Union.
3 Gehm, Der Verfassungskonflikt.
4 Zit. n. Paul, Die bayerische Trias-Politik, S. 121.
5 Unruh, Erinnerungen, S. 209.
6 Geibel, Werke, Bd. 2, S. 214.

7 Zit. n. Kluke, Frankfurt, S. 90 (Hauptstadt); Noa, Volkstümlichkeit; Fischer, Religion, S. 25–60.
8 Zit. n. Sack, Der Krieg, S. 144.
9 Zitate n. ebd., S. 144–145 (Antichristentum); Jansen, Gründerzeit, S. 128–129 (Menschenalter).
10 Kapp an Sybel, 3. 11. 1866, zit. n. Hinners, Exil, S. 215 (Rebellen); Pfeiffer, Deutschland, S. 61–68.
11 Savigny, Briefe, Bd. 2, Redern an Savigny, 23. 11. 1860, S. 769 (Zustände); Savigny an Otto von Manteuffel, 24. 2. 1862, S. 796 (Besonnenheit); Bernhardi, Vorwort, S. vii (Thatenlosigkeit); Tuchmann, August, S. 20.
12 Siemann, Vom Staatenbund, S. 401–407.
13 Gall, Der Liberalismus, S. 114–126. Scharf dagegen Einhaus, Franz von Roggenbach.
14 Bismarck an Otto von Manteuffel, 22. 12. 1851, zit. n. Sack, Der Krieg, S. 141 (Herrn Deutschlands); Bismarck an Leopold von Gerlach, 19. 12. 1853, zit. n. Neuhold, 1866, S. 35 (kein Platz) bzw. 28. 4. 1856 (Logik); Bismarck an Manteuffel, 26. 4. 1856, zit. n. Böhme, Die Reichsgründung, S. 98.
15 Zit. n. Regele, Benedek, S. 291.
16 Bericht Malets, 28. 5. 1862, zit. n. Böhme, Die Reichsgründung, S. 124–125; Disraeli zit. n. Simms, Kampf, S. 324.
17 Bismarck, Gedanken, S. 298.
18 Zit. n. Pleitner, Von treuester Freundschaft, S. 59 (Conflict), S. 70 (Hasse, Volksgeistes), Zitate von 1863; S. 62 (Interessen Preußens), Zitat von 1861; S. 64 (Zerfleischung), Zitat von 1861; S. 63 (Freund), Zitat von 1863. Zernack, Preußen, S. 124.
19 Herre, Kaiser Franz Joseph, S. 190–191.
20 Zit n. ebd., S. 191.
21 Zitate n. Müller, Der Deutsche Bund, S. 45 (Gesammt-Interessen; Resolution 15. 10. 1863); Brandt, Der österreichische Reformplan.
22 Görtemaker, Geschichte, S. 23–24.
23 Walter, Preußische Heeresreform.
24 Zahlen n. Angelow, Zwischen Partnerschaft, S. 262 und Regele, Benedek, S. 329; zit. n. Kolb, Bismarck, S. 70 (Staatsbankrott); Franzel, 1866, Bd. 2, S. 772.
25 Bericht Pelikans, 12. 8. 1865, zit. n. Angelow, Zwischen Partnerschaft, S. 266 (Feuerwaffe, Manövrierfähigkeit); ebd, S. 265 (Bewegungen).
26 Ebd., S. 266; etwas abweichende Zahlen Bichler/Shen, Der Preußisch-Österreichische Krieg, S. 29.
27 Lappenküper, Date clé; Regele, Benedek, S. 291.
28 Görtemaker, Geschichte, S. 31; Jung, 1864, S. 99 (Pumpernickel), Zitat eines Berichts der «Dresdner Nachrichten», 17. 1. 1864.
29 Keynes, Die wirtschaftlichen Folgen, S. 63–64.
30 «National-Zeitung» (Berlin), 23. 10. 1862; auch zit. in Winkler, Der lange Weg, S. 155; Wirtschaftszahlen nach Hahn, Geschichte, S. 152, 156–157.
31 Motz zit. n. Huber, Verfassungsgeschichte, S. 819; Katzenstein, Disjoined Partners, S. 35–96; Treue, Preußen, S. 99–105, Zitat (Taler) S. 101.
32 Speziell dazu Müller, Der Deutsche Bund, S. 43; Radu, Auguren, S. 61–82.
33 Wachstumszahlen nach Görtemaker, Geschichte, S. 32; Grünthal, Verfassung, S. 321–322.

34 Grünthal, Verfassung, S. 314. Schlegelmilch, Die Alternative, bes. S. 153–168, bewertet die preußische Verfassungsentwicklung als zukunftsfähig, was wenig plausibel erscheint. Görtemaker, Geschichte, S. 20–23.
35 Zit. n. Grünthal, Verfassung, S. 316 (Steuern und Abgaben; Geiste der Verfassung), S. 317 (Kammern).
36 Zit. n. ebd., S. 311 (große Summen); Baumgarten, Der deutsche Liberalismus, S. 91.
37 Zit. n. Winkler, Der lange Weg, S. 154 (Reden); Kolb, Bismarck, S. 55 (Bolzen); Fesser, 1866, S. 19 (Etat).
38 Möller, Zuerst Großmacht, S. 157; Zitate: Unruh, Erinnerungen, S. 244 (mißverstanden; Bajonette). Marx an Engels, 17. 11. 1862, Marx/Engels, Werke, Bd. 30, S. 301 (fromme Wunsch). Schulze, Der Weg, S. 114 vermutet in Schenkendorfs Gedicht «Das Eiserne Kreuz» die Inspiration der Bismarck-Rede.
39 Fürst Bismarcks gesammelte Reden, Bd. 1, Berlin 1894, S. 62 (Konflikte). Vogel, Der Stellenwert, S. 30–43.
40 Sicken, Koblenz, S. 295; Lassalle, Reden, S. 292.
41 Zitate n. Parent, Passiver Widerstand, S. 423 (Eigentum; Militärmacht) u. S. 441 (Elefant).
42 Zit. n. Hoffmann, Mythos, S. 120; allgemein S. 117–121.
43 Ullrich, Fünf Schüsse, S. 40–48; Brief einer ungenannten Frau aus Freising, 16. 5. 1866, http://geschriebene-geschichte.de/index.php?article/30-brief-vom-16-mai-1866-aus-freising/ (26. 2. 2020).
44 11. 4. 1866, zit. n. Müller, Carl Mayer, S. 56–57 (Teufel); Herre, Kaiser Franz Joseph, S. 207 (Hilfsmittel).
45 Pfordten an Bismarck, 11. 6. 1866, zit. n. Chronologie Ludwigs II., https://ludwig2-aufstieginslicht.de/wp-content/uploads/pdf/1866.pdf (10. 4. 2020). Wilhelm an Herzog Ernst von Sachsen Koburg Gotha, 26. 3. 1866, zit. n. Aschmann, Preußens Ruhm, S. 311; Lenich, Kaiser Franz Joseph I., S. 65 (Friedenspassion).
46 Fontane, Der deutsche Krieg, Bd. 1, S. 46; Wilhelm an Herzog Ernst von Sachsen Koburg Gotha, 26. 3. 1866, zit. n. Aschmann, Preußens Ruhm, S. 311 (insultierendste Weise); Ostertag, Der Deutsche Krieg, S. 34–35.
47 Zit. n. Sittner, Politik, S. 19.
48 Zitate verschiedener Pressestimmen n. Sack, Der Krieg, S. 152 (Strafgericht; Gewitter); 12. 5. 1866, zit. n. Müller, Carl Mayer, S. 57 (mit der Freiheit); 14. 6. 1866, alle Zitate n. Müller, Carl Mayer, S. 57 (Verräther). Zit. n. Goltermann, Körper, S. 53 (Eroberungskrieg).
49 Conrad (Hg.), Ein Gegner, Beitzke an Reinhold Pütter, 26. 3. 1866, Zitate S. 343 (Oberherrschaft; Fürsten-Dynastien), S. 343–344 (bürgerliche Freiheit), S. 344 (volksfreundlich).
50 Zit. n. Sack, Der Krieg, S. 187 (Volksfreiheit); 19. 6. 1866, zit. n. Buschmann, Einkreisung, S. 61 (Verblendeten).
51 Zit. n. Roon, Denkwürdigkeiten, S. 268.
52 Bierling, Die Entscheidung, S. 13–14.
53 7. 7. 1866, Extrablatt, zit. n. Cornelius, Der Friede, S. 8 (Bürgerkriege); Meinhardt, Eduard von Simson, S. 109; Antikriegsdemonstration: Jansen, Gründerzeit, S. 259.
54 Waldersee, Denkwürdigkeiten, S. 28 (Erhebung), alle weiteren Zitate S. 29.
55 Molitor, Tagebuch.

56 Bremm, Von der Chaussee, S. 188–199.
57 NN, Die königlich sächsische Armee, S. 163–164, alle Zitate S. 164; Zahl der entkommenen Lokomotiven S. 169; Bremm, Von der Chaussee, S. 188–199; Reid, Der Amerikanische Bürgerkrieg, S. 183.
58 Friedrich Engels, Betrachtungen über den Krieg in Deutschland, in: «The Manchester Guardian», 3. 7. 1866, online http://www.mlwerke.de/me/me16/me16_167.htm (22. 4. 2020).
59 Burwitz/Nassauer/Wagener (Hg.), Der Deutsche Krieg, 11. 5. 1866, S. 81 (Bagage Wagen); 14. 5. 1866, S. 82 (Taback); 26. 5. 1866, S. 95–96 (Conflict; Gesichter); Tabelle S. 76–78; die geschätzten Marschleistungen variierten zwischen 10 und 38 km pro Tag.
60 Schubert, Die Schlacht, S. 113; zit. n. Sabelleck, O, Camerad, S. 276 (Camerad).
61 Kretschmann, Kriegsbriefe, S. xxiv.
62 Tagebuch Molitor; Wachenhusen, Tagebuch vom Oesterreichischen Kriegsschauplatz, S. 28.
63 Burwitz/Nassauer/Wagener (Hg.), Der Deutsche Krieg, 21. 5. 1866, S. 91 (fein gespeist); 29. 5. 1866, S. 97 (Weinkneipe); alle anderen Zitate 4. 6. 1866, S. 99; 2. 8. 1866, S. 149 (Säbel).
64 Der Feldzug von 1866 in Deutschland, S. 148–152; Österreichs Kämpfe im Jahre 1866, S. 119–123.
65 Roth, Achtzig Tage, S. 12 (Schurke); Fontane, Der deutsche Krieg, Bd. 1, S. 380–382, Zitate S. 381; Bamberger, Bismarcks großes Spiel, S. 152 (Instinkte), Gespräch mit Bismarck, 7. 8. 1870.
66 Tagebuch Baronin Spitzemberg, 28. und 30. 6. 1866, S. 68.
67 Ostertag, Der Deutsche Krieg, S. 46–49.
68 Russell, Meine sieben Kriege, S. 266.
69 Schurz, Lebenserinnerungen, Bd. 2, S. 533.
70 Hitler, 17. 4. 1943, zit. n. Hirschmüller, Vom Bruderkrieg, S. 98; Kaiser Friedrich III., Tagebücher 1866–1888, 3. 7. 1867, S. 85 (Retter; Noth); Bamberger, Bismarcks großes Spiel, S. 120 (Glück).
71 Deimling, Aus der alten in die neue Zeit, S. 20; Jahr, Die reaktionäre Presse.
72 Loch/Zacharias, Mythos, Zitat Moltke S. 162; zu Adenauer: Bremm, 1866, S. 7–8.
73 Waldersee, Denkwürdigkeiten, S. 29 (in tadelloser Toilette; Erscheinung); Neuhold, 1866, S. 195 (Mein Kaiser).
74 Neuhold, 1866, S. 204–206; Zitat Bismarck, Gedanken, S. 364 (Waffe). Etschmann, Guerillas, S. 31–37, Zitat S. 32 (nationalen Wünsche). Zum Gefecht bei Müglitz Fontane, Der deutsche Krieg, Bd. 1, S. 680 (Frauen und Kinder); Hüffer, Vivenot.
75 Franz Joseph an Kaiserin Elisabeth, 23. 7. 1866, zit. n. Lenich, Kaiser Franz Joseph I., S. 67 (Deutschland treten wir aus); Morgenstern, Whether 'tis nobler in the mind.
76 Ludwig an Wagner, 18. 7. 1866, zit. n. Kröplin, Richard Wagner-Chronik, S. 367 (Schattenkönig); Waldersee, Denkwürdigkeiten, 29. 7. 1866, S. 34 (schnelle Beendigung); 24. 7. 1866, S. 32 (Bundesgenossen; unserer Gnade); 29. 7. 1866, S. 35 (Abgesandte, für ihre Souveräne; nicht offiziell empfangen; einfach preisgab; nicht zu Haus), S. 35–36 (Schloßhof), weitere Zitate S. 36; Heimbruch wird von Waldersee fälschlich Haimbruch genannt.
77 Neuhold, 1866, S. 210; Etschmann, Guerillas, S. 36; Morgenstern, Whether 'tis nobler in the mind, S. 221.

78 Zitate n. Neuhold, 1866, S. 212–213.
79 Ebd., S. 216–217; Zitat «Neue Freie Presse», 2. 9. 1866, n. Cornelius, Der Friede, S. 5; Buschmann, Niederlage.
80 Wachenhusen, Tagebuch vom Oesterreichischen Kriegsschauplatz, Vorwort, ohne S.-Zahl. Burwitz/Nassauer/Wagener (Hg.), Der Deutsche Krieg, 7. 6. 1866, S. 101–102.
81 Kretschmann, Kriegsbriefe, 18. 6. 1866, S. xxiv (Menschenfresser); 19. 6. 1866, S. xxiv-xxv (Schattenseite).
82 Burwitz/Nassauer/Wagener (Hg.), Der Deutsche Krieg, 12. 7. 1866, S. 130.
83 Ebd., 19. 7. 1866, S. 137; Zitat 24. 7. 1866, S. 139.
84 Wachenhusen, Tagebuch vom Oesterreichischen Kriegsschauplatz, S. 33.
85 Neuhold, 1866, S. 207–210, Zitate S. 208 (Militärdienst; Sengen; Hab und Gut; mit ihren Habseligkeiten).
86 Ebd., S. 209 (Benehmen; religiös; Betragen).
87 Ostertag, Der Deutsche Krieg, S. 35–36. Schubert, Die Schlacht.
88 Aus den Kriegserinnerungen Steinbergs, zit. n. Sabelleck, O, Camerad, S. 283; Ostertag, Der Deutsche Krieg, S. 42–44; Brosius, Hannovers politische und militärische Rolle.
89 Zitate n. Hilmes, Ludwig II., S. 105–106.
90 Ostertag, Der Deutsche Krieg, S. 35–36.
91 Neuhold, 1866, S. 157; Hüttinger, Deutschlands Bruderkrieg; Ostertag, Der Deutsche Krieg, S. 45–46.
92 Tagebuch Baronin Spitzemberg, 3. 7. 1866, S. 68; 8. 7. 1866, S. 69.
93 Zit. n. Neuhold, 1866, S. 162.
94 Cornelius, Der Friede, S. 31.
95 Tagebuch eines Fuhrsoldaten, 26. und 27. 7. 1866.
96 Kaiser Friedrich III., Tagebücher 1866–1888, 20. 9. 1866, S. 43.
97 Zit. n. Lappenküper, Date clé, S. 101.
98 Zit. n. Sack, Der Krieg, S. 191.
99 Engels an Marx, 25. 7. 1866, Marx/Engels, Werke, Bd. 31, S. 240.
100 Zit. n. Goltermann, Körper, S. 56–57 (Südbund). Zitate n. Sack, Der Krieg, S. 154 (Glaubenszwang), S. 155 (Olmütz), S. 203 (Protestantismus); Buschmann, Im Kanonenfutter, S. 105–109.
101 Zitate n. Sack, Der Krieg, S. 154 bzw. 155 (Spenersche Zeitung), S. 203 (Protestantische Kirchenzeitung), S. 187 (Prinzipien-Kampf), S. 188 (Tyrannen), S. 157 (Moltke).
102 Die Deutung als Bürgerkrieg zurückweisend z. B. Winkler, Der lange Weg, S. 178; Thronrede 27. 5. 1866, zit. n. Hilmes, Ludwig II., S. 104; «Frankfurter Reform», 13. 7. 1866, zit. n. Klötzer, Frankfurt, S. 120; Schleiden, Zum Verständnis, S. 6.
103 Fontane, Der deutsche Krieg, Bd. 1, S. 27 (für das Alte); ebd., Bd. 2, S. 334 (Gegnern im Einzelnen). Denkschrift des Erzherzogs Albrecht, Dezember 1867, zit. n. Angelow, Zwischen Partnerschaft, S. 272.
104 Maehl, The Working Class.
105 Jhering an Julius Glaser, 1. 5. 1866, bzw. an Bernhard Winscheid, 19. 8. 1866, zit. n. Fesser, 1866, S. 112 u. 114; 12. 8. 1864, zit. n. Winkler, Der lange Weg, S. 165 (Fortschritt).
106 Treitschke an Nokk, 29. 9. 1862; Treitschke an Luise Brockhaus (die Schwester Richard Wagners), 1. 10. 1865, zit. n. Görtemaker, Geschichte, S. 83. Fröbel zit. n. Aschmann, Preußens Ruhm, S. 296 (Macht), S. 297 (Ehre).

107 Baumgarten, Der deutsche Liberalismus, S. 48 (Liberalismus), S. 54 (deutsche Frage), S. 134 (Parteigenossen).
108 Conrad (Hg.), Ein Gegner, Beitzke an Julie von Dincklage zu Campe, 30. 12. 1866, Zitate S. 366–368.
109 Kapp an Ludwig Feuerbach, 10. 8. 1868, zit. n. Hinners, Exil, S. 212.
110 Meyer an seinen Verleger Haessel, 5. 9. 1866, zit. n. Osborne, Meyer, S. 77 (Rücksichtslosigkeit); Freiligrath, «Allerlei Funken», zit. n. Sittner, Politik, S. 19.
111 Alle Zitate Schleiden, Zum Verständnis, S. 5–7.
112 Zerback, Unsere Freiheit.
113 Alberti, Der letzte Bürgermeister, S. 30 (Rückwirkung).
114 Dumas, La terreur.
115 Leberecht von Guaita an Savigny, in: Savigny, Briefe, Bd. 2, 24. 7. 1866, S. 892 (100 Jahre); Savigny an Guaita, 27. 7. 1866, S. 893 (Herd). Reiß, Zwischen Revolution, S. 81–82.
116 Schneider, nicht umsonst gefallen?, S. 62–63; ders., Kaiserbesuche, S. 26.
117 Alberts, Düppel, S. 70; Zitat Treitschke n. Weber, Der Wiener Frieden, S. 106, Anm. 387.
118 Fischer, 18. 6. 1866, zit. n. Weber, Der Wiener Frieden, S. 105, Anm. 387; Alberts, Düppel, S. 99–101.
119 Boysen, Kriegserfahrung.
120 Alberts, Düppel, S. 91–95.
121 Weber, Der Wiener Frieden, S. 114; Zitat Samwer: Kaiser Friedrich III., Tagebücher 1866–1888, 8. 1. 1867, S. 46 (stets verachtet). Missfeldt, Du graue Stadt; Zitate S. 309 (Vergewaltigung, Brief an Hartmuth Brinkmann, 21. 1. 1868 oder 21. 7. 1867; Beamte, Brief an Ludwig Pietsch, 16. 8. 1867).
122 Alberts, Düppel, S. 91–99; Zitat Mommsen n. Jansen, Volk, S. 116.
123 Alle Zitate n. Weber, Der Wiener Frieden, S. 130; S. 133 (dänisches Schiff).
124 Zit. n. Grünthal, Verfassung, S. 323.
125 11. 9. 1866, zit. n. Grünthal, Verfassung, S. 323.
126 Biefang, Der ganz große Kompromiss; ders., National-preußisch.
127 Wahlprogramm der Freikonservativen Partei, Oktober 1867, zit. n. Kutz, Bruderkrieg, S. 45.
128 Zit. n. Arand, 1870/71, S. 71.
129 Kaiser Friedrich III., Tagebücher 1866–1888, 20. 9. 1866, S. 43.
130 Sachse, Wirtschaft.
131 Hoffmann, Die sächsische Armee, S. 22–25.
132 Meinhardt, Eduard von Simson, S. 114–116, Zitat S. 115.
133 Pollmann, Parlamentarismus, S. 515.
134 Kapp an Sybel, 21. 8. 1868, zit. n. Hinners, Exil, S. 210. Sein für die «Historische Zeitschrift» geplanter Aufsatz erschien nie.
135 Jansen, Der Norddeutsche Bund; dieser Text wurde mir vom Autor dankenswerterweise bereits vor der Veröffentlichung zur Verfügung gestellt. Willoweit, Die Bundesstaaten.
136 Gesetz, betreffend die Gleichberechtigung der Konfessionen in bürgerlicher und staatsbürgerlicher Beziehung, 3. 7. 1869, online: http://ghdi.ghi-dc.org/sub_document.cfm?document_id=598&language=german (22. 3. 2020). Bernhardt, Bewegung.

137 So der böhmische Demokrat Moritz Hartmann in der «Augsburger Allgemeinen», zit. n. Jansen, Der Norddeutsche Bund, S. 217.
138 Conrad (Hg.), Ein Gegner, Beitzke an Reinhold Pütter, 6. 3. 1867, S. 370–372, Zitate S. 371–372. Zitate Hartmann n. Jansen, Gründerzeit, S. 217.
139 Zit. n. Hardtwig/Müller/Hartmann (Hg.), Deutsche Geschichte, S. 452.
140 Sybel, Die Begründung, S. 346; Schleiden, Zum Verständnis, S. 5; Hirschmüller, Württemberg.
141 Von der Pfordten an König Ludwig II., 11. 8. 1866, zit. n. Kutz, Bruderkrieg, S. 23.
142 Zit. n. Winkler, Der lange Weg, S. 83.
143 Zit. n. Gruner, Bismarck, S. 48 (Verbindungen); Müller, Carl Mayer, S. 64–65. Zur Kriegsfinanzierung Lenz, Kosten; Gruner, Bismarck, S. 58–59; 14. 12. 1866, zit. n. Bierling, Die Entscheidung, S. 60 (freier Süden).
144 Müller, Carl Mayer, S. 60–66.
145 Mohl, Mahnruf, S. 16 (Volksstämme), S. 64 (Vasallen); Herwegh zit. n. Sittner, Politik, S. 96.
146 Zitate Varnbühler an Prinz Friedrich von Preußen, 15. 7. 1866, n. Kutz, Bruderkrieg, S. 28 (schlimmer als preußisch); Weigand, Königlich-bayerische Träume, S. 309 (Südwesten an Bayern); Werthern an Bismarck, 23. 2. 1869, in: Becker (Hg.), Bismarcks spanische «Diversion», Bd. 1, S. 94 und S. 95 (gottlob).
147 Hahn, Geschichte, S. 181–188, Zitat S. 185 (vollständige Einigung).
148 Kaiser Friedrich III., Tagebücher 1866–1888, 7. 1. 1870, S. 153.
149 Zitate ebd., 22. 2. 1870, S. 154 (Complication); Bismarck an Werthern, 26. 2. 1869, in: Becker (Hg.), Bismarcks spanische «Diversion», Bd. 1, S. 101 (gewaltsame Ereignisse).
150 Engels an Marx, 9. 7. 1866, in: Marx/Engels, Werke, Bd. 31, S. 236.
151 Bismarck an Robert von der Goltz, 15. 3. 1867, zit. n. Kutz, Bruderkrieg, S. 3.

III
«Der glücklichste aller Kriege»

1 Willms, Napoleon III.; Bismarck an Außenminister Bernstorff, 28. 6. 1862, zit. n. S. 197 (Potiphar); Lappenküper, Bismarck, S. 138–219.
2 Bismarck an Preußens Gesandten in London, Graf Bernstorff, 7. 6. 1870, zit. n. Willms, Napoleon III., S. 197 (Sicherheit; Rheingrenze; Permanenz); Fehrenbach, Preußen-Deutschland; Thiemeyer, Otto von Bismarck, S. 104–110.
3 Zit. n. Neuhold, 1866, S. 221–222 (Demonstration); Lappenküper, Il vous sacrifierait demain le Danemarc; Wachenhusen, Tagebuch vom Oesterreichischen Kriegsschauplatz, S. 2 (Dämon).
4 Zit. n. Görtemaker, Geschichte, S. 81 (Abneigung); Bismarck an Robert Graf von der Goltz, 13. 1. 1867, zit. n. Aschmann, Preußens Ruhm, S. 357 (Verletzung; Willen); AAZ, 10. 4. 1867, zit. n. ebd., S. 297, Anm. 40 (jugendlich); Lappenküper, Bismarck, S. 220–237; Lademacher, Zwischen Bismarck.
5 Zit. n. Fesser, Sedan, S. 16.
6 Zit. n. Aschmann, Preußens Ruhm: 4. 4. 1867, S. 356, Anm. 96 (Landesverräther; Rechte); 13. 4. 1867, S. 356 (Aufgeben); Werthern an Bismarck, 2. 4. 1867, S. 356, Anm. 98 (Popularität). Bismarck an Werthern, 3. 4. 1867, zit. n. Dülffer/Kröger/Wippich, Vermiedene Kriege, S. 177.

7 8. 4. 1867, zit. n. Aschmann, Preußens Ruhm, S. 360, Anm. 123.
8 Busch, Tagebuchblätter, Bd. 2, 25. 1. 1871, S. 76–87, alle Zitate S. 86.
9 Fesser, Maximilian I.
10 Kaiser Friedrich III., Tagebücher 1866–1888, 26. 4. 1868, S. 121.
11 Wiede, Der Deutsch-Französische Krieg, Bd. 1, S. 10–11.
12 Kaiser Friedrich III., Tagebücher 1866–1888, 25. 5. 1867, S. 68; 5. 6. 1867, S. 74.
13 Zitate Prévost-Paradol n. Schivelbusch, Die Kultur, S. 126; Jeismann, Geschichte, S. 242.
14 Willms, Napoleon III., S. 246 (vainqueur); Lappenküper, Bismarck, S. 273–288; Rubio, Die Hohenzollern-Kandidatur.
15 Zit. n. Fesser, Sedan, S. 22.
16 Zit. n. ebd., S. 24.
17 Tagebuch Eulenburg, 13. 7. 1870, in: Becker (Hg.), Bismarcks spanische «Diversion», Bd. 3, S. 55–56, Zitat S. 55.
18 Fesser, Sedan, S. 25.
19 Becker (Hg.), Bismarcks spanische «Diversion», Bd. 3, Synopse des originalen Berichts Abekens vom 13. 7. 1870 und der nach Bismarcks Bearbeitung veröffentlichten Fassung, S. 58–61. Langer, Bismarck; Bismarck, Gedanken, S. 405–406. Bamberger, Bismarcks großes Spiel, S. 118 (willkommen); Fontane, Krieg gegen Frankreich, Bd. 1, S. 30.
20 Bericht Spitzemberg an Varnbühler, 13. 7. 1870, in: Becker (Hg.), Bismarcks spanische «Diversion», Bd. 3, S. 56–58, Zitat S. 57. Tagebuch Kronprinz Friedrich Wilhelm, 13. 7. 1870, ebd., S. 54.
21 Benedetti, Ma mission, S. 411, eigene Übersetzung.
22 Michelets Brief an die Tageszeitung «Le Rappel», 11. 7. 1870, zit. n. Leipold, Der deutsch-französische Krieg, S. 140; Flaubert, Briefe, Brief Ende Juli/Anfang August, S. 97–98.
23 Bamberger, Bismarcks großes Spiel, S. 118 (geglaubt); Becker (Hg.), Bismarcks spanische «Diversion», Bd. 3, Promemoria Fürst Karl Anton für Heinrich Kruse, Chefredakteur «Kölnische Zeitung», 3. 4. 1872, S. 201 (patriotischen Gründen); Bismarck, Gedanken, S. 405 (Nachbar).
24 Zitate n. Hoffmann, Der Volkskrieg: Marx, 20. 7. 1870, S. 206 (Prügel); Engels an Marx, 15. 8. 1870, S. 206 (unserer Arbeit; Bonapartismus; Antibismarckismus). Engelberg, Deutschland, S. 155 (Abwehrkampf), S. 225 (Volk fühlte richtig), S. 245 (Europäertum).
25 Zit. n. Goltermann, Körper der Nation, S. 56–57 (Anschluß). Zit. n. Seyferth, Heimatfront, S. 21 (Frechheit); insgesamt S. 17–44. Zitate n. Höfele, Sendungsglaube, S. 266 (Erdbeben; Möbelpacker); Hohenlohe-Ingelfingen, Aus meinem Leben, Bd. 4, S. 6 (Siege überzeugt).
26 Bamberger, Bismarcks großes Spiel, S. 140 (Erlöser); Gruner, Bismarck, S. 63–65, Zitat Freydorf S. 64; Zitat Auerbach n. Kolb, Der Weg, S. 114.
27 Zit. n. Müller, Carl Mayer, 17. 7. 1870, S. 89 (keinen Gulden); 21. 7. 1870, S. 90 (Zerreissung). Gruner, Bismarck, S. 65–68. Ashton, The Kingdom, S. 125–146.
28 Friedrich III., Kriegstagebuch, 27. 7. 1870, S. 11 (Hingebung); zur Wallenstein-Aufführung Deuerlein (Hg.), Die Gründung, S. 58; Ludwig gegenüber Bruck, zit. n. Hilmes, Ludwig II., S. 175 (Kriegsschritt); Bruck an Beust, 1. 9. 1870, S. 178 (gar nichts). Gruner, Bismarck, S. 68–74.

29 Kühnhauser, Kriegserinnerungen, S. 15 (alter Mann), S. 16 (wirklich Krieg), S. 18 (protzig; schneidige Soldaten; Bismarck), S. 17 (Bayernlandl). Bamberger, Bismarcks großes Spiel, S. 135 (französisch).
30 Zit. n. Kolb, Der Weg, S. 118.
31 Gramont, 18. 7. 1870, Kolb, Der Weg, S. 146; Carsten, Preußen, S. 37–43. Zur Marine: Wiede, Der Deutsch-Französische Krieg, Bd. 2, S. 107; Hauschild-Thiessen, Hamburg, S. 6–10.
32 Fesser, Sedan, S. 28; Sheridan, Von Gravelotte, S. 3 (Seite, Usurpator).
33 Fesser, Sedan, S. 43.
34 Frantz' Tagebuch, zit. n. Fendrich, Grenzland, S. 224, eigene Übersetzung.
35 Fontane, Der Krieg gegen Frankreich, Bd. 1, S. 74.
36 Reid, Der Amerikanische Bürgerkrieg, S. 195; Bamberger, Bismarcks großes Spiel, S. 132 (Kleidung, Unordnung), S. 137 (Göttingen); Russell, Meine sieben Kriege, S. 288 (Trier).
37 Zit. n. Fesser, Sedan, S. 41 (elektrisirte; Vorfahren), S. 42 (wahres Leiden; Wörrstadt; Enthusiasmus; Bahnhöfe; Einquartierungen). Kühlich, Die deutschen Soldaten, S. 169.
38 Napoleon zit. n. Wetzel, Duell, S. 210, eigene Übersetzung; Kretschmann, Kriegsbriefe, 1. 8. 1870, S. 5 (Muthe; verlogene, nicht Nation); 6. 9. 1870, S. 35–36 (etwas Höherem). Dippel, 1871; Winkler, Der lange Weg.
39 Fontane, Der Krieg gegen Frankreich, Bd. 1, S. 142.
40 Zit. n. Bührer, Volksreligiosität, S. 52 (Herz); Kühnhauser, Kriegserinnerungen, S. 24.
41 Gramont gegenüber Bayerns Gesandtem in Paris, 17. 7. 1870, zit. n. Kolb, Der Weg, S. 146.
42 Zit. n. Cochet, Les Français, S. 249, eigene Übersetzung.
43 Bunnenberg, Es lässt sich nicht leugnen, alle Zitate S. 92–93 und S. 102 (unverwundet).
44 Alle Zitate Kühnhauser, Kriegserinnerungen, S. 44; zur Geschichte des Lagers Jahr/Thiel, Prolegomena.
45 Bunnenberg, Es lässt sich nicht leugnen; Zitate: Kühnhauser, Kriegserinnerungen, S. 38 (Gesichtsausdruck); Klein, Fröschweiler Chronik, S. 99 (Dörflein; in Gottes Namen), S. 120 (durstigen wütenden Gesellen; sein Schicksal; halsstarrig), S. 117–118 (Roheiten), S. 125 (Mißhandlungen), S. 117 (Jammer und Elend).
46 Alle Zitate Kretschmann, 25. 8. 1870, S. 20 (Unwahrheit); 2. 9. 1870, S. 31 (Hanswurst); 16. 9. 1870, S. 51 (Lorbeerkranze; verbeugen).
47 Frantz' Tagebuch, 25. 8. 1870, zit. n. Fendrich, Grenzland, S. 229, eigene Übersetzung; Hartweg, Das Straßburger Münster.
48 Zit. n. Fesser, Sedan, S. 56.
49 Freiligrath, «Die Trompete von Vionville».
50 Kretschmann, Kriegsbriefe, 19. 8. 1870, S. 14.
51 Steinbach, Abgrund, S. 80–81.
52 Fay, 10. 10. 1870, zit. n. Wiede, Der Deutsch-Französische Krieg, Bd. 2, S. 98 (Gesundheitszustand); 24. 9. 1870, Steinbach, Abgrund, S. 75, Anm. 92 (Ruhr).
53 Kretschmann, Kriegsbriefe, 3. 9. 1870, S. 85 (Flasche); 30. 9. 1870, S. 121. Wiede, Der Deutsch-Französische Krieg, Bd. 2, Bild nach S. 112.
54 Kühlich, Die deutschen Soldaten, S. 366–371. Zitate: Steinbach, Abgrund, S. 60 (Granatfeuer), S. 63 (Wasser, Morast), S. 60 (Vorstellung), S. 61 (kein Wasser, Gesicht; Schweine).
55 Berbig, Fontane-Chronik, 4. 9. 1870, S. 1649.

56 Hohenlohe-Ingelfingen, Aus meinem Leben, Bd. 4, S. 159 (auf der Höhe; Schauspiel; zugeschaut), S. 160 (Glück).

57 Fesser, Sedan, S. 67.

58 Zola, Der Zusammenbruch, S. 265.

59 Forbes, My experiences, S. 199–203, Zitate S. 199 (rasiert), S. 200 (Gesicht), S. 202 (Wo ist), eigene Übersetzung; Friedrich III., Kriegstagebuch, 2. 9. 1870, S. 98 (Dinge).

60 Fontane, Der Krieg gegen Frankreich, Bd. 2, S. 485; Fontane war am 3. 5. 1871 in Donchery, Berbig, Fontane-Chronik, 3. 5. 1871, S. 1731. Kühnhauser, Kriegserinnerungen, S. 82–83 (Blut), S. 84 (Lagerleben).

61 Friedrich III., Kriegstagebuch, 4. 9. 1870, S. 107; Sheridan, Von Gravelotte, S. 62.

62 Artikel vom 1. 9. 1870 (Rückschläge); Renan ebd., 15. 9. 1870; Zitate n. Schivelbusch, Die Kultur, S. 130 bzw. 132.

63 Bericht Regierungspräsident Merseburg, 14. 10. 1870, zit. n. Seyferth, Heimatfront, S. 55 (baldigen Sieg). Favre-Zitat nach Schivelbusch, Die Kultur, S. 131.

64 Horne, Paris, S. 66–77, Zitate S. 70 (Schafe), S. 71 (Hunde; Himmelsrichtungen; Erden), S. 72 (Paradefelder; Gentlemen). Kretschmann, Kriegsbriefe, 30. 12. 1870, S. 201 (Brod).

65 Fontane, Der Krieg gegen Frankreich, Bd. 2, S. 271 (Sonnenschirmen), S. 285 (Menschenmassen).

66 Caglioti, Waging War, Zitat 24. 8. 1870, S. 172–173, Anm. 58.

67 Kühnhauser, Kriegserinnerungen, S. 49; Fontane, Kriegsgefangen, S. 10 (ein düsterer), S. 12 (Poesie). Michelet zit. n. Schivelbusch, Die Kultur, S. 169.

68 Zit. n. Schivelbusch, Die Kultur, S. 141.

69 Strässle, Grenzbesetzung.

70 Tagebuch Baronin Spitzemberg, 16. 12. 1870, S. 115.

71 Zit. n. Bührer, Volksreligiosität, S. 50.

72 Kretschmann, Kriegsbriefe, 3. 9. 1870, S. 33 (Mitleiden); 29. 8. 1870, S. 27–28 (Landvolk). Kühnhauser, Kriegserinnerungen, S. 42 (Bild; Karren; Leichen), S. 43 (Halunken; Scheusale). Moltke, Geschichte des deutsch-französischen Krieges, S. 53 (Aufstand).

73 Bericht eines bayerischen Jägers, zit. n. Stoneman, Die deutschen Greueltaten, S. 234 (Benehmen); Friedrich III., Kriegstagebuch, 4. 8. 1870, S. 28; Etschmann, Guerillas, S. 37–40, Zitat S. 39 (Dienstabzeichen); Bamberger, Bismarcks großes Spiel, S. 152 (abbrennen), Gespräch mit Bismarck 8. 8. 1870; Steinbach, Abgrund, S. 60 (Jäger).

74 Zit. n. Mehrkens, Ein Opfer, S. 10 (Tags zuvor); Russell, Meine sieben Kriege, S. 288 (wir Engländer).

75 Fontane, Der Krieg gegen Frankreich, Bd. 1, S. 503.

76 Kühnhauser, Kriegserinnerungen, S. 69 (Weiber), S. 72 (Unschuld), S. 73 (Wespen; Trümmerhaufen); Wachenhusen, Der rothe Hahn, in: «Kölnische Zeitung», 11. 9. 1870, zit. n. Mehrkens, Ein Opfer, S. 9 (Dorfe vor Sedan). Die quellenkritische Frage, ob Kühnhausers Darstellung von Berichten wie denen Wachenhusens beeinflusst war, muss hier unerörtert bleiben.

77 Zit. n. Mehrkens, Ein Opfer, S. 13 (Schreckensszenen). Informationen zum Museum: http://www.maisondeladernierecartouche.com/de/ (24. 3. 2020).

78 Fontane an den Schriftsteller und Publizisten Hermann Kletke, 13. 12. 1870, Berbig, Fontane-Chronik, S. 1694 (Volkskrieg); Fontane, Der Krieg gegen Frankreich, Bd. 1, S. 501 (Baiern), S. 503 (Löwe).

79 Zit. n. Mehrkens, Statuswechsel, S. 189 (Bahnstörungen); Busch, Tagebuchblätter, Bd. 1, S. 531, 16. 12. 1870.

80 Etschmann, Guerillas, S. 37–40, Zitate S. 38 (Passivität); zu diesem Vorfall Schneider, Der Krieg, S. 195–198. Busch, Tagebuchblätter, Bd. 2, 17. 1. 1871, S. 58 (Artillerieoffizier); Artikel «Über den Krieg», 23. 11. 1870, zit. n. Mitze, Seit der babylonischen Gefangenschaft, S. 236.

81 Friedrich III., Kriegstagebuch, 24. 11. 1870, S. 238–239.

82 Moltke, Geschichte, S. 53.

83 Hugo, Actes, S. 756–757, eigene Übersetzung.

84 Zitate Busch, Tagebuchblätter, Bd. 1, 20. 8. 1870, S. 91 (Champagner). Waldersee, Denkwürdigkeiten, Bd. 1, S. 100–101, 4. 10. 1871; Zitat Sherman (manche Lektion): Robins, Sherman, S. 273, eigene Übersetzung; Sheridan, Von Gravelotte, S. 113 (Grundsätze). Etschmann, Guerillas, S. 37–40; Scianna, A predisposition, bes. S. 974.

85 Kühnhauser, Kriegserinnerungen, S. 107 (niedergemacht), S. 124 (München), S. 124–125 (Herzenssprache).

86 Alle Zitate Wiede, Der Deutsch-Französische Krieg, Bd. 2, S. 93 (Champagner); Kretschmann, Kriegsbriefe, 19. 10. 1870, S. 101 (Stube); Wiede, Der Deutsch-Französische Krieg, Bd. 2, S. 95 (erschossen).

87 Zit. n. Mehrkens, Statuswechsel, S. 50 (Rothosen; Krankenstation), S. 166 (Neugier), eigene Übersetzung. Zur Fluchthilfe S. 167–169; Bericht 22. 12. 1870, Zitat S. 168 (Entweichungen).

88 Zit. n. Mehrkens, Statuswechsel, S. 49 (Heuschreckenzug), Tagebucheintrag 18. 8. 1870 (Misstrauen); Berbig, Fontane-Chronik, 29. 10. 1870, S. 1669; Fontane, Kriegsgefangen, S. 322 (hüben und drüben).

89 Zit. n. Steinbach, Abgrund, S. 80–81.

90 Botzenhart, Französische Kriegsgefangene, Zitate S. 20 (Württemberg), S. 21 (Holzbaracken). Otto/Keller/Nagel, Sowjetische Kriegsgefangene.

91 Kretschmann, Kriegsbriefe, 8. 9. 1870, S. 38 (Civilisation); Mehrkens, Statuswechsel, S. 54, Anm. 65 (Ausnahmen). Pfleiderer, Erlebnisse, S. 30.

92 Rodrigues in «Le Peuple Français», 13. 8. 1870, zit. n. Mehrkens, Statuswechsel, S. 57, eigene Übersetzung; Busch, Tagebuchblätter, Bd. 1, 20. 8. 1870, S. 91 (Entrüstung). Horne/Kramer, Deutsche Kriegsgreuel.

93 Kretschmann, Kriegsbriefe, 19. 9. 1870, S. 105 (Briefträger), S. 106 (Post ausblieb).

94 Zit. n. Krüger, Sind wir denn nicht Brüder: Rahmer 27. 7. 1870, S. 46; AZJ 31. 1. 1871, S. 47 (Blutkitt); Zuschrift eines württ. Juden, AZJ 17. 1. 1871, S. 45 (Apathie).

95 Jahr, Episode, S. 53–54; Wilke, Das deutsch-französische Netzwerk, S. 182–189.

96 Alle Zitate Tagebuch Baronin Spitzemberg, 5. 11. 1870, S. 109–110; Spiekermann, Erbswurst.

97 Zit. n. Bührer, Volksreligiosität, S. 46 (Familienfest; im fremden Land); Kühnhauser, Kriegserinnerungen, S. 202 (Gläser klirrten; patriotischen Charakter; Papierschnitzel); Kretschmann, Kriegsbriefe, 24. 12. 1870, S. 191 (für Minuten; Kleinigkeiten; ein Ende für diesen Krieg); 25. 12. 1870, S. 193 (Heimath).

98 Foitzik, Weihnachten.

99 Zitat Lieber, The Life, S. 400–401, eigene Übersetzung; Trefousse, The German-American Immigrants, S. 162–165.

100 «Mannheimer Tageblatt», 25. 5. 1873, zit. n. Paul, «Freie Erde», S. 32 (Gluth); «Weser-

Zeitung», 11. 7. 1873, S. 33 (Lichtseiten); vermutlich nach einem Bericht im «Mannheimer Tageblatt», 26. 8. 1873, S. 33 (Deutscher geblieben; freie Erde); zit. n. Paul, «Freie Erde», S. 32 (Fortschritt); Honeck, We are the revolutionists, S. 181–182.

101 Sheridan, Von Gravelotte, S. 106 (festgefügten Kaiserreich). Zitat Du Bois n. Moos, Schwarzer Bürgerrechtler.

102 Oncken (Bearb.), Großherzog Friedrich I., Bd. 2, 25. 11. 1870, S. 203 (Gebietsabtretung; Streifen), S. 204 (Land und Leute); 27. 11. 1870, S. 207 (behaglicher), S. 209 (welsch; Lächerlichkeit).

103 «Der Beobachter», 30. 11. 1870, zit. n. Müller, Carl Mayer, S. 94 (Reaction); 4. 4. 1873, S. 99.

104 Tagebuch Baronin Spitzemberg, 31. 12. 1870, S. 116.

105 Vogel, Der Stellenwert, S. 46; zit. n. Amann, Hie Bayern, S. 134 (Verantwortung).

106 Stürmer, Die Reichsgründung, S. 83; Liebknecht zit. n. Engelberg, Deutschland, S. 240.

107 Zit. n. Deuerlein (Hg.), Die Gründung, S. 330.

108 Hohenlohe-Schillingsfürst, Denkwürdigkeiten, Bd. 2, S. 34 (Zahnschmerzen); Werthern, zit. n. Albrecht, König Ludwig II., S. 52.

109 Zit. n. Albrecht, König Ludwig II., S. 51 (Proclamirung); 25. 8. 1870, zit. n. Hacker, König Ludwig II., S. 925.

110 Zit. n. Häfner, Ein König, S. 139–140 (Bündnis; bedenkliche Sache; Dieu); 4. 12. 1870, Bamberger, Bismarcks großes Spiel, S. 239 (Backe); Hacker, König Ludwig II., S. 990 (Fürsten); Ludwig unterschrieb am 30. 11. 1870.

111 Zit. n. Hacker, König Ludwig II., S. 912.

112 Albrecht, König Ludwig II., S. 58 (Zusammenhang); Hacker, König Ludwig II., S. 976 (Gegenleistung).

113 Ca. 16. 7. 1871, zit. n. Obermeier (Hg.), Das geheime Tagebuch, S. 21 (unangenehm); Kaiser Friedrich III., Tagebücher 1866–1888, 16. 4. 1872, S. 176–177.

114 Tagebuch Baronin Spitzemberg, 30. 11. 1870, S. 113.

115 2. 10. 1870, http://www.deuframat.de/konflikte/krieg-und-aussoehnung/der-deutsch-franzoesische-krieg-187071/die-deutsche-einheit/dokument-17.html (25. 4. 2020).

116 Kretschmann, Kriegsbriefe, 27. 11. 1870, S. 156 (Baiern); 28. 1. 1871, S. 237 (Kreuze).

117 Zit. n. Pestel, Versailles, S. 135; zur Inszenierung S. 133–137.

118 Zit. n. Dräger, (K)Ein Hoch, S. 35 (Venus); Otto an Ludwig, 2. 2. 1871, S. 32. Busch, Tagebuchblätter, Bd. 2, S. 60–62, 18. 1. 1871, Zitat S. 60.

119 Tagebuch Baronin Spitzemberg, 20. 1. 1871, S. 116.

120 Wischmeyer, Buße, S. 16, Anm. 4; Busch, Tagebuchblätter, Bd. 2, S. 60–62, 18. 1. 1871, Zitat S. 61; Hastings, Einführung, S. 25; Russells Treffen mit Bismarck, 23. 7. 1870, Russell, Meine sieben Kriege, S. 287.

121 Alle Zitate n. Dräger, (K)Ein Hoch, S. 31.

122 Friedrich III., Kriegstagebuch, 17. 1. 1871, S. 334 (Se. Majestät), S. 337 (Scheinkaisertum, Schluchzen, Abschied), S. 338 (Zorn, Eindrücken). Etwas abweichende Darstellung bei Bismarck, Gedanken, S. 430–431.

123 Oncken (Bearb.), Großherzog Friedrich I., Bd. 2, 16. 1. 1870, S. 319 (Ansicht); 18. 1. 1870, S. 321 (Weihe), S. 325 (Seine Majestät); Bismarck, Gedanken, S. 431; Gall, Bismarck, S. 451 (Kaisergeburt); Dräger, (K)Ein Hoch, S. 32 (Wilhelm der Siegreiche), S. 35 (Erhebendes).

124 Zit. n. Fuchs, Großherzog Friedrich I., Bd. 1, S. 1.

125 Gustav Freytag, Neues und altes Kaiserceremoniell, in: Im Neuen Reich 1871, Bd. 13, S. 459; Bammel, Die Reichsgründung, S. 7 (Anrufung), S. 10 (modernen Staat), S. 12 (Gottes Gnaden), auch S. 24. Wischmeyer, Buße, S. 37 (Strahlkraft).
126 Zit. n. Sittner, Politik, S. 20, Gedicht «Nadel und Draht».
127 Engels, Kleine Geschichte, S. 16–22.
128 Karl Marx, Der Bürgerkrieg in Frankreich. Adresse des Generalrats der Internationalen Arbeiterassoziation [April/Mai 1871], in: Marx/Engels, Werke, Bd. 17, S. 322 (Zwergmißgeburt), S. 326 (Staatsschufterei), S. 360–361 (Abschlachten); Scianna, A predisposition, S. 974; Deluermoz, Krieg, S. 37; Przyblyski, Revolution; Mäder, Fotografie.
129 Tagebuch Baronin Spitzemberg, 11. 5. 1871, S. 125.
130 Treue, Wirtschafts- und Technikgeschichte, S. 590–591; Malettke, Deutsche Besatzung.
131 Morier zit. n. Kolb, Der Weg, S. 122, Dalwigk, 31. 7. 1870, S. 132.
132 7. 8. 1870, Bamberger, Bismarcks großes Spiel, S. 150; zit. n. Kolb, Der Weg, Bismarck an Bernstorff S. 160 (Friedensstörer); Poschinger, Tischgespräche, Bd. 2, S. 48 (herauszugeben), zit. n. Busch, Tagebuchblätter, Bd. 2, S. 78, Anm. 1; ebd., Bd. 1, 22. 8. 1870, S. 95–96, Zitat S. 95 (Zweifel). Du Prel, Die deutsche Verwaltung, S. 68–69; 12. 1. 1871, zit. n. Mehrkens, Statuswechsel, S. 165.
133 Oncken (Bearb.), Großherzog Friedrich I., Bd. 2, 22. 2. 1871, S. 391; Berbig, Fontane-Chronik, 10. 5. 1871, S. 1733 (Will-Franzosen).
134 https://gutenberg.spiegel.de/buch/gedichte-9697/90 (22. 4. 2020).
135 Rede auf einer Volkspartei-Versammlung in Königsberg, 14. 9. 1870, zit. n. Wiede, Der deutsch-französische Krieg, Bd. 1, S. 131–134.
136 Zit. n. Deuerlein (Hg.), Die Gründung, S. 54 (Zwang); 2. 8. 1870, Marx/Engels, Werke, Bd. 17, S. 268.
137 Lindemann, Die preußisch-deutsche Reichsgründung, S. 24–26; Zitat Bismarck n. Mommsen, Das Ringen, S. 338.
138 Tagebuch Baronin Spitzemberg, 16. 6. 1871, S. 126–127. Becker, Bilder von Krieg und Nation, S. 31; Ein Vertreter der Welfenpartei, 3. 3. 1871, zit. n. Schneider, nicht umsonst gefallen?, S. 83.
139 Matzel, Die Pocken, S. 24–26 u. 34–38; zit. n. Kienitz, Der verwundete Körper, S. 337 (Leierkastenmann); Vogel, Der Undank; zit. n. Epkenhans, Die preußischdeutsche Armee, S. 21 (Waffenehre).
140 Kretschmann, Kriegsbriefe, 9. 9. 1870, S. 40; Simms, Kampf, S. 341–342.
141 So der ultramontane Journalist Louis Veuillot am 14. 8. 1870, zit. n. Möllenhauer, Sinngebung, S. 161.
142 So der um den Ausgleich von Katholizismus und Liberalismus bemühte Publizist Augustin Cochin am 3. 9. 1870, zit. n. Möllenhauer, Sinngebung, S. 164, Anm. 26, eigene Übersetzung; Renan, ebd., S. 157; Lehmann, Der deutsch-französische Krieg.
143 Zit. n. Digeon, La crise, S. 132 (erzwungene), eigene Übersetzung; Jaurès, La guerre, S. 15 (Mitschuld), S. 17 (gleiche unter gleichen). Klünemann, Eiserner Kanzler.
144 Raithel, Der preußische Verfassungskonflikt, S. 32–33.

IV
«Geist der Gewalt»

1 Arand/Bunnenberg, Wem gehört die militärische Erinnerung.

2 Steigerwald, Das Danewerk, S. 191–200; Arand/Bunnenberg, «Ohne Düppel kein Königgrätz», S. 174–182, Zitate S. 177 (Düppelstürmern; preußische Glaube; dieses Land; Volksseele), S. 179 (ehrenvollste Niederlage); Schlürmann, Ein Schlachtfeld; Werner Junge, Tausende feiern Dänemarks 150. «Geburtstag», Rundfunkbeitrag NDR, 20. 4. 2014, https://www.ndr.de/geschichte/chronologie/dueppel127_page-1.html (22. 4. 2020).

3 Hirschmüller, Vom Bruderkrieg zur Waffenbrüderschaft; der Verf. hat mir das noch unveröffentlichte Manuskript dankenswerterweise vorab zur Verfügung gestellt; Robert Preis, Graz im Jahre 1935: Der Fall Tegetthoff, «Kleine Zeitung», 6. 12. 2015, https://austria-forum.org/af/Wissenssammlungen/Damals_in_der_Steiermark/Fall_Tegetthoff (19. 4. 2020).

4 Goedeking, Friedrich, Kriegsgedenken mit Schlachten ohne Blut, in: «Prager Zeitung», 22. 6. 2016, https://www.pragerzeitung.cz/kriegsgedenken-mit-schlachten-ohne-blut/ (22. 4. 2020); Filmbericht (tschechisch) über die Feiern in Königgrätz: https://www.youtube.com/watch?v=AYs3wrxsIOQ (22. 4. 2020); Christine Jeske, Gedenken an den Krieg von 1866, in: «Main-Post», 27. 7. 2016, https://www.mainpost.de/regional/wuerzburg/Gedenken-an-den-Krieg-von-1866;art736,9303490 (22. 4. 2020); Börner, Frank, Gedenken an die Schlacht von Langensalza vor 150 Jahren, in: «Thüringer Allgemeine», 22. 6. 2016, https://www.thueringer-allgemeine.de/leben/gedenken-an-die-schlacht-von-langensalza-vor-150-jahren-id221829893.html (22. 4. 2020); Storz/Hohrath (Hg.), Nord.

5 Metzing, Kriegsgedenken; Roth, D'une guerre; François, La guerre; Weissbrich, Les muséifications; Cornejo, Zwischen Geschichte und Mythos.

6 Markschies, Die Siegessäule.

7 Reinhard Schmook, Aussichtsturm erinnert an Einigungskrieg von 1864, in: «Märkische Oder-Zeitung», 11. 8. 2014, https://www.moz.de/landkreise/maerkisch-oderland/bad-freienwalde/artikel1/dg/0/1/1310222/ (22. 4. 2020); Epkenhans, Die preußischdeutsche Armee, S. 16–17.

8 Scherb, Wir bekommen die Denkmäler, S. 64–74, Zitat S. 68 (fortschreitende Humanität); Frank Zimmermann, Scharfe Debatte ums Siegesdenkmal, in: «Badische Zeitung», 28. 9. 2017, https://www.badische-zeitung.de/freiburg/scharfe-debatte-ums-siegesdenkmal (6. 2. 2019).

9 Tagebuch Baronin Spitzemberg, 3. 3. 1871, S. 120–121.

10 Kühnhauser, Kriegserinnerungen, S. 89; Stieler zit. n. Wiede, Der Deutsch-Französische Krieg, Bd. 2, S. 51; Freytag zit. n. Kipper, Germanenmythos, S. 91; Ping, Gustav Freytag; zit. n. Fehrenbach, Die Reichsgründung, S. 382 (Adam).

11 Fontane, Der Krieg gegen Frankreich, Bd. 2, S. 434 (Demüthigung); Kipper, Formen; Gedicht «Der deutsche Schmied», Conrad Ferdinand Meyer, Huttens letzte Tage. Eine Dichtung, Berliner Ausgabe 2013, zit. n. http://www.zeno.org/Lesesaal/N/9781482646566?page=42&ps=%21 (22. 4. 2020).

12 Bismarcks Rede im Reichstag, 11. 3. 1867, http://germanhistorydocs.ghi-dc.org/pdf/

deu/516_Bism%20Verteidigung%20Verfassentwurf_159.pdf (22. 4. 2020); Tagebuch Baronin Spitzemberg, 2. 12. 1883, S. 202 (Volk kann nicht reiten); Lucius von Ballhausen, Bismarck-Erinnerungen, S. 22.

13 Moltke, 16. 2. 1874, zit. n. Neuhold, 1866, S. 235; Queen Victoria an ihre Tochter Victoria, 1. 3. 1871, zit. n. Carsten, Preußen, S. 43; Morier an Ernst von Stockmar, 27. 1. 1871, zit. n. Carsten, Preußen, S. 42 (Erfolge); Nightingale zit. n. Foerster, Erlebte Weltgeschichte, S. 30; Disraeli, 9. 2. 1871, zit. n. http://ghdi.ghi-dc.org/sub_document.cfm?document_id=1849&language=german (22. 4. 2020); NZZ, 1. 2. 1871, zit. n. Stadler, Die Schweiz, S. 117.

14 Krüger, German Suffering, S. 416–420.

15 Vogel, 2. September 1870, Zitate S. 206 (Sieges-Triumphfest); Vogel, Nationen.

16 Friedrich Nietzsche, Unzeitgemäße Betrachtungen, http://ghdi.ghi-dc.org/sub_document.cfm?document_id=1771&language=german (25. 4. 2020); Bamberger, Bismarcks großes Spiel, S. 153 (Brutalität), Gespräch mit Bismarck 8. 8. 1870; Ludwig Bamberger, Bismarck posthumus – Rezension zu Bismarcks Gedanken und Erinnerungen, in: «Die Nation» 11, Bd. 16, 1899, S. 145–147, Zitat S. 145; Jahr, Paul Nathan, S. 58–62.

17 Osborne, Fontane, S. 40 u. 121–122; Gerok zit. n. Osborne, Meyer, S. 23; Bleibtreu, Königgrätz, S. 188–189; Arand/Bunnenberg, Ohne Düppel, S. 174–182.

18 «Kreuzzeitung», 1. 9. 1914, zit. n. Epkenhans, Die preußischdeutsche Armee, S. 14.

19 http://germanhistorydocs.ghi-dc.org/pdf/deu/440_Franz%20Perrot_Aera%20Artikel_141.pdf (25. 4. 2020).

20 Treitschke, Zum Gedächtniß des Großen Krieges, S. 4 (glücklichsten), S. 5 (Macht, Fremdherrschaft, Politik), S. 7 (Kraft), S. 8 (Massenbewegung), S. 22 (Pfadfinder), S. 23 (Mitwirkung, Grenzen), S. 25 (Machtentfaltung).

21 Ebert, 6. 2. 1919, zit. n. Hirschmüller, Vom Bruderkrieg, S. 96; Ernst Feder, Vor fünfzig Jahren, in: «Berliner Tageblatt», 18. 1. 1921.

22 Rosenberg, zit. n. Hirschmüller, Vom Bruderkrieg zum Klischee, S. 97; Müller, Vom alten zum neuen Deutschland, S. 309 (ruhendes, Volkstum), S. 312 (Berge), S. 313 (Rasse), S. 314 (Barbarei).

23 Dehio, Gleichgewicht, S. 193–194; Foerster, Erlebte Weltgeschichte, S. 24.

24 Paul Sethe, 1866. Der letzte deutsche Bruderkrieg?, in: Epoca. Eine Europäische Zeitschrift, Juni 1966, zit. n. Hirschmüller, Vom Bruderkrieg, S. 98; Gespräch mit dem Schriftsteller Günter Grass zur Problematik der Feiern zum 100. Jahrestag der Reichsgründung durch Otto von Bismarck, WDR, 18. 1. 1971, Transkript https://doi.org/10.20379/dbaud-0391 (22. 4. 2020); Auer, Der Nachbar, S. 18.

25 Dippel, 1871; Doering-Manteuffel, Die deutsche Frage, S. 44–45 (Orientierung; Werts an sich).

26 Dehio, Gleichgewicht, S. 194; Biefang, Politisches Bürgertum, S. 435 (nicht weniger blutig); Biermann, Ideologie, S. 276–284; «Neue Freie Presse», 8. 9. 1870, zit. n. Buschmann, Einkreisung, S. 11; Mann, Deutsche Geschichte, S. 385.

27 Sybel an Hermann Baumgarten, 27. 1. 1871, http://ghdi.ghi-dc.org/sub_document.cfm?document_id=605&language=german (2. 4. 2020).

28 François/Schulze (Hg.), Deutsche Erinnerungsorte; Hirschmüller, Vom Bruderkrieg, S. 100.

29 Langewiesche, Krieg.

30 Geis, Wir waren so frei.

31 Gaehtgens, Anton von Werner; Becker, Bilder deuten den Krieg.

Bildnachweis

akg-images: S. 8, 47, 214, 224
Bayerische Staatsbibliothek, Signatur Per. 170 s-17: S. 74
Bayerische Staatsbibliothek, Signatur 2 Per. 13 m-25: S. 254
bpk/Coll. S. Kakou/adoc-photos: S. 301
bpk/Kupferstichkabinett, SMB/Volker-H. Schneider: S. 120
bpk/Lutz Braun: S. 215
bpk/RMN – Grand Palais/Hervé Lewandowski: S. 230
C. Jahr: S. 280
Deutsches Historisches Museum, Berlin: S. 182
Interfoto: S. 35, 125
Österreichische Nationalbibliothek, ANNO: S. 250
SZ Photo/Sammlung Megele: S. 286
Universität Heidelberg, Heidelberger historische Bestände – digital: S. 19, 169, 266

Karten

Der Deutsche Bund
1815–1866
KGR.
SCHWEDEN
N
S
KGR.
DÄNEMARK
Kopenhagen
OSTSEE
NORD-
SEE
Flensburg
Schleswig
Schleswig
Kiel
Rostock
Hzm. Holstein
(Personalunion
m. Dänemark)
Lübeck
Ghzm.
Mecklenburg-
Schwerin
Wilhelmshaven
(1854 zu Preuß.)
Hamburg
Schwerin
Pommern
(1848–1851 zum
Deutschen Bund)
Danzig
Stettin
Bromberg
KGR.
NIEDER-
LANDE
(ab 1830)
Amsterdam
Oldenburg
Bremen
Neustrelitz
Ghzm.
Oldenburg
Kgr.
Hannover
KGR. PREUSSEN
Hannover
Potsdam
Berlin
Posen
Posen
Braunschweig
Frankfurt/
Oder
Magdeburg
Münster
Dessau
Cottbus
Hzm.
Limburg
(1839 zum
Dt. Bund)
KGR.
PREUSSEN
Göttingen
Halle
Kassel
Leipzig
Breslau
Kfsm.
Hessen
Köln
Aachen
Weimar
Kgr.
Sachsen
Dresden
Schlesien
Thüringische
Staaten
Gießen
Ghzm.
Hessen
Koblenz
Hzm.
Nassau
Karlsbad
Königgrätz
Frankfurt
Prag
Mainz
Ghzm.
Lux.
Darmstadt
Bayreuth
Kgr. Böhmen
Ghzm.
Hessen
Würzburg
Pilsen
Nürnberg
Mgft. Mähren
Metz
Speyer
Brünn
Kgr.
Karlsruhe
Regensburg
Württemberg
KAISERREICH
ÖSTERREICH
KGR.
FRANKREICH
(1848 Rep., 1852 Kaiserreich)
Straß-
burg
Stuttgart
Kgr. Bayern
Ghzm.
Baden
Augsburg
Wien
Linz
Freiburg
Sigmaringen
München
Salzburg
Konstanz
Basel
Zürich
Besançon
Innsbruck
Graz
Bern
SCHWEIZ
Tirol
Bozen
Genf
Savoyen
(1860 an
Frankreich)
Kgr.
Sardinien
(ab 1861
Kgr. Italien)
Mailand
Lombardo-Venezien
(ab 1866 Kgr. Italien)
Venedig
Turin
Parma
(1860 an Kgr. Sardinien)
Modena
Kirchen-
staat
ADRIA
Grenze des Deutschen Bundes
Königreich Preußen 1862
Kaiserreich Österreich
Spätere Änderungen der Grenze des Deutschen Bundes
0 50 100 150 km

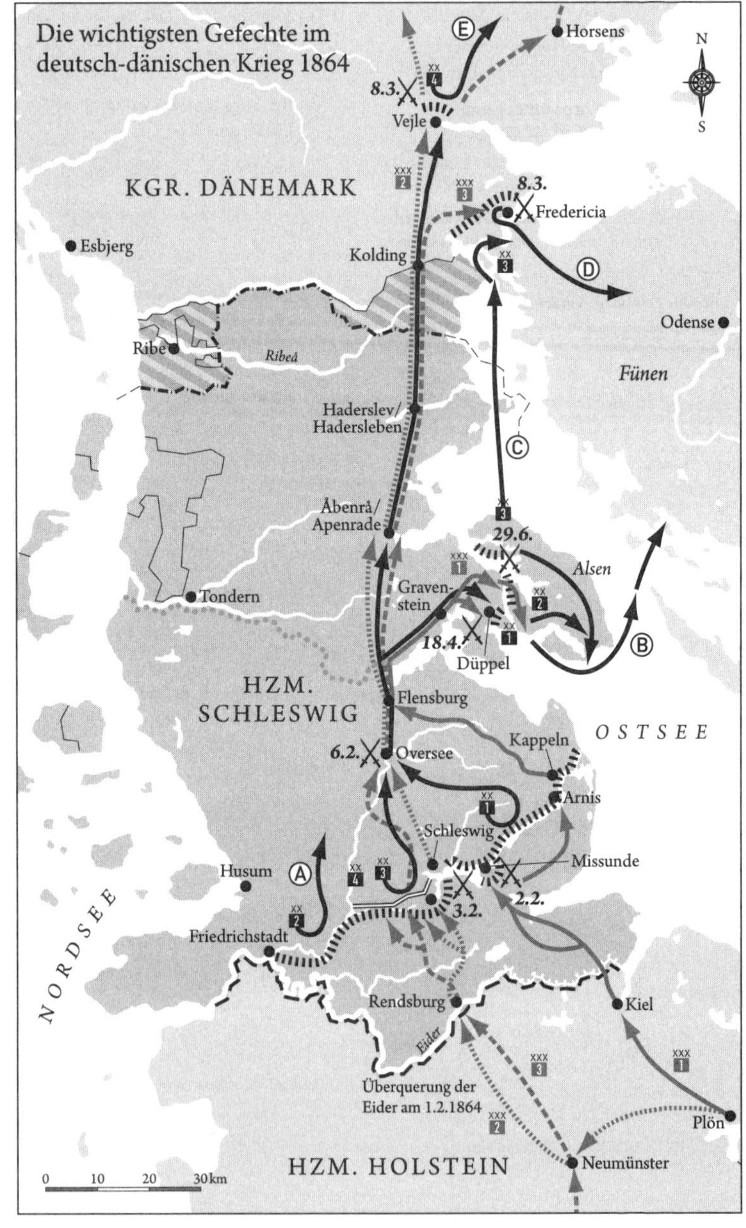
Die wichtigsten Gefechte im deutsch-dänischen Krieg 1864
N
S
Horsens
Vejle
8.3.
KGR. DÄNEMARK
8.3.
Fredericia
Esbjerg
Kolding
Odense
Ribe
Ribeå
Fünen
Haderslev/
Hadersleben
Åbenrå/
Apenrade
29.6.
Alsen
Graven-
stein
Tondern
18.4.
Düppel
HZM.
SCHLESWIG
Flensburg
OSTSEE
Kappeln
6.2.
Oversee
Arnis
Schleswig
Missunde
Husum
2.2.
3.2.
Friedrichstadt
NORDSEE
Rendsburg
Kiel
Eider
Überquerung der
Eider am 1.2.1864
Plön
Neumünster
HZM. HOLSTEIN
0 10 20 30 km

- – – – Grenze des Deutschen Bundes
- –·–·–· Nordgrenze Norddeutscher Bund/ Deutsches Kaiserreich nach 1864
- ——→ 1. (Pr.) Korps unter Prinz Friedrich Karl (22 000 Mann)
- ·········→ 2. (Österr.) Korps unter Ludwig Freiherr von Gablenz (19 000 Mann)
- - - - -→ 3. (Pr. Garde) Korps unter Eduard Vogel von Falckenstein (10 000 Mann)
- ——→ Dänische Truppen
- IIIIIIIIII Dänische Verteidigungsstellungen
- ═══ Danewerk
- ⚔ Schlacht
- •••••• heutige deutsch-dänische Grenze

Ⓐ Allgemeiner dänischer Rückzug Richtung Flensburg in der Nacht zum 6.2.

Ⓑ Rückzug über See in Richtung Fünen am 29.6.

Ⓒ Seetransport der 3. Division über Alsen nach Fredericia am 9.2.

Ⓓ Rückzug der 3. dänischen Division nach Fünen am 29.4.

Ⓔ Dänische Kav. Division erreicht zunächst über Randers und Aalborg, Frederikshavn und zieht sich von dort über See am 12.7. in Richtung Fünen zurück

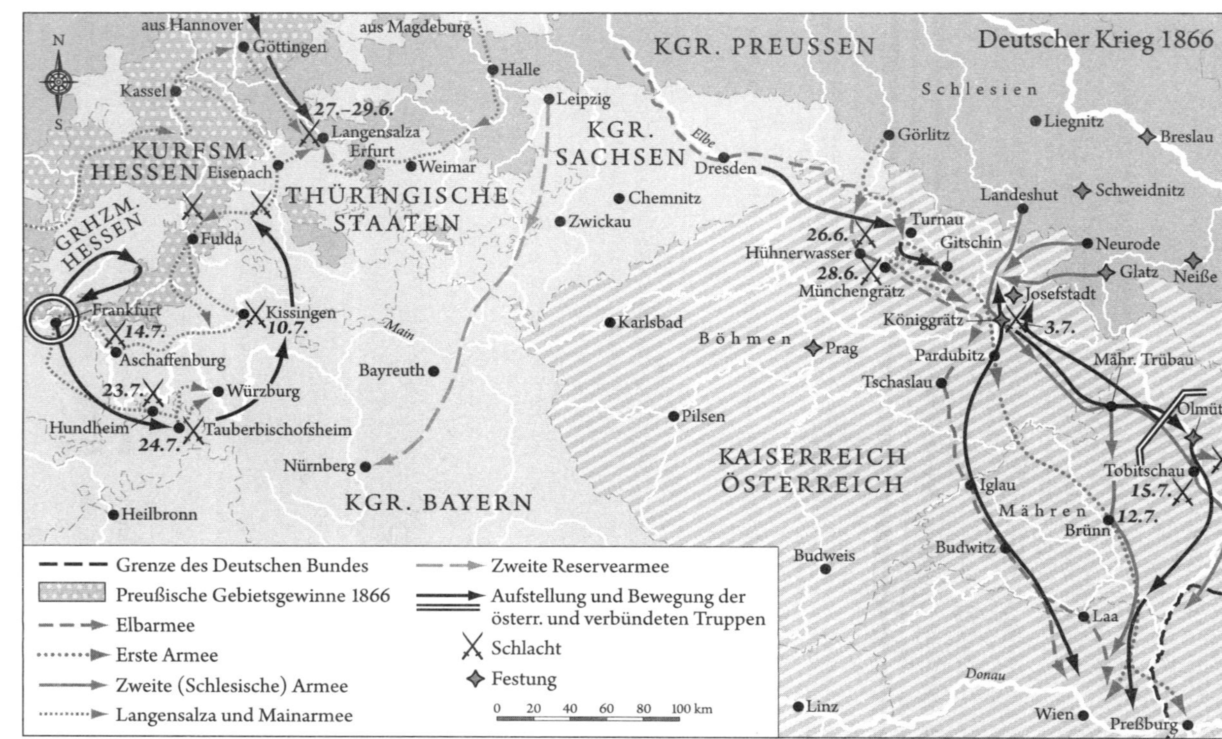

Deutscher Krieg 1866
KGR. PREUSSEN
Schlesien
KGR. SACHSEN
THÜRINGISCHE STAATEN
KURFSM. HESSEN
GRHZM. HESSEN
KGR. BAYERN
KAISERREICH ÖSTERREICH
Böhmen
Mähren
aus Hannover
aus Magdeburg
Göttingen
Kassel
Halle
Leipzig
27.–29.6.
Langensalza
Erfurt
Weimar
Eisenach
Elbe
Dresden
Görlitz
Liegnitz
Breslau
Landeshut
Schweidnitz
Chemnitz
Zwickau
Fulda
Frankfurt
14.7.
Kissingen
10.7.
Main
Aschaffenburg
23.7.
Würzburg
Hundheim
24.7.
Tauberbischofsheim
Bayreuth
Nürnberg
Heilbronn
26.6.
Hühnerwasser
28.6.
Münchengrätz
Turnau
Gitschin
Neurode
Glatz
Neiße
Josefstadt
Königgrätz
3.7.
Karlsbad
Prag
Pardubitz
Tschaslau
Mähr. Trübau
Olmütz
Pilsen
Tobitschau
15.7.
Iglau
12.7.
Brünn
Budwitz
Budweis
Laa
Donau
Linz
Wien
Preßburg
N
S
Grenze des Deutschen Bundes
Preußische Gebietsgewinne 1866
Elbarmee
Erste Armee
Zweite (Schlesische) Armee
Langensalza und Mainarmee
Zweite Reservearmee
Aufstellung und Bewegung der österr. und verbündeten Truppen
Schlacht
Festung
0 20 40 60 80 100 km

Dritter Italienischer Unabhängigkeitskrieg 1866
KAISERREICH ÖSTERREICH
Bozen
Vezza
Südtirol
Vigolo
Trient
Venetien
1866
Borgo
Ponte Caffaro
Bececa
Conegliano
Udine
Brescia
Peschiera
Transport nach Wien
Görz
24.6. Custoza
Verona
Treviso
Vicenza
Triest
Venedig
Padua
Legnago
10.7.
Borgoforte
Mantua
Rovigo
Parma
Fiume
Modena
Ferrara
HZM. MODENA
1860
Bologna
N
S
REPUBLIK SAN MARINO
(seit 1862 unter ital. Schutz)
Florenz
Zara
GRHZM. TOSKANA
1860
1860
ADRIA
Elba
KIRCHENSTAAT
20.7. Vis
(Seeschlacht von Lissa)
1870
Rom
TYRRHENISCHES MEER
1859 an Frankreich
1860 Jahr der Abtretung
Kirchenstaat 1860/1870 an Italien
Garibaldi Armee
La Marmora Armee
Cialdini Armee
Grenzschutz Tirol
Südarmee
0 10 20 30 40 50 km

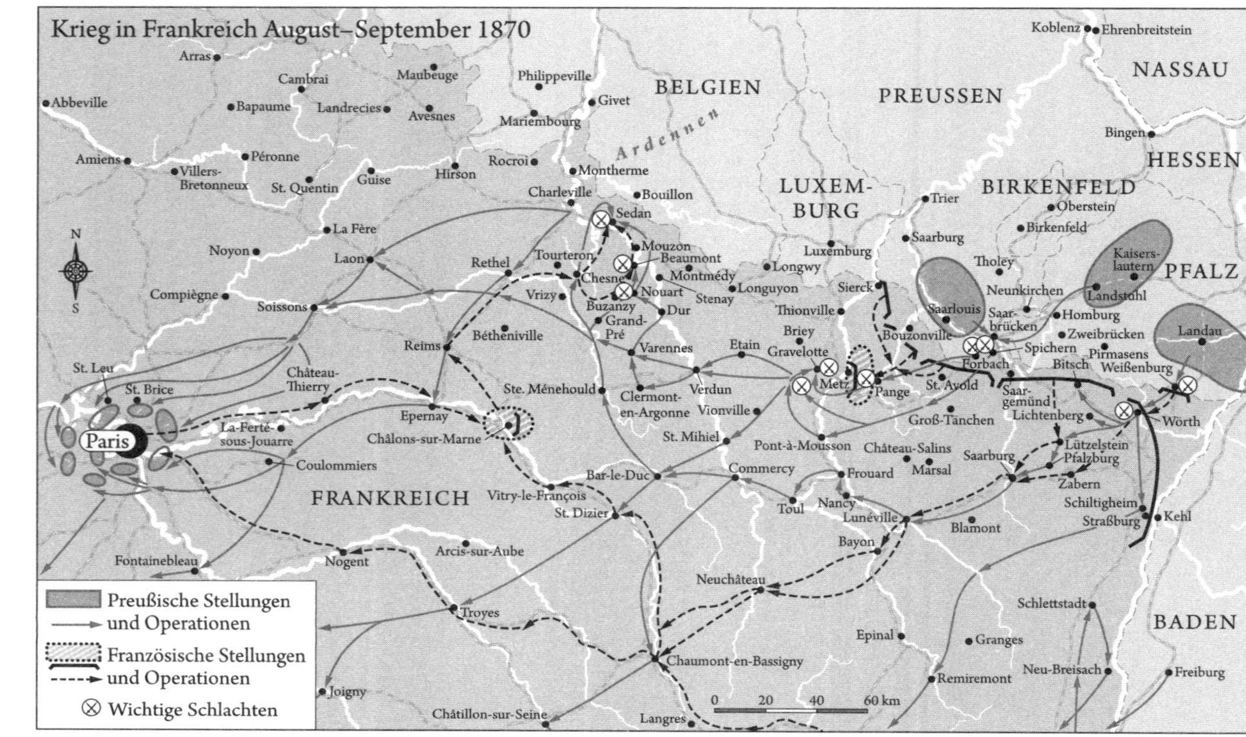

Krieg in Frankreich August–September 1870
Preußische Stellungen und Operationen
Französische Stellungen und Operationen
Wichtige Schlachten
N
S
0 20 40 60 km
NASSAU
HESSEN
PFALZ
PREUSSEN
BIRKENFELD
LUXEMBURG
BELGIEN
Ardennen
BADEN
FRANKREICH
Arras
Abbeville
Cambrai
Bapaume
Landrecies
Maubeuge
Avesnes
Philippeville
Mariembourg
Givet
Amiens
Villers-Bretonneux
Péronne
St. Quentin
Guise
Hirson
Rocroi
Montherme
Charleville
Bouillon
Sedan
Mouzon
Beaumont
Montmédy
Chesne
Nouart
Stenay
Dur
Tourteron
Vrizy
Buzanzy
Grand-Pré
Rethel
La Fère
Noyon
Laon
Compiègne
Soissons
Bétheniville
Reims
Varennes
Etain
Verdun
Clermont-en-Argonne
Vionville
Ste. Ménehould
St. Leu
St. Brice
Château-Thierry
Epernay
Châlons-sur-Marne
La-Ferté-sous-Jouarre
Paris
Coulommiers
Vitry-le-François
St. Dizier
Bar-le-Duc
Commercy
St. Mihiel
Pont-à-Mousson
Toul
Nancy
Frouard
Lunéville
Bayon
Château-Salins
Marsal
Blamont
Groß-Tänchen
Saarburg
Fontainebleau
Nogent
Arcis-sur-Aube
Troyes
Neuchâteau
Chaumont-en-Bassigny
Joigny
Châtillon-sur-Seine
Langres
Epinal
Granges
Remiremont
Schlettstadt
Neu-Breisach
Freiburg
Luxemburg
Longwy
Longuyon
Sierck
Thionville
Briey
Gravelotte
Metz
Pange
Bouzonville
Saarlouis
Trier
Saarburg
Tholey
Neunkirchen
Saarbrücken
Spichern
Forbach
St. Avold
Saargemünd
Lichtenberg
Lützelstein
Pfalzburg
Zabern
Schiltigheim
Straßburg
Kehl
Koblenz
Ehrenbreitstein
Bingen
Oberstein
Birkenfeld
Kaiserslautern
Landstuhl
Homburg
Zweibrücken
Pirmasens
Bitsch
Weißenburg
Landau
Wörth

Personenregister

Ortsregister